Wolfgang Schmidbauer

Alles oder nichts

Über die Destruktivität von Idealen

«Das Übel gedeiht nie besser,
als wenn ein Ideal davorsteht.»
Karl Kraus

Rowohlt

Umschlaggestaltung Werner Rebhuhn

1.-18. Tausend Februar 1980
19.-21. Tausend April 1983
22.-25. Tausend Dezember 1984

Schrift Garamond-Antiqua
durch LibroSatz, Kriftel
Druck und Einband Clausen & Bosse, Leck

Printed in Germany
ISBN 3 498 06142 9

Inhalt

Vorwort zur ersten Auflage

Zum Thema dieses Buches, in dem es um die zerstörerischen Folgen menschlicher Ideale geht, bin ich auf verschiedenen Wegen gekommen. Der erste ist die praktische Arbeit in der Einzel- und Gruppentherapie mit Menschen, die seelisch so leiden, daß sie Hilfe suchen, ein anderer mein Interesse an den sogenannten «Primitivkulturen» und an ihrem Schicksal in einer vom Fortschritt und von Wachstum ebenso geprägten wie gequälten Zivilisation. Auch die Beschäftigung mit der biologischen und psychologischen Erforschung von Aggression und Zerstörungslust trug dazu bei. Ich sehe einen entscheidenden Mangel in den bisherigen Erklärungen destruktiven Verhaltens darin, daß die Bedeutung der Ideale unterschätzt wird. Kein wildgewordener Aggressionsinstinkt ist für unser Überleben so bedrohlich wie das erstarrte, gefühllos gewordene Idealsystem, das sich einer vernünftigen Kontrolle entzieht und die zyklische Unvollkommenheit des Lebens gegen maschinelle Vollkommenheit und drohende Vernichtung eintauschen will. Ich vermute, daß die wachsende Bedeutung der sogenannten Alternativszene damit zusammenhängt. Der erstarrte Perfektionismus der patriarchalischen, konkurrenzbestimmten Industriegesellschaft wird in einer Vielzahl spontaner Bewegungen aufgelöst – durch die Frauen, die Umweltschutz-Gruppen, die Initiativen jenseits des bürokratischen Apparats der Parteien und Verwaltungen.

Es ist kein Zufall, daß die Zahl der Suchtkranken sprunghaft zunimmt, wenn die natürlichen Lebensbedingungen für eine Bevölkerungsgruppe zerstört werden. Der Alkoholismus der amerikanischen Indianer gehört hierher, aber auch die Heroinsucht unter den Jugendlichen und die wachsende Zahl der Trinker in allen Industriegesellschaften. Der Süchtige vergiftet sein persönliches Milieu – seinen Körper – ganz ähnlich wie die Industriegesellschaft ihr öffentliches Milieu – die Natur – vergiftet. Beide gehorchen einem Ideal ihrer selbst, das sie zwingt, natürliche, vom Kreis bestimmte Vorgänge wie das Auf und Ab von Stimmungen oder das ökologische Gleichgewicht von Verschmutzung und Selbstreinigung etwa in einem Gewässer zu vernachlässigen. Der Süchtige verändert seinen Gefühlszustand, bis er *cool* geworden ist, bis er nichts mehr spürt, außer der rational kontrollierbaren Abhängigkeit von einem bestimmten Mittel.

Der Umgang des Menschen mit der Natur in einigen Jahrhunderten Industriegeschichte ist nicht anders. Die Abhängigkeit von einem komplexen, nicht voll berechenbaren, aber über Jahrtausende beständigen und sich selbst erneuernden Kreisprozeß wird beendet. Gleichzeitig wird die technische Zivilisation von einem selbstzerstörerischen Verhalten abhängig, das sich etwa in der Vergiftung von Wasser und Erde und in der immer schwierigeren Beschaffung wachsender Rohstoffmengen und Energieträger ausdrückt. Der *junkie*, der in den Straßen einer Großstadt mit vorgehaltenem Revolver Geld für Stoff beschafft, unterscheidet sich vorwiegend in der Art der Strafverfolgung von dem Politiker, der heute erwägt, notfalls mit Waffengewalt die erdölproduzierenden Länder zu plündern.

Diese Überlegungen weisen darauf hin, daß ich Arbeitsstörungen und Partnerkonflikte, die einen großen Teil des Erfahrungsmaterials für dieses Buch ausmachen, nicht vereinzelt sehe, nicht losgelöst von einem gesellschaftlichen Zusammenhang, von der biologischen Entwicklungsgeschichte des Menschen, von aktuellen Problemen der Konsumgesellschaft. In die Zeit zwischen der Fertigstellung des Manuskripts und der Formulierung dieses Vorworts fiel für mich eine Reise zu amerikanischen Indianern. Es hat mich tief beeindruckt, wie das Prinzip des Zyklus, des Kreises als Symbol für den Lebenszusammenhang, bis heute das Denken traditionsbewußter Indianer beherrscht. Die für den Weißen neue Orientierung an den ökologischen Zusammenhängen – an der Tatsache, daß wir nur in einem Kreisprozeß des Lebendigen überleben werden, oder überhaupt nicht – ist dem sogenannten primitiven Denken seit langer Zeit bekannt. Selbst die dem Gruppenpsychotherapeuten vertraute Art, in einem Kreis von Menschen zu sitzen und mit ihnen zu sprechen, ist ein Urprinzip der indianischen Beratung, ebenso wie die meisten Häuser vom Tipi der Lakota bis zum Hogan der Navajo kreisförmig sind.[1] Diesen Einsichten der Indianer steht als krasser Widerspruch die amerikanische Zivilisation gegenüber, die eine Extremform der Energie- und Rohstoffverschwendung verkörpert. Den Medizinmännern der Creek und Navajo, mit denen ich gesprochen habe, ist der Gedanke einer Behandlung des ganzen Menschen im Lebenszusammenhang seiner Gruppe, seiner Kultur, seiner Arbeit noch sehr geläufig. Die spezialisierte Organmedizin wird respektiert, aber in ihren begrenzten Wirkungsmöglichkeiten durchaus richtig eingeschätzt.

Die Aufgabe der Psychotherapie ist es ja im Grunde, die Kreisvorgänge wiederherzustellen – das freie Schwingen von Lust und Unlust, Freude und Trauer, Schlafen und Wachen, Fühlen und Denken, Essen und Verdauen, Einatmen und Ausatmen. Der Grundgedanke von *‹Alles oder nichts›* liegt darin, daß idealisierte Erwartungen im Zug einer seelischen Entwicklungsstörung die Lebensvorgänge nicht mehr begleiten und ordnen, sondern stören. Der Überanspruch, das Perfektionsideal, der Wunsch nach dem vollkommenen Partner vernichten buchstäblich die nur in ständig fließenden Kreisprozessen möglichen Chancen, lebendig und glücklich zu sein. Der Anspruch an den Therapeuten ist oft der, dauerndes Glück dort herzustellen, wo auf der Suche nach diesem starren Dauerzustand dauerndes Unglück herrscht.

Das zerstörende Ideal zwingt uns, angstvoll oder erwartungsvoll in die Zukunft zu schauen oder deprimiert in die Vergangenheit. Die Gegenwart ist allemal nicht gut genug. Der in vielen Überlieferungen der Meditation oder des Yoga geläufige Weg, erst einmal auf die elementaren zyklischen Vorgänge der Atmung und Körperhaltung zu achten, führt auch dazu, die lähmenden

1 Vgl. Philip Deere, Der Kreis, in: *Incomindios* Nr. 9, Juli 1979 (zu beziehen durch Incomindios Schweiz, Winterthurer Str. 48, CH-8303 Bassersdorf).

Einflüsse solcher Ideale zu mildern. Ich hoffe, daß ich die teils sehr mystisch formulierten Aussagen von Zen-Lehrern, Yogis oder Yaqui-Medizinmännern (bzw. Carlos Castaneda) unserem Alltagsleben angenähert habe. Zugleich versuche ich in der Untersuchung über Ideal und Destruktivität die Zusammenhänge in einem allgemeineren Rahmen aufzugreifen, welche im «Helfer-Syndrom» das altruistische Ideal der sozialen Hilfe ausmachen. Das destruktive Ideal hängt auch sehr eng mit dem «falschen Selbst» zusammen, dessen Problematik nach den Vorarbeiten von Winnicott und Laing jüngst Alice Miller dargestellt hat.[1]

Ein weiteres Buch, das ich erst las, nachdem mein Manuskript fertig war, ist Horst Eberhard Richters ‹*Der Gotteskomplex*›. Es paßt zu meiner schon lange bestehenden Sympathie für diesen Autor, daß ich dort einige Bemerkungen über Zyklus und Linie fand, die sich mit dem verbinden lassen, was ich ein Jahr vorher geschrieben und später in ganz ähnlichen Aussagen von Philip Deere, dem Creek-Medizinmann, am Rand eines Tanzplatzes der Muskogee bei Tulsa in Oklahoma gehört hatte. «Wenn das Leben nicht als Zyklus begriffen wird, sondern als eine Linie, die nach Möglichkeit immer höher und letztlich in die Unendlichkeit führen sollte», sagt Richter, «kann der Mensch niemals auch nur einigermaßen spannungsfrei mit dem Widerspruch fertig werden, daß die Kurve nur eine Weile ansteigt und dann bis zum Schlußpunkt abfällt . . . Würde er begreifen, daß er sich in jedem Augenblick inmitten eines *Lebenskreises* befindet, dann gäbe es nicht die ewigen Frustrationen des Noch-Nicht und des Nicht-Mehr.»[2]

Viele Menschen kennen Situationen, in denen die eigenen Ziele unerreichbar scheinen und aus dem schmerzlichen Gefühl, das Entscheidende versäumt zu haben, kein neuer Wunsch entstehen will. Lähmende Hemmung und innere Leere machen sich breit, vermischt mit einer diffusen Wut, die sich ebensosehr gegen die unfreundliche Umwelt wie gegen das eigene Selbst richtet. Der Boden unter den Füßen scheint verloren, der Körper entweder lastend oder verspannt, keine Quelle von Wünschen und Freude.

1 A. Miller, Das Drama des begabten Kindes, Frankfurt a. M. 1979.
2 H. E. Richter, Der Gotteskomplex, Reinbek 1979, S. 230.

Die Aufmerksamkeit kreist um die Wunde des verletzten Ideals, der unerfüllten, mit dem Selbstgefühl eng verknüpften, narzißtischen Erwartung. Der Betroffene ist blind für die Möglichkeiten, die ihm offenstehen, wie ein gefangener Vogel, der sich den Kopf an einem Glasfenster blutig stößt und unfähig ist, den Umweg durch das Dunkel zu finden, der ihn befreien könnte.

Dieses Dunkel, das der von seinem Vollkommenheitsanspruch Gekränkte meidet, ist die zyklische Welt der Gefühle und Wünsche. Er meidet sie, weil ihm während seiner Kindheit unmöglich gemacht wurde, offen über sie zu sprechen, sie auszudrücken und damit wohlwollend aufgenommen zu werden. Er hat den Kreis verloren und sich der Welt der geraden Linien mit ihren übereinandergeschachtelten Stockwerken anvertraut, in der immer ein Gebäude höher sein muß als das andere. Im Streben nach Allmacht und Kontrolle, nach Verleugnung des Todes und der Endlichkeit, ist er in keinem Augenblick mehr ganz lebendig.

Ich bin etwas besorgt, daß diese Gedanken als Abwertung von Idealen, als Absage an die Orientierung durch Normen schlechthin mißverstanden werden. Das ist nicht beabsichtigt und letztlich auch nicht möglich. Es gibt keinen völlig wertfreien Raum in unserer inneren Welt, in der sich so vieles – und gerade das Wesentliche – wohl nur durch Symbole, Bilder und Vergleiche erfassen läßt. Ich glaube jedoch, daß sich in vielen Situationen mit hinreichender Genauigkeit sagen läßt, was dem Leben dient, der Wärme und allem, das wächst, und was erstarrt, gefroren und zerstörerisch ist.

München, September 1979 W. S.

Vorwort zur zweiten Auflage

Für diese Auflage habe ich den Text nicht nur noch einmal durchgelesen, um die durch ein Mißverständnis zwischen Autor und Verlag leider häufigen Druckfehler zu beseitigen. Weil mir inzwischen einige Leser gesagt hatten, das Buch sei gelegentlich schwer verständlich, überarbeitete ich viele Kapitel und machte sie prägnanter. Da ich öfter höre, *‹Alles oder nichts›* sei zu umfangreich, will ich auf eine Ausweitung des Textes verzichten, die mich reizen würde. Ich habe inzwischen die Überzeugung gewonnen, daß eine soziologische Ergänzung noch sehr sinnvoll wäre, um unter anderem den Unterschied zwischen zerstörerischen Konkurrenzvorgängen (mit ihren Folgen für die Idealbildung) schlechthin und den spezifischen Gesetzen eines marktorientierten Profitwettbewerbs in der kapitalistischen Gesellschaft herauszuarbeiten, in dem auch die Idealbildung nicht von der Orientierung am Warencharakter verschont bleibt. Ich will damit dem Eindruck vorbeugen, daß sich durch die Psychotherapie einzelner oder durch ethische Appelle an die Subjekte (etwa im Sinn der biophilen Ethik von E. Fromm oder im Ruf nach einer Rückkehr zum menschlichen Maß) *allein* Entwicklungen aufhalten lassen, die «durch die Menschen hindurch» verlaufen.

München, Mai 1980 W. S.

1. Ideal und Destruktion im Alltag

«Solange ich noch Material für die Arbeit sammle, Literatur zusammensuche oder mich mit Freunden über das Thema unterhalte, fühle ich mich ganz wohl. Aber wenn ich mich hinsetzen und wirklich mit dem Schreiben anfangen soll, finde ich tausend Vorwände. Ich fange an, die Wohnung aufzuräumen, denke plötzlich an Telefonate, die noch dringend zu erledigen sind, oder ich muß mir unbedingt noch einen Tee machen, das schöne Wetter verlockt mich zum Spazierengehen. Das alles tue ich aber nicht locker, freue mich nicht drüber, sondern fühle mich gespannt und unruhig. Und wenn es dann endlich soweit ist, wenn ich am Schreibtisch sitze, dann bin ich entweder ganz blockiert, habe nur Nebel im Kopf, oder ich streiche jeden Satz, den ich anfange, gleich wieder durch. Nichts ist mir gut genug. Wenn ich jemals etwas schaffe, dann nur unter dem größten Termindruck; ich arbeite dann Tag und Nacht, komme zu nichts anderem mehr, und bin nachher ganz kaputt, weil ich mir sage, ich hätte alles noch viel gründlicher machen können. Irgendwo bin ich aber auch erleichtert, daß es vorbei ist.»

Eine 30jährige Universitätsassistentin

Solche Situationen werden viele Leser kennen – teils aus eigener Erfahrung, teils bei Freunden oder Angehörigen. Greifbar ist in der oben beschriebenen Szene die Zerstörung des Möglichen, das Ausweichen vor einer als bedrohlich erlebten Leistung. Weniger erlebt und oft erst in der genaueren Analyse deutlich wird das dahinterstehende Ideal. Es ist der Moloch, dem die lebendigen Möglichkeiten teilweise und in extremen Fällen gänzlich geopfert werden.

«Ich vergeude meine Zeit so sehr, daß ich ganz verzweifelt bin darüber. Morgens komme ich überhaupt nicht mehr aus dem Bett. Ich stehe erst mittags auf und bin dann durch das bißchen Aufräumen und Frühstückmachen schon so erschöpft, daß ich mich manchmal gleich wieder hinlege. Dabei erhole ich mich aber nicht. Ich werfe mir ständig vor, ich müßte doch eigentlich aktiv werden, ich dürfte doch nicht so schrecklich passiv sein. Abends, wenn mein Freund nach Hause kommt, ist es etwas besser. Aber ich fürchte mich, daß er fragt, was ich heute gemacht habe. Ich traue mir überhaupt nicht zu, eine Arbeit anzunehmen in dem Zustand.»

Eine 35jährige Malerin

Das Erscheinungsbild ist hier depressiv gefärbt, und eine Seite der Depression ist sicherlich, daß das erlebende Ich von der Last seiner (nur teilweise bewußten) Ideale buchstäblich geknickt und erdrückt wird. Es verstrickt sich in den Teufelskreis «Ich kann mich erst ausruhen, wenn ich es geschafft habe – ich muß mich erst ausruhen, bevor ich etwas schaffen kann», und wird dadurch zu einer stärkenden Erholung ebenso unfähig wie zu einer produktiven Leistung. Die zermürbende innere Spannung entsteht, weil der Betroffene ständig vor dem Ideal zurückweichen und es gleichzeitig erfüllen will. In diesem inneren Kampf, in dem jede Seite die andere so rasch wieder unterdrückt, daß keine von beiden voll erlebt werden kann, verschleißt er seine Kräfte. Dabei fordert er von sich, durch die endlich doch herausgepreßte Aktivität, die lange Passivität des vorausgehenden Kampfes ungeschehen zu machen, und verdoppelt dadurch die lähmende Überforderung.

Je weniger klar die im Hintergrund lastende Idealvorstellung ist, desto schwieriger wird die Erfüllung seiner konkreten Aufgabe. Die Assistentin im ersten Beispiel befindet sich noch in einer günstigeren Situation. Sie spürt, daß es ihre perfektionistischen Vorstellungen an die Niederschrift ihrer Gedanken sind, welche sie lähmen. Sie wird zwar zögern, das zuzugeben, denn sie empfindet ihren Perfektionismus als ganz selbstverständlich und normal; deutlicher ist ihr das eigene Versagen, diesem Vollkommenheitsanspruch gerecht zu werden: «Ach was, Ideal oder Perfektionismus ... ich möchte ja nur eine ganz stinknormale Leistung erzielen!» Doch läßt sich diese Abwehr relativ leicht erkennen, beispielsweise wenn die betont kritische Einstellung gegenüber den Arbeiten von Kollegen einbezogen wird, die – spiegelbildlich als Kritik der eigenen Leistung wieder von außen erwartet und von innen im Übermaß vorweggenommen – die Produktivität lähmt. Im zweiten Beispiel ist die umschriebene Arbeitsstörung zur allgemeinen Depression geworden. Das Ideal umfaßt bereits einfache Entschlüsse wie «ich muß aktiv werden», und lähmt sie. Dabei sind solche Prozesse häufig mit den Mitteln einer allein auf das Individuum bezogenen Beschreibung nicht faßbar. Die Leistungsstörung der Universitätsassistentin milderte sich etwa dann, wenn sie Gelegenheit hatte, ihrem Freund die ersten Textansätze vorzulegen und er sie dann bestätigte (sie glaubte ihm zwar nicht ganz, faßte aber doch Mut weiterzuarbeiten). Die schwere Depression der Malerin, die vor Zeichenpapier und Kreide in ohnmachtsähnliche Schlafzustände flüchtet, bessert sich, als sie (nach einiger Zeit der Therapie) den Entschluß faßt, aus der Wohnung ihres Freundes auszuziehen. Sie mietet sich einige Zimmer in einem Altbau und kann in ihrer Ausgestaltung auf einmal kreativ werden, obwohl jene Tätigkeiten, die sie mit den höchsten ästhetischen Ansprüchen besetzt (beispielsweise der Kauf der Leuchten), erst nach monatelangen inneren Konflikten gelingen. Für sie ist es wichtig, gewissermaßen der Aufsicht des Ideals zu entschlüpfen. So malt sie nicht, sondern fängt an, Pullover zu besticken. Einige davon gelingen ihr wunderbar, ihr Freund und ihre Bekannten sind begeistert. Einer davon, ein Boutiquenbesitzer, macht ihr den Vorschlag, dieses Talent beruflich zu nutzen. Mit einem Schlag, zunächst für sie selbst unbegreiflich, bleibt der Pullover liegen, die Arbeit wird vergessen. Wenn sie sich zwingt, sie wiederaufzunehmen, überfällt sie die lähmende Müdigkeit.

«Ich habe schon einmal angefangen zu studieren, damals in Paris, an der Sorbonne. Es ging auch am Anfang sehr gut, ich konnte alles, und ich machte meine erste Zwischenprüfung als einer von den

Besten. Doch dann habe ich einmal in einem Seminar einen Fehler gemacht, und ich konnte das einfach nicht mehr akzeptieren. Ich habe daraufhin das Studium abgebrochen und mir in München eine Stellung gesucht. Das habe ich mir aber nie verziehen.»

Ein 35jähriger Lehrer

Die Prüfung oder auch die abschließende schriftliche Arbeit, der Beginn oder der Abschluß eines künstlerischen Werkes, die Wahl des Partners für eine Dauerbeziehung, die Eheschließung, die Geburt eines Kindes, die Berufswahl sind Grundsituationen, in denen zerstörerische Ideale bei einzelnen Menschen besonders deutlich werden. Doch auch kleine und große Gruppen, ja selbst ganze Gesellschaften werden von solchen Idealen beeinflußt. Mein Ausgangspunkt und zum größten Teil auch mein Arbeitsmaterial stammt aus der psychoanalytischen Arbeit mit einzelnen Klienten und mit Gruppen, doch soll hier darüber hinaus versucht werden, soziale, geschichtliche und biologische (vor allem entwicklungsgeschichtliche) Seiten der Idealbildung aufzugreifen.

«Ich habe oft das Gefühl, alles zu verplempern. Dann ist mir wieder gar nichts recht. Ich bin jetzt siebenunddreißig, und ich müßte doch allmählich wissen, was ich will. Ich glaube, ich will einfach nichts aufgeben. Als mich mein erster richtiger Freund heiraten wollte, bin ich ihm aus der gemeinsam fast fertig eingerichteten Wohnung davongelaufen, als er eben die Bilder aufhängen wollte . . . Manchmal hätte ich gerne Kinder. Aber ich kann mich einfach nicht entscheiden dafür. Meine Abtreibungen tun mir dann leid, aber einen richtigen Entschluß kann ich nicht fassen. Ich kann mir gar nicht vorstellen, allein mit einem Mann zusammen zu leben, ich käme mir eingesperrt vor. Ich habe eigentlich keine Arbeitshemmung, ich mache vieles sehr gern, ich male, schreibe Gedichte, aber ich merke, daß ich immer gerne aufhöre, bevor ich wirklich fertig bin. Ich habe mal ein Buch angefangen, und ich interessiere mich heute noch dafür, aber das Manuskript ist einfach liegengeblieben . . .»

Eine 37jährige Psychologin

Hier wird nicht die Leistungshemmung an sich deutlich, sondern die Vollendungshemmung. Das zerstörerische Ideal äußert sich darin, daß nur die verheißungsvollen, die Phantasie der Perfektion zulassenden Anfangsstadien von Handlungen zugelassen werden, während der Abschluß unterbleibt. Während der erwähnten Malerin nicht einmal die Saat gestattet wurde, ist hier nur die Ernte verboten. Die zugrunde liegenden Vorgänge sind jedoch ähnlich.

Die Flucht vor dem Ideal

Steht vor mir, der sich gerühmet
In vermeßner Prahlerei,
Daß ihm nie mehr als die Hälfte
Seines Geistes nötig sei?
Ludwig Uhland, ‹Bertran de Born›[1]

Die lähmende Wirkung des Ideals und die Zerstörung der dem handelnden Ich möglichen Leistung durch die unbewußte Unterwerfung unter einen Vollkommenheitsanspruch sind schmerzlich und gefährden das Selbstgefühl. Daher werden Abwehrmechanismen aufgebaut, welche das Ich davor schützen sollen, nichts zu erreichen, weil es alles erreichen müßte. Der Ausspruch des von einem zerstörerischen Ehrgeiz gejagten Sängers Bertran de Born, er brauche für die Bewältigung eines reichen und gefahrvollen Lebens nie mehr als die Hälfte seines Geistes, weist auf einen solchen Schutzmechanismus hin. Um der Überforderung durch das Ideal zu begegnen, werden von vornherein innere Reserven

1 Zitiert nach Hans Böhm, Balladenbuch, München 1937, S. 250. – De Born wurde um 1140 geboren und starb um 1214 als Mönch. Sein Leben als Troubadour war beherrscht von kriegerischen Wechselfällen. Aus seinen Liedern spricht ein Lob des Kampfes um des Kampfes willen. Er ist durchaus ein Beleg für den Zusammenhang von verstecktem Vollkommenheitsanspruch und Destruktion; auch in Uhlands Ballade tritt de Born als Zerstörer und Opfer von Zerstörung auf.

geschaffen. Es wird nicht mehr «aus dem vollen» gelebt, sondern aus dem halben. Die angestrebten Ziele sind von vornherein reduziert, und so kann nie eine Situation entstehen, in der sich der Betroffene sagt: «Ich habe alles an dieses Ziel gesetzt und es nicht erreicht!» Weil er nie mit vollem Einsatz gespielt hat, kann er sich der Bedrohung durch einen vollständigen Verlust entziehen. Er hat schließlich selbst daran mitgearbeitet, daß er nicht erreicht, was er anstrebt. Gleichzeitig kann er auf die unerwartete Befriedigung hoffen, mit der Hälfte seines Geistes (seines Einsatzes, seiner Energie, seines gefühlshaften Engagements) etwas zu erreichen, wovon andere, die er als Konkurrenten phantasiert, nur träumen.

Wenn Bertran de Born ein Lied glückt, das die Verse aller übrigen Sänger weit übertrifft, dann erhebt ihn sein Selbstgefühl zu einem übermächtigen Ideal, weil er dazu nur die Hälfte seines Geistes benötigte, und es noch besser machen würde, wenn er seinen vollen Geist eingesetzt hätte. Doch ist dieser Gewinn trügerisch, er täuscht über den letztlich einschränkenden und zerstörerischen Mechanismus hinweg, der den Dichter veranlaßt, nie seine ganze Kraft auf eine Leistung zu konzentrieren. In vielen Alltagssituationen ist diese Flucht vor dem Ideal nachweisbar. Sie äußert sich etwa darin, schnell hinter sich zu bringen, was mit Idealansprüchen besetzt ist. Die Prüfung wird zum frühestmöglichen Termin und ohne genügende Vorbereitung gemacht – «jetzt habe ich es hinter mir, und es ist ja kein Wunder, daß ich mittelmäßig abschnitt, ich hab mich ja auch nicht genügend vorbereiten können, aber das ist ja egal, ich bin kein Streber . . .» Das kann beides sein, vom vernünftigen Ich getragene Entscheidung, nicht bei einem ehrgeizigen Wettrennen mitzuhetzen, oder aber das Ausweichen vor einem unbewußten Leistungsideal. Im letzten Fall werden andere Zeichen, etwa traurige Verstimmtheit nach der Prüfung oder hektische Aktivität auf vielen Gebieten, auf die Abwehr des Idealanspruchs hinweisen.

Diese abgewehrten Idealansprüche, die nicht mehr unmittelbar erlebt werden, beeinflussen oft die ganze Lebensgestaltung. Viele Journalisten wollten eigentlich Dichter oder Schriftsteller werden. Später behaupten sie oft, ihre jetzige Arbeit mit ihrer soviel größeren Breitenwirkung, Aktualität und finanziellen Sicherheit sei weit sinnvoller. Viele Kunsterzieher haben diesen Beruf gewählt, weil er es ihnen erlaubt, sich auf die Bertransche Formel zurückzuziehen – «eigentlich wäre ich ja zu Höherem fähig, aber ich unterrichte vorläufig aus äußeren Gründen, um meine Familie zu erhalten ...» Auch hier muß sorgfältig zwischen der realitätsgerechten Verarbeitung eines Idealanspruchs und der Flucht vor ihm unterschieden werden. Einen möglichen Hinweis bietet die Art, in der die Betroffenen mit Menschen umgehen, die ernsthaft das versuchen, was sie vermeiden. Wer sich unbewußt auf der Flucht vor dem Ideal befindet, wird meist nicht einfühlend und wohlwollend mit den Menschen umgehen können, die sich diesem Ideal stellen, die versuchen, es in greifbare Wirklichkeit umzusetzen. Das kann sich bei dem erwähnten Kunsterzieher darin äußern, daß er durch zynische Kritik oder durch Wahrnehmungseinschränkungen die Fähigkeiten gerade jener Schüler kleinmachen oder verleugnen will, die sein verdrängtes Ideal anstreben. Von hier aus ließe sich auch ein Ansatz für die Psychologie der Kunstkritik schlechthin gewinnen, den ich hier nur andeuten will. Thomas Mann hat in seiner Novelle über das Wunderkind glänzend den Kritiker geschildert, der im Künstler einen Scharlatan sieht, der die wahren, nur ihm faßbaren und letztlich in der Verneinung jeder Praxis bestehenden Ideale der Kunst verrät. In anderen Fällen äußert sich das destruktive Ideal dergestalt, daß der Kritiker einen oder auch mehrere Künstler zum Maßstab erhebt, sie kritiklos idealisiert, und dann an ihnen die Produktionen aller übrigen mißt.

Wenn ein begabter Student beschließt, künftig als Taxifahrer zu arbeiten, flieht er oft vor einem unbewußten Berufsideal in eine Tätigkeit, die ihn nur halb fordert. Der Studienabbruch «wirkt befreiend, wenn die Konfrontation mit dem Unerreichbaren dadurch aufgehoben wird»[1]. (So gesehen kann die Flucht vor dem Ideal ein kreativer Akt sein, die Lösung einer anderweitig noch unerträglicheren Situation. Der zerstörerische Anteil ist dann das Maß an fehlgeschlagenem Einsatz auf einem endlich als falsch erkannten Weg.)

1 Klaus Dörner, Hochschulpsychiatrie, Stuttgart 1967, S. 37.

Ein häufiger, erst durch eine gründlichere Analyse aufdeckbarer Fluchtweg vor dem destruktiven Ideal ist der Ersatz von möglicher Qualität durch Quantität. Das Problem einer sinnvollen, wirklich befriedigenden und eine Ruhephase rechtfertigenden Leistung wird dadurch umgangen, daß ein zerstörerisches Ideal in immer gleichem Abstand durch hektische Aktivität umkreist wird. Ein Autor produziert beispielsweise Buch nach Buch. Keines befriedigt ihn; er ist, während er das eine kaum abgeschlossen hat, bereits mit den Vorarbeiten für das nächste beschäftigt. Seine Umwelt reagiert mit Bewunderung seiner Produktivität und verstohlener Kritik seiner Vielschreiberei – «das kann doch gar nichts taugen!» Jedes Buch ist gewissermaßen mit nur einer Hälfte des Geistes geschrieben, und die gute Durchschnittsleistung, die es darstellt, wird durch die Art der Produktion gerechtfertigt. Im Unbewußten besteht hier eine schwer greifbare Angst, einerseits bei einer weniger hektischen Produktivität, einem gründlicheren, ausdauernden Schaffen zu scheitern, oder im Zuge einer Ruhepause die Potenz zum Schreiben, zum Gestalten gänzlich zu verlieren. Hierzu paßt das Bild der Flucht in eine Umlaufbahn um das Ideal. Nähert sich der Betroffene ihm zu sehr an, so fürchtet er, wie ein Satellit im Schwerefeld abzustürzen und zerstört zu werden. Weicht er von seiner Bahn in eine andere Richtung ab, so muß er fürchten, beziehungs- und inhaltsleer, ohne greifbare Lebensaufgabe im Weltraum zu verschwinden.

Das Leben wird durch die Grundgesetze von langsamem Wachstum, Einatmen und Ausatmen, Neugieraktivität und Schlaf bestimmt. Das Ideal hat die Aufgabe, in dieses fließende Geschehen, in dem ständig von erogenen Zonen oder anderen Körperorganen neue Wünsche produziert werden, feste Ordnung und bleibende Struktur zu bringen. Das Ideal fordert gleichmäßige Perfektion. Es schläft nie, das heißt, es versucht, eine dauernde Struktur aufzurichten, die nicht periodischen Veränderungen und Wachstumsprozessen unterliegt. (Über die Entwicklungspsychologie des Ideals werden wir später noch sehr viel mehr zu erfahren suchen. Hier nur soviel: Es scheint, daß das Ideal während einer sensiblen Periode der Kindheit aufgebaut wird und aus Gründen, die mit der menschlichen Evolution eng zusammenhängen, später in einem Wiederholungszwang nach möglichst beständiger Reproduktion bestimmter seelischer und sozialer Muster strebt.)

Ein Symbol dafür ist die ‹*Faust*›-Dichtung Goethes, deren uneingeschränkte Lobpreisung durch viele Generationen von Gymnasiallehrern deutlich zeigt, wie wenig die Problematik eines destruktiven Ideals in unserer Kultur reflektiert wurde und wird. Fausts Grundsatz ist die Zerstörung des Augenblicks durch die Jagd nach dem Ideal – sei es des Wissens, sei es der Liebe (Gretchen, Helena). Sie wird Teil seines Teufelspakts, wobei Mephisto die Rolle des *Agent provocateur* übernimmt, der seine eigene Rastlosigkeit und Destruktivität verbirgt, um Faust zu seinem Schwur zu verführen:

«FAUST: Werd ich beruhigt je mich auf ein Faulbett legen,
So sei es gleich um mich getan!
Kannst du mich schmeichelnd je belügen,
Daß ich mir selbst gefallen mag,
Kannst du mich mit Genuß betrügen:
Das sei für mich der letzte Tag!
Die Wette biet ich!
MEPHISTO: Top!
FAUST: Und Schlag auf Schlag:
Werd ich zum Augenblicke sagen:
Verweile doch: du bist so schön!
Dann magst du mich in Fesseln schlagen,
Dann will ich gern zu Grunde gehn!
Dann mag die Totenglocke schallen,
Dann bist du deines Dienstes frei,
Die Uhr mag stehn, die Zeiger fallen,
Es sei die Zeit für mich vorbei!»

Faust zerstört die Idylle von Philemon und Baucis, das Symbol der außerhalb der Ideal-Mechanismen lebendigen menschlichen Möglichkeiten, wie er auch schon früher Gretchen zerstört hat. Das Ziel seines Lebens erreicht Faust nicht. Er kommt ihm in einem Augenblick am nächsten, in dem er sich einen übermächtigen Dammbau und die Trockenlegung eines Sumpfs vorstellt. Das Feste wird hier vom Fließenden, von Wasser und Schlamm abgegrenzt.[1]

Hier wird ein Stück des Zusammenhangs faßbar, der zwischen dem Beginn der inneren Auseinandersetzung mit dem Ideal und der «analen» Phase besteht, in der es dem Kind auferlegt wird, flüssige und breiige Stoffe an seiner Körperoberfläche (der Grenze zwischen «innen» und «außen») nurmehr eingeschränkt oder überhaupt nicht mehr lustvoll zu erleben. Erst jetzt macht es Bekanntschaft mit Ordnung, Kontrolle, Leistung, mit der inneren Spaltung von dunkel und hell, gut und schlecht, mit Versagen oder Erfolg im Nachahmen eines kulturell vorgegebenen Ideals.

Auf der Erlebnisebene äußern sich Festigkeit und Starre des Ideals als Störfaktor in den natürlichen vegetativen und animalischen Abläufen. Atmung, Nahrungsaufnahme, Verdauung und Ausscheidung, Schlaf und Muskelbewegungen werden durch ein nicht integriertes Ideal gestört. Dieses Ideal atmet nicht, schläft nicht, entwickelt sich nicht. Es wird als dauernde Last empfunden, als Zwang, der die Erholung und den Schlaf durch hektische Phantasieaktivität beeinträchtigt und umgekehrt die zielgerichtete Aktivität durch den Wunsch nach Ruhe, Rückzug und Entspannung unmöglich macht. Der Körper versteift; vor allem die Wirbelsäule im Lenden- und Schulterbereich wird durch ein erstarrtes Muskelkorsett in eine überaufrechte Haltung gezwungen. Das Ideal sagt «ich muß», nicht «ich will», «man sollte» und nicht «ich möchte».

1 Eine ausführliche Betrachtung über die literarischen Formen dieser Austrocknungs- und Abgrenzungsmechanismen gibt Klaus Theweleit, Männerphantasien, 1. Band, Frankfurt a. M. 1977, S. 287ff und S. 492ff.

Alles oder nichts

Besser der erste in diesem Dorf,
als der zweite in Rom.
Julius Caesar

Es ist oft nicht leicht zu sehen, wie ein ideales Ziel, das als kostbar und sinnvoll erlebt wird, den Weg verbaut, es zu erreichen. Die Hemmungen und Einschränkungen, die in Trauer und Depression gegen das eigene Ich gerichtete Aggression werden zwar schmerzlich empfunden. Doch erreicht die Aufmerksamkeit selten das überfordernde Ideal in ihrem Hintergrund. Dabei stehen zwei Fluchtwege zur Verfügung, die eine unmittelbare Auseinandersetzung mit dem Ideal ersparen. Einmal ist die real einschränkende oder als einschränkend phantasierte Umwelt schuld, ein andermal das eigene Ich, wobei aber nicht der Überanspruch und der Perfektionismus angeklagt werden, sondern die mangelnden Fähigkeiten des Ichs, das Versagen der Konzentration, die Widerspenstigkeit eines ermüdeten oder sich durch psychosomatische Symptome rächenden Körpers.

Die subjektiven Gewinne aus dem Festhalten am Ideal richten sich nach einem Zwar-aber-Modell. «Die Umwelt macht mir zwar Schwierigkeiten, aber nur, weil ich im Grunde wertvoller bin als (alle) andere(n)!» (Typ «verkanntes Genie».) «Ich schaffe zwar nicht, was ich will, aber ich will etwas Vollkommenes, während sich alle anderen mit ihren mangelhaften Leistungen zufriedengeben und sich noch denken, wunder was sie tun!»

In die Praxis kommt ein gutaussehender, elegant gekleideter Mann, der mit mir über ein von ihm geplantes Buch sprechen will. Er möchte die gesamte Psychologie und Verhaltensforschung auf eine neue Grundlage stellen. Alle anderen Autoren, die hier schon Theorien entwickelt oder erfolgreiche Bücher geschrieben haben, würden ja nur Stuß verkaufen. Seine eigene Theorie sei viel umfassender, sie fange direkt bei der Physik an, beziehe die ganze Biologie ein und höre mit eindeutigen politischen Forderungen auf, welche die ganze Gesellschaft verändern müßten. Sein Anliegen an mich: ob ich nicht einen Verlag für ihn finden könne? Er legt mir eine Zusammenfassung vor, die inhaltlich und formal jämmerlich ist. Ich fühle mich hilflos, weil ich ein höchst kränkbares Selbstgefühl spüre, das sich aus Angst vor Zurückweisung zu solchen großartigen Vorstellungen aufbläst, gleichzeitig aber ein solches Machwerk nicht empfehlen will. So versuche ich etwas mehr über seine Lebensgeschichte zu erfahren. Er ist Autodidakt, hat sich als Filmemacher erfolglos versucht und lebt zur Zeit mit einer Frau zusammen, die ihn unterhält, die er aber nicht als Lebenspartnerin akzeptieren kann – nur um sein Werk zu schaffen, ertrage er sie. Aber er will nicht mit mir über seine eigenen Probleme reden, sondern nur über seine Theorie. Er hätte schon Kontakt mit einigen anderen Psychologen geknüpft, aber diese bornierten Wissenschaftler hätten ihm entweder gar keinen Termin gegeben oder ihn nach kurzem Gespräch damit beschieden, sie seien auf ein Gebiet spezialisiert und für so allgemeine Fragen nicht zuständig. Ich sei jetzt eine große Hoffnung für ihn. Ich versuche, ihn auf seinen großen Anspruch und die dadurch bedingte Gefahr des Scheiterns hinzuweisen – vergeblich. Ich spüre die Ansätze zu einer tiefen Verzweiflung, aber es gelingt mir nicht, das Ich meines Gesprächspartners in eine beobachtende, kritische Haltung dem Ideal gegenüber zu bringen. Vorschläge für einige therapeutische Gespräche lehnt er ab. Wir verabschieden uns; ich fühle Mitleid mit seinem schon vorprogrammierten Scheitern und zugleich eine ironisch eingekleidete Aggression gegen seinen aufgeblähten Anspruch.

Das «verkannte Genie» identifiziert sich mit seinem überspannten Größenideal und lebt in einer feindlichen, abweisenden, verständnislosen Umwelt. Ihr gelten alle Aggressionen, während die Hoffnung sich auf künftige Generationen oder einen endlich zu erwartenden, freundlichen Gönner richtet. Die Anpassung an die Wirklichkeit wird dann zu einem Hauptproblem; Ruhelosigkeit, häufiger Szenenwechsel, immer neue Versuche, doch einen Gönner, ein Publikum zu finden, bestimmen die Lebensgestaltung. Eine Therapie hat in ihr meist keinen Platz. Im übrigen bestehen fließende Übergänge zwischen dem zerstörerischen Ideal des «verkannten Genies» und dem häufig ebenfalls sehr schwankenden, zwischen Größenanspruch und Versagensangst pendelnden Selbstgefühl wirklich begabter Menschen. Das Leben des Menschen scheint ab einer bestimmten Stufe der individuellen und gesellschaftlichen Entwicklung von einer ständigen Auseinandersetzung mit Idealansprüchen bestimmt, in der es immer auch destruktives Scheitern gibt. Der zerstörerische Aspekt muß stets neu integriert werden. Die Lebensgeschichte vieler großer Künstler ist reich an Hinweisen, wie immer wieder destruktive Züge des Ideals die Selbstverwirklichung bedrohen, wie kaum gefundene Gönner überfordert und zu Feinden gemacht werden. Richard Wagner ist ein Beispiel für viele Künstler, deren Lebensgeschichte von hochgespannten Erwartungen, enttäuschten Hoffnungen und endlich doch erreichtem Erfolg bestimmt ist.

Anders die nach innen gewandte, gegen das eigene Ich und nicht gegen eine angeblich verständnislose Umwelt gerichtete Antwort auf ein zerstörerisches Ideal. Hier ist die Beziehung zur Wirklichkeit nicht illusionär; die realen Möglichkeiten in ihr werden durchaus erkannt und richtig eingeschätzt. Das Ideal äußert sich vorwiegend negativ, als gegen das Ich gerichtete Kritik. Die Betroffenen sagen von sich selbst, sie seien eben Pechvögel, Versager, Angsthasen, Dummköpfe; das geschieht in dem Ton, in dem eine Gouvernante über ihr ungezogenes Kind redet. Die Lebensgeschichte, die solche Menschen erzählen, scheint eine einzige Dokumentation dieser negativen Selbstbestimmung, hinter der sich – schwer faßbar – das Ideal verbirgt.

«Ich bin eben eine Versagerin, eine alte Jungfer, ich komme mir ganz zickig vor. Ich bin unzufrieden mit meinem Beruf, ich wollte eigentlich immer etwas ganz anderes werden, ich wollte heiraten und vier Kinder haben. Aber ich schaffe es einfach nicht, den richtigen Mann zu finden. Zur Zeit ist mein größtes Problem, daß ich so dick bin. Auch die Haare gehen mir büschelweise aus. In diesem Zustand will ich niemand sehen, will ich überhaupt nichts Neues anfangen. Ich kann mich überhaupt nicht konzentrieren, und dann bin ich so blöd, daß ich mir den Posten, der mir schon fest zugesagt war, von einem Kollegen wegschnappen lasse, der wirklich überhaupt nichts kann, aber eben so clever ist, daß man ihn nicht übergeht. Und ich mache dann auch noch die Arbeit für ihn.»

Dieser Ausschnitt aus der Analyse einer 35jährigen Dolmetscherin zeigt die subjektive Seite dieser Auseinandersetzung mit einem destruktiven Ideal. Die Klientin spricht von sich selbst wie von einer dritten Person. Ihre Stimme ist nicht beteiligt, sie scheint entrüstet, aber weder traurig noch wütend. Wesentlich ist noch, daß diese Frau ausgesprochen hübsch und schlank ist und die Klage über das büschelweise Ausgehen der Haare lediglich eine Veränderung ihres Selbstgefühls anzeigt; die fülligen Haare machen einen Teil ihrer Anziehungskraft aus. Die Selbstanklagen nehmen jede nur mögliche Kritik der Umwelt vorweg. («Was ich nicht will, daß man mir tu, füg ich mir vorher selber zu!») Ihre Lebensgeschichte ist von den verschiedensten Formen der Ideal-Abwehr bestimmt. So verweigerte sie sich lange Zeit jeder Beziehung zu einem Mann und träumte von einem idealisierten Filmschauspieler. Als sie dann noch darangehen wollte, sexuelle Beziehungen aufzunehmen, litt sie unter der Vorstellung, bereits so alt und noch Jungfrau zu sein und entzog sich dieser bedrohlichen Situation dadurch, daß sie sich operativ entjungfern ließ, um auf ihren Partner den Eindruck einer welterfahrenen Frau zu machen. Obwohl sie subjektiv ständig einen liebenswerten Partner suchte, verhinderte sie eine Beziehung durch eine Mischung aus Verhaltensformen, die sich entweder gegen sie oder gegen den Partner richteten. Sie fing etwa an, viel zu essen, fühlte sich dann träge, vollgestopft und «tabu» für jeden Kontakt, bis eine mögliche Beziehung wieder abgerissen war. Oder sie begann, den Partner gereizt zu kritisieren und ihn unbarmherzig für alle Abweichungen von einem Idealbild zur Rechenschaft zu ziehen, das sie als «normal» festsetzte – «ich bin doch wirklich nicht anspruchsvoll, aber so dumm darf ein Mann doch nicht sein, wenn ich mich für ihn interessieren soll . . .»

Diese Form des Umgangs mit einem destruktiven Ideal beruht darauf, daß das Ich sich mit den kritischen Seiten des Ideals verbündet und unbarmherzig über das Selbst herfällt. So schädlich und verletzend dieses Verhalten auch scheinen mag, es erfüllt doch wichtige Schutzfunktionen. Die Betroffenen sind von einer Kritik von außen weitgehend geschützt. Sie verlocken die Umwelt eher dazu, die von ihnen so überreichlich geäußerte Selbstkritik abzumildern. Gleichzeitig gewinnen sie nicht selten einen Ansatz, auf indirektem Weg jene heftigen Aggressionen gegen Dritte zu richten, die das Ideal dem Selbst entgegenbringt. Die Dritten werden dann auf eine ganz ähnliche Weise, doch viel schwerer nachweisbar, angegriffen und angeklagt wie vom «verkannten Genie». Die Situation erinnert an den zerknirschten, reuevollen Prediger, der sich der schwersten Sünden anklagt, gelegentlich aber auch durchblicken läßt, für wie sündhaft er seine Mitmenschen halten muß, die ihren übrigen Lastern – die er bei sich anprangert – noch das Laster der Zufriedenheit mit sich selbst hinzufügen.

Vermeintlich mit dem Aufbau des Ideals beschäftigt, das Wirkliche und Mögliche zu zerstören – diese menschliche Grundsituation läßt sich im Alltag an Hand des von Eric Berne beschriebenen «Spiels» «Ja, aber . . .» verfolgen.[1] Irven Yalom spricht von einem jede Hilfe ablehnenden Jammerer[2]; ich selbst habe an anderer Stelle[3] diese Interaktionsform als einen Ausdruck des «Helfer-Syndroms» beschrieben. Zur Illustration ein erfundenes Gespräch:

«Ich habe Hunger, schrecklichen Hunger. Bitte, gebt mir etwas zu essen, ich kann mir selbst nichts verschaffen!»

«Hier hast du Brot.»

«Ja, aber ich will kein Brot. Von Brot bekomme ich Verstopfung, und es schmeckt mir nicht.»

«Du kannst auch Käse und Wein haben.»

«Ja, aber der Wein bekommt mir nicht, und von Käse bekomme ich immer Sodbrennen.»

«Dann mache ich dir einen Haferbrei, das ist gut für einen empfindlichen Magen.»

1 E. Berne, Spiele der Erwachsenen, Reinbek 1970, S. 157.
2 I. Yalom, Gruppenpsychotherapie, München 1973.
3 W. Schmidbauer, Die hilflosen Helfer, Reinbek 1977.

«Ja, aber ich bin doch kein Baby mehr – was denkst du eigentlich von mir! Aber ich wußte ja gleich, daß du mir in Wirklichkeit gar nicht helfen wolltest.»

Der in den Selbstanklagen und im Jammern ausgedrückte «Hunger» zeigt einen Zustand an, in dem der Betroffene sich selbst nicht mehr zutraut, sein Ideal zu erfüllen. Gleichzeitig erwartet er von den anderen, daß sie ihm diese Arbeit abnehmen. Er sieht eine Lösung jedoch nicht darin, daß ihm sein neurotisches Elend genommen wird, sondern verlangt, die einschränkende, verweigernde Wirklichkeit zu beseitigen. Die Lösungsvorschläge, die der Jammerer ablehnt, kann er deshalb nicht annehmen, weil sie zu jener Wirklichkeit gehören, die er auf Grund seines Ideals nicht akzeptiert. Das «verkannte Genie» sagt: «Ich bin das Ideal, doch die Umwelt, die Wirklichkeit, wie sie gegenwärtig ist, kann mich auf Grund meiner Großartigkeit nicht verstehen und bestätigen.» Der Jammerer sagt: «Es gibt doch den Idealzustand, ich sehe doch, daß ihn andere haben, ich möchte ihn auch, gebt ihn mir.» Während das «verkannte Genie» seine kritischen Neigungen in die Umwelt projiziert und sich von ihr böswillig verfolgt fühlt, verlegt der Jammerer seine Ideale in die Umwelt, schreibt anderen Menschen zu, daß ihnen glückte, was ihm versagt bleibt, ohne realistisch wahrzunehmen, mit welchen Einschränkungen und Opfern andere ihre Ziele erreichen. Gerade diese Anstrengungen will der Jammerer nicht unternehmen. Er sucht einen Liebespartner, der ohne jede Schwäche ist, der aber jede Schwäche des Jammerers akzeptiert. Sein Therapeut muß makellos sein und wird – auf Kosten der Realität – zu einem idealen Helfer umgeschaffen, der nach langem geduldigem Jammern schon ein Stück seiner Großartigkeit abgeben wird. Aufsteigende Kritik an diesem nach außen verlegten Ideal, das in passiv hingenommener Verschmelzung ein Stück seiner Großartigkeit abgeben soll, wird unterdrückt oder etwa auf die Kollegen des idealen Helfers umgelenkt, die alle Versager sind.

Der «Ja, aber . . .»-Spieler wäre sogleich bereit, das Aber fortzulassen, wenn er einen idealen Helfer fände, mit dem er verschmelzen kann und der dadurch jedes Gefühl der Einschränkung und Mangelhaftigkeit in ihm austilgt. Psychoanalytisch läßt sich dieser Wunsch als die fortbestehende Suche nach einem idealen Selbst-Objekt verstehen, das heißt nach einer Bezugsperson, die als Teil des eigenen Selbst aufgefaßt und emotional verwendet werden kann und die diesem Selbst eine sonst schmerzlich vermißte Vollständigkeit und Beständigkeit gibt. Charakteristisch ist in diesem Zusammenhang der Wunsch nach Hypnose, wenn in der psychotherapeutischen Behandlung eines solchen Menschen die Aussichtslosigkeit der bisherigen sozialen Ansprüche deutlich wird.[1]

Der zerstörerische Konflikt, der in dem jede Hilfe ablehnenden Jammerer wirksam ist, beruht möglicherweise darauf, daß hier ein frühkindliches Bedürfnis einen erwachsenen Organismus beherrscht. Das Kind ist nicht in der Lage, seine Bedürfnisse selbständig zu befriedigen und der Wirklichkeit jene Antworten auf seine Wünsche abzunötigen, die es verstehen und verwenden kann. Es braucht dazu den Erwachsenen als Vermittler, der einfühlend mit ihm verschmilzt und die Umwelt des Kindes so gestaltet, daß dieses darin überleben kann. Der «Ja, aber . . .»-Spieler ist immer noch auf der Suche nach einem solchen Erwachsenen, der ihm eine Umwelt baut, in der er sich zurechtfindet. Doch seine Wünsche sind die Wünsche eines Erwachsenen mit einem kindlichen Anspruch. Darin wurzelt der grundlegende Widerspruch, der eine Erfüllung unmöglich macht. Ich kann den Wunsch eines Kleinkindes nach Schutz, Nahrung, Wärme und Zärtlichkeit befriedigen, ihm gewissermaßen ein Kinderzimmer und einen Garten einrichten, in dem es sich wohl fühlt – und viel mehr braucht es auch nicht. Doch ich kann nicht einem Erwachsenen einen befriedigenden Lebenspartner auf dieselbe Weise verschaffen, ihm eine berufliche Laufbahn ebnen, die wie ein

1 «Von der Verliebtheit ist offenbar kein weiter Schritt zur Hypnose. Die Übereinstimmungen beider sind augenfällig. Dieselbe demütige Unterwerfung, Gefügigkeit, Kritiklosigkeit gegen den Hypnotiseur wie gegen das geliebte Objekt. Dieselbe Aufsaugung der eigenen Initiative; kein Zweifel, der Hypnotiseur ist an die Stelle des Ich-Ideals getreten.» So beschreibt Sigmund Freud diesen Zusammenhang in: Massenpsychologie und Ich-Analyse, Gesammelte Werke [= G. W.], Band XIII, S. 126.

Geschenk seinen Vollkommenheitsanspruch erfüllt. Die Sehnsucht, die Bedürfnisse des Erwachsenen in einer ebenso passiven Weise erfüllt zu bekommen wie die Bedürfnisse des Kindes (häufig ist diese Sehnsucht besonders intensiv, wenn das Kind sehr wenig Geborgenheit und Einfühlung finden konnte), ist ein wichtiger Anlaß für die Illusionen unseres Alltagslebens.

Der Umgang mit magischen Objekten, welche alle Wünsche erfüllen, ist ein Grundmotiv von Märchen und Sagen: Aladins Wunderlampe, Tischlein deck dich, Schlaraffenland, drei Wünsche sind frei, das Feuerzeug, der Teufelspakt, Superman, die Zauberflöte – bis hin zu den Autoren von Science-fiction, die Astronauten auf einem fernen Planeten jenen Roboter wiederfinden lassen, der alle Wünsche erfüllt. Gerne, wenngleich durch unser kritisches Bewußtsein leicht verlegen gemacht, kehren wir in diese Welt der Märchen zurück, in die «Zeit, in der das Wünschen noch geholfen hat», den Idealzustand, den die Wirklichkeit nur allzu rasch stört. Oft nehmen die Märchen diese Störung vorweg und suchen zu beweisen, daß der Mensch gar nichts mit den Zauberdingen anfangen kann, die ihm passiv alle Wünsche befriedigen. Die Frau wünscht sich eine Bratwurst, der Mann wünscht ihr aus Wut über diese Wunschverschwendung die Bratwurst an die Nase, und beide müssen endlich den letzten ihrer drei Wünsche daransetzen, das selbstgeschaffene Übel wieder zu heilen. In den magischen Wünschen tritt wieder die Wirklichkeit zutage, vor allem ihr aggressiver Aspekt. Es ist wohl kein Zufall, daß die Wunscherfüllung im Märchen deshalb keinen spannungslosen Idealzustand herstellen kann, weil zu den Wünschen, welche die Zauberdinge befriedigen sollen, auch aggressive Wünsche gehören. Der Mann, der im Grimmschen Wunschmärchen seiner Frau die Bratwurst an die Nase wünscht, weil sie so naiv war, sich eine Bratwurst zu wünschen und keinen Königspalast, hätte mit ihr zusammen die Bratwurst auch essen können und noch zwei Wünsche frei gehabt. Aber er wurde «aus Versehen» zu einem aggressiven Wunsch hingerissen, mit dem er sich selbst und seine Frau für deren Naivität und Kindlichkeit bestraft. Der Jammerer, dessen Klagen ebenfalls versteckte Wünsche sind, bestraft sich selbst dafür, daß er diese Wünsche hat, daß er eine Abhängigkeitsbeziehung herstellen möchte, die er auf der anderen Seite fürchtet. Er ist in der Rolle des Durstigen, dem ein Glas vergiftetes Wasser angeboten wird. Durstet er, muß er leiden; trinkt er, muß er leiden; was soll er tun? Nimmt er die Hilfe, wird er zum Kind. Muß er die Versagungen ertragen, die ihm die Realität auferlegt, und sich noch denen gegenüber unterlegen fühlen, an die er sich jammernd um Hilfe wendet? Lehnt er die Hilfe ab, dann befriedigt er seinen Zorn darüber, daß er nicht die richtige Hilfe bekommen hat, aber er muß auch die Hoffnung aufgeben, jemals seine Wünsche erfüllt zu sehen.

«Am schönsten wäre es, wenn mir meine Frau meine Wünsche erfüllen würde, ohne daß ich sie sagen muß. Ich könnte mich dann immer groß und erwachsen fühlen. Aber das tut sie nicht. Eigentlich weiß ich auch, daß es unsinnig ist, das zu erwarten, dieses absurde Liebes-Ideal, einander die Wünsche von den Augen abzulesen. Das möchte ich letztlich doch gerne. Wenn ich ihr konkret etwas sage, was ich will, dann bin ich sehr schwach. Ich fühle mich ausgeliefert und bin auch ganz starr und sehr beleidigt, wenn ich es nicht bekomme. Wenn ich zum Beispiel mit ihr vögeln will, und sie mag nicht, dann fühle ich mich total abgelehnt und verlassen. Dabei weiß ich, wenn ich es mir jetzt in der Analyse überlege, ganz genau, daß ich noch einiges andere, auch Schöne von ihr haben könnte, daß sie bereit wäre, mit mir darüber zu sprechen. Aber ich kann dann gar nichts mehr annehmen, ich spüre nur noch den Wunsch, mich zu rächen, sie zu verletzen – und wenn ich das tue, kriege ich natürlich noch viel weniger die Liebe und Zuwendung, die ich eigentlich möchte. Ich werde dann für einige Tage ganz traurig und zweifle an mir und an unserer Beziehung.»

Aus der Analyse eines 37jährigen

Das Stück eines «Alles oder nichts»-Prinzips, das hier greifbar wird (und sich in zahlreichen Partnerkonflikten in ähnlicher Form nachweisen läßt), zeigt das Grundprinzip des «Ja, aber...»-Spiels in verdünnter Form: «Ich kann nicht von dir haben, was ich will, und deshalb muß ich dich zerstören.» Ein Aufschub der

Befriedigung ist nicht möglich. Der oben zitierte Analysand fühlte sich häufig auch dann noch schlecht, wenn er seinen Wunsch durchsetzen konnte, aber ihn äußern und sich über ihn erst mit seiner Partnerin einigen mußte. Bereits ein leichter Aufschub führt dazu, daß das Selbstgefühl in sich zusammenfällt. Ein Partner, der eben noch als spendend und freundlich erlebt wurde, verwandelt sich in einen finsteren Teufel, der erbittert bekämpft wird.

Die Quellen dieser Wut sind nicht leicht aufzudecken. Phänomenologisch läßt sie sich mit bestimmten Verhaltensweisen von Säuglingen und Kleinkindern verbinden, in denen ebenfalls die Abfolge Wunsch–Aufschub–Zerstörung der Befriedigungsmöglichkeit auftritt.

Urs, vierzehn Monate alt, ist nachts aufgewacht. Er schreit – und läßt sich in dieser Situation gewöhnlich leicht durch eine Flasche mit gesüßter Milch beruhigen. Ich bringe ihm die Flasche und stelle fest, daß sie noch zu heiß ist. In ihm hat sich deutlich die Erwartungshaltung herausgebildet, jetzt gleich trinken zu können. Als ich ihm die Flasche nicht gebe, sondern mit ihm auf dem Arm zum Wasserhahn gehe, um sie abzukühlen, fängt er an zu kreischen und sich mit dem ganzen Körper zurückzuwerfen. Er nimmt die inzwischen abgekühlte, trinkfertige Flasche nicht an, sondern ist einige Minuten lang vollständig unansprechbar, schreit und wirft den Kopf nach hinten; so wehrt er sich gegen meine Versuche, ihm die Flasche, die er erst so begehrte, jetzt in den Mund zu stecken. Erst als ich aufgebe und eine Weile auf ihn einrede, beruhigt er sich und nimmt nun die Flasche. Nachdem er sie halb ausgetrunken hat, schläft er ein.

Das Verhalten dieses Kindes entspricht in vielen Einzelheiten den sogenannten «Trotzanfällen», deren hervorstechendes Merkmal ebenfalls eine chaotisch-ablehnende Reaktion auf aufgeschobene oder ganz verhinderte Wunschbefriedigung ist. Im typischen Trotzanfall wird durch den Einbruch der Autorität von Erziehern eine augenblicklich vom Kind narzißtisch besetzte Tätigkeit gestört. «Narzißtisch besetzt» heißt, daß eine idealisierte Erwartungshaltung besteht, eine Absicht, die eng mit dem kindlichen Selbstgefühl verbunden ist. Der Zusammenbruch der kindlichen Perspektive führt dazu, daß in heftigem Toben, Schreien, Strampeln und Um-sich-Schlagen alle Ziele aufgegeben werden, die dem Erwachsenen konstruktiv scheinen – also auch das ursprünglich verteidigte. Das Kind wirft eben jenen Turm aus Bauklötzen um, den es schützen wollte; es spuckt jeden Bissen aus, obwohl es ursprünglich gerade essen wollte, es reagiert nicht auf freundliches Zureden und auch nicht auf Schläge und Strafen, sofern diese nicht mit brutaler Gewalt erfolgen. Obwohl ich es für sehr fragwürdig halte, die «Trotzphase» als «normales» Entwicklungsstadium anzusehen, in der das Ich oder der «eigene Wille» des Kindes entdeckt werden[1], sehe ich einen wichtigen Zusammenhang zwischen dem sogenannten Trotzverhalten und dem «Alles oder nichts»-Prinzip. Die Trotzreaktion ist ein Ausdruck der narzißtischen Wut[2], die dann entsteht, wenn idealisierte Erwartungen nicht erfüllt werden. Der Jähzorn des Erwachsenen läßt sich in den meisten Fällen auf ganz ähnliche Weise mit der Enttäuschung narzißtisch besetzter Idealvorstellungen verknüpfen. Es wäre möglich, den Sinn dieses zerstörerischen Verhaltens darin zu suchen, daß dem (phantasierten oder wirklichen) Selbstobjekt (das heißt einer vom eigenen Selbstgefühl nicht abzutrennenden Bezugsperson) gezeigt werden soll, daß es in gar keinem Fall die Ideal-Erwartungen enttäuschen darf. Doch scheint sich hier (wie in vielen anderen Situationen, in denen seelische Konflikte zu zerstörerischen Folgen führen) unheilvoll auszuwirken, daß der reife Organismus des Erwachsenen ganz andere Möglichkeiten hat, die Umwelt zu verändern. Diese Möglichkeiten werden nach der Verletzung eines narzißtisch besetzten Ideals eingesetzt, um eine Gefühlsbewegung zu entladen, die eigentlich dem Signalcharakter des kindlichen Wut- und Trotzanfalls entspricht.

1 So sieht sie etwa H. Remplein, Die seelische Entwicklung des Menschen im Kindes- und Jugendalter, München 1960; zur Kritik an dieser Auffassung vgl. W. Schmidbauer, Erziehung ohne Angst, München 1974.

2 H. Kohut, Überlegungen zum Narzißmus und zur narzißtischen Wut, in: *Psyche* 27 (1973), S. 536.

Ein Beispiel dafür sind sehr häufig die heftigen, verletzenden Auseinandersetzungen in Partner-Beziehungen, in denen beide Teile den anderen rachsüchtig dafür bestrafen, daß er ihre Ideal-Erwartungen nicht erfüllt. In einer solchen Streitsituation und in der meist auf ihn folgenden Verlustangst oder Depression ist es für die Betroffenen oft ganz unmöglich, die positiven Seiten und Möglichkeiten der Beziehung noch wahrzunehmen und zu erleben. Der Partner, der nicht alles gibt, wird buchstäblich zunichte gemacht. Dadurch leidet das Ich unter heftigen Ängsten, die durch den Verlust der in einer Verschmelzung mit dem Ideal gesuchten Geborgenheit und passiven Befriedigung entstehen. Auch die Eifersucht ist dadurch gekennzeichnet, daß die fortbestehenden realen Befriedigungsmöglichkeiten durch den Partner verkannt und zerstört werden, weil in einem Punkt die Ideal-Erwartung an ihn enttäuscht wurde. Von heftigen Ängsten und Depressionen geplagt, sagt der Eifersüchtige wütend zu seinem Partner: «Geh doch, wenn du es nicht lassen kannst, eine(n) andere(n) auch noch zu lieben!»

Die narzißtische Wut des Erwachsenen hat in diesen Situationen häufig ebenfalls Signalcharakter. Der Partner des Eifersüchtigen spürt in der Regel, daß er gar nicht gehen soll. Die eifersüchtige Wut drückt einen verzweifelten Wunsch aus, die frühere Beziehung wiederherzustellen. Doch gelingt die Entschlüsselung dieses Signalcharakters in einer Beziehung zwischen Erwachsenen häufig nicht mehr. Das Kind, das mit einem Trotzanfall reagiert, bedroht die erwachsene Bezugsperson nicht so massiv wie ein Partner, an den sich ganz andere Erwartungen richten und von dem ebenfalls stützendes, vernünftiges Verhalten erwartet wird. Darüber hinaus sind die Reaktionen des Erwachsenen auf den Zusammenbruch einer idealisierten Erwartung weit nachhaltiger und gezielter als der wütende Affektsturm des Kindes. Sie bestimmen längere Handlungsabfolgen, die in der Phantasie vorweggenommen und planend verändert werden. Auch dadurch wird die ursprüngliche Kommunikations- und Signalfunktion der narzißtischen Wut, die aus einer gekränkten Ideal-Erwartung folgt, verwischt. Die dramatische Situation des Eifersüchtigen, die

Shakespeare verdeutlicht hat, zeigt diese scheiternde Sprache. Othello muß Desdemona und sich selbst zerstören, weil er mit einem irrationalen Gefühl – seiner Eifersucht – vernünftig und planend umgeht, bis zum tödlichen Ende. Würde er seine Kränkung und Wut sofort zeigen, wie das verlassene Kind (dessen Situation der Affekt der Eifersucht entspricht), dann könnte Desdemona mit ihm sprechen und seinen Verdacht zerstreuen. Doch von einem anderen Ideal – dem des beherrschten, stets überlegenen Mannes – bestimmt, muß Othello untergehen.

Don Juan und Herostrat

Vom schönen Weibe zum schönern rastlos fliehend; bis zum Überdruß, bis zur zerstörenden Trunkenheit ihrer Reize mit der glühendsten Inbrunst genießend; immer in der Wahl sich betrogen glaubend, immer hoffend, das Ideal endlicher Befriedigung zu finden, mußte doch Juan zuletzt alles irdische Leben matt und flach finden, und indem er überhaupt den Menschen verachtete, lehnte er sich auf gegen die Erscheinung, die, ihm als das Höchste im Leben geltend, so bitter ihn getäuscht hatte. Jeder Genuß des Weibes war nun nicht mehr Befriedigung seiner Sinnlichkeit, sondern frevelnder Hohn gegen die Natur und den Schöpfer.

E.T.A. Hoffmann, ‹Don Juan›

Herostratus, ein Epheser, der den grillenhaften Einfall hatte, seinen Namen durch die Verbrennung des berühmten Dianatempels zu Ephesus zu verewigen. Die Verbrennung geschah in eben der Nacht, in welcher Alexander geboren wurde. Herostratus wurde grausam hingerichtet, und die Versammlung der Jonier gab die Verordnung, daß sein Name von niemandem genannt und er zu einer ewigen Vergessenheit verurteilt werden sollte. Dies geschah aber doch nicht. Der Geschichtsschreiber Theopompus hat ihn uns aufbewahrt.

E. P. Funke, ‹Neues Real-Schullexikon›, Braunschweig 1801, Band II, V. Herostratus

Während in der ältesten Fassung des Stoffes (Tirso de Molina, 1630) Don Juan ein Tatmensch ist, der Frauen durch Lügen verführt, einen zur Rache entschlossenen Vater im Zweikampf tötet und endlich durch seine verwegene Einladung des steinernen Gastes vom Höllenfeuer verzehrt wird, haben spätere Autoren diesen Charakter immer deutlicher in die Spannung von Ideal und Destruktion gestellt. Das bekannte Opernlibretto da Pontes verbindet das Draufgängertum der spanischen Fassung mit den zynisch-freizügigen Merkmalen, die Molière seinem Don Juan gab. Der Diener Leporello tritt als Karikatur seines Herrn auf; seine Registerarie verdeutlicht das unersättliche, zwanghaft die Qualität einer Beziehung durch die sicherer feststellbare Quantität ersetzende Streben Don Juans. Die scheinbar lockere Verknüpfung des Motivs der unwiderstehlichen Verführungskraft mit der Bestrafung durch eine gespenstisch verlebendigte Statue ist von der mehr als zufälligen Bedeutung einer Kette von Einfällen in einer Analysestunde. Der Gast aus Stein verkörpert die innere Starre, die von jeder echten Einfühlung verlassene Süchtigkeit Don Juans, den unbarmherzigen, idealisierten Vater, der tot mächtiger wird, als er es lebendig war.

E. T. A. Hoffmann, der den Gedanken eines rastlosen Strebens nach dem Höchsten bei Don Juan wohl als erster (1813) formulierte, erklärt das Scheitern der Suche nach dem Ideal durch eine «entsetzliche Folge des Sündenfalls».

Don Juan geht für Hoffmann von dem Erlebnis aus, daß die Liebe das Selbstgefühl am meisten steigern kann. Er überträgt das religiöse Streben nach Erlösung auf die erotische Beziehung und hofft, durch sie schon auf Erden zu finden, «was bloß als himmlische Verheißung in unserer Brust wohnt und eben jene unendliche Sehnsucht ist, die uns mit dem Überirdischen in unmittelbaren Rapport setzt». In diesem Streben betrogen, rebelliert Don Juan endlich wütend gegen die Liebe, gegen die Menschen (er behandelt Leporello und Masetto ebenso verächtlich wie Elvira und Octavio), gegen Gott und Teufel.

Don Juan sucht in jeder Frau ein Ideal, das er zerstört, sobald er die Geliebte phallisch in Besitz genommen hat. Er kann dieses Ideal in seiner Phantasie aufrechterhalten, wenn er auf dem Weg der Eroberung ist. Solange er die künftige Geliebte nicht besitzt, kann er die Vorstellung narzißtisch besetzen, endlich dem gewünschten, vollkommenen Wesen zu begegnen. Er verläßt die unbefriedigende Situation mit seiner früheren Geliebten und kann für die Zeitspanne des Unterwegs-Seins, der Eroberung, für sich verleugnen, daß er eine ebenso unbefriedigende Situation vorfinden muß. Die Faszination durch diese Suche nach dem Ideal hat seit dem Beginn des 19. Jahrhunderts immer stärker die Neufassungen des Don Juan-Stoffs bestimmt (der zu einem der am meisten bearbeiteten Themen der Weltliteratur gehört; es gibt in Spanien, Frankreich und Deutschland, in denen er am weitesten verbreitet ist, zusammen etwa dreihundert Fassungen). E. T. A. Hoffmanns Deutung kennzeichnet die Wende von einem moralisierenden Drama über einen endlich bestraften Wüstling zu einer zunehmenden Sympathie für den Helden. Da seine Motive wichtiger werden als sein Schicksal, tritt auch die warnende und strafende Aufgabe des steinernen Gastes zurück. Byron beschäftigt sich gar nicht mehr mit dem Problem der Strafe, sondern mit dem Persönlichkeitstyp eines verführerischen Mannes, der erst durch seine Erfahrungen mit Frauen zum bewußten Verführer wird.

Nikolaus Lenau zeichnet in seinem Don Juan-Drama einen unwiderstehlichen Liebhaber, der endlich dem Leben keinen Geschmack mehr abgewinnen kann, weil er seiner mühelosen Siege satt ist, und sich dem Degenstoß eines unterlegenen Gegners preisgibt. Am deutlichsten hat Christian Dietrich Grabbe die zerstörerische Maßlosigkeit des Don Juan geschildert: In seinem großartig hingeschluderten Drama ‹*Don Juan und Faust*› kämpfen beide Gestalten um die Liebe Donna Annas, Tod und Zerstörung verbreitend. Don Juan geht an seinem Stolz zugrunde (dem kennzeichnenden Gefühl, das die Äußerungen eines destruktiven Ideals begleitet), Faust an seiner Leidenschaft, die Geliebte aus Wut über ihre Verweigerung zu töten und erst nachher wahrzunehmen, was er damit verloren hat. «Was ich wünsche, muß ich haben, oder ich schlags zu Trümmern», sagt Faust und fügt in bitterer Ironie hinzu: «Muß man denn zerreißen, um zu genießen? Glaubs fast, wegen der Verdauung. Ganze Stücke schmecken schlecht – Mir sagens Seel und Magen.»[1] Der Teufel kündigt zuletzt an, er werde Don Juan und Faust in der Hölle aneinanderketten – «. . . ich weiß, ihr strebet nach demselben Ziel und karrt doch auf zwei Wagen!»

Don Juan ist eine Symbolgestalt für die Suche nach dem (der) idealen Partner(in), deren Folge es oft genug ist, daß alle wirklichen Objektbeziehungen von Distanz und verstecktem oder offenem Haß bestimmt sind. Der häufige Partnerwechsel, bei dem jedes Objekt, kaum erobert, entwertet und verlassen wird, ist eine besonders krasse Form, die große innere und äußere Beweglichkeit erfordert. Es handelt sich um eine Lösung von Angehörigen der Oberschicht, die nicht darauf angewiesen sind, in einer festen Bindung soziale oder ökonomische Stabilität zu finden. Es läge nahe, dem Don Juan-Typus jede Fähigkeit zu einer tieferen Gefühlsbindung abzusprechen. Doch ist diese Aussage nur dann richtig, wenn eine dem seelischen Leben fremde Trennung von Phantasie und Wirklichkeit vorausgesetzt wird. In seiner Phantasie ist Don Juan intensiv an ein unbewußtes, ideales Objekt[2] gebunden, dem zuliebe er die realen Frauen immer wieder verlassen muß, weil er nur auf dem Weg zu ihnen, nicht aber bei ihnen die Bindung an das ideale Objekt aufrechterhalten kann.

Während Don Juan stets nur eine Frau intensiv begehrt und umwirbt, die er verläßt, wenn er sie erobert hat, suchen andere Männer (und Frauen) auf der Suche nach dem idealen Partner dessen Bild gewissermaßen aus vielen einzelnen Beziehungen zusammenzusetzen. Sie können nicht treu sein, weil dem (der)

1 Grabbe nimmt hier das psychoanalytische Konzept der oralkannibalischen Objektbeziehung vorweg, die von Phantasien bestimmt ist, das geliebte Objekt, das sich entzieht, zu zerbeißen und zu zerstückeln, um es sich endgültig einzuverleiben.

2 Ich folge hier dem Sprachgebrauch Freuds, der ein Objekt der Libido vom jeweiligen Triebziel unterscheidet, wenngleich mir diese Formulierung wegen ihres technischen, vom allgemeinen Sprachgebrauch entfernten Charakters nicht gefällt. Sie hat den Vorzug, die allgemeinsten Aussagen über zwischenmenschliche Beziehungen zu gestatten, in denen zum Beispiel Mutter, Geliebte und Tochter sämtlich Objekte der Libido sind.

jeweils im Vordergrund stehenden Partner(in) ein Stück des Ideals abgeht, dessen Besitz allein ihren Anspruch nach vollkommener Männlichkeit (Weiblichkeit) bestätigen könnte. Daher suchen sie ständig Bestätigung in anderen Beziehungen, die dazu dienen, Unvollkommenheiten auszugleichen, die das reale Objekt vom idealen unterscheiden. Eine so aufgebaute Situation kann sehr verschiedene Formen annehmen, da sie von vielen Einflüssen bestimmt wird. Zwei sehr wichtige davon sind die Angst vor Nähe und Verschmelzung einerseits, die Fähigkeit zur konstruktiven Bewältigung der aus der Enttäuschung von Ideal-Erwartungen entstehenden Aggression andererseits. Don Juan bewältigt diese narzißtische Wut zum Teil durch Sublimierung. Er setzt sie in den Antrieb um, sogleich das nächste, womöglich wirklich ideale Objekt zu suchen. Freilich enthält seine Treulosigkeit auch einen sadistischen Anteil. Sie verletzt die Frau, die ganz andere Erwartungen an ihn knüpfte. Es ist sicher kein Zufall, daß die psychologisch vorgehenden Fassungen des Don Juan-Stoffs durch Byron, Grabbe, E. T. A. Hoffmann und Nikolaus Lenau sämtlich von Männern stammen, die selbst unter heftigen Depressionen und/oder Alkoholsucht litten – beides Zeichen eines vom Ich nicht integrierbaren und damit zerstörerischen Ideals. Alle vier Autoren gehen auch davon aus, daß die von Don Juan begehrten Frauen in ihm sehr wohl ihr Ideal sahen, daß sie alle durch eine Beziehung mit ihm vollständig befriedigt wären, während er diese passive Idealisierung gerade nicht ertragen kann und sich ihr wie einer drückenden Fessel entzieht.

Wenn die Sublimierung der narzißtischen Kränkung nicht gelingt, kommt es zu einer Beziehung, die auf den ersten Blick allen, die nie in ihren Schlingen verstrickt waren, vollständig unglaubwürdig erscheint. Es ist der von ständigen, ärgsten Verletzungen des Partners bestimmte Kampf zweier aneinandergeketteter Menschen. Die ursprüngliche Idealisierung des Objekts läßt sich hier nicht mehr beobachten; faßbar sind nur Wut und Kränkung. Der unvorbereitete Beobachter wundert sich bereits nach den ersten Minuten der Bekanntschaft darüber, daß diese Menschen zusammenbleiben, obwohl sie sich nichts Gutes zu sagen haben. Ein eindrucksvolles literarisches Beispiel dafür ist das Theaterstück

‹*Wer hat Angst vor Virginia Woolf?*› von Edward Albee. Hier bekämpft sich ein älteres, voneinander enttäuschtes Ehepaar mit allen Mitteln vor den fassungslosen, mehr und mehr in diesen Strudel hineingezogenen Gästen, einem jungen Paar, das in seiner Situation (die Frau wurde wegen einer Scheinschwangerschaft geheiratet) bereits die ersten Voraussetzungen für eine ähnliche Haßbindung zeigt.

Die Taktiken beider Partner sind aufeinander eingespielt und komplementär: Martha ist kraß, rüde, offen, direkt, fast körperlich aggressiv. Sie redet grob, handelt unmittelbar, greift massiv, aber ohne Hinterlist an. George hingegen leistet passiven Widerstand, stellt geschickt Fallen und blamiert Martha, indem er ihre Grobheit bloßstellt. Ein Textbeispiel, aus dem die Enttäuschung Georges und ihre Umwandlung in Wut ebenso deutlich wird wie der gleiche Vorgang bei Martha:

«GEORGE: Jeden Monat einmal, Martha! Einmal im Monat! Ich habe mich längst daran gewöhnt ... Einmal im Monat beschERST du mir die unverstandene kleine Martha mit der rauhen Schale und dem guten Kern, das gutherzige Mädchen in der Zwangsjacke, die Jungfrau, die ein Hauch von Güte wieder zum Erröten brächte. Ich bin zu oft drauf reingefallen, öfters als mir lieb ist. Ich denke nicht gern an den Trottel, den du aus mir gemacht hast. Ich glaube dir nichts mehr ... ich glaube dir einfach nicht. Der Punkt, an dem wir beide uns treffen könnten, existiert schon lange nicht mehr.

MARTHA *wieder gewappnet*: Vielleicht hast du recht. Mit einem Nichts kann man sich nicht treffen, und du bist ein Nichts! Klick! Auf Papas Party heut abend hat's klick gemacht. *Triefende Verachtung, aber dahinter liegt hilflose Wut und Verlorenheit.* Ich hab dich beobachtet ... auf Papas Party ... Ich hab dagesessen und hab dich beobachtet ... wie du rumhocktest. Und ich hab die jüngeren Männer um dich herum beobachtet, die Männer, aus denen eines Tages etwas werden wird. Ich hab gesessen und hab dich beobachtet ... Und du warst gar nicht vorhanden! Und da schnappte das Schloß zu! Es schnappte schlußendlich, endgültig zu! Und ich schrei es heraus, und es ist mir ganz gleichgültig, was passiert, und ich mach einen Krach, wie du ihn noch nie erlebt hast.»[1]

Bereits dieser kleine Ausschnitt zeigt die Verbindung von enttäuschten narzißtischen Erwartungen und zerstörerischer Wut bei beiden Partnern. Martha hat einen Mann gesucht, der ihren Vater (genauer: das Ideal, welches sie unbewußt an die Stelle des Vaters setzte) ersetzen und wie er College-Präsident werden sollte. Statt dessen ist sie seit über zwanzig Jahren mit einem Nichts verheiratet – Symbol der Vernichtung des narzißtisch enttäuschenden, realen Partners, in dem sie immer wieder den liebenden Vater sucht, den sie aber wegen seiner Mängel gleichzeitig verletzen und zerstören möchte. Sehnsucht und Wut entladen sich gegen dasselbe Objekt. George spielt mit, indem er Martha nicht verläßt und ihre gelegentlichen Annäherungsversuche benutzt, um sie seinerseits zu kränken und zurückzuweisen.

«MARTHA *macht eine zarte Bewegung, um ihn zu berühren*: Bitte, George, kein Spiel mehr ... ich ...

GEORGE *schlägt sie heftig auf die Hand*: Rühr mich nicht an! Faß deinen Gymnasiasten hin!»[2]

George seinerseits suchte in Martha eine Frau, die seine emotionale Unsicherheit durch ihre Wärme ausgleichen und ihm Geborgenheit geben sollte. Sie ist älter als er, was ihm eine Mütterlichkeit versprach, die er vermißte, andererseits aber durch ihre Gefühlsausbrüche oft so hilflos, daß er seine Angst, von der idealen Mutter abhängig zu werden, dadurch kontrollieren kann, daß er ihr gegenüber eine Gouvernanten- und Elternrolle übernimmt. Die Unfähigkeit, sich gegenseitig zu bestätigen, sich in einem endlich gemeinsamen Gespräch zu finden, ist bei beiden gleich deutlich. Wie oft in solchen Beziehungen schaukelt sich die durch die ständigen gegenseitigen Kränkungen ausgelöste Wut

1 E. Albee, Wer hat Angst vor Virginia Woolf?, Frankfurt a. M. 1963, S. 95 f.

2 Albee, a.a.O., S. 124 f.

wechselseitig auf, weil immer der Partner, der zum Opfer eines Ausbruchs wurde, nicht auf die versöhnlichere Stimmung des Partners eingehen kann, der sich Luft gemacht hat und nun eigentlich wieder Zuwendung und Kontakt sucht.

«George sieht sein eigenes Verhalten als gerechtfertigte Vergeltung für Marthas Angriffe, während Martha sich sozusagen als Prostituierte sieht, die dafür bezahlt wird, ihn zu ‹peitschen›; beide glauben, nur auf die Handlungen des Partners zu reagieren, nicht aber diese Handlungen auch zu bedingen.»[1] Während Don Juan vom Erobern und Verlassen einer Geliebten nach der anderen in Bewegung gehalten wird und diesen Zyklus ständig an einem neuen Ort und mit einem neuen Objekt wiederholt, wird hier die Zerstörung der realen auf der Suche nach der idealen Beziehung gewissermaßen an Ort und Stelle immer wieder kreisförmig wiederholt. Die Mittel des Kampfs werden gesteigert oder abgeschwächt, je nachdem, wie mitgenommen beide Gegner sind. Doch treibt jeder den anderen immer wieder unbarmherzig in den Kampf. Nur ganz selten ist es möglich, die Wut dadurch abzuschwächen, daß sie gegen einen gemeinsamen Gegner gerichtet wird (in Albees Theaterstück gegen Putzi und Nick, das neu in das College eingetretene Ehepaar).

Ideal-Erwartungen an ein Objekt sind häufig höchst widersprüchlich, wie es dem unbewußten Denken eigen ist, in dem unvereinbare Gegensätze fortbestehen können. Der Partner soll einerseits so vollkommen sein, daß er den idealisierten Erwartungen an seine Tüchtigkeit, Schönheit und sozialen Geltung entspricht. Andererseits soll er so unvollkommen sein, daß er ein sicheres Gefühl der eigenen Überlegenheit vermittelt. Er soll so anziehend sein, daß alle Rivalen vor Neid schier zerspringen, und zugleich so abstoßend, daß er sicherer Besitz ist, um den nicht eifersüchtig gebangt werden muß. In der Widersprüchlichkeit und Unvereinbarkeit dieser Vorstellungen wurzelt ein Wiederholungszwang, der endlich in jeder Beziehung zu zerstörerischen Aggressionen führt.

1 P. Watzlawik, J. H. Beavin, D. D. Jackson, Menschliche Kommunikation, Bern 1969, S. 165.

Ein witziges Beispiel ist die von Konrad Lorenz geschilderte Tante in Wien, die nach einigen Monaten jedes ihrer Dienstmädchen in einem großen Krach zu entlassen pflegte.[1] Das daraufhin eingestellte Mädchen feierte sie zunächst als die wahre, einzige, längst erwartete Perle. Nach einigen Wochen wurde sie mit diesen Lobesäußerungen zurückhaltender, endlich verstummte sie ganz, und alsbald war der nächste Krach fällig. Was sich in ihm entlud, deutet Lorenz als gestaute Energie eines spontan-aggressiven Triebes, der in jedem Menschen wirksam sei.

Diese Deutung läßt zwei Dinge außer acht. Einmal wird aus einem Sonderfall auf ein allgemeines Gesetz geschlossen (es gibt viele Wiener Bürgerfrauen, die viele Jahre hin mit ein und demselben Dienstmädchen auskommen). Zum anderen kann die Vorstellung von einem gelegentlich hervorbrechenden Aggressionstrieb nicht die anfängliche Idealisierung des Dienstmädchens erklären. Das hier entworfene Modell bezieht diese beiden Gesichtspunkte ein.

Die «Tante» sucht in ihren wechselnden Dienstmädchen ein narzißtisch besetztes und möglicherweise in sich widerspruchsvolles (mütterlich-dienendes?) Ideal, das durch jedes real verfügbare Dienstmädchen enttäuscht werden muß. Der Wutausbruch zeigt die narzißtische Kränkung an. Möglicherweise ist die aus enttäuschten Idealvorstellungen stammende Wut die sozial wichtigste Quelle zwischenmenschlicher Aggression. Wenn Feindseligkeit und Angriffslust von Menschen großes soziales Gewicht erhält, dann hängt sie stets mit idealisierten, narzißtisch besetzten Werten zusammen. In ihrem Dienst wird Krieg geführt, wird die Umwelt zerstört, werden Andersdenkende verfolgt und gefoltert. Immer geht dann die Einfühlungsfähigkeit in das Opfer der Aggression verloren; ein wichtiges Merkmal des Wirkens destruktiver Ideale und narzißtischer Wut.

In den meisten scheiternden Ehen und anderen Beziehungen (etwa auch zwischen Eltern und Kindern) läßt sich die destruktive Wirkung enttäuschter, idealisierter Erwartungen nachweisen. Sie erklärt auch, weshalb sich Partner nach einer Trennung

1 K. Lorenz, Das sogenannte Böse, Wien 1963.

erbittert bekämpfen, um jedes Stück Hausrat prozessieren oder die Kinder gegeneinander aufhetzen. Diese Versuche, das einst idealisierte Objekt zu schädigen und zu zerstören, drücken eine noch nicht abgelöste Bindung aus. Die mögliche konstruktive Lösung wird zerstört, weil der Idealanspruch unverzichtbar scheint. Die juristischen Verstrickungen, in die ein Ehepaar bei einer Scheidung immer gerät, tragen noch dazu bei, die Situation zu erschweren. Recht und Gesetz werden ja sehr häufig nicht als fehlbare und vorläufige Regelungen menschlichen Zusammenlebens verstanden, sondern ihrerseits als Werte idealisiert, die über gut und schlecht entscheiden können.

Der mehr gekränkte, in seinem Selbstgefühl empfindlichere und abhängige Partner sucht daher in der Regel schon lange vor einer drohenden Scheidung Zuflucht bei einer zwanghaften Orientierung an scheinbar allgemeinverbindlichen Werten. Solange er sich mit ihnen identifiziert, fühlt er sich stärker und kann Untreue, Pflichtvergessenheit und sonstige Mangelhaftigkeit des Partners angreifen. Doch macht die dadurch entstehende Starrheit der Bewertungen Einfühlung in den Partner unmöglich. Damit schwinden auch die Aussichten auf eine Kommunikation, in der gegenseitige Bedürfnisse ausgetauscht und befriedigt werden können. Die Pseudolösung der Bindung an ein Ideal, durch die subjektiv eine harmonische und bis hin zur Verschmelzung mit dem Partner befriedigende Beziehung gesucht wird, entpuppt sich als das eigentliche, immer weiter von einer Befriedigung fortführende Problem.

Das Ideal, welches einen Glückszustand für immer befestigen sollte, kann letzlich nur eines dauerhaft und unveränderlich machen: das Unglück.

Gespaltene Liebe

Die seelischen Vorteile des Don Juan-Verhaltens sind bereits zum Teil aufgeklärt. Ein weiterer, höchst schätzbarer Vorzug ist die Vermeidung von Eifersucht. Wer stets das kaum eroberte Objekt wieder verläßt, um nach einem neuen zu suchen, das seinem Ideal mehr entspricht, der kann nie verlassen werden. Wer jede Liebe, auf die er trifft, enttäuscht und zurückweist, der wird selbst nie zum Opfer von Enttäuschung und Zurückweisung. Wer als Kind lernen mußte, Abhängigkeit mit katastrophalem seelischem Leid zu verknüpfen, wird als Erwachsener kontrollierbares, von ihm selbst gesteuertes Zufügen von Leid einer möglichen Befriedigung vorziehen, die ihn für eine erneute katastrophale Abhängigkeit und Enttäuschung verletzbar macht.

«Meine Liebschaften sind alle unglücklich ausgegangen, und ich bin ganz sicher, daß es viel mit mir zu tun hat. Es gibt zwei Typen von Männern für mich; mit dem einen kann ich gut schlafen und die sexuelle Beziehung genießen, aber schlecht reden oder mich über meine Probleme mit ihm austauschen. Mit dem anderen kann ich gut reden, aber er reizt mich sexuell nicht. Und immer wenn ich mit einem Mann zusammen bin, mache ich mir dauernd bewußt, daß ja etwas fehlt, daß das ja keine gescheite Beziehung ist. Auf diese Weise gelingt es mir auch, es mir so einzurichten, daß ich immer unterwegs bin und daß es mir eigentlich nicht so weh tut, wenn eine Beziehung wieder aufhört, weil ich ja sowieso mit keinem dieser Männer auf die Dauer zusammen leben könnte. Ich leide dann sehr unter der Einsamkeit oder darunter, daß ich es einfach nicht schaffe, den richtigen Mann zu finden . . . und dann frage ich mich, ob es ihn überhaupt gibt.»

Eine 32jährige Lehrerin

«Manchmal reizen mich Männer sexuell, ich schlafe dann einmal mit ihnen und will sie nachher nicht wiedersehen, will auch nichts mehr mit ihnen zu tun haben. Mit meinem Mann hingegen verstehe ich mich ganz gut, ich finde ihn sehr nett und kann gut mit ihm reden. Aber sexuell ist nichts los mit uns.»

Eine 35jährige Angestellte

Diese beiden Äußerungen erinnern an die Arbeit Freuds *‹Über einen besonderen Typus der Objektwahl beim Manne›* (Gesammelte Werke, Band VIII), in der er die Aufspaltung des Erlebens in einen zärtlichen und einen sexuellen Anteil schildert. Die betroffenen Männer verehren die Frau entweder als Heilige, als Madonna – oder sie begehren sie sexuell und erniedrigen sie als Hure. Manchmal sind sie auch von dem Zwang getrieben, eine «Hure», eine erniedrigte, verführte oder hilflose Frau, die an Prestige weit unter ihnen steht, zu einer «Heiligen» zu machen, sie zu retten und zu fördern, so daß sie ein höheres soziales Niveau erreicht. Freud deutet diese Verhaltensweisen im Rahmen seiner Auffassung des Ödipus-Komplexes. Die verehrte Frau, mit der eine seelisch-geistige Beziehung möglich wäre, verkörpert so sehr die Mutter, daß es unmöglich wird, sie auch sexuell zu begehren. Die erotisch fesselnde Frau muß ganz anders als die Mutter sein, soll nicht die Beziehung zu ihr durch ein zu starkes Anklingen an verdrängte sexuelle Wünsche der Mutter gegenüber scheitern.

Das Verhalten des «Rettens» einer sozial tieferstehenden oder hilflosen Partnerin hat Freud als unbewußtes Zurückzahlen einer Schuld an die Mutter aufgefaßt. Das Retten der Mutter entspricht der Phantasie, ihr ein Kind zu schenken, wie man selber ist. Dadurch wird der Sohn sein eigener Vater, mit dem er sich in der Rettungsphantasie identifizieren kann. Beide Sonderformen menschlicher Objektbeziehungen lassen aber noch weitere Deutungen zu, die über die libidinösen Vorgänge in der Eltern-Kind-Situation hinausgehen und die Beziehung zwischen dem Ich und dem Ideal zum Inhalt haben. Die zitierten, aktuellen Beispiele zeigen dabei (als Ausdruck einer veränderten sozialen Situation) die Übernahme angeblich «männlicher» Beziehungsformen durch Frauen. Freud nahm noch an, daß der Erniedrigung des Sexualpartners beim Mann eine Wahl des «verbotenen» Sexualpartners bei der Frau entspräche. Sie folge den gesellschaftlichen Normen einer vorehelichen Sexualabstinenz, an die sich das Mädchen hält, während sie der Mann mit dem erniedrigten Sexualobjekt – der Hure – durchbricht. Beide übertragen dann diese Bedingungen, die ihre ersten sexuellen Phantasien in der Pubertät bestimmt haben, auf ihre späteren Partner.

Unter dem Aspekt der Suche nach dem idealen Objekt lassen sich einige neue Gesichtspunkte gewinnen. Sie weisen zurück in die vor-ödipale Situation des Kindes, in der seine Wünsche auf zwei Seiten des Objekts gerichtet sind. In der Erwachsenensprache sind diese Wünsche:

a) Ich will eine nährende Bezugsperson, die mich tränkt und füttert, die ihr Essen mit mir teilt (das Teilen von Nahrung ist ein grundlegender Neuansatz menschlichen Sozialverhaltens, der sich in Vorstufen bereits bei Schimpansen findet)[1], die mich pflegt, wenn ich krank bin, die endlich auch meine Wünsche erfüllt, durch die Reizung erogener Zonen zum Orgasmus zu kommen.

b) Ich will eine ideale Bezugsperson, die in ihrer Art der Auseinandersetzung mit meiner und ihrer Umwelt allen belastenden Situationen gewachsen ist und mit der ich in Krisensituationen meines Selbstgefühls verschmelzen kann, sobald mein eigenes Selbst von Auflösung bedroht ist.

In den meisten Beziehungen zwischen Erwachsenen wird der Wunsch nach einem vollkommenen Partner nicht bewußt. Er läßt sich indirekt aus Phantasien, aus scheiternden Beziehungen oder aus den Vorwürfen erschließen, die einem enttäuschenden Objekt gemacht werden. Die Suche zeigt sich auch in dem intensiven Streben, den Partner zu verändern, zu bilden, zu heilen, zu erretten, um auf diese Weise einerseits die Abhängigkeit von einem (früher enttäuschenden) bereits vollkommenen Objekt zu vermeiden, endlich aber doch den idealen Partner gewinnen. Dieses Vorgehen läßt sich als Pygmalion-Prinzip beschreiben.[2] Darunter verstehe ich den Wunsch, einen anderen Menschen zu einem das eigene Selbst stabilisierenden Ideal zu machen.

1 Diese teilen nicht pflanzliche Nahrung, aber das Fleisch erbeuteter Tiere. Für das menschliche Teilen in den altsteinzeitlichen Kulturen ist ein gemeinsames Lager *(home base)* der grundlegend neue Schritt der sozialen Evolution. Männer und Frauen kehren abends in dieses Lager zurück und teilen, was sie an pflanzlicher und/oder tierischer Nahrung gefunden haben. Die Regeln für dieses Teilen (so werden Schwangere und Alte oft bevorzugt) sind wohl einer der Ursprünge gesellschaftlicher Normen und Institutionen, etwa der für die Primaten neuartigen menschlichen Paarbindung innerhalb einer größeren Gruppe (in Paaren lebende Primaten wie die Gibbons schließen alle anderen erwachsenen Artgenossen aus). Vgl. W. Schmidbauer, Jäger und Sammler, München 1973.

2 W. Schmidbauer, Selbsterfahrung in der Gruppe, München 1977, S. 68f.

Pygmalion, Bildhauer und legendärer König von Cypern, entbrennt in heftiger Liebe zu einem wunderschönen Bild einer Frau, das er selbst aus Elfenbein geschnitzt hat, um die Liebes- und Muttergottheit Aphrodite darzustellen. Auf sein Flehen hin belebt die Göttin dieses Bild; Pygmalion heiratet die vollkommene Gestalt und zeugt einen Sohn (Paphos) mit ihr.

Ovid, ‹Metamorphosen›, X, 243

Ein Sprachlehrer, von dessen starker Mutterbindung andeutungsweise die Rede ist, macht ein schmutziges, gemein redendes Mädchen, das an der Straßenecke Blumen verkauft, zu einer vollkommenen Dame.

G. B. Shaw, ‹Pygmalion› (‹My Fair Lady›)

Während im Mythos von Pygmalion die Manufaktur des Ideals handgreiflich gelingt, scheitert sie in der Realität häufig an der Lebens- und Wirklichkeitsferne des Ideals, an dessen inneren Widersprüchen und den damit notwendig eintretenden narzißtischen Kränkungen. Beide Beziehungsformen, die Aufspaltung in mindestens zwei Objekte und die Herstellung des Ideals aus einem scheinbar geeigneten Rohmaterial, beeinträchtigen die lebendige Beziehung zu einem anderen Menschen, in der seine Grenzen wahrgenommen und seine Möglichkeiten von einem frei wünschenden Ich aufgesucht werden. Die Männer und Frauen, die in ihrer Objektwahl immer unbefriedigt bleiben (im geschilderten Fall, weil der Partner entweder ein Sexualobjekt oder ein Identifizierungsobjekt ist, nie aber beides zusammen), erleben immer wieder, daß sie auf der Suche nach einer «wirklich guten» Beziehung oder nach dem «richtigen» Partner scheitern. Unbewußt und damit ihrem erlebenden Ich verschlossen ist die Widersprüchlichkeit ihres idealen Objekts, das niemals geben kann, was sie von ihm erwarten, weil sein Aufbau der Beziehung zu einem wirklichen Menschen widerspricht.

«Solange ich mich mit Lisa nicht wirklich eingelassen hatte, klappte unsere sexuelle Beziehung ganz wunderbar. Wir haben uns die Woche ein paarmal gesehen und miteinander gerammelt wie die Kaninchen. Aber als sie mir dann immer wichtiger wurde und ich mich entschloß, dieses Leben aufzugeben und wirklich an mir zu arbeiten, ging auf einmal sexuell gar nichts mehr.»

Ein 25jähriger Student

Hier liegt nahe, die Abwehr einer inzestuösen Phantasie durch häufig wechselnde sexuelle Kontakte zu vermuten. Sie bricht in dem Augenblick zusammen, in dem die Bindung an eine Partnerin mehr wird als ein flüchtiges Abenteuer. Doch scheint mir diese Deutung nur einen Teil der Problematik zu treffen. Die Abwehr des sexuellen Elements drückt auch einen Mechanismus aus, durch den die Nähe und Intensität einer Liebesbeziehung kontrolliert werden sollen. Die ideale Partnerin wird ersehnt, doch auch gefürchtet, weil die Verschmelzung mit ihr Gefühle von Abhängigkeit hervorrufen würde, die mit katastrophalen Erlebnissen aus seelischen Verletzungen in der frühen Kindheit verknüpft sind. Aus diesem Grund muß die Beziehung an einem Punkt gestört und unvollkommen bleiben. Dieses Verhalten erinnert an die Versuche, den bösen Blick abzuwehren. Zu ihnen gehört, durch Entstellung oder Verletzung eines anscheinend vollkommenen Körpers die Aufmerksamkeit eines zerstörerischen Auges abzulenken. Der Schönheitsfleck oder das Korallenhalsband sind harmlose Reste eines magischen Brauchtums, der zum Beispiel in manchen Primitivkulturen (Australier) die Mütter veranlaßt, ihren Kindern ein Fingerglied abzubeißen, um sie vor schlimmerem Unglück zu bewahren.

Viele Erzählungen enthalten diese Angst vor Vollkommenheit – bekannte Beispiele sind der Ring des Polykrates oder die Parabeln über den glücklichsten Menschen, die Solon zugeschrieben werden. Doch wird nur gefürchtet, was gewünscht wird. Die Sehnsucht nach dem Ideal ist eine ebenso mächtige Triebfeder wie die Angst, ihm wirklich zu begegnen. Es scheint, daß der Mensch diese Belastung nur kurze Zeit ertragen kann, in seelischen Ausnahmezuständen wie religiöser Ekstase, mystischen Erlebnissen, Verliebtheit oder künstlerischer Inspiration. In ihnen gelingt es dem Ich für kürzere oder längere Zeit, mit dem Ideal zu verschmelzen und das Selbstgefühl großartig zu steigern.

Vorläufig wollen wir diese Zustände so verstehen, daß sich in ihnen die konstruktive Seite des Ideals durch glückliche äußere und innere Umstände durchsetzen kann. Doch bleibt dieser Verschmelzungsprozeß begrenzt. Die Ekstase endet, die Verliebtheit nimmt ab, die künstlerische Inspiration macht nüchternen Überlegungen Platz.

Ideale Eltern und Geliebte

Wenn du nicht haben kannst, was du liebst,
mußt du lieben, was du hast.
Sprichwort

. . . Denn er befahl uns, ihrer zu gedenken,

Indem er solche Verse auf sie schrieb,
Daß uns fürwahr nichts andres übrig blieb,
Als seinem schönen Lob Gehör zu schenken.

Ach, welche Unsitt bracht er da in Schwang,
Als er mit so gewaltigem Lobe lobte,
Was er nur angesehn, nicht erprobte.

Seit dieser schon beim bloßen Anblick sang,
Gilt, was hübsch aussieht, wenns die Straße quert,

Und was nie naß wird, als begehrenswert.

Bertolt Brecht,
‹Über die Gedichte des Dante auf die Beatrice›

Die Baumeisterinnen der Evolution standen vor der Aufgabe, einem gruppenlebenden Primaten die Paarbindung zu verschaffen. Sie lösten dieses Problem mit jener wirtschaftlichen Verwendung des Ausgangsmaterials, das für die Arbeit von Mutation und Selektion kennzeichnend ist. Sie übernahmen die bei allen Menschenaffen mit ihrer langen Zeitspanne kindlicher Abhängigkeit besonders wichtige Mutter-Kind-Beziehung und bereicherten sie um das Merkmal der sexuellen Bindung.

Diese Entwicklungsgeschichte erklärt die Macht der sexuellen Paarbeziehung mit ihren nützlichen und zerstörerischen Seiten. Die Mutter-Kind-Beziehung ist bei den Primaten von vollständiger Abhängigkeit bestimmt. Affen- wie Menschenkinder sind ohne eine erwachsene, einfühlsame und an ihnen interessierte Bezugsperson zum Tode verurteilt, über eine lange, prägende Lebensspanne hin. Die Bindung an diese Person – unter natürlichen Umständen fast immer die Mutter – muß mit allen Mitteln aufrechterhalten und geschützt werden. Tierversuche zeigen, daß die Antriebskraft des Bedürfnisses, der Mutter nahe zu sein, bei Affenkindern stärker ist als jedes andere Bedürfnis, stärker als Hunger, Durst und Schmerzvermeidung.[1]

«Als sich mein Mann immer mehr von mir zurückzog und ich gar keine Möglichkeit mehr sah, ihm nahe zu kommen, habe ich mit der Hand die Glastür zu seinem Zimmer eingeschlagen. Ich merkte nur noch, wie mir das Blut herunterlief und auf den Teppich tropfte ... Ich war verrückt, ich wollte einfach zu ihm, wollte die Glaswand zerschlagen, die ich zwischen ihm und mir spürte.»

Eine 27jährige Ärztin

Solche Szenen zeigen, wie das Bedürfnis nach dem vertrauten Partner mit ähnlicher, vernichtender Heftigkeit nach Befriedigung drängt wie die blinde Sehnsucht des verlassenen Kinds nach der vertrauten Mutter. Dabei ist die Vertrautheit der Bezugsperson für das Kind weit wichtiger als ihre Fähigkeit, die kindlichen Bedürfnisse angemessen zu befriedigen.

«Man sucht die Mutter, die man kennt», sagt John Rosen: «Wenn sich ein kleines Kind auf der Straße verirrt hat, weint und schreit es. Es läuft umher und versucht, seine Mutter wiederzufinden. Wäre die Mutter zufällig eine Prostituierte, eine Sadistin,

1 Vgl. W. Schmidbauer (Hg.), Evolutionstheorie und Verhaltensforschung, Hamburg 1974.

eine Süchtige, ja alles zusammen, ist sie dennoch die einzige, nach der das Kind verlangt. Wenn Fremde das Kind zu trösten versuchen – nette, freundliche, liebenswürdige Menschen –, lehnt es sie ab. Das Kind wünscht sich einzig und allein die Mutter herbei, die es kennt.»[1]

Diese Abhängigkeit des Kindes führt im Unbewußten des Erwachsenen zu einer Reihe von Folgen, aus denen wir die beiden Pole der völligen Nähe und Verschmelzung einerseits, der Ferne und Abgrenzung andererseits herausgreifen. Die von Rosen beschriebene Szene verdeutlicht, daß die Wiederholung einer solchen Beziehung als besonders anziehend, zugleich aber auch als besonders gefährlich erlebt werden kann. Die Wieder-Auffindung der verloren geglaubten Mutter muß für das von Ängsten gequälte Seelenleben des verlassenen Kindes ein überströmendes Glücksgefühl mit sich bringen und zugleich eine heftige Wut, daß sie den Trennungsschmerz zufügte. Wenn solche Folgen von Angst, Glück und Wut in der Kindheit gehäuft auftreten, wie es bei einer wenig einfühlsamen Beziehung zwischen den Bezugspersonen und dem Kind der Fall sein wird, dann spaltet sich im Phantasieleben des Kindes, mit dem es die Trennungsschmerzen zu überbrücken sucht, die Suche nach dem verlorenen Objekt auf. An die Stelle der realen, enttäuschenden Bezugsperson tritt teilweise eine ideale, die als vollständig einfühlsam, verständnisvoll, zuverlässig ausgestaltet wird. Die hartnäckigen, zerstörerischen Auseinandersetzungen zwischen heranwachsenden Kindern und ihren Eltern werden oft durch diese Suche nach dem idealen Objekt mitbestimmt, an dem unbewußt die reale Elternbeziehung gemessen und für minderwertig befunden wird. Typisch ist dann, daß die herangewachsenen Söhne und Töchter in regelmäßigen Abständen ihre Eltern aufsuchen, um sich schrecklich mit ihnen zu streiten, wonach beide Parteien deprimiert den Schauplatz des Geschehens verlassen. Die unbewußte Suche, die sich in diesem Ablauf ausdrückt, gilt der Idealmutter oder dem Idealvater. Die reale Mutter, der reale Vater werden als verständnislos, ablehnend, uneinsichtig erlebt.

1 J. N. Rosen, Psychotherapie der Psychosen, Stuttgart 1964, S. 30.

«Ich saß draußen im Auto und weinte, als ich das letzte Mal bei meiner Mutter war. Ich weiß nicht, warum ich immer wieder zu ihr hinfahre. Ich will doch nur, daß sie mich endlich anerkennt, daß sie mich endlich akzeptiert. Aber sie ändert sich nicht. Sie will auch nicht sehen, was sie mir angetan hat und immer noch antut. Sie ist total irrational, ich kann da nicht dagegen an . . . Was ich nicht begreife, ist, daß ich immer wieder zu ihr komme. Natürlich habe ich Schuldgefühle, wenn ich zu lange nichts von mir hören lasse. Aber es bringt mir wirklich nichts, ich leide nur, wenn ich sie sehe.»

Ein 23jähriger Student

Die unbefriedigende, quälende Beziehung zu den realen Eltern, die trotz dieser leidvollen Merkmale nicht abgebrochen oder ihres emotionalen Gewichtes beraubt wird, verdeckt die Suche nach dem idealen Objekt, an dem die Eltern gemessen werden. Die erbitterte Auseinandersetzung mit ihnen zeigt den Wunsch nach Geborgenheit und die Abwehr der Verschmelzung. Die Eltern werden negativ idealisiert: sie sind zu gar nichts nütze, verabscheuenswert und feindselig – aber ihre seelische Bedeutung ist unangemessen groß, der Druck der an sie geknüpften Gefühle stark.

«Wie ihr wißt, haben die Eltern niemals recht. Sie sind entweder zu groß oder zu klein, zu klug oder zu dumm. Wenn sie streng sind, sollten sie nachgiebig sein und so weiter. Aber wann findet man Eltern, die in Ordnung sind? Du kannst den Eltern immer die Schuld zuschieben, wenn du das ‹Du bist schuld›-Spielchen spielen willst, und die Eltern für deine ganzen Probleme verantwortlich machen willst. Du hältst dich so lange im Zustand eines Kindes, bis du willens bist, deine Eltern loszulassen. Aber zu einem Schluß der Debatte kommen und die Eltern loslassen und sagen: ‹Ich bin jetzt ein großes Mädchen›, das ist eine andere Geschichte. Das ist Bestandteil der Therapie – Eltern loszulassen und vor allem seinen Eltern zu vergeben, was für die meisten das Schwerste ist.»[1]

1 F. S. Perls, Gestalt-Therapie in Aktion, Stuttgart 1974, S. 50.

Die Arbeit in Selbsterfahrungsgruppen hat gezeigt, daß die wesentlichste Entscheidung in dieser Situation darin liegt, den in einer Haßliebe festgehaltenen Eltern zu verzeihen[1], daß sie nicht dem Ideal entsprechen, das immer noch gesucht wird. Der Kreis von Beziehungsproblemen, der durch die Suche nach den idealen Eltern bestimmt ist, läßt sich auf die sexuellen Bindungen Erwachsener erweitern.

Veränderungen in der sozialen Entwicklungsgeschichte folgen ebenso wie die Mutationen der biologischen Evolution dem Prinzip der Ökonomie. Die vorhandenen Mittel werden möglichst sparsam gehandhabt. Ein Vogel, der sich dem Leben im Wasser anpaßt und bessere Überlebenschancen gewinnt, wenn er Fische auf längeren Tauchstrecken verfolgen kann, wird nicht Schuppen, Kiemen und Flossen wie ein Fisch bekommen. Mutation und Selektion werden vielmehr sein Federkleid wasserdicht machen und seine Flügel zu Ruderarmen formen (wie es beim Pinguin geschehen ist). Ähnlich hat sich auch die langfristige menschliche Paarbeziehung aus schon bei den Menschenaffen vorhandenen Verhaltensformen entwickelt. Diese wurden durch Steigerung und Neuverbindung der bereits vorliegenden Bindungsmechanismen umgestaltet. Der quantitative Faktor betraf die Stärke und Beständigkeit der sexuellen Bedürfnisse, die beim Menschen gegenüber allen anderen Primaten entschieden zugenommen hat, und zwar bei Männern und Frauen in gleichem Maß. Der qualitative Faktor läßt sich zunächst als die Unabhängigkeit der sexuellen Interessen von zyklusabhängigen Auslösern fassen. Schimpansenmännchen wenden sich vorwiegend Weibchen mit hormonell bedingten Schwellungen der Genitalien zu. Der Verkehr läuft sehr rasch ab (beide Tiere pflegen beispielsweise Nahrung, die sie gerade in Händen halten, nicht wegzulegen); die Weibchen werden oft in rascher Folge von mehreren Männchen bestiegen, ohne daß Rivalität oder Eifersucht erkennbar sind. Demgegenüber ist die Intensität des sexuellen Erlebens beim Menschen stärker; die Ansprechbarkeit auf sexuelle Reize besteht dauernd. Noch

1 W. Schmidbauer, Selbsterfahrung in der Gruppe, München 1977, S. 109 f.

wesentlicher scheint die Gefühlsbindung zu sein, welche die stärker gewordenen sexuellen Antriebe in eine bestimmte Richtung lenkt. Das sexuelle Interesse wird vor allem in einer festen Paarbeziehung verwirklicht, in der Bindungsmerkmale der Mutter-Kind-Beziehung auf einen andersgeschlechtlichen Erwachsenen übertragen werden, während die leiblichen oder Totem-Verwandten von sexuellen Kontakten durch die Inzestschranke abgehalten werden.

Bei den Menschenaffen ist die Mutter-Kind-Beziehung bereits vorgegeben. Sie scheint die stabilste Beziehung, welche etwa ein Schimpanse im Laufe seines Lebens kennenlernt. Die Übertragung der emotionalen Grundgesetze der Mutter-Kind-Beziehung der Primaten auf die sexuelle Paarbindung des Menschen ist der wesentlichste Fortschritt des Sozialverhaltens, der die Evolution zum Menschen begleitete. Er unterscheidet die Gruppen der Affen bzw. Menschenaffen von den urtümlichsten Kulturen der Altsteinzeit.[1] Die dadurch befestigte sexuelle Paarbindung in einer größeren sozialen Gruppe ermöglichte, daß die bereits bei den Menschenaffen sehr lang währende Kindheitsperiode noch weiter ausgedehnt werden konnte. Die Versorgung des Kindes war nun durch zwei fest aneinander gebundene Erwachsene gesichert. Zugleich ließen sich komplexere Formen des Sozialverhaltens durch die Indentifizierung mit zwei Eltern verinnerlichen.

Doch brachte diese Übertragung der Elternbeziehung auf die Beziehung zum sexuellen Partner auch spezifische Gefahren mit sich. Neben die Suche nach den idealen Eltern, die Schutz und Entschädigung für Enttäuschungen der Kindheit bieten, trat die Suche nach dem oder der idealen Geliebten. Sie enthält dieselben Gefahren einer Zerstörung des Möglichen. Sie bietet oft genug keinen befreienden Ausweg aus einer unglücklichen Eltern-Kind-Beziehung, sondern setzt die alte Abhängigkeit in einer neuen Form fort. Viele erwachsene Menschen erleiden einen

1 Vgl. V. Reynolds, Offene Gruppen in der Evolution der Hominiden, in: W. Schmidbauer (Hg.), Evolutionstheorie und Verhaltensforschung, Hamburg 1974

vollständigen Zusammenbruch ihres Selbstgefühls, wenn der Partner ihrer sexuellen Zweierbeziehung nicht mehr ihrer starren Idealvorstellung von ihm entspricht. Sie verlieren Aktivität und Lebensfreude, ziehen sich von allen anderen Bindungen zurück, scheinen völlig zu verzweifeln und begehen die unsinnigsten Dinge, um den Partner wieder in das Ideal zurückzuverwandeln, von dem er nun abweicht.

Solche Reaktionen werden verständlicher und einfühlbarer, sobald wir hier nicht mehr einen erwachsenen Menschen handeln und phantasieren sehen, der selbständig leben und durch seine eigene Aktivität Perioden der Einsamkeit überwinden kann, sondern ein verängstigtes, von Verlassenheit bedrohtes Kind. Dieses «sucht die Mutter, die es kennt» – das Ideal. Es begegnet einer Wirklichkeit, die häufig nicht real bedrohlich ist, sondern erst dadurch bedrohlich wird, daß jede Abweichung von einer idealisierten, starren Vorstellung wütend und zerstörerisch bekämpft (oder betrauert) wird. Der in seiner Suche nach dem idealen Partner enttäuschte Erwachsene gerät in die innere Situation des vereinsamten Kindes, das tatsächlich ohne die erwachsene Bezugsperson nicht überleben kann, das unter primitiven Umständen verschmachten muß, unter zivilisierten durch den Verlust der ihm individuell und interessiert zugewandten Liebe seelisch verkümmert.

Dieses hier aus evolutionstheoretischen Überlegungen abgeleitete Modell der sexuellen Paarbindung des Menschen stimmt mit der Auffassung überein, wonach das Schicksal unserer Gefühlsbeziehungen weitgehend durch den «Ödipus-Komplex» bestimmt wird. Vorauszusetzen ist, daß dieser als die Gesamtheit der emotionalen Beziehungen des Kindes zu seinen primären Bezugspersonen aufgefaßt wird (wobei alle Gefühlsbeziehungen des Kleinkinds auch sexuell in dem weiten Sinn der Psychoanalyse sind). In diesen ersten Bindungen an die Eltern werden grundlegende, gefühlshafte «Beziehungsschablonen» (Übertragungsbereitschaften) erworben. Sie bestimmten das spätere Schicksal der sexuellen Partnerschaften des Erwachsenen. Daraus erklärt sich auch, welchen heftigen, kindlichen Emotionen in ihren übrigen Sozialbeziehungen gefestigte Menschen angesichts von Krisen in ihrer Zweierbeziehung ausgeliefert sind.

Die Idealisierung des oder der Geliebten kann gegenseitig oder einseitig sein. Hinter einer äußeren Einseitigkeit steckt oft eine verdeckte Gegenseitigkeit. Diese wird erst dann deutlich, wenn die einseitige Idealisierung zusammenbricht. Daraus ergeben sich quälende Phasenverschiebungen in einem Partnerkonflikt.

Eine junge Frau, die sich bisher in meist von Anfang an zum Scheitern verurteilten Beziehungen unglücklich machte und auf diese Weise ihre unbewußte Gefühlsbindung an ihren Vater abwehrte (der über ihr Lotterleben sehr entrüstet war), lernt einen etwas älteren, beruflich erfolgreichen Mann kennen, der sich mit großen Schuldgefühlen und Ängsten von seiner schwerkranken Frau löst. Sie bindet sich stark an diesen Mann, unterstützt ihn gegenüber seiner ersten Frau und erbettelt ständig seine Zuwendung, die er ihr widerstrebend und distanziert gibt. Er vermittelt ihr den Eindruck, daß ihm seine berufliche Arbeit im Grunde weit wichtiger sei. Als sie endlich auch noch von einer flüchtigen Verliebtheit ihres Partners in eine andere Frau erfährt, bricht die bisherige Idealisierung (die bereits deutlich vorwurfsvolle Züge angenommen hatte) zusammen. Sie fängt nun ihrerseits eine Liebschaft an und muß feststellen, daß der bisher eher distanzierte Mann jetzt um die Beziehung wirbt und sich auch sexuell ungleich mehr als früher für sie interessiert. Während er früher deutlich der Zurückhaltende war, den sie verführen und umwerben mußte, sind jetzt die Rollen vertauscht – sie kann nicht mehr annehmen, was sie sich früher so sehr gewünscht hat, während er schmerzlich als verloren erlebt, was er früher gar nicht zu schätzen wußte, nämlich die spontane Zuwendung seiner Frau (die er, als er sie noch bekam, als eher aufdringlich erlebte).

Die gegenseitige Idealisierung ist jener Zustand der glücklichen Verliebtheit, in dem die Grenzen zwischen dem Ich und dem Ideal teilweise aufgehoben sind. Die seelische Verschmelzung mit dem Partner erweitert und stützt das Selbstwertgefühl; der (die) Geliebte wird als längst gesuchte Ergänzung oder als Spiegelbild des eigenen Selbst erlebt.

«Als Kind habe ich mir oft vorgestellt, ich hätte eine Zwillingsschwester, die ganz genauso ist wie ich, und wir beide lernen zwei Zwillingsbrüder kennen, die auch ganz ähnlich sind. Und wir heiraten dann alle vier und verstehen uns immer ganz und gar.»
Eine 27jährige Lehrerin

Die Zwillingsphantasie drückt eine schmerzlich erlebte Unvollkommenheit des eigenen, weiblichen Selbst aus, die in diesem Fall durch eine problematische Beziehung zur Mutter bedingt war. Nur in der Rebellion gegen die unselbständige, zwanghaft auf Sauberkeit und Enthaltsamkeit bedachte Mutter wird die eigene Weiblichkeit faßbar; Introjektionen einzelner Züge des Vaters sollen die Lücken im Selbstbild schließen und machen die emotionale Beziehung zu Männern unbeständig, die Hingabe an die eigenen sexuellen Empfindungen bedrohlich. Der spiegelbildlich ähnliche Partner soll die Unsicherheit im eigenen Selbstgefühl ausgleichen. In der Verschmelzung mit ihm werden die Mängel des eigenen Selbstgefühls weniger spürbar. Zugleich erzeugt eine solche Beziehung Abhängigkeit. Der idealisierte Partner scheint unbedingt notwendig, er darf nicht anders sein, als es der Idealisierung entspricht. Verändert er sich, entspricht er in manchen Situationen nicht der auf Beständigkeit, Dauer und einer letztlich unmenschlichen Verfestigung abgestellten Ideal-Erwartung, dann kommt es zu heftigen Ausbrüchen narzißtischer Wut. Der Partner wird ja nicht als autonomer Mensch erlebt, der mit dem eigenen, autonomen Selbst in Wechselwirkung tritt, sondern als ergänzender, lebensnotwendiger Teil dieses Selbst. Daher ruft sein «Versagen» den Verlassenheits-Wut-Mechanismus des Kindes hervor, das sich ohne einen Erwachsenen, der sein lückenhaftes Selbstgefühl ergänzt, unsicher und bedroht fühlt. In einem von mir beobachteten Fall betraf der Bereich, in dem der ideale Geliebte das Selbstgefühl ergänzen sollte, gerade die spezifisch weibliche Thematik von Schwangerschaft und Geburt.

Eine 35jährige Frau sucht psychotherapeutische Hilfe, weil (so ihre Aussage im Erstgespräch) ihr Mann nach der Eheschließung den vorher von ihm vertretenen Kinderwunsch zurückgenommen und sie damit zur Unfruchtbarkeit verurteilt habe. Er sei uneinsichtig, wolle keine Therapie; sie hingegen leide an heftigen Depressionen und Ängsten, allein in der Wohnung zu bleiben. In der gruppenpsychoanalytischen Behandlung wurde deutlich, daß die Klientin sich bewußt Kinder wünschte, aber diesen Wunsch nicht als autonome Möglichkeit ihrer Person erlebte, sondern ihn stark an idealisierte Beziehungen zu Männern band. Wenn diese von dem vorgeschriebenen Bild abwichen, machte sie ihnen erbitterte Vorwürfe, daß sie ihr Leben zerstörten. Als ein früherer Partner sie während einer Schwangerschaft betrog, machte sie einen Selbstmordversuch und ließ das Kind abtreiben. In der gegenwärtigen Ehe kritisierte sie ständig die Rückzugsneigung und Elternabhängigkeit ihres Partners und wollte sich nicht auf eine Schwangerschaft einlassen, ehe nicht ihre Beziehung zu ihm verbessert worden sei. In der Therapie wurden ihr zunehmend ihre eigenen Ängste vor Nähe und Offenheit deutlich. Sie stellte fest, daß die Ehe in ihr kindliche Ängste vor Verlassenheit und heftige Wut angeregt hatte, die sie teilweise durch Projektion abwehrte. Eine ihrer Angstphantasien war: «Ein Mann dringt in die Wohnung ein und ersticht mich», statt: «Ich könnte meinen Mann bzw. das unzuverlässige, mangelhafte Objekt umbringen.» Der Partner sollte an die Stelle der enttäuschenden Eltern, vor allem an die der Mutter treten, die sich für die Tochter als ungeeignetes Objekt einer weiblichen Identifizierung erwiesen hatte. Der Idealanspruch an den Partner führte dazu, daß alle auf längere Dauer angelegten Freundschaften dieser Frau unglücklich verliefen, während sie in kurzfristigen, nicht mit diesem Anspruch belasteten Freundschaften durchaus sexuelle und emotionale Befriedigung finden konnte.

Je größer der Anspruch an den Partner ist, eine Spiegelbeziehung zu schaffen, in der schmerzlich empfundenes Abweichen der eigenen Person von einem Idealzustand ausgeglichen werden kann, desto bedrohlicher sind Veränderungen. Eine davon ist die Schwangerschaft. In einer auf gegenseitigen Idealisierungen beruhenden Symbiose erlebt der Mann häufig das Baby als Konkurrenz und fängt an, sich stärker für andere Frauen zu interessieren, während die künftige Mutter gerade in dieser Zeit besonders viel Bestätigung braucht und auf eine Unsicherheit in der Partnerbeziehung tief gekränkt reagiert. Wo die Suche nach dem symbiotischen Idealzustand mit Angst besetzt ist und abgewehrt wird, kann eine Reaktion entstehen, die sich auf diese Formel bringen läßt: «Ich suche keine idealen Eltern, ich brauche niemanden (weil ich selbst ein/eine idealer/ideale Vater/Mutter bin).» In diesen Fällen führt die Schwangerschaft dazu, daß einer der beiden Elternteile sich ganz dem Kind widmet und den anderen darüber vernachlässigt, ja sich sogar von ihm trennt.

Eine Frau sucht wegen quälender Rückenschmerzen, die psychosomatisch bedingt sind, psychotherapeutische Hilfe. Die Schmerzen sind seit dem Beginn ihrer Menstruation vorhanden. Sie haben sich nach einem dramatischen Konflikt vor etwa zehn Jahren erheblich verstärkt. Damals wurde sie von einem Freund schwanger; sobald sie davon erfuhr, wollte sie die Beziehung abbrechen, was ihr nach heftigen Auseinandersetzungen auch gelang. Seither lebt sie allein mit ihrem Sohn; sie spürt kein stärkeres Bedürfnis, erneut Beziehungen mit Männern aufzunehmen. Sie sei mit ihrem Leben ganz zufrieden – wenn nur die Rückenschmerzen nicht wären, wegen denen sie Angst spüre, medikamentenabhängig zu werden.

Ein Mann, der darunter litt, daß er von seinen Eltern vernachlässigt worden war («Mutter tat ihr Bestes, uns fünf Kinder zu wärmen – aber die Decke war einfach zu kurz») und nicht die intellektuelle Karriere einschlagen konnte, zu der er sich hingezogen fühlte, nahm eine Beziehung zu einer jungen Frau auf, die in ihm den idealen (Vater)Geliebten sah und ihn durch ein Kind an sich binden wollte. Er heiratete sie sofort. Als das Kind – eine Tochter – geboren wurde, veränderte sich sein Verhalten schlagartig. Hatte er die schwangere Frau auf Händen getragen, so forderte er von der Mutter perfekte Sorge für Kind und Haushalt, wobei er seine emotionale Zuwendung weitgehend auf das Kind konzentrierte und die Vernachlässigung des Haushalts durch seine Frau kritisierte. Diese wandte sich anderen Männern zu; sie band sich endlich an einen, der in ihr selbst eine Stütze suchte. In der Suche nach dem idealen (Vater)Geliebten enttäuscht, identifizierte sie sich mit dem Vater und wandte sich einem (Kind)Geliebten zu; umgekehrt suchte der Mann ursprünglich eine (Mutter)Geliebte und spaltete nach der Geburt seiner Tochter die Beziehung auf: An der (Mutter)Geliebten rächte er nun die Enttäuschung über seine eigene Mutter, während die idealisierende Liebe sich ganz auf die (Tochter)Geliebte konzentrierte.

Von dem griechischen Künstler Apelles wird erzählt, er habe einen vollkommen schönen Menschen dadurch abbilden können, daß er von einem Modell die Nase, von einem anderen den Mund, von einem dritten die Beine malte. So nahm er von zahlreichen wirklichen Menschen jeweils das Beste, um auf diese Weise ein ideales Bild zu gewinnen. Diese Anekdote zeigt den kulturgeschichtlichen Nutzen der Idealbildung. Sie tritt auf, wenn im ständig wechselnden Fluß des emotionalen Erlebens feste Strukturen geschaffen werden, die eine eigene Macht gewinnen. Ohne diese festen Strukturen wäre ein Bewahren des einmal Erreichten in der menschlichen Kultur nicht möglich. Aus diesem Grund sind sie für die gesellschaftliche Entwicklung von ausschlaggebender Bedeutung. Für die persönliche seelische Situation hingegen enthalten diese festen Strukturen eine schwerwiegende Gefahr. Sie können zum Maßstab werden, an dem die Wirklichkeit gemessen und stets für unbefriedigend gehalten wird. Neben dem idealen Bild, das Apelles aus einzelnen Vollkommenheiten zusammensetzt, muß jeder reale Mensch enttäuschen. Dadurch, daß der ideale Aspekt einer Beziehung, einer Tätigkeit, eines Erlebnisses aufgespeichert und zur Norm erhoben wird, nehmen die Aussichten für eine reale Erfüllung durch eine Beziehung, eine Tätigkeit, ein Erlebnis erheblich ab. So kommt es, daß die Menschen oft das Gute, das sie haben, erst erkennen, wenn sie es nicht mehr besitzen; solange es ihnen nicht fehlt, erkennen sie doch nur die Spanne, die sie noch vom Idealzustand trennt.

«Solange ich mit meiner ersten Frau zusammen war, störte es mich, daß sie so unselbständig war und ganz in der Hausarbeit aufging. Jetzt, nachdem wir uns getrennt haben und ich mit einer Frau zusammen lebe, die selbständig ist und ihr Leben in die Hand nimmt, leide ich darunter, daß niemand mehr für mich sorgt, daß ich die Hausarbeit zum großen Teil selbst machen muß. Außerdem bin ich eifersüchtig, wozu ich früher nie Grund hatte. Ich merke, daß ich mir eine Frau wünsche, die zugleich abhängig und selbständig, fürsorglich und fordernd ist, die mir nichts abverlangt und mich doch in meiner Entwicklung weiterbringt – lauter Widersprüche. Und ich sehe die Gefahr, daß ich immer nur das wahrnehme, was mir abgeht, was noch zum Idealzustand fehlt, während ich nie merke, was ich habe und worüber ich mich eigentlich freuen könnte.»

Ein 36jähriger Lehrer

Ein aktuelles Beispiel für die Suche nach der idealen Liebe bieten Verena Stefans *‹Häutungen›*. Die Autorin beschreibt autobiographisch ihren Weg durch eine Reihe enttäuschender Beziehungen zu Männern, denen endlich, scheinbar erlösend, die Entdeckung der Homoerotik folgt. In den heterosexuellen Beziehungen, die Verena Stefan schildert, läßt sich deutlich der Ersatz autonomer erotischer Wünsche durch ein diffuses Bedürfnis nach Verschmelzung beobachten. «Der eine küßte leidenschaftlich und wild, so daß ich Zähne spürte, nichts als Zähne – Und ich küßte leidenschaftlich und wild. Der andere küßte sanft und fand alles andere unreif und unerwachsen – Und ich küßte sanft und erwachsen ... Der eine wollte die ganze Nacht durchmachen, der andere konnte nur einmal – Und ich machte die ganze Nacht durch oder konnte nur einmal. Der eine wollte sich immer genital vereinigen, der andere fand es nicht so wichtig – Und ich vereinigte mich immer genital oder fand es nicht so wichtig.»[1]

Es gibt keine Auseinandersetzung über gegenseitige Wünsche, sondern eine Sehnsucht nach Selbsterweiterung, die nur als Ablehnung und Entwertung aller realen Begegnungen mit Männern

1 V. Stefan, Häutungen, München 1975, S. 42.

bewußt werden kann. Der Versuch, die Überanpassung aufzugeben, nicht mehr passive Erfüllung zu erwarten, sondern eigenständige Bedürfnisse zu erleben und durchzusetzen, wird nicht erwogen. «Ich erfahre etwas über mich selber, wenn ich mit einer anderen Frau zusammen bin. Mit einem Mann erfahre ich nur, daß ich anders bin und daß mein Körper für ihn da sein soll, nicht aber, wie mein Körper wirklich ist, und wie ich bin»[1], sagt Verena Stefan, nachdem sie sich endlich lesbischen Beziehungen zugewandt hat. Die Heterosexualität muß abgewertet werden, weil die Verschiedenheit des Mannes die eigene Sehnsucht nach zwillingshafter Verschmelzung vereitelt. Das ganz gleiche, die andere Frau, festigt das eigene Selbstgefühl so weit, daß selbständige erotische Gefühle erstmals erlebt werden können. «Wir sind Doppelgängerinnen. Treffe ich sie, treffe ich zugeich auf einen Teil meiner selbst.»[2]

In der äußerlich zum Zeichen weiblicher Unabhängigkeit erhobenen und idealisierten Homosexualität spiegelt sich (ebenso wie in der vergleichbaren, aber zur Zeit weniger öffentliche Aufmerksamkeit findenden Idealisierung männlicher Homosexualität[3]) eine Abwehr realer, heterosexueller Beziehungen zugunsten eines imaginären Ideals von Gleichheit und Verschmelzung. Gerade homosexuelle Bindungen sind dabei besonders von den nachteiligen Folgen der Idealisierungsvorgänge bedroht, zum Beispiel dem häufigen Partnerwechsel vor allem bei männlichen, aber auch bei manchen weiblichen Homosexuellen.

«Das Bild der Heterosexualität, das Alice Schwarzer zeichnet und das sie auch überzeugend durch ihre Frauenprotokolle belegen kann, ist von einer trostlosen Öde und Brutalität. Ihre Konsequenz ist jedoch regressiv und letztlich repressiv, da sie den Frauen nicht dazu verhilft, eine autonome Sexualität, die auch ein lustvoll erlebtes Eindringen des Phallus umfaßt, zu ent-

1 V. Stefan, Häutungen, München 1975, S. 84.

2 Ebd., S. 106.

3 In den entsprechenden Texten wird stets auf die homophilen Neigungen großer Künstler (Leonardo da Vinci, Michelangelo) und Philosophen (Sokrates) hingewiesen.

wickeln . . . Bei einer solchen Ideologie entsteht der Verdacht, daß hier eine Identifizierung mit der Aggression (frühe Mutter) stattgefunden hat. Die verbietende Mutter hätte damit ihr Ziel erreicht: die Frau entfernt sich vom eigenen Körper.»[1]

Die Kontrolle der Mutter über die Nahrungsaufnahme und die Ausscheidungen des Kindes führt dazu, daß in einer Gesellschaft mit hochentwickelter Gefühlskontrolle auch die autonomen Empfindungen in den Genitalzonen als verboten erlebt werden. Die Inbesitznahme des eigenen Leibs wird vom Kind als Aufstand gegen die kontrollierende Mutter erlebt; das gilt vor allem für die Masturbation. Sie ist ein Weg, durch selbstgewonnene Lustempfindungen die Abhängigkeit von der Mutter zu überwinden, wobei offensichtlich das Mädchen größere Schwierigkeiten hat als der Junge. Dieser kann sich durch den Besitz des vorzeigbaren, quasi als Gesprächspartner verwendbaren Penis deutlich von der Mutter abgrenzen (wie er ja auch den Vater als von der Mutter verschieden erlebt). Das Mädchen hingegen gleicht der Mutter und hat es daher schwieriger, sich als etwas anderes zu erleben.

Parallel dazu laufen die geschichtlichen Prozesse der Gefühlskontrolle und Affekt-Einengung so, daß Frauen in der Regel stärkeren Restriktionen ausgesetzt sind und eine Steigerung der Kontrolle meist mit einer Ausbreitung «weiblicher» Verhaltensformen einhergeht.[2] Die Frauen auferlegten Bindungen der Gefühle und Antriebe nehmen in der Regel vorweg, welche Beschränkungen (und mit ihnen einhergehende Befreiungen) künftig gelten werden. Die intensivere soziale Kontrolle der Mädchen bestimmt auch die Verarbeitung des körperlichen Geschlechtsunterschieds. Janine Chasseguet-Smirgel[3] und Marie Torok[4] ver-

1 M. Moeller-Gambaroff, Emanzipation macht Angst, in: *Kursbuch* 47, 1977, S. 22.

2 Vgl. N. Elias, Der Prozeß der Zivilisation, 5. Aufl. Frankfurt a. M. 1978.

3 J. Chasseguet-Smirgel (Hg.): Psychoanalyse der weiblichen Sexualität, Frankfurt a. M. 1974.

4 M. Torok, Der Penisneid, in: J. Chasseguet-Smirgel, Psychoanalyse der weiblichen Sexualität, Frankfurt a. M. 1974.

muten, daß der Peniswunsch des Mädchens darauf beruht, daß es sich ein *sichtbares* Organ wünscht. Dem Eindringen und Kontrollieren der als allmächtig erlebten Mutter im Körperinneren soll ein vorzeigbares äußeres Organ entgegengesetzt werden. (Da psychoanalytische Deutungen grundsätzlich von einem Modell «mehrfacher Determination» ausgehen, schließt diese Auffassung einen Neid auf gesellschaftliche Privilegien von Männern nicht aus, der im Neid auf das körperliche Zeichen der Privilegiertheit seinen Ausdruck finden kann.)

Die unbewußte Bewunderung und Idealisierung des Penis, Neid und Rivalität in bezug auf Männer und die Suche nach einer neuen, idealen weiblichen Identität enthalten eine Abwehrdeutung. Sie führen das Mädchen dazu, daß es außen sucht, was es dort nicht finden kann, und innen nicht mehr entdeckt, was vorhanden wäre: die eigenen autonomen, sexuellen Wünsche. Statt dessen verlangt es nach Äußerlichkeiten, nach Sachen, die mit seinen Gefühlen nichts zu tun haben. Vermutlich enthält schon in der frühen Kindheit jede starke Gefühlsbeziehung orgastische Erlebniskerne, die verdrängt werden. Mit ihnen geht ein kostbarer Teil der kindlichen Erfahrungen verloren.

Dic Idealisierungsprozesse führen dazu, daß das in der Wirklichkeit Verlorene in der Phantasie übersteigert und entfremdet wiederhergestellt wird. Eine Suche, die zum Wachstum des Wirklichen führen könnte, wird dadurch oft unmöglich, weil die Idealvorstellung als Ziel gesetzt wurde. Sie spiegelt vor, eine bessere Wirklichkeit sei auffindbar, wenn nur lange genug die vorgefundene Wirklichkeit entwertet und abgelehnt wird. Tatsächlich aber versteckt sie die realen Gefühle und die an sie gebundenen Glücksmöglichkeiten durch die Koppelung von phantasiertem Glück an über Versagungen und Verdrängungen hinweghelfende Idealvorstellungen.

Wer die Phantasie, die ihn über vergessene Verbote seiner Kindheit hinwegtröstet, zur Richtschnur seines Handelns macht, wiederholt immer wieder die alten Verbote, wo er meint, sich für ihre Folgen zu entschädigen. Er veruteilt sich zum Scheitern. Die Phantasie vom Penis, der für die realen Versagungen einer weiblichen Sozialisation entschädigen soll, perpetuiert diese Versagungen. Solange sie unbewußt bleibt, macht sie die Selbstverwirklichung zu einem unlösbaren Problem, ermöglicht es, in einer sich verselbständigenden Polemik gegen «die Männer» eine eigene innere Leere zu überspielen. Marie Torok sieht im Penisneid einen verkleideten Anspruch – nicht auf das männliche Organ oder andere Attribute des anderen Geschlechts, wie berufliche Karriere oder künstlerische Produktivität, sondern auf eigene Wünsche nach Reifung und orgastischen Erlebnissen[1]

Die ideale Geliebte ist eine Gestalt der Phantasie, die in Perioden der Verliebtheit Wirklichkeit gewinnt. Je mehr eine Person dabei fähig ist, reale Partner zu idealisieren, desto eher wird sie befriedigende Beziehungen aufbauen und die Verliebtheit immer wieder in den Alltag integrieren. Je imaginärer die oder der ideale Geliebte sind, desto eher droht auch die Gefahr, daß alle realen Beziehungen über kurz oder lang an diesem Idealbild zerbrechen oder ihre Anziehungskraft verlieren. Eine häufige Lösung aus diesem Konflikt, in dem ein widersprüchliches Ideal von Geborgenheit und Perfektion, Zuverlässigkeit und Unerreichbarkeit auf Kosten der realen Glücksmöglichkeiten angestrebt wird, ist die Bindung an eine unbefriedigende Beziehung, die aus «äußeren» Gründen festgehalten wird, während die idealisierenden Beziehungen in der Phantasie oder in einer Reihe von «Leider geht es doch nicht»-Verliebtheiten gelebt werden.

«Ich weiß nicht, wie es kommt, aber ich möchte immer gerade den Mann, den ich nicht habe. Ich lebe jetzt mit einem Freund zusammen, der wirklich lieb ist und viel für mich tut, der mich auch gerne heiraten möchte – aber wenn er das sagt, möchte ich gleich fortlaufen und kriege dann auch Schuldgefühle, weil ich bei ihm bleibe, obwohl ich ihn ja nicht liebe. Und mein Traummann ist im Ausland, ich treffe ihn gelegentlich einmal, und ich denke immer, wenn ich ihn nicht sehe, daß er eigentlich alles ist, was ich will – aber ich weiß gar nicht, ob ich es bei ihm aushalten könnte.»

Eine 27jährige Lehrerin

1 M. Torok, Der Penisneid, a.a.O., S. 202.

«Ich mußte vor zwölf Jahren heiraten, weil meine Frau ein Kind bekam. Und seither denke ich immer, ich habe mir die Frau nicht ausgesucht. Ich will immer wieder fort, und ich war schon einige Male sehr in andere Frauen verliebt, aber es ist nichts daraus geworden, weil ich mich nicht von dem Kind trennen konnte. Ich weiß nicht, was ich tun soll, ich habe das Gefühl, es kann immer nur unglücklich ausgehen, ich hätte eben damals die Richtige finden müssen . . .»

Ein 35jähriger Angestellter

Die reale, als unbefriedigend erlebte Beziehung bildet hier den fruchtbaren Boden, auf dem die Phantasien von den idealen Beziehungen gedeihen können. Sie wären ja möglich, wenn nur nicht . . . Auf diese Weise werden die wirklichen Möglichkeiten einer gegenseitigen Befriedigung in der Liebesbeziehung zerstört, um der/dem imaginären Geliebten zu dienen. Diese Situation spiegelt die soziale Entstehungsgeschichte des Motivs der idealen Liebe wider. Sie entstand zur Zeit des Minnesangs im Mittelalter und entspricht einer Beziehung, die vorwiegend in der Phantasie stattfand – zwischen einer Frau an einem großen Feudalhof und einem meist landlosen, sozial tieferstehenden, ritterlichen Dichter, der die ferne Dame besingt, um vielleicht endlich einmal durch ihre Vermittlung ein Lehen zu erhalten. Seine Mutter, seine Familie haben den Dichter verraten und enttäuscht, indem sie ihn schlecht ausrüsteten mit lebensnotwendigem Zinsland und ihm als Nicht-Erstgeborenem die Anrechte auf das väterliche Erbe entzogen.

Der unbewußte Groll gegen die reale Mutter verbindet sich mit der Suche nach einer idealen (Mutter)Geliebten; die wirtschaftliche Situation und die mit ihr an den größeren Feudalhöfen einhergehende Notwendigkeit einer stärkeren Gefühlskontrolle und Verfeinerung der Sitten ergänzen dieses unbewußte Motiv. Walther von der Vogelweides Freude über sein «Lehen» ist der Schlußpunkt einer langen Reihe vergeblicher Bittgänge und Enttäuschungen – weder König Philipp noch Dietrich von Meißen, noch Otto IV., noch der Bischof Wolfgar von Ellenbrechtskirchen belohnten ihn für seine Dienste mit mehr als mit Kost,

Wohnung und Kleidung. Erst Friedrich II., selbst ein Schriftsteller, gab ihm so viel Land, daß sein Auskommen sicher war – damals die einzige Möglichkeit, eine bescheidene Existenzsicherung zu gewinnen.[1]

Dem durchschnittlichen Ritter des 9. und 10. Jahrhunderts dürfte die Vorstellung einer tiefen seelischen Beziehung zu einer idealisierten Geliebten recht fremd gewesen sein. Er ging mit der eigenen oder gar mit Frauen aus niedrigeren Ständen nicht sehr zart um. Die Beziehungen wurden häufig einfach durch das Faustrecht des Stärkeren geregelt; andererseits waren die Triebe noch so ungezügelt, daß Mann und Frau, in einem Zimmer allein, grundsätzlich der Unzucht verdächtig waren. Von Königen, Herzögen und Rittern wird gleichermaßen berichtet, wie sie ihren widersprechenden Ehefrauen einfach mit der Faust ins Gesicht schlagen, bis das Blut fließt und die Dame nachgibt. Nur an den wenigen großen, feudalen Höfen, die an das wachsende Netz des Handels und der Geldverflechtung angeschlossen waren, wurde ein mehr kontrolliertes Verhalten notwendig, wie es längere Beziehungsketten zwischen aufeinander angewiesenen und nicht durch eindeutige Machtüberlegenheit unterschiedenen Menschen erfordern.

In der Entstehungsgeschichte der idealisierten Liebesbeziehung wird der Zusammenhang zwischen gesellschaftlich notwendig werdenden Kontrollmechanismen und der Überformung des Trieblebens sehr deutlich. In der urtümlichen, feudalen Kriegergesellschaft nötigt den Mann nichts, von einer Frau mehr zu erwarten als die rasche Befriedigung elementarer Bedürfnisse. Der verliebte Krieger wäre lächerlich; der Mann, der zuviel mit Frauen zusammen ist, der ihre Gefühle berücksichtigt, tut das allenfalls zur Übung seiner Geduld. Demgegenüber muß die Frau schon immer in der abendländischen Geschichte mehr Gefühlskontrolle erlernen als der ebenbürtige Mann. Sie übertrifft ihn daher auch an Verfeinerung und Sublimierung der Triebe. Die Situation an den größeren Feudal-

1 Eduard Wechssler, Das Kulturproblem des Minnesangs, Halle 1909.

höfen nötigt nun auch Männer zu solchen Entwicklungsprozessen – nicht den sozial gleichgestellten Ehemann der Frau, sondern den abhängigen Spielmann und Minnesänger, dessen einzige Existenzsicherung die Aufnahme in den höfischen Haushalt und im Glücksfall die Belohnung durch ein eigenes Lehen sind.

In dieser Situation entsteht die lyrische Dichtung und ebenfalls als ebenso individuelles wie gesellschaftliches Produkt «jene Umformung der Lust, jene Tönung des Gefühls, jene Sublimierung und Verfeinerung der Affekte, die wir ‹Liebe› nennen»[1]. Es entstehen Beziehungen zwischen Männern und Frauen, die nicht nur individuell und gelegentlich, sondern häufig und aus sozialer Notwendigkeit heraus dem körperlich stärkeren Mann verbieten, sich die Frau einfach zu nehmen, wenn er Lust auf sie hat. Die Frau wird vielmehr unerreichbar oder doch schwer erreichbar, sie rückt als Sexualobjekt in die Ferne, wodurch eine intensive Phantasiebeziehung ermöglicht wird, in der die höherstehende Dame besonders begehrenswert erscheint.

In dieser Situation entsteht der Minnesang und in ihm eine Form des Gefühlsausdrucks und zugleich ein soziales Klischee einer Liebesbeziehung, in dem die Liebenden jahrhundertelang ihre eigenen Empfindungen suchen, sie zum Teil vorfinden, zum Teil enttäuscht bleiben, weil ihre Gefühlsrealität den lyrischen Modellen nicht entspricht. Natürlich spielen auch literarische Vorbilder eine Rolle, wie die Vagantenlieder und die religiöse Minnelyrik, in der die jungfräuliche Mutter Maria gepriesen wird (gewiß ein mythisches Modell für eine idealisierte Elternbeziehung). Doch die gesellschaftliche Grundlage bleibt bedeutungsvoll, unabhängig davon, mit wieviel Gefühlskraft die einzelnen Dichter die vorgegebenen Formen erfüllen konnten. Der reale Umgang mit dem Objekt der idealisierten Liebe ist dabei auf wenige Ausnahmesituationen begrenzt. Dante sieht die reale Beatrice nur ganz selten, und sie stirbt früh. Erst im überirdischen Paradies seiner Dichtung lernt er sie «wirklich» kennen. Auch die

1 N. Elias, Über den Prozeß der Zivilisation, 5. Aufl. Frankfurt a. M. 1978, S. 111.

Beziehung der Minnesänger zu ihrer Herrin war begrenzt und auf Ausnahmesituationen beschränkt.

Diese Ausnahmesituation ist sicher nur einer von vielen verschiedenen Auslösern der lockenden und zerstörerischen Idealisierung des (der) Geliebten. Die soziale Entstehungsgeschichte solcher Beziehungsmodelle führt lückenlos bis zu Freuds Beobachtungen über die Erniedrigung des sexuellen Erlebens vor dem Hintergrund einer Suche nach der idealisierten Dame (Madonna). Sie ist es, die das Einhorn zähmt: Die Beziehung zu einem Fabeltier ersetzt die Wirklichkeit. Dahinter stehen gesellschaftliche Notwendigkeiten einer mehr und mehr zur Affektkontrolle gezwungenen Ober- und Mittelschicht, in der zunehmend innere Zwänge die äußeren Druckmittel körperlicher Gewalt oder ständischer Schranken ersetzen.

Heute ist in der Subkultur gruppendynamischer Selbsterfahrung eine beschränkte und wohlgesteuerte Freisetzung sonst gebundener Affekte zum Lernziel geworden. Sie zeigt, ebenso wie die freizügigere Bademode von 1970 gegenüber der von 1870, daß die Zügelung der Gefühle und Triebe so weit fortgeschritten ist, daß äußere Schranken ungehindert fallen können. Je mehr äußere Freizügigkeit eine Gesellschaft erlauben kann, desto fester und differenzierter müssen die inneren Kontrollmechanismen sein. Sie haben von den auf agrarische Tauschwirtschaft abgestellten frühmittelalterlichen Feudalsystemen bis zur Industriegesellschaft einen langen Entwicklungsprozeß durchgemacht, der sich gerade an der Geschichte der vorherrschenden Idealisierungen besonders gut verfolgen läßt.

In der bürgerlichen Gesellschaft ist das «romantische» Liebesmodell der Minnesänger auf die «Liebesheirat» frei gewählter, «standesgemäßer» Partner übertragen worden. Die zerstörerischen Wirkungen dieses Ideals sind unschwer faßbar. Es schafft die denkbar schlechtesten Voraussetzungen für die Verarbeitung der in jeder engen Beziehung auftretenden Konflikte und feindseligen Gefühle, wenn deren Existenzberechtigung in einer angeblich nur von Liebe und Treue bestimmten Ehe von vornherein geleugnet wird. Und wie meist in einer von Idealvorstellungen ausgelösten Konfliktsituation wird dann nicht die Perfektionsforderung kritisiert. Ziel des Angriffs ist die Realität. Die Schuld des Partners wird gesucht, die eigene Schuld schmerzhaft verspürt, und in Phantasien von der (dem) idealen Geliebten Entlastung gefunden.

Eine höchst eindrucksvolle Darstellung des bürgerlichen Beziehungsideals gibt Adalbert Stifter in vielen seiner Werke, unter anderem in den großen Romanen *‹Der Nachsommer›* und *‹Witiko›*. In einer von großer Affektkontrolle und Bildungsehrgeiz geprägten seelischen Landschaft bricht im Nachsommer die ideale Liebe nach langer Vorbereitungszeit auf und entfaltet sich wie eine unverwelkliche Blume. Heinrich und Natalie sind füreinander bestimmt, beide kannten vorher keine andere erotische Beziehung. Das Gegenspiel sind Mathilde und ihr verlorener, später wiedergefundener Jugendfreund Risach, der sich als Hauslehrer (analog dem Minnesänger am feudalen Hof – so lange halten sich solche sozialen Klischees) in die Tochter seiner Brotgeber verliebte, jedoch an ihrer Gegenliebe zweifelte und deshalb von ihr verstoßen wurde. Vor dem Hintergrund dieser nach einer Generation wiederaufgenommenen, nachsommerlichen Liebe entwickelt sich die Beziehung zwischen Heinrich und Mathildes Tochter. Die liebevoll-materialistische Darstellung Stifters enthält sicher auch eine Literatur gewordene Tröstung des Autors, der mit einer ungeliebten Frau zusammen lebte und unter quälenden Depressionen litt. Zu dem in *‹Der Nachsommer›* so detailliert und liebevoll ausgemalten Ideal einer besitzbestimmten, bürgerlichen Liebesehe unter den Bedingungen einer weitgehend vervollkommneten Gefühls- und Affektkontrolle (das Ideal konzentriert die erotischen Empfindungen wie ein Hohlspiegel auf eine einzige Person) gehört auch, daß der Mann seiner künftigen Frau an Welterfahrung überlegen ist. Heinrich muß erst eine vielmonatige Bildungsreise antreten, ehe er würdig ist, sich zu vermählen.[1] Der Trost, den solche idealen Schicksale einem vom

1 H. Gieselbusch verdanke ich den Hinweis, daß im *‹Nachsommer›* der Weg des jungen Heinrich vom Asperhof zum Sternhof führt: Per aspera ad astra – durch Widrigkeiten zu den Sternen, das Motto der idealisierenden Phantasie.

eigenen Ehepartner enttäuschten Leser (und Autor) spenden, wirkt auf die Enttäuschung selbst zurück. Wer das Schicksal seiner intimen Beziehungen an der idealen Konzentration mißt, die ihm vorgegaukelt wird, findet viele Gründe, enttäuscht zu sein, weil er nicht die (den) ideal schöne(n), gebildete(n), reiche(n) und von Gegenliebe erfüllte(n) Geliebte(n) gefunden hat. Und umgekehrt: Wer enttäuscht ist, wird durch solche Phantasien dazu geführt, die Realität zu verdammen, nicht aber sein Ideal zu mäßigen.

2. Die Psychologie und das Ideal

Es scheint notwendig, stehenzubleiben und umzuschauen. Gewiß, die zerstörerischen Folgen von Idealisierung und Perfektionsanspruch im Alltag sind deutlich geworden. Aber die geschilderten Situationen sind sämtlich nicht ausreichend erklärt. Soll es etwa nur darum gehen, das Streben nach moralischen, emotionalen oder gesellschaftlichen Idealen abzuwerten, in dem so viele Denker von Platon bis Kant die höchsten seelischen Leistungen des Menschen sahen? Wie hängen die geschilderten Störungen durch übermächtige Idealansprüche mit den psychoanalytischen Begriffen des Über-Ichs, des Ich-Ideals und des Ideal-Ichs zusammen? Wie sind die biologisch-evolutionären, die gesellschaftlichen und endlich die familiären und individuellen Entstehungsbedingungen zerstörerischer Ideale?

Im folgenden sollen zunächst die psychoanalytischen Begriffe kritisch untersucht werden, mit deren Hilfe das Ideal erfaßt werden kann. Ein erster Hinweis findet sich in Freuds Arbeit ‹*Zur Einführung des Narzißmus*›. Es geht hier um die Entwicklung der ursprünglichen Ich-Liebe und Ich-Bezogenheit des Kindes, in dessen Phantasieleben Vorstellungen von Allmacht und Größe eine wichtige Rolle spielen.

«Das Haus bau ich wieder auf», sagt ein zweieinhalbjähriges Mädchen regelmäßig, wenn es an einer schön gelegenen Ruine an einem Waldweg vorbeikommt.

Ein Vierjähriger spielt regelmäßig mit seinem zwei Jahre älteren Bruder ein Phantasiespiel, in dem beide Riesentiger sind, die mit einem Schlag hundert Menschen töten können.

Beim Erwachsenen ist in der Regel dieser frühere Größenwahn

gedämpft und versteckt, obwohl er durch genauere Beobachtung bei vielen Männern und Frauen erschlossen werden kann. Er wird dann manchmal noch in unmittelbarem Anschluß an die kindlichen Größenvorstellungen stehen; oft aber drückt er sie indirekt aus: sie lassen sich nurmehr aus den Anklagen erschließen, die der eigenen Person entgegengebracht werden.

Eine 45jährige, außerordentlich gebildete und beruflich erfolgreiche Lehrerin klagt in ihrer Analyse ständig darüber, wie dumm sie doch sei. Der Widerspruch zwischen ihren Klagen und der realen gesellschaftlichen Bewertung ihrer Intelligenz läßt sich so lange nicht aufhellen, bis die Bedeutung ihrer kindlichen Allmachtsträume deutlich wird, gescheiter zu sein als ihre Brüder. Damals sollte sie noch nicht studieren. Erst als der älteste Bruder, besonders bewundert, im Krieg starb, konnte sie sich an seine Stelle setzen. In einem Rausch von Selbstanklage und Identifizierung saß damals die Zehnjährige wochenlang über philosophischen Büchern. Die Phantasie, den toten Rivalen zu übertreffen, wurde später durch die Selbstanklagen abgewehrt, in denen das ursprüngliche Größenideal, in sein Gegenteil verkehrt, noch erhalten blieb.

Freud stellt in seiner Arbeit über den Narzißmus fest, daß die verdrängende, Triebwünsche abweisende Instanz die innerseelische Nachfolge des kindlichen Größenwahns antritt. Wünsche und Triebe werden unterdrückt, wenn sie den moralischen Vorstellungen des einzelnen widersprechen. Dabei wirken diese Normen keineswegs nur intellektuell. Sie werden auch emotional als maßgeblich anerkannt. Das Individuum unterwirft sich ihnen. Die Verdrängung geht von der «Selbstachtung des Ichs»[1] aus; Wunschregungen, die ein Mensch in sich zuläßt oder die er doch bewußt verarbeitet, werden von einem anderen empört zurückgewiesen und erstickt, ehe sie bewußt werden können. «Wir können sagen, der eine habe ein *Ideal* in sich aufgerichtet, an welchem er sein Ich mißt, während dem anderen eine solche

1 S. Freud, Zur Einführung des Narzißmus, G. W., Bd. X, S. 161.

Idealbildung abgehe. Die Idealbildung wäre von seiten des Ichs die Bedingung der Verdrängung.»[1] Dieses Ideal-Ich erbt die Selbstliebe, die in der Kindheit noch voll dem Ich galt. Beim Erwachsenen wird das Ideal-Ich somit zu einer Art seelischem Reservat, in dem sich die kindlichen Gefühle der Vollkommenheit und der Einheit mit der Welt in ihrem urtümlichen Zustand oder in abgewandelter Form erhalten können. Als Belohnung für die erfüllte, idealisierte Erwartung winkt wiederum das Gefühl narzißtischer Vollkommenheit und Verschmelzung. Freud hat dabei nur angedeutet, daß auch die Umwelt diese Entwicklung mitbeeinflußt: «Mahnungen während seiner Entwicklungszeit» sind es, durch die das Individuum «gestört und in seinem Urteil geweckt», den ursprünglichen Narzißmus in der Form des Ich-Ideals wiederzugewinnen sucht. «Was er als sein Ideal vor sich hin projiziert, ist der Ersatz für den verlorenen Narzißmus seiner Kindheit, in der er sein eigenes Ideal war.»[2]

Ich-Ideal, Gewissen und Über-Ich

Die Übergabe der Befriedigung des kindlichen Narzißmus an das Ich-Ideal stellt keinen End- und Ruhezustand her, sondern erfordert eine ständige Mühe. Das liegt daran, daß sie von einer besonderen seelischen Macht kontrolliert wird, «welche die Aufgabe erfüllt, über die Sicherung der narzißtischen Befriedigung aus dem Ich-Ideal zu wachen, und in dieser Absicht das aktuelle Ich unausgesetzt beobachtet und am Ideal mißt»[3]. Freud nennt diese Macht zunächst das Gewissen – man könne sie ja nur wiederentdecken, nicht etwa neu auffinden – und später das Über-Ich. Dabei hat er nie genau zwischen Über-Ich und Ich-Ideal unterschieden. Er schreibt dem Über-Ich beide Funktionen zu: das Ideal und das kritisch prüfende Gewissen. Modellbeispiel

1 S. Freud, Zur Einführung des Narzißmus, G. W., Bd. X, S. 161.
2 Ebd.
3 S. Freud, Zur Einführung des Narzißmus, G. W., Bd. X, S. 162.

der Gewissensfunktion ist der Beobachtungswahn des Geisteskranken, der etwa Stimmen hört, die ständig vorhersagen und bewerten, was er tut. Im Beoachtungswahn wird ein alter Zustand auf dem Weg der Regression wiederhergestellt; der Erkrankte kehrt in eine Situation zurück, die für die Bildung des Ich-Ideals wesentlich ist: die kritischen Stimmen der Eltern, an die sich später andere Erzieher, Lehrer, endlich als unübersehbare Menge die Mitmenschen oder die öffentliche Meinung anschließen. Um diese Kritik (und dieses Lob) berechenbar zu machen und die aus ihnen kommenden Folgen für das Selbstgefühl zu beherrschen, wird eine innere Regelung ausgebildet, die das Urteil der äußeren vorwegnimmt, ja mit ihr konkurriert oder sie idealistisch übersteigert. Dieser Vorgang des Wetteiferns mit einem von den Eltern herangetragenen kritischen Urteil scheint für die Bildung destruktiver Ideale besonders wesentlich zu sein. An sich dient die Bildung des Gewissens dem Schutz vor übermächtigen, bedrohlichen Reizen. Ohne die schützende Liebe der Eltern wird das Kind von Todesangst überwältigt. Über-Erfüllung solcher von den Eltern idealisierter Werte scheint dem Kind ein Mehr an Sicherheit zu versprechen, das es dringend braucht. Die Über-Erfüllung der elterlichen Ansprüche wird dabei sehr oft mit den idealisierten Eltern-Gestalten religiöser Verehrung verknüpft.

In der Lebensgeschichte von Frauen, die Theologie studierten, habe ich regelmäßig die Suche nach einem idealen Vater gefunden, um die Enttäuschung über eine unerfüllte Beziehung zum realen Vater zu überwinden, die Wut ihm gegenüber wiedergutzumachen und vielleicht endlich doch noch seine Anerkennung und Nähe zu erringen.

Wenn die Über-Ich-Bildung in der Kindheit keine nennenswerten positiven Folgen für den Reizschutz hat (wie bei verwahrlosten Kindern oder bei Kindern unter sozial verarmten Bedingungen in einem Heim, bei sadistischen Eltern usw.), kann es zu schwerwiegenden Ausfällen in der Gewissensbildung kommen. Die Folgen lassen sich aber nicht vereinfachen, etwa in dem Sinn, daß dann keine Neurose, sondern Kriminalität oder eine Perversion entstehen.

Diese Folgen sind möglich, aber nicht notwendig. Andere Beziehungserfahrungen können den Mangel ausgleichen und zur Entwicklung eines angemessenen Über-Ichs führen. Insgesamt scheint die Über-Ich-Entstehung ein sehr viel verwickelterer Prozeß als die einfache Übernahme elterlichen «Botschaften» in der Form von «Tonbandaufzeichnungen».[1] Wie streng das Über-Ich urteilt, wieviel Befriedigung es zuläßt, hängt ganz eng mit der Lebensnähe oder Realitätsferne des Ideals zusammen, an dem es sich orientiert. Ich werde versuchen, schrittweise die psychoanalytischen Ergebnisse zu diesem Prozeß zusammenzutragen.

In seinem ersten Versuch, die psychologischen Prozesse der Idealbildung zu erfassen, verbindet Freud das Ich-Ideal mit dem narzißtischen Zustand der frühen Kindheit. Das Erreichen des Ich-Ideals wird zu einer Möglichkeit, in den spannungslosen, glücklichen, harmonischen Urzustand zurückzukehren, dessen Modell die Situation des Ungeborenen im Mutterleib ist. Doch dauernde Zufriedenheit ist ein illusionäres Ziel; der menschliche Organismus ist nicht im Hinblick auf persönliches Glück, sondern im Hinblick auf das Überleben in einer Gruppe konstruiert. Daraus läßt sich auch die große Bedeutung des Selbstmords für jede Lebensphilosophie erklären. Der Tod kann den narzißtischen Urzustand im Mutterleib am ehesten wiederherstellen. Er löst die leidvoll erlebten Grenzen des Ichs auf und befreit endgültig vom Streben nach der Verwirklichung eines lebensfernen Ideals.[2]

Eine weitere, enge Beziehung besteht zwischen dem Ich-Ideal und dem Selbstgefühl, das Freud zunächst als «Ausdruck der Ichgröße» bestimmt: «Alles, was man besitzt und erreicht hat, jeder durch die Erfahrung bestätigte Rest des primitiven Allmachtsgefühls hilft das Selbstgefühl steigern.»[3]

1 Wie es etwa in der Transaktionsanalyse gelegentlich dargestellt wird, vgl. Thomas A. Harris, Ich bin o. k. – Du bist o. k., Reinbek 1975.

2 H. Henseler, Narzißtische Krisen, Hamburg 1974.

3 S. Freud, Zur Einführung des Narzißmus, G. W. Bd. I., S. 165.

Das Selbstgefühl hängt von der narzißtischen Bestätigung durch das Gefühl ab, geliebt zu werden. Dieses Gefühl wird in der narzißtisch bestimmten Objektwahl angestrebt; die Liebe zu einem anderen Menschen hingegen bedroht eher das Selbstgefühl, weil sie Abhängigkeit schmerzlich bewußt macht. Der Liebende büßt ein Stück seines Narzißmus ein und erhält es erst zurück, wenn er sich wieder geliebt fühlt.

Eine Ursache der Minderwertigkeitsgefühle neurotisch Erkrankter liegt darin, daß ihr Ich durch die unbewußte Abwehr verdrängter Wünsche verarmt. Daher ist der neurotisch gestörte Mensch auch in seiner Liebesfähigkeit beeinträchtigt: Während beim Gesunden das Lieben eine Ich-Tätigkeit ist wie andere Tätigkeiten auch, empfindet er den Verlust an Libido und das Risiko, keine Gegenliebe zu finden, doppelt schlimm. Als Schutz davor zieht er seine libidinösen Wünsche von seinen Mitmenschen zurück und konzentriert sich auf sich selbst. Gelegentlich äußert sich die Verarmung dadurch, daß er unbedingt von allen Menschen geliebt werden möchte: Die Liebeszufuhr von außen soll gewissermaßen ersetzen, was dem Ich an Liebeskraft abgeht.[1] Die sicherste stabilisierende Wirkung auf das Selbstgefühl hat eine reale, gegenseitige Liebe. Sie entspricht dem seelischen Urzustand, in dem «Objekt- und Ichlibido nicht zu unterscheiden sind»[2].

Fassen wir Freuds Vorstellungen über Selbstgefühl und Idealbildung in einigen Thesen zusammen:

1. Die Persönlichkeitsentwicklung entfernt sich auf der einen Seite vom primären Narzißmus; gleichzeitig entsteht ein intensives Streben, diesen Zustand wiederherzustellen. Die Selbstliebe wird dazu auf ein Ich-Ideal verschoben, das äußeren Anforderungen entspricht; Befriedigung und Wiederherstellung der ursprünglichen Selbstverliebtheit und Selbstgenügsamkeit werden von einer Erfüllung dieses Ideals erwartet.

1 K. Horney, Das neurotische Liebesbedürfnis, in: *Zentralblatt für Psychoanalyse*. H. 10, 1938, S. 69 f.

2 Ebd., S. 167. Diese Aussage zeigt übrigens, daß Freud durchaus die Annahme einer «primären Liebe» vorweggenommen hat: Im narzißtischen Urzustand verschmelzen Selbst- und Objektliebe.

2. Das Selbstgefühl enthält drei Bestandteile: die Reste des ursprünglichen kindlichen Narzißmus, die Erfahrungen mit einer Erfüllbarkeit des Ich-Ideals (durch die Wirklichkeit bestätigte Allmacht) und befriedigende Beziehungen zu anderen Menschen («erwiderte Liebe»).

3. Das Ich-Ideal erschwert die Bindungen an andere Menschen, weil es die urtümlichen, vielgestaltigen («polymorph-perversen») Wunschäußerungen durch eine innere Zensur abweist und unterdrückt. An ihre Stelle treten gesellschaftlich vermittelte oder aus diesem Material neugestaltete Idealvorstellungen von Liebesbeziehungen. Die in der Kindheit vorgegebene Ausstattung der eigenen Person mit Allmachts- und Vollkommenheitsgefühlen wird in die Suche nach dem Ideal umgestaltet, doch bleibt das Ziel erhalten: das eigene Ideal zu sein und darin das Glück zu finden.[1]

4. In der Verliebtheit tritt der (die) Geliebte an die Stelle des Ich-Ideals; die sonst im Ich gesammelte Libido strömt auf das Objekt über. Dadurch wird eine grundlegende seelische Neuorientierung erreicht; das Sexualobjekt wird in ein Sexualideal umgewandelt. Verdrängungen können verschwinden, bisher als pervers abgewertete Triebwünsche verwirklicht werden. Dahinter steht, daß das Objekt der Verliebtheit kindliche Liebesbedingungen erfüllt.

5. Wo die Suche nach dem Ideal vereitelt wird und das Selbstgefühl bedroht ist, wird nicht selten das Ideal außen gesucht: in der Form des (der) Geliebten. Dann wird nach dem Typus der narzißtischen Partnerwahl geliebt, was man war, werden wollte oder eingebüßt hat. Der (die) idealisierte Geliebte soll ausgleichen, was dem Ich zum Ideal fehlt. Dieser Lösungsversuch ist für den neurotisch Gestörten kennzeichnend, dessen Ich-Kräfte durch Verdrängungen so verarmt sind, daß er sich ein sexuelles

1 Ein Beispiel sind die erotischen Beziehungen vieler Menschen in helfenden Berufen: Die wünschenden, spontanen Kräfte treten zurück; an ihre Stelle tritt das Streben, die Bedürfnisse des Objekts zu erfüllen, welches das Ich-Ideal des selbstlosen Helfers zuläßt. Befriedigung wird in der Dankbarkeit und im Entgegenkommen, im Erraten unausgesprochener eigener Bedürfnisse gesucht. Vgl. W. Schmidbauer, Die hilflosen Helfer, Reinbek 1977.

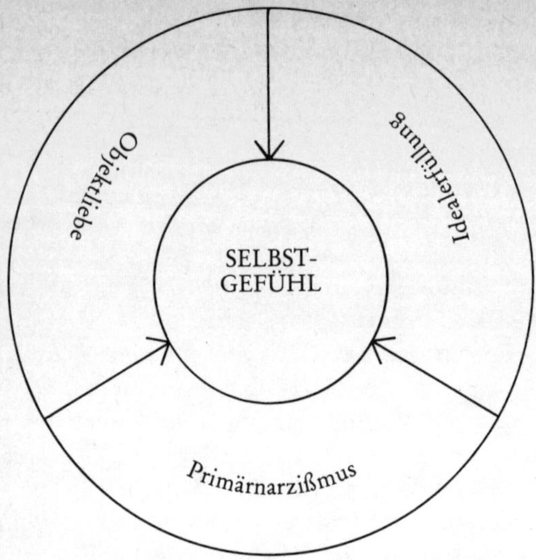

Quellen des Selbstgefühls laut Sigmund Freud

Ideal wählt, das die von ihm nicht erreichten Vorzüge besitzt. Diese imaginäre Heilung durch Liebe zieht er verständlicherweise der analytischen Arbeit an seinem Idealanspruch und den dahinterliegenden Verdrängungen vor.

Diese Verwendung eines(er) idealen Geliebten, um einer weiteren Arbeit an den Verdrängungen und den Mängeln des Selbstgefühls zu entkommen, wird in vielen psychotherapeutischen Behandlungen zu einem schwer lösbaren Problem.

Eine Frau verliebt sich während der Anfangsphase ihrer Analyse in einen anderen Patienten ihres Analytikers, den sie gelegentlich auf dem Weg zu ihm getroffen hat. Sie spricht ihn an, verabredet sich mit ihm; er zögert erst, geht aber dann, während einer Krise seiner Ehe, auf ihr Angebot ein, trifft sich mit ihr und trennt sich von seiner Frau. Das alles geschieht sehr rasch während der Analyseferien. Die späteren Krisen in dieser Beziehung zeigen sehr deutlich, daß beide Partner im anderen eine «Liebesheilung» suchten, um ihren unbewußten Bindungen an andere Objekte (bei der Frau der Vater, beim Mann die Mutter) auszuweichen. Solche Lösungsversuche wiederholten beide in einem späteren Stadium ihrer Beziehung, als die Frau sich von ihrem Mann abwandte und Zuflucht in feministischen Gruppen suchte, während er in vielfältigen, gelegentlich parallellaufenden Beziehungen zu Frauen lebte und auf diese Weise einerseits frühere Hemmungen seiner sexuellen Wünsche überwand, andererseits aber die fortbestehende Mutterabhängigkeit durch eine Aufspaltung des Objekts vermied.

In einer Klinik für jugendliche Rauschgiftabhängige werden in einer Supervisionsgruppe wiederholt massive Schwierigkeiten der therapeutischen Teams mit den während der Behandlung entstehenden Liebesbeziehungen zwischen den Klienten berichtet. Die Verliebten scheinen plötzlich unzugänglich, sie machen gegenüber den Therapeuten dicht, leugnen alle fortbestehenden Schwierigkeiten und idealisieren ihre Beziehung auf eine penetrante und unglaubwürdige Weise – so zumindest urteilen die Therapeuten, die mit ohnmächtiger Wut verfolgen, wie ihre Behandlung zu scheitern droht, wie eine Liebesbeziehung nach dem Modell des Suchtmittels (das ja ebenfalls einen narzißtischen Mangel ausgleichen muß) zum Widerstand wird. Es gelingt, diese Situation dadurch zu entkrampfen, daß die Gegenübertragung der Therapeuten (welche sich unter anderem in Phantasien äußert, die unzugänglichen Paare aus der Klinik zu werfen) bewußt gemacht wird. Die Therapeuten sehen, daß sie in eine aussichtslose Situation geraten, wenn sie eine therapeutische Arbeitsbeziehung in Konkurrenz mit einer Liebesbeziehung setzen. «Das wäre ein Versuch, mit dem Fahrrad einen Porsche zu überholen ... wir können nur abwarten, bis denen im Porsche vielleicht das Benzin ausgeht ...»

Während in der Einzeltherapie die Erwartung einer «Liebesheilung» auf den Therapeuten gerichtet ist und von ihm daher angegangen werden kann, ist dieser Weg im Übertragungsgeflecht der therapeutischen Gruppe oft weniger gangbar. So hilfreich eine Gruppe von Paaren für die Teilnehmer sein kann, so problematisch wird die Situation für ein Liebespaar in einer

Gruppe, die an sich für die Behandlung der einzelnen Mitglieder gedacht ist. Der Therapeut tut gut daran, die zwei Seiten dieser Situation genau zu verfolgen: Die Heilung durch eine Liebeswahl ist auf der einen Seite ein wichtiger Schritt für Menschen, die bisher wenig liebesfähig waren, die noch keine engere Bindung eingehen konnten. Auf der anderen Seite entsteht ein schwerwiegender Widerstand gegen den weiteren Wachstumsprozeß und eine oft drückende Abhängigkeit von dem Partner.

6. Es gibt keine klare Trennung zwischem dem Ich-Ideal und einer kritischen Instanz, die seine Erfüllung und Verwirklichung überwacht. Freud hat erst zwischen Ideal und «Gewissen» getrennt, doch trug dieses Gewissen schon von Anfang an besondere Eigenschaften (es war im Gegensatz zum Gewissensbegriff von Theologen und Philosophen nicht ausschließlich bewußt, sondern teilweise unbewußt). Im Begriff des Über-Ichs vereinigt Freud die Verbots- und die Idealaspekte. Diese Unentschiedenheit ist in mancher Hinsicht sehr realitätsgerecht: Im Erleben des einzelnen sind Verbots- und Idealfunktion meist nicht getrennt, sondern zwei Seiten eines Prozesses, dessen wichtigstes Merkmal die Erstarrung des gefühlsbestimmten Erlebens zu festumrissenen Wertstrukturen ist.

Der Wiederholungszwang

Was veranlaßt Menschen, leidvollen Erfahrungen zum Trotz Einstellungen und Vorgehensweisen beizubehalten, deren nachteiligen Einfluß sie doch klar wahrnehmen? Was führt dazu, daß in so vielen Situationen jeder Versuch, ein eingeschliffenes Muster zu verändern, das bisher dem Betroffenen seiner Ansicht nach nur Unglück gebracht hat, in eine Bestätigung dieses Verhaltens ausmündet?

Wer in der psychotherapeutischen Behandlung von Kontaktschwierigkeiten nach einiger Mühe zu einem Erfolg gekommen ist und seinen bisher partnerlos und unglücklich lebenden Klien-

Neugieraktivität	*Wiederholungszwang*
Exploratives Verhalten: Neue Situationen werden gesucht und hergestellt, zum Beispiel durch Manipulation und Veränderung der alten.	Kein exploratives Verhalten. Bestimmte Grundabläufe werden so lange wie möglich beibehalten und erst dann verändert, wenn unmittelbar nachteilige, zum Beispiel schmerzhafte Folgen eintreten.
Spontanaktivität, die auf Erweiterung der Wahrnehmung und Orientierung nach innen und außen gerichtet ist, die durch das Auffinden neuer Reize verstärkt wird.	Vermeidungsverhalten gegenüber neuen Reizen.
Überwiegen neuer Tätigkeitsformen in einem Freiraum, in dem der Druck unmittelbar lebensnotwendiger Bedürfnisbefriedigung fehlt.	Nicht unmittelbar (über)lebensnotwendige Handlungen werden weitgehend unterlassen.
Besonders ausgeprägtes Interesse an unbekannten Situationen, Objekten, Handlungen.	Apathie und Inaktivität bei der Abwesenheit lebensnotwendiger Impulse.
Abwesenheit von Langeweile und vergleichbaren Gefühlszuständen.	«Langeweile», das heißt nach außen gerichtete Erwartung der Befriedigung gehemmter Neugier (Umwandlung von Neugieraktivität in Neugierpassivität).
Große Variabilität und Plastizität des Verhaltens und Erlebens.	Starre des Verhaltens und Erlebens.
Produktion neuer (häufig auch ungeeigneter, unvollkommener) Muster.	Reproduktion vorgegebener Grundmuster.

ten eine Beziehung anknüpfen sieht, erlebt nicht selten ein so eindrucksvolles Scheitern dieser Beziehung, daß er versucht ist, seinem Klienten zuzustimmen: «Es geht doch nicht!» Genauere Betrachtung der Lage enthüllt aber immer Einzelheiten, aus denen deutlich werden kann, daß die Rückkehr in die Situation der Beziehungslosigkeit unbewußt eingeplant und vorprogrammiert war.

Aus vielen Beobachtungen läßt sich schließen, daß die Angst vor dem Neuen für den Menschen ein ebenso grundlegendes Motiv sein kann wie die Neugier. Da ich an anderer Stelle die Neugieraktivität als biologisch vorgegebene Ich-Funktion beschrieben habe[1], möchte ich hier einige Einzelheiten des Gegensatzpaares Neugieraktivität–Wiederholungszwang aufgreifen.

Diese Gegenüberstellung läßt sich auf neugieraktive Tierarten (beispielsweise Kolkraben oder Schimpansen) in fast allen Punkten ebenso anwenden wie auf den Menschen. Für die Tierarten gilt allerdings, daß die Neugieraktivität in der Regel auf bestimmte Altersklassen beschränkt ist. Dabei kündigt sich eine Entwicklung an, die im Hinblick auf die Evolution der menschlichen Verhaltensformen höchst bedeutsam ist. Je näher eine Tierart dem Menschen steht, desto länger werden in der Regel neugieraktive Verhaltensformen beibehalten. Junge Kolkraben etwa sind äußerst neugieraktiv. Konrad Lorenz berichtet, daß er sie mit keinem Leckerbissen in den Käfig zurückbekommen konnte, wohl aber mit seiner Kamera, die er sonst wohlweislich vor ihrer Neugier bewahrte (die sich in prüfenden Schnabelhieben ausdrückt).[2] Herangewachsene Tiere hingegen sind nicht mehr neugieraktiv, sondern haben es ganz im Gegenteil ausgesprochen schwer, sich wieder an eine neue Umgebung zu gewöhnen. Schimpansen sind zwar ebenfalls als Jungtiere erheblich

1 W. Schmidbauer, Vom Es zum Ich – Evolution und Psychoanalyse, München 1975.

2 K. Lorenz, Über tierisches und menschliches Verhalten, Gesammelte Abhandlungen I und II, München 1965.

stärker durch Neugier motiviert (ebenso wie viele andere Primaten), doch bleibt die Neugieraktivität in schwächerem Ausmaß noch bis ins Erwachsenenalter vorhanden.

Manches spricht dafür, daß die Baumeister der Evolution die Neugieraktivität allmählich von einem sequentiellen zu einem dialektischen Prinzip umfunktioniert haben. Anders ausgedrückt: Während bei den Rabenvögeln auf eine von intensiver Neugieraktivität gekennzeichnete Frühphase eine Spätphase folgt, in der nurmehr das Bekannte angewendet und kaum mehr Neues durch aktive Exploration erworben wird, findet sich bei den Primaten eine innovative Verhaltenslinie neben einer konservativen. Das Verhältnis beider ist dialektisch: Wo bekannte Verhaltensweisen angewendet werden können, erübrigt sich die Erprobung neuer; wo andererseits neue Aktivitäten entfaltet werden können, tritt die Wiederholung des alten in den Hintergrund. Was aber ist, genauer betrachtet, «Wiederholung des alten»? Es gibt zumindest zwei Grundformen, in denen Verhaltensmuster erworben und aufbewahrt werden können: individuelles Lernen oder Lernen der Gattung durch die Ausbildung im Erbgut überlieferter, ohne Zustrom äußerer Information realisierbarer Verhaltensweisen. In der Regel greifen beide Formen ineinander: Die als Lohn oder Strafe wirksamen Gefühlszustände sind ebenso wie die Schmerzempfindlichkeit und die Lust-Unlust-Regulation des Organismus angeboren. «Instinkte», wenn sie im Sinn Tinbergens als hierarchisch organisierte, zentralnervös gesteuerte Bewegungsabläufe definiert werden, sind bei den höheren Säugetieren bereits weniger wichtig und treten beim Menschen sehr in den Hintergrund.

Im Zusammenhang mit dem Wiederholungszwang interessiert vor allem, welche Mechanismen dafür sorgen, daß bestimmte Lernprozesse nicht oder nur mit großem Aufwand wieder rückgängig gemacht werden können. Ein interessantes Modell bieten die unter dem Begriff der «Prägung» zusammengefaßten, vor allem bei Vögeln beschriebenen Lernvorgänge. Hier scheinen während einer relativ kurzen empfindlichen Zeitspanne («sensible Periode») lebenslang wirkende Verhaltensmuster zu entstehen. Sie entscheiden etwa, wem gegenüber sich das Tier «kindlich» verhält und wer später als Sexualobjekt anziehend wird. Die Erscheinungsformen der Prägung werden erst an den Fehlprägungen deutlich, mit denen in der Verhaltensforschung experimentiert worden ist: Graugänse, die einem grauhaarigen Professor überallhin nachfolgen; Enten, die nur Gänse anbalzen; Verwirrung überall.

Ähnlich überzeugende Nachweise einer Prägung sind bei höheren Säugetieren nicht gelungen. Die Versuche, prägungsähnliche Lernprozesse bei Menschen zu konstruieren, kranken an methodischen Mängeln.[1] Und doch ist es verführerisch, von menschlichen Prägungen zu sprechen. Die Hartnäckigkeit, mit der soziale Grundmuster von einem Individuum in jeder Gruppe wiederholt werden, in die es gerät, könnte solche Überlegungen veranlassen.

«Ich will diesmal nur ganz wenig sagen, weil mich die Leute immer deshalb ablehnen, weil ich zuviel rede und keinen anderen zu Wort kommen lasse.» Mit diesem Satz leitet ein Mann in einer Selbsterfahrungsgruppe einen Wortstrom ein, der erst wieder unterbrochen wird, wenn die gesamte Interaktion («ich rede zuviel und werde deshalb abgelehnt») vom Anfang bis zum Ende abgelaufen ist.

Die oben geschilderte Situation läßt sich eingehender analysieren. Sie enthält ein Grundgefühl («ich werde abgelehnt») und eine Erklärung dafür («weil ich zuviel rede»), die vielleicht ursprünglich unabhängig von dem Grundgefühl entwickelt wurde. Wer sich abgelehnt fühlt, sucht diese Situation dadurch erträglicher zu machen, daß er aus Passivität Aktivität macht, einen störenden Verhaltenszug entwickelt, der ihm erlaubt, die Ablehnung vom unausweichlichen Schicksal in einen selbst inszenierten Ablauf zu verwandeln.

Welche Erklärungsmöglichkeiten bieten sich für die Wiederholungszwänge im menschlichen Verhalten an? Vielleicht müssen

1 W. Schmidbauer, Biologie und Ideologie – Kritik der Humanethologie, Hamburg 1973.

wir noch fortfahren, die Situation genauer zu betrachten, in denen wir solche Zwänge feststellen. Die Dialektik von beharrenden und neuernden, von konservativen und evolutiven (oder rebellischen) Kräften im einzelnen wie in der Gesellschaft ist längst sprichwörtlich:

«Was der Bauer nicht kennt, das frißt er nicht!»

«Öfter mal was Neues!»

Die Auskunft der Lernpsychologie ist trotz ausgefeilter Versuche über Lernen, Behalten und Vergessen höchst unvollständig. Es steht fest, daß nicht alles Gelernte behalten wird, daß manche Lernvorgänge weit nachhaltiger und schwerer zu beeinflussen sind als andere und daß die Zähigkeit, mit der an einmal Erlerntem festgehalten wird, mit den Beweggründen des Lernens zusammenhängt. Damit sind wir zurückverwiesen auf das Gebiet, dem unser Interesse von Anfang an galt: die Motive des Wiederholungszwangs einerseits, der Kreativität und Neugieraktivität andererseits.

Ein lebender Organismus, der sich an die Umwelt anpassen soll, benötigt beide Elemente in seinem Verhalten. Er darf lebensgefährliche Irrtümer nicht wiederholen, und er muß eine Lockerung dieser Sperre haben, weil es ihm sonst unmöglich wird, neue, ungewohnte Situationen zu bewältigen. Die Neugieraktivität bereitet die von ihr motivierten Organismen auf neue Situationen vor. Sie ist kein sinnloses Spiel, das nur sich selbst dient, sondern von großem Überlebenswert. Eine Ratte, die den Keller, in dem sie sich befindet, nicht erforschen würde, weil sie gerade von keinem aktuellen Bedürfnis (wie Hunger, Durst, sexuelle Appetenz) beherrscht wird, hat weniger Überlebens- und Fortpflanzungschancen als eine Ratte, die in dieser äußerlich entlasteten Situation den Keller erforscht, mögliche Fluchtwege kennenlernt, Nahrungsvorräte findet.

Wie aber sollen wir es erklären, wenn Menschen nicht nur nichts Neues kennenlernen wollen, sondern an Erlebnisabläufen und Verhaltensweisen festhalten, die ihnen unangenehm sind, die sie deprimieren und unglücklich machen? Wenn Ehepartner immer wieder ihre Streitszenen wiederholen, von denen sie genau wissen, daß der Ausgang offen und die Wirkung zerstörerisch ist?

Wenn Frauen immer wieder an Männer geraten, die nicht frei sind?

«Eigentlich hätte ich das viel früher merken müssen. Aber als ich aus dem Kloster ausschied, war der erste Mann, in den ich mich verliebte und mit dem ich eine Beziehung anfing, ein Pfarrer. Und als ich mich endlich mit größter Anstrengung von ihm trennte, schubste ich in einer Gruppe einen anderen weg, der frei gewesen wäre, und verliebte mich wieder in einen Pfarrer. Und das konnte ja wieder nichts werden. Als ich mich dann von ihm trennte, mit den schlimmsten Depressionen und einem Selbstmordversuch, lernte ich einen Mann kennen, der nicht Pfarrer war, aber dafür verheiratet, so daß wieder nichts daraus werden konnte.»

Eine 36jährige Kunsthandwerkerin

Möglicherweise ahmt hier ein Mechanismus der kulturellen Evolution die Gesetze der Prägung auf einer neuen Verhaltensebene nach. Bei der Prägung liegt die Konstruktionsaufgabe darin, vorgegebene, instinktiv gesteuerte Verhaltensformen an einen noch nicht bekannten Verhaltensinhalt zu binden, der auf diese Weise am ökonomischsten erworben werden kann. Im typischen Fall wäre es konstruktiv schwerer zu lösen, auch noch das Abbild des künftigen Eltern- oder Sexual-«Kumpans» genetisch zu vermitteln. Statt dessen wird dieses Abbild durch Prägung erworben und damit die vorgegebene Verhaltensabfolge an ein bestimmtes Objekt oder eine Klasse von Objekten gebunden.

Es liegt nahe, den Wiederholungszwang durch einen ähnlichen Funktionszusammenhang zu erklären. Für ein kulturschaffendes und zu seinem Überleben unbedingt auf die zuverlässige Übernahme und Wiederholung bestimmter sozialer Verhaltensschablonen angewiesenes Lebewesen muß die Verbindung einer plastischen «sensiblen Periode», in der Beziehungs- und Interaktionsklischees erworben werden, mit einer starren Reproduktionsperiode sehr nützlich sein. Was Hänschen nicht lernt, lernt Hans nimmermehr – das ist nicht nur eine resignative Vorstellung, sondern auch ein Grundmechanismus zur Stabilisierung der menschlichen Gesellschaft. Verhaltensverschiedenheit muß ebenso ermöglicht werden wie Verhaltenskontinuität. Der Wiederholungszwang ist dann ein Ausdruck der sozio-kulturellen Situation des Menschen und damit primär ein sinnvolles, lebenserhaltendes Geschehen. Seine schädlichen Folgen sind – ähnlich wie die Fehlprägungen in Ethologenhaushalten aufwachsender Schwimmvögel – Ausdruck eines Konstruktionsrisikos, das möglicherweise heute sehr häufig zu problematischen Folgen führt.

Inhalt des Wiederholungszwangs sind die während der ersten zehn Lebensjahre erworbenen emotionalen Beziehungs- und Interaktionsklischees. Anders ausgedrückt: Die konservativen Mechanismen orientieren sich an Idealvorstellungen, die während der Kindheit übernommen werden, ohne zu dieser Zeit bereits entscheidende verhaltensformende Folgen zu haben. Zu Beginn des Erwachsenenlebens werden diese Idealvorstellungen von einem gereiften, bewußten Ich «entdeckt» und ihre Verwirklichung in einem Gefühl der eigenen Autonomie und ganz persönlichen Aktivität angestrebt. Damit haben die Konstrukteure der kulturellen Evolution ihr Ziel erreicht: Ein selbständig handelndes Einzelwesen, das in seinem Gruppenverhalten feste Idealnormen reproduziert, die nicht für die ganze Gattung vorgegeben sind, sondern Eigentum konkurrierender Gruppen werden. Veränderung und Auslese setzen nicht mehr an Einzelwesen an, sondern an kulturellen Symbolsystemen und sozialen Normen. Die genetische Ausrüstung der Einzelwesen muß dazu einerseits die emotionale Prägbarkeit für die verschiedensten sozialen Grundmuster enthalten, andererseits die Fähigkeit, solche Grundmuster durch einsichtiges, reflektiertes Handeln zu verwirklichen. Das heißt auch, daß die Muster selbst von dieser Reflexion und damit von Kreativität und Innovation ausgeschlossen sind. Werden sie von ihr eingeholt, dann sind es bereits *diese* Muster nicht mehr, die prägende Kraft entfalten.

Das Ideal tritt an die Stelle der Eltern, die dem Kind Geborgenheit gaben. Wird es erreicht, dann spürt der Erwachsene diese Geborgenheit wieder. Es dient auch, wie die Eltern in der Kindheit, dem Reizschutz, indem es eine Auslese aus den Möglichkeiten anbietet, sich in schrankenloser Neugieraktivität mit ungehemmten libidinösen Kräften der Umwelt zu bemächtigen. Der Verlust des Ideals wird daher mit Gefühlen erlebt, die der frühen Angst und Wut des Kindes gleichen, das Eltern als versagend und strafend erfährt, von denen es schrankenlose Einfühlung und Erfüllung seiner Bedürfnisse erwartet. Diese Verknüpfung heftiger der realen Abhängigkeit und Preisgegebenheit des Kindes entsprechender Gefühle mit idealisierten Erwartungen und Verhaltensnormen ist der Mechanismus, durch den kulturelle Überlieferungen ihre prägende Kraft gewinnen. Ein dem Überleben in der Gesellschaft ebenso wie dem (davon unter den Ur-Umständen der Evolution gar nicht zu trennenden) Überleben der Gesellschaft selbst dienender «Wiederholungszwang» wird nur in den Situationen zu nachteiligen und darum auffälligen Folgen führen, in denen das Ideal, bildlich gesprochen, nicht als gute, verständnisvolle, sondern als böse, uneinfühlsame «Mutter» wirkt.

Reizschutz und Todestrieb

Video meliora proboque
deteriora sequor . . .
(Ich sehe das Bessere, billige es
und tue das Schlechtere . . .)

Damit scheint ein erster Ansatz gewonnen, die biologische Bedeutung des Wiederholungszwangs zu verstehen, ohne auf düstere Bilder wie jenes vom Todestrieb zurückzugreifen. Und doch bringt die hier vorgeschlagene Betrachtungsweise ebenso viele Fragen wie Antworten. Ein in anderen Verhaltensbereichen zu kritischer Prüfung der Wirklichkeit fähiges Wesen, das sich in der Regel am Lustprinzip orientiert, neigt zu Gefühlen und Handlungen, die unlustvoll und unvernünftig sind. Diese Grundsituation des Kulturmenschen drückt sich in den verbreiteten Mythen von der Ur-Sünde, der Erbsünde, dem unausweichlich vollzogenen Verlust des Paradieses aus. Es ist nicht einmal zynisch festzustellen, daß es zum Wesen der Paradiese gehört, verloren zu sein. Die idealen Qualitäten eines Zustands werden erst dann bewußt, wenn er dahin ist. Was wir haben, wissen wir in der Regel nicht zu schätzen, erkennen seinen vollen Wert erst dann, wenn es verloren ist. Jugend, Gesundheit, die sexuelle Liebe, die Anhänglichkeit von Kindern – sie alle sind Paradiese, die erst durch ihren Verlust geschaffen werden.

Ähnlich wie im Fall der sexuellen Paarbildung haben auch angesichts der Aufgabe einer Gefühlsbindung an gesellschaftliche Ideale die Konstrukteure der Evolution ihre Aufgabe gelöst, indem sie Teilstücke der Eltern-Kind-Beziehung mit den Vorbildern des erwünschten Verhaltens verknüpften. Daher kommt es, daß die Menschen durch ihre Wertvorstellungen in einer Weise beeinflußt werden können, die scheinbar allen biologischen Gesetzmäßigkeiten widerspricht.

Die christlichen Heiligenlegenden sind voller Schilderungen, wie weit die «Verleugnung des Fleisches» gehen kann. Folter und Martyrium werden ertragen, freiwillig Hunger und Durst auf sich genommen, sexuelle Bedürfnisse verleugnet. Sicherlich ist die erbauliche Literatur tendenziös; sie will Vorbilder produzieren, während in der Realität der Klöster Triebdurchbrüche sehr häufig sind und die Märtyrer immer die Ausnahme, nicht die Regel christlichen Verhaltens während der sogenannten «Verfolgung» waren.

Alltag in einer psychoanalytischen Praxis: Ein 25jähriges Mädchen, in mehreren Kliniken erfolglos wegen einer nervösen Magersucht behandelt, scheidet nach kurzer psychotherapeutischer Arbeit aus einer analytischen Gruppe aus, weil es wegen Nierenversagen in einem Krankenhaus behandelt werden muß. Die Eßstörungen (selbst herbeigeführtes Erbrechen, Nahrungsverweigerung, Abführmittelmißbrauch) haben die körperlichen Funktionen so sehr geschädigt, daß die Klientin für den Rest ihres Lebens an die künstliche Niere gefesselt ist. Der in der Situation eines verwickelten ödipalen Konflikts gefaßte «Entschluß», «ich werde keine Frau», in der Pubertät als idealisierte Vorstellung einer bestimmten Körperform wiederbelebt, hat sich als stärker erwiesen als die biologischen Bedürfnisse nach Nahrungsaufnahme und sexueller Betätigung, endlich sogar als stärker als der Lebenswille.

Nun haben Versuche, die Stärke unterschiedlicher Motive bei Tieren zu ermitteln, fast durchgängig zu dem Ergebnis geführt, daß die aus der Eltern-Kind-Bindung stammenden Antriebe alle übrigen an Kraft übertreffen. Rattenweibchen laufen beispielsweise über elektrisch geladene Platten, um zu ihren Jungen zu kommen, wenn sie den schmerzhaften Stromreiz für Nahrung, Trinken oder den Kontakt zu einem Männchen noch längst nicht in Kauf nehmen würden.[1] Harlows Experimente mit an Mutter-Attrappen aufgezogenen Rhesusaffen legen ebenfalls den Schluß nahe, daß die Wiederherstellung der Mutter-Kind-Beziehung das stärkste Motiv nichtmenschlicher Primatenkinder ist. Ein verlassenes Primatenkind würde Nahrung und Trinken stehenlassen, um bei seiner Mutter zu sein. John Rosens These «man sucht die Mutter, die man kennt», spiegelt diese Verhaltenssituation wider; sie wurde bereits ausführlicher zitiert (S. 144).[2]

Diese Macht aus der Eltern-Kind-Beziehung stammender Motive ist biologisch sehr sinnvoll, wenn wir bedenken, daß die erwachsene Bezugsperson für das Kind Garant nicht nur einer, sondern vieler Bedürfnisbefriedigungen ist. Damit nähern wir uns einer psychologischen Auffassung der Idealisierungsvorgänge. Idealisiert sind Vorstellungen, zum Beispiel eine Erwartungshaltung oder eine andere Person, wenn die Verwirklichung dieser Vorstellungen von Gefühlen begleitet wird, die aus der Eltern-Kind-Beziehung stammen. Die idealisierten Werte werden also mit einer Intensität angestrebt, deren andere Seite die Todesangst des verlassenen Kindes ist.

In der menschlichen Evolution ergab sich mit dem Schritt zu einem «Kulturtier», das heißt zu einem Lebewesen, das zu seiner

1 J. A. Bierens de Haan, Die tierischen Instinkte und ihr Umbau durch Erfahrung, Leiden 1940.

2 H. F. Harlow, M. K. Harlow, The affectional systems. In: A. M. Schrier et al., Behaviour of non-human primates, London 1965.

regelrechten natürlichen Entwicklung die Verinnerlichung kultureller Ideale benötigt, eine Kindheits-Situation, in der immer wieder eine Wahl zwischen der unmittelbaren Lust-Unlust-Reaktion des eigenen Organismus einerseits, der Aufrechterhaltung einer lebensnotwendigen Elternbeziehung andererseits erforderlich war. Das Kind verhält sich in der Regel (und gewiß nicht ohne große äußere und innere Auseinandersetzungen) so, daß es die Vorstellungen der Bezugspersonen vom richtigen Verhalten für wichtiger nimmt als die eigenen spontanen Gefühle. Doch ist es nicht so, daß in der Kinderstube ein kleines, wildes Tier gezähmt wird, wie es manchmal gesehen wird. Das Kind ist vielmehr darauf angewiesen, von den Erwachsenen strukturierende Einflüsse (den Anstoß zu Idealbildungen) zu erfahren. Wesentlich ist hier der Begriff des Reizschutzes, den Freud eingeführt hat, den er aber auf eine Weise handhabt, die ergänzt werden muß.

Freud geht von der einfachsten Vorstellung aus, die von einem lebenden Organismus möglich ist: ein undifferenziertes Bläschen reizbarer Substanz, dessen der Außenwelt zugewandte Oberfläche deren Reize aufnimmt und verarbeitet. Ein solches Bläschen lebt in einer mit stärksten Energien geladenen Außenwelt. Deren Reizwirkungen müßten es erschlagen, wenn es nicht mit einem Reizschutz versehen wäre. In seiner urtümlichsten Form gewinnt das Bläschen diesen Schutz dadurch, daß die äußere Oberfläche abstirbt, ihre Empfindlichkeit verliert und auf diese Weise ermöglicht, daß die Energien der Außenwelt nur noch mit einem Bruchteil ihrer ursprünglichen Energie die nächsten, lebend gebliebenen Schichten treffen.

Der Reizschutz ist für den Organismus deshalb wichtig, weil er die inneren Formen der Energieumsetzung in ihrer spezifischen Gestalt vor dem gleichmachenden, zerstörenden Einfluß der übergroßen, außerhalb arbeitenden Energiemengen bewahrt. Um das zu erreichen, werden durch die Sinnesorgane den Energien der Umwelt kleine, erträgliche Proben entnommen, um übergroße Reizmengen und gefährliche Reizarten abzuhalten. Dieser Reizschutz wirkt jedoch nur nach außen. Nach innen hin ist er nicht möglich. Die Erregungen der tieferen inneren Schichten setzen sich direkt fort und ergreifen das gesamte System.[1] Charakteristisch für diese inneren Erregungsvorgänge ist eine sie begleitende Lust-Unlust-Empfindung, die über alle äußeren Reize die Oberhand gewinnen kann. In diesem Zusammenhang erklärt Freud auch den Mechanismus der Projektion: Reize, von denen eine zu große Unlustvermehrung erwartet wird, behandelt der seelische Apparat oft, als ob sie nicht von innen, sondern von außen einwirken würden. Dann kann er die Mechanismen des Reizschutzes gegen sie einsetzen.

Durchbricht eine Erregung den Reizschutz, dann kommt es zu einer möglicherweise traumatischen Situation. In diesem Zusammenhang bezieht sich Freud auf die sogenannten «traumatischen Neurosen», die nach schockhaften Erlebnissen (zum Beispiel Autounfall) auftreten können. Besondere Bedeutung gewannen sie nach dem Ersten Weltkrieg. Zwei Ursachen scheinen eine besondere Rolle zu spielen: das Überraschungsmoment (wer zum Zeitpunkt des Schocks bereits ängstlich und gespannt war, litt weniger unter den Folgen) und die Tatsache, daß eine gleichzeitig erlittene Wunde meist der Entstehung der Neurose entgegenwirkt. Besonders interessant ist die Reaktion des Traum-Erlebens auf die seelische Verletzung. Der Kranke wird immer wieder in die Situation seines Unfalls zurückgeführt und erwacht schweißgebadet mit neuem Schrecken.

Zunächst widersprechen solche Träume der Auffassung des Traums als Wunscherfüllung. Doch scheint es auch eine urtümlichere Form von Wunscherfüllung zu geben, die älter ist als die Lust-Unlust-Regelung und daher der Herrschaft des Lustprinzips entzogen. Diese Wunscherfüllung bezieht sich auf den Reizschutz und seine Wiederherstellung: Die Träume bei der Unfallneurose suchen nachzuholen, was im Augenblick des schrecklichen Erlebnisses mißlang. Die traumatischen Reize werden durch Angstentwicklung bewältigt, wobei die Angst als ein Zustand maximaler Besetzung der letzten Verteidigungslinie des Reizschutzes definiert werden kann.[2]

1 S. Freud, Jenseits des Lustprinzips, G. W., Bd. XIII, S. 28.
2 Ebd., S. 32.

Die Aufgabe des Traums, schlafstörende Motive durch wunscherfüllende Bilder zu erledigen, wäre demnach nicht seine ursprüngliche: sie entstand erst, als das gesamte Seelenleben die Herrschaft des Lustprinzips angenommen hatte. Die ältere, urtümlichere Ebene «jenseits des Lustprinzips» wird vom Wiederholungszwang beherrscht, vermutet Freud.[1]

Diese Ebene entspricht dem Primärvorgang im Unbewußten, in dem Triebregungen noch ungebunden sind, frei ineinander übergehen und zeitlos fortbestehen können. Der Wiederholungszwang gehört nun zu dieser Ebene der Primärprozesse. Damit hängt zusammen, daß seine Macht im Spiel von Kindern besonders deutlich wird, deren Erleben noch viel stärker vom Primärprozeß bestimmt ist. Freud hat in diesem Zusammenhang das erste Spiel eines anderthalbjährigen Knaben beschrieben, der mit seinem Spielzeug «Fortgehen» (der Mutter) spielte, indem er es weit fortschleudert. Dieses Spiel verfeinerte er später mit Hilfe einer Spule, an der ein Bindfaden befestigt war, zu «Fortgehen» und «Wiederkommen»: Er warf erst die Spule über den Rand seines Betts, was er mit dem Laut «o-o-o-o» begleitete, der «fort» bedeutete. Dann zog er die Spule am Faden wieder aus dem Versteck und begrüßte sie mit einem freudigen «Da».

Das Kind wiederholt ein unlustvolles Erlebnis «Fortgehen» (der Mutter), weil es die schmerzvollen Gefühle, die damit verbunden sind, auf diese Weise weit besser überwinden kann als durch passives Erleben und Erleiden allein. Jede Wiederholung verbessert die Beherrschung, wobei es für das Verhalten von Kindern kennzeichnend ist, daß sie auch bei der Wiederholung lustvoller Ereignisse unerbittlich auf der Gleichförmigkeit des Eindrucks bestehen. Für das Kind ist also eher die Wiederholung eines Eindrucks genußreich, während der Erwachsene in der Regel Neuheit zur Bedingung seines Genusses macht. Hier wird deutlich, daß im Wiederholungszwang auch ein Stück geistiger Orientierung und kognitiver Verarbeitung steckt: Das Kind stellt in ihm die Beständigkeit seiner Umwelt her und gewinnt die Möglichkeit zu verläßlichen Voraussagen,

1 S. Freud, Jenseits des Lustprinzips, G. W., Bd. XIII, S. 33.

die ja die Grundlage einer rationalen Bewältigung der Außenreize darstellt.

Die zweite Grundsituation, in der Wiederholungszwänge beobachtet werden können, ist die «Übertragung» in der psychoanalytischen Situation. In ihr äußert sich die Wiederholung der frühkindlichen Beziehungsklischees in einer Situation, in der durch die Zurückhaltung der Therapeuten klargestellt werden kann, daß diese Beziehungsmodelle unangemessen sind. So sieht es zumindest idealtypisch aus. In der Realität der Therapie wird man immer mit einer Dialektik von «Übertragung» und «Beziehung» arbeiten müssen, weil auch der klarsichtigste Analytiker gar nicht umhin kann, neben der berufsbedingten Objektivität seine eigene, ihm teilweise noch unbekannte Subjektivität mit dem Klienten zu erleben. Er muß sich klarsein darüber, daß er selbst die eigene Beziehung zum Klienten dadurch abwehren kann, daß er dessen Übertragung deutet – und daß er andererseits (was in nichtanalytischen Behandlungen unreflektiert geschieht) die Übertragung abwehrt, bzw. undurchschaubar macht, wenn er sich auf die Ebene der Beziehung begibt.

Das meiste, was der Wiederholungszwang in der Analyse wiedererleben läßt, kann dem Ich keine Lust bringen. Dabei läßt sich als Grundsituation die Ablehnung und Verschmähung der kindlichen Wünsche auffinden. «Die Frühblüte des infantilen Sexuallebens war infolge der Unverträglichkeit ihrer Wünsche mit der Realität und der Unzulänglichkeit der kindlichen Entwicklungsstufe zum Untergang bestimmt. Sie ging bei den peinlichsten Anlässen unter tief schmerzlichen Empfindungen zugrunde. Der Liebesverlust und das Mißlingen hinterließen eine dauernde Beeinträchtigung des Selbstgefühls als narzißtische Narbe ... Die Sexualforschung, der durch die körperliche Entwicklung des Kindes Schranken gesetzt werden, brachte es zu keinem befriedigenden Abschluß; daher die spätere Klage: Ich kann nichts fertigbringen, mir kann nichts gelingen.»[1] Die typischen Szenen, in denen der Liebe der Kinderzeit ein Ende gesetzt wurde, werden in der analytischen Therapie wiederholt und neu belebt. Der

1 S. Freud, Jenseits des Lustprinzips, G. W., Bd. XIII, S. 19.

Abbruch einer unvollendeten Behandlung, der Versuch, den Analytiker zu strafenden Worten oder kühler Distanz zu nötigen, die Entdeckung der Objekte heftiger Eifersucht – das alles sind Situationen, die in vielen Analysen wiederentstehen, obwohl sie doch nur schmerzlich sein können und ein am Lustprinzip orientiertes Erleben sich doch mit der abgemilderten Wieder-Erinnerung oder dem beschönigten Auftauchen in Träumen behelfen könnte. Die Erfahrung, daß der Ausgang dieser Situationen unbefriedigend sein muß, hat nicht gefruchtet. Im Gegenteil, sie scheint gerade das Motiv ihrer Neu-Inszenierung zu sein.

Doch ist die analytische Situation beileibe nicht der einzige Ort, an dem Wiederholungszwänge erscheinen. Sie bietet nur die günstigste Möglichkeit, sie zu untersuchen. In anderen Situationen spricht man von der Macht des Schicksals, von dämonischen Einflüssen, von der Vorsehung. Da gibt es «Wohltäter, die von jedem ihrer Schützlinge nach einiger Zeit im Groll verlassen werden, so verschieden diese sonst auch sein mögen, denen also bestimmt scheint, alle Bitterkeit des Undanks auszukosten; Männer, bei denen jede Freundschaft den Ausgang nimmt, daß der Freund sie verrät; andere, die es unbestimmt oft in ihrem Leben wiederholen, eine andere Person zur großen Autorität für sich oder auch für die Öffentlichkeit zu erheben, und diese Autorität dann nach abgemessener Zeit selbst stürzen, um sie durch eine neue zu ersetzen; Liebende, bei denen jedes zärtliche Verhältnis zum Weibe dieselben Phasen durchmacht und zum gleichen Ende führt . . .»[1]

Der Wiederholungszwang setzt sich über das Lustprinzip anscheinend vollständig hinweg. Wir wissen, welchen weitgehenden Schluß Freud aus dieser Feststellung zieht: Er macht die Wiederherstellung eines früheren Zustands zum Grundprinzip des Triebgeschehens, zum Ausdruck der konservativen Natur des Lebenden. Beispiele dafür sind die Wanderflüge von Zugvögeln, die Laichzüge von Fischen, die bis an die Quellen der Flüsse vordringen, in denen sie selbst geboren wurden, endlich die Wiederholung der Stammesgeschichte in der Embryonalentwick-

1 S. Freud, Jenseits des Lustprinzips, G. W., Bd. XIII, S. 20 f.

lung. Doch geht Freud weit über solche Vergleiche hinaus: Ziel des Lebens schlechthin ist der Tod, ist die Wiederherstellung des anorganischen Zustands. Die Keimzellen arbeiten diesem Streben lebender Substanz entgegen, doch bedeutet das eigentlich nur eine Verlängerung des Todesweges. Die paradoxe Verbindung von Todestrieb und den Ich- oder Selbsterhaltungstrieben seiner früheren Theorie (in der Libido und Ichtrieb ebenso Gegenspieler sind wie später Sexualtrieb und Todestrieb) bewerkstelligt Freud durch den Verweis darauf, «daß der lebende Organismus sich auf das energischste gegen Einwirkungen (Gefahren) sträubt, die ihm dazu verhelfen könnten, sein Lebensziel auf kurzem Wege (durch Kurzschluß sozusagen) zu erreichen».[1] Kurzum, auch die «Lebenswächter sind ursprünglich Trabanten des Todes gewesen»[2].

Trieb und Ideal

Der Leser Freuds wird immer wieder von der Kraft und unerbittlichen Folgerichtigkeit seiner Überlegungen beeindruckt. Das Naturgesetz eines Todestriebs, eines Sterbens der belebten Mate-

1 S. Freud, Jenseits des Lustprinzips, G. W., Bd. XIII, S. 41.
2 Ebd.

rie, den früheren Zustand anorganischer Starre wiederherzustellen, ist eine ebenso düstere wie großartige Vision. Wir neigen dazu, den Tod zu verleugnen und uns die Sicht auf die bevorstehende Auflösung durch tröstliche Illusionen zu verstellen. Freud verweigert sich dieser Beschönigung. Und doch läßt sich die Vorstellung eines mit den Sexualtrieben vergleichbaren Todestriebs nicht aufrechterhalten, wenn zwei in ‹*Jenseits des Lustprinzips*› vernachlässigte Gesichtspunkte hinzugenommen werden. Gemeint ist die Bedeutung sozialer Beziehungen für den Reizschutz einerseits, die Kopie einer triebhaft-unbewußten Selbstzerstörung durch destruktive Idealisierungsprozesse andererseits.

Freud hat die Naturgeschichte des sozialen Verhaltens nie genauer in seine Arbeit einbezogen. Er übernahm nur die ebenso griffige wie unzutreffende Fabel Darwins von der «Urhorde», in der ein mächtiges Männchen alle anderen Gruppenmitglieder unterdrückt – eine für Menschenaffen und Primitivkulturen gleichermaßen ungültige Vorstellung.[1] Die ausschlaggebende Bedeutung sozialer Beziehungen für den «Reizschutz» ist durch Direktbeobachtungen an Kindern[2] und durch die Rekonstruktion der Folgen kindlicher Schicksale in der Psychoanalyse Erwachsener nachweisbar. Der Erwachsene, der sich einem Kind einfühlend zuwendet, wird für es zum wichtigsten Garanten des Reizschutzes. Daher sind soziale Situationen im weitesten Sinn auch die häufigsten Verletzungen, die dem Reizschutz des Kindes zugefügt werden. Solche Traumen hat bereits Freud beschrieben: Das Kind wird Opfer einer sexuellen Attacke des Erwachsenen. – Neben diesen Fällen, in denen Triebreaktionen der Bezugspersonen den Reizschutz durchbrechen, sind die traumatischen Folgen der auf das Kind gerichteten Ideale der Eltern besonders bedeutungsvoll.[3] In ihrem Dienst werden die spontanen Gefühlsreak-

1 Kritik an dem Bild der «Urhorde» detaillierter in W. Schmidbauer, Vom Es zum Ich – Evolution und Pschychoanalyse, 2. Aufl., München 1978, S. 24 f.

2 R. A. Spitz, Vom Säugling zum Kleinkind, Stuttgart 1969. – M. Mahler, Symbiose und Individuation, Stuttgart 1972.

3 Vgl. H. E. Richter, Eltern, Kind und Neurose, Reinbek 1969.

tionen und Triebäußerungen des Kindes wahrgenommen oder verleugnet, belohnt oder bestraft. Und in der Identifizierung mit ihnen, in der Verschmelzung mit dem verinnerlichten Ideal sucht das Kind den Reizschutz wiederherzustellen, den ihm die Bezugspersonen zunächst versagt haben. Mißlingt diese Identifizierung, weil die übernommenen Ideale in der Lebensrealität des Erwachsenen nicht zu verwirklichen sind, dann tritt der Wiederholungszwang als immer wieder erneuerter Versuch auf, Ideal und Wirklichkeit doch noch zu einer Übereinstimmung zu bringen. Es ist, als ob die versäumte Erfüllung des Ideals dieses in seinen Forderungen nicht mäßiger macht, sondern anspruchsvoller.

Hauptaufgabe jeder Psychotherapie ist die Herstellung einer Alternative zum Wiederholungszwang. Einsichten auf einer rationalen Ebene, die das Denkverbot aufheben, sind dabei in der Regel leichter zu erreichen als gefühlsbestimmte Alternativen. Es geht darum zu erkennen, daß der Wiederholungszwang ein in der Kindheit erworbenes Muster reproduziert, das inzwischen in der Welt des Erwachsenen anachronistisch ist. Unterscheidungen sollen erworben, Entscheidungen vorbereitet werden: Der Klient lernt, wo die Ängste, welche die Klischees seines neurotischen Verhaltens so starr ablaufen lassen, der Wirklichkeit seines Lebens angemessen sind, und wo sie es nicht sind. Er kann endlich unterscheiden, wo reale Gefahren drohen, wo er irreale Drohungen in seine Umwelt projiziert.

Das Festhalten an zerstörerischen Idealen, die wiederholt die realen Befriedigungsmöglichkeiten beeinträchtigen, gibt dem Individuum ein Maß an Macht, das auf andere Weise nicht zu erwerben ist. Wer Leiden in Kauf nimmt, gewinnt Macht über alle Menschen, die an seinem Wohlergehen interessiert sind. Er kann das moralische Ideal der Hilfsbereitschaft ausbeuten und dem Neid entgehen, der sich häufig gegen jene richtet, denen es gutgeht (und den er in seinem leidvollen Wiederholungszwang selbst heftig spürt, so daß er ihn bei Abgehen von diesem Wiederholungszwang gegen sich selbst gerichtet phantasieren muß). Die meiste Macht gewinnt, wer bereit ist, den eigenen Tod in Kauf zu nehmen. Die Selbstmorddrohung ist häufig das letzte Mittel, eine idealisierte Objektbeziehung aufrechtzuerhalten. Doch machen Zwang und Machtausübung eine vertrauensvolle Beziehung unmöglich. Die durch eigene Unlustbereitschaft erpreßte Beziehung zerstört sich im Anklammern. Der durch die Selbstmorddrohung festgehaltene Partner wird nicht selten alle anderen Bindungen auflösen und endlich nur noch an dem lebensgefährlichen Faden dieser Drohung hängen, der irgendwann reißen muß.

Ich möchte jetzt beginnen, die Todestrieb-Lehre Freuds unter dem Aspekt der Destruktivität von Idealbildungen erneut zu betrachten. Mir scheint, daß auf diesem Weg die von Freud in die biologischen Grundlagen der menschlichen Person verlegten zerstörerischen Mechanismen klarer faßbar werden. Die weitgespannte Spekulation, daß alles Lebende triebhaft danach strebt, in den leblosen Zustand zurückzukehren und die anorganische Stabilität wiederherzustellen, erscheint dann als Projektion des Protests gegen die Erstarrungs- und Verfestigungsprozesse der Idealbildung, die eine lebendige Vielfalt der Gefühle und Wünsche in leblose Perfektion verwandeln. Tatsächlich hängen alle aus der Beobachtung von Menschen gewonnenen Beweise Freuds für den Todestrieb mit den Mechanismen der Idealbildung zusammen.

Wesentlich ist hier der «moralische Masochismus», auf den Freud die «negative therapeutische Reaktion» zurückführt.[1] Dabei geht es darum, daß ein Patient auf einen deutlichen Fortschritt in seiner analytischen Behandlung, etwa eine Einsicht, die ihm Erleichterung verschafft, oder auch ein positives äußeres Ereignis, wie die Aufnahme einer Liebesbeziehung, mit einer Verschlechterung seines Zustands reagiert. In diesen Zusammenhang gehören auch die Beobachtungen, daß eine neurotische Erkrankung, die allen Behandlungsversuchen widerstand, dann verschwindet, wenn der Betroffene Opfer eines bedrohlichen körperlichen Leidens wird, eine unglückliche Ehe eingeht oder auf anderen Gebieten schwere Rückschläge hinzunehmen hat.

1 S. Freud, Das ökonomische Problem des Masochismus, G. W., Bd. XIII, S. 378.

Die Erklärung liegt darin, daß das Ich-Ideal oder Über-Ich ebensosehr das triebhafte Es wie die Außenwelt vertritt. Der von Freud beschriebene Mechanismus der Idealbildung zeigt dabei ganz deutlich die Abhängigkeit von triebhaften *und* gesellschaftlichen Einflüssen. Wie Freud sich diese Verbindung vorgestellt hat, ist außerordentlich interessant. Er nahm an, daß im Prozeß der Idealbildung die ersten Menschen, auf die das Kind seine intensiven Wünsche nach Reizschutz und libidinöser Befriedigung richtet, in das Ich aufgenommen werden. Dadurch verliert die Beziehung zu ihnen ihren sexuellen Charakter; auf diese Weise wird es auch möglich, den Ödipus-Komplex zu überwinden. Doch behält das Ideal wesentliche Merkmale der verinnerlichten Bezugspersonen – ihre Macht, ihre Fähigkeit, Geborgenheit zu gewähren, Reizschutz herzustellen, jedoch auch ihre Strenge, ihre Neigung, zu beaufsichtigen und zu bestrafen. Darüber hinaus nahm Freud an, daß in diesem Verinnerlichungsgeschehen eine «Triebentmischung» stattfindet, das heißt: die innige Verschmelzung von Liebes- und Todestrieben wird gelockert, das Ideal und das über seine Erfüllung wachende Gewissen können grausam streng und unerbittlich gegen das Ich werden. Zugleich gehören aber die Personen, die als Gewissensinstanz («Stimme des Gewissens») im Über-Ich weiterwirken, seit sie nicht mehr Ziel zärtlicher oder sexueller Wünsche sind, auch der Außenwelt an. Sie sind sogar für das Kind die wichtigsten Vermittler des Realitätsbezugs. Sie übermitteln ihm gesellschaftliche und familiäre Überlieferung. Dadurch wird das Ideal auch zu einem Abbild der anzustrebenden Wirklichkeit und so zum Vorbild für das Handeln des Ichs.

Das Ideal und die Identifizierungen

Konflikte zwischen Ich und Ideal werden, darauf sind wir nun vorbereitet, in letzter Linie den Gegensatz von Real und Psychisch, Außenwelt und Innenwelt, widerspiegeln.

Sigmund Freud[1]

Damit kommen wir zu der Bedeutung der Identifizierung für die Idealbildung und für die seelische Entwicklung des Menschen ganz allgemein. Freud beschreibt die Identifizierung als «früheste Äußerung einer Gefühlsbindung an eine andere Person»[2], in der die ursprüngliche Zweiseitigkeit aller engen Bindungen noch besonders deutlich erhalten ist. Die Identifizierung ist ebenso Ausdruck einer engen, zärtlichen Bindung wie Zeichen eines Wunsches nach Beseitigung. Darin ist sie mit der oralen Entwicklungsphase verwandt, in der die Phantasie sehr wesentlich ist, sich das geschätzte Objekt durch Essen einzuverleiben und es dabei zu vernichten. Der Unterschied zwischen Objektbeziehung und Identifizierung liegt darin, daß beispielsweise der Sohn in der Vateridentifizierung so sein möchte wie der Vater, während er in der Vaterobjektwahl den Vater haben will.

Gerade die Beziehung der Identifizierung zur oralen Frühphase der Libidoentwicklung verrät viel über das Wesen dieses Prozesses. Das Modell der ersten Lebensmonate ist der Säugling an der Mutterbrust. Die aufnehmende, abhängige Beziehung zwischen ihm und der Mutter stellt ein soziales Grundmuster dar, das später nie mehr ganz verlassen wird und in jedem Menschen verborgen auf auslösende Situationen wartet. Eifersucht oder der Tod eines geliebten Menschen lassen solche Gefühle aus der Säuglingszeit wiederaufleben, um nur zwei Beispiele zu nennen. Wie der hungrige Säugling keinen großen Unterschied macht zwischen verschiedenen Nahrungsquellen, so kann in der Identifizierung aus ganz verschiedenen Motiven heraus und auf der

1 S. Freud, Das Ich und das Es, G. W., Bd, XIII, S. 264.

2 S. Freud, Massenpsychologie und Ich-Analyse, G. W., Bd. XIII, S. 115.

Grundlage sehr unterschiedlicher Objektbeziehungen die Bezugsperson teilweise für eine ihr abgeschaute Veränderung des eigenen Ichs verwendet werden. Der Mensch hungert von Geburt an auch nach solchen Identifizierungsmöglichkeiten. Die Abwehrfunktion der Identifizierung, so wichtig sie für die Psychotherapie sein mag, ist im Lebenszusammenhang nur ein Sonderfall eines viel allgemeineren, schon bei den vormenschlichen Primaten sehr wesentlichen Nachahmungsprinzips. Das «Nachäffen», wie es ältere Forscher verächtlich nannten, ist eine wesentliche Grundlage der kulturellen Evolution – der Vor-Geschichte, die gerade aus den nachäffenden Primaten kulturschöpferische Menschen machte. Die Nachahmung hängt eng mit den Idealbildungen zusammen: Imitiert wird das zum Ideal gemachte Objekt.

Dabei wächst die Bereitschaft zur Identifizierung mit der Häufigkeit des Kontakts und mit der Heftigkeit der Bindungen zwischen dem identifizierungsbereiten (meist jüngeren) Individuum und seinem Vorbild. Doch können auch weiter entfernte Vorbilder für eine Identifizierung verwendet werden, zu denen keine enge Objektbeziehung besteht. Das Ich nimmt seine Nahrung – die Identifizierung –, wo es sie erhalten kann. Es sucht durch sie zu überwinden, was schmerzlichstes Erlebnis der Säuglingszeit ist: verlassen zu sein, ungestillt, abhängig. Die Fähigkeit, das Ich entsprechend dem Vorbild des Objekts zu verändern, schafft ein mächtiges Mittel, mit sonst unerträglichen Spannungen fertigzuwerden. Das Gefühl kann bewältigt werden, vollständig preisgegeben und ohnmächtig Wünschen oder Ängsten ausgeliefert zu sein, die den Reizschutz von innen her bedrohen.

Ein kleines Mädchen, dessen über alles geliebter Hund gestorben ist, besteht nach dessen Tod für einige Tage darauf, selbst ein Hund zu sein. Sie ißt aus einem Napf, kriecht auf allen vieren, bellt. So bewältigt sie den Verlust.

Eine elfjährige Schülerin, deren ältester Bruder im Krieg fällt, verwandelt sich in wenigen Wochen aus einem unbeschwerten Mädchen in eine ernsthafte kleine Philosophie- und Theologiestudentin, die selbst die Handschrift des Bruders übernimmt (der Theologiestudent war).

Ein 40jähriger, vollbärtiger Mann bricht in einer Selbsterfahrungsgruppe in Tränen aus, als ein anderes Mitglied von einem tödlichen Unfall erzählt. Er berichtet von seinem Bruder, der vor zwanzig Jahren tödlich verunglückt sei. Zu seiner Ehre trage er noch heute dessen Vollbart.

Wie sehr die Identifizierung dazu dient, das Ich vor dem Verlust einer Sicherheit verleihenden Bezugsperson zu schützen, zeigt die Entstehung von Trauer und Depression. Wie die Nachahmung ist auch die Trauer ein Grundelement in der Gefühlsausrüstung des Menschen, ein Ausdruck sozialer Bindungen, deren Stärke unerläßlich für das Überleben eines gruppenlebenden Säugetiers mit langer, abhängiger Kindheitsperiode ist. Die Trauer ist jener Zustand innerer Leere, Niedergedrücktheit, Kraftlosigkeit und Gleichgültigkeit, der einsetzt, wenn die von der Verlustangst eingegebenen, heftigen Anstrengungen versagt haben, das Objekt festzuhalten oder zurückzugewinnen. Der Objektverlust kann wirklich sein, ist aber in vielen Fällen nur in der Phantasie vorweggenommen. Als seelische Grundlage des Trauerns wird von Freud Wut vermutet, die sich gegen das eigene durch die Verinnerlichung des verlorenen Objekts veränderte Ich richtet. Der Trauernde quält sich selbst, weil er seine Aggression nicht gegen das Objekt kehren kann, das ihn verlassen hat oder zu verlassen droht. Er wird unzugänglich gegenüber lustvollen Situationen und vermeidet sie, um der verlorenen Objektbeziehung nachzuhängen. Das Trauergefühl ist entwicklungsgeschichtlich eine der vielfältigen Folgen der Tatsache, daß die sozialen Bindungen der Primaten vorwiegend aus Elementen der Eltern-Kind-Beziehung aufgebaut sind. Für das Kind, das auf den Reizschutz des ihm liebevoll zugewandten Erwachsenen angewiesen ist, enthalten die Untätigkeit und Armut an Lustempfindungen, welche das Trauergefühl kennzeichnen, noch wichtige biologische Vorteile. Sie lähmen seine Aktivität, so daß es an Ort und Stelle bleibt und die Rückkehr des Sicherheit gebenden Erwachsenen abwartet. Die schmerzvolle Qualität der Trauer fördert darüber hinaus, daß solche Situationen sowohl vom Kind wie von den Erwachsenen, die sich in das Kind einfühlen und an seinem Wohlergehen interessiert sind, nach Möglichkeit vermieden werden.

Die Trauer ist in mehrfacher Hinsicht ein Ausdruck gesellschaftlichen Zusammenhalts. Sie schafft Bindung auch mit abwesenden Menschen, die eben auf Grund ihrer Abwesenheit keine unmittelbaren Bedürfnisse befriedigen können. Sie verhindert, daß die narzißtische Wut, die durch das Verlassensein entsteht, sich gegen die zurückkehrende Bezugsperson richtet, indem sie diese gegen die eigene Person wendet. (Wie wesentlich solche depressiven Verarbeitungsweisen für die Festigung sozialer Bindungen sind, wird in der Partner- und Ehetherapie deutlich, wenn sich der Zustand eines bisher vorwiegend mit Trauer reagierenden Partners so weit verändert, daß er einen Teil seiner unterlassenen Aktivitäten aufnimmt und die sonst gegen das eigene Ich gerichteten Aggressionen gegenüber dem Partner äußert. Es beginnt dann oft ein Kampf nach dem Motto: «Depressiv warst du mir lieber.»)

Übersteigert und darum besonders deutlich wird der Trauermechanismus im Zustand der krankhaften Depression oder Melancholie. In ihr setzt sich das Ich auf eine Weise herab, die grausam und exhibitionistisch zugleich ist. Selbstvorwürfe und Selbstkritik beherrschen das Bild, wenn nicht die Trauer alle Lebensäußerungen lähmt. (Die sogenannte «endogene» Depression mag durchaus einen körperlich-organischen Aspekt haben, doch scheint mir die Annahme sinnvoll, daß eine unbewußte seelische Entwicklung den Gehirnstoffwechsel entgleisen läßt.) Die Selbstanklagen haben aggressiven Charakter, sind aber nicht oder nur durch längere therapeutische Arbeit auch für den depressiv Klagenden als Ausdruck von Wut und Ärger erkennbar.

Eine 37jährige Kontoristin klagte während ihrer vierjährigen Gruppentherapie immer wieder sehr ausführlich darüber, daß ihr gegenwärtig alles schlechter gelänge als früher. Sie könne sich nicht konzentrieren, brauche zu den einfachsten Arbeiten viel längere Zeit, schlafe schlecht, finde morgens nicht aus dem Bett, stoße durch ihren üblen Mundgeruch alle Bekannten ab, brauche immer mehr Beruhigungstabletten, um überhaupt noch arbeiten zu können, usw. Das alles sei, seit ihr Freund sie verlassen habe. Vorher hätte sie Lebensfreude verspürt, sei kontaktfähig und flink gewesen. In der Gruppe achtete sie nur auf Auslöser für diese egozentrischen, nicht beeinflußbaren Klagen. Sie nahm keine Beziehungen zu den Mitgliedern auf, außer sich herabzusetzen, die anderen für flinker, gebildeter, klüger, gesünder zu erklären und allen Hinweisen auf mögliche Veränderungen ein unerbittliches «Ja, aber . . .» entgegenzusetzen. Die Gruppe reagierte zunächst mit stützendem Bemühen um Hilfe und Verständnis, später immer häufiger desinteressiert oder sogar offen aggressiv, worauf sich die Patientin beleidigt zurückzog. Dennoch besserte sich ihr Befinden, ohne daß sie es wahrhaben wollte. Sie hörte auf, Beruhigungstabletten und Schlafmittel zu nehmen, knüpfte Freundschaften an, klagte aber weiterhin über ihr unausweichlich nach der Trennung von ihrem ersten Freund verpfuschtes Leben. Erst nach zwei Jahren konnte sie die Deutung akzeptieren, daß ihr Jammern ein Ausdruck von Aggression sei – charakteristischerweise sagte sie vorwurfsvoll zum Therapeuten: «Das hätten Sie mir aber auch schon viel früher sagen können!» Solche Patienten glauben oft, der Therapeut verfüge über die erlösenden Mittel, sie aus ihrem Zustand zu befreien, enthalte sie jedoch aus Bosheit vor. Der Zusammenhang zwischen der Trennung von dem «ersten Freund» (der Neubelebung des heimlich geliebten Vaters) und der jammervollen Selbstanklage ist hier sehr deutlich.

«Analysen haben ergeben, daß . . . diese Vorwürfe im Grunde dem Objekt gelten und die Rache des Ichs an diesem darstellen. Der Schatten des Objekts ist auf das Ich gefallen», sagt Freud hierzu.[1] Die Melancholie zeigt ein geteiltes Ich, dessen einer Teil sich strafend dem anderen gegenüber verhält. Dieses andere ist

1 S. Freud, Massenpsychologie und Ich-Analyse, G. W., Bd. XIII, S. 120.

jenes, das durch die Verinnerlichung des verlorenen (oder verloren phantasierten) Objekts verändert wurde. Der unerbittliche Angreifer ist das Ich-Ideal (Über-Ich), der sich bereits in normalen Zeiten dem Ich kritisch gegenüberstellt, wenn auch nicht so grausam und rücksichtslos. Das Ich-Ideal erbt den ursprünglichen Narzißmus, die Selbstliebe, Größenphantasie und Allmacht des selbstgenügsamen kindlichen Ichs, dessen ganzes Bedürfnis darauf ausgerichtet ist, ohne andere Gegenleistung als das bloße Vorhandensein geliebt zu werden. Dieser Wunsch nach umfassender narzißtischer Bestätigung bleibt das ganze Leben erhalten, wird aber durch die Anforderungen und Bedingungen verändert, welche die soziale Umwelt für ihre Anerkennung stellt. Die gar nicht seltene Situation, daß das Ich diesen Anforderungen nicht entspricht und sich daher gefährdet, wertlos, in seiner ursprünglichsten Form tödlich bedroht fühlt (Ablehnung durch die Mutter ist für das Kind unter den gesellschaftlichen Bedingungen der Primitivkulturen lebensgefährlich), wird durch die Ausbildung des Ich-Ideals erträglich gemacht: Wo der Mensch mit seinem Ich unzufrieden sein muß, kann er doch mit seinem Ideal zufrieden sein. Daher hält er so oft an seinem Ideal fest, erhöht es, selbst wenn sein Ich jeden Tag unter dem unrealisierbaren Anspruch des Ideals zu leiden hat. Dieser Konflikt wird in den wechselnden Stimmungen jener Menschen besonders deutlich, die in der Nervenheilkunde als «manisch-depressiv» bezeichnet werden. Die Manie äußert sich dabei in übersteigertem Selbstgefühl, Überschwenglichkeit, plumper Aufdringlichkeit. Der Manische macht großartige Pläne, deren Verwirklichung durch die Phantasie des nächsten, noch besseren Projekts verhindert wird. Er zweifelt nicht daran, daß alle Welt an ihm und seinen Gedanken außerordentlich interessiert ist. Sein Triumph wird nicht durch Selbstkritik, seine Aktivität nicht durch Rücksichten beeinträchtigt. Diese Situation läßt sich mit Hilfe der Unterscheidung von Ich-Ideal und Ich erklären: In der Manie fallen beide zusammen. Das Ideal löst sich gewissermaßen im Ich auf, durchtränkt es vollkommen. In einigen Fällen läßt sich die Entstehung der Manie auf die Verleugnung eines realen oder phantasierten Objektverlusts zurückführen: Das Ich-Ideal (Über-Ich) wendet sich nicht gegen das von der Identifizierung mit dem verlorenen Objekt veränderte Ich und verfolgt es mit der Wut des verlassenen Kindes, sondern in der Größenphantasie des Manischen wird die Verschmelzung mit einem allmächtig phantasierten Objekt erkennbar.

Eine sonst eher depressive, stark zu masochistischen Verhaltensweisen neigende Frau erkrankt plötzlich in einer Krisensituation ihrer Ehe an einer Unterleibsinfektion. Sie wird operiert, der Uterus muß entfernt werden, sie ist unfruchtbar. Wenige Tage nach der Operation macht sich eine manische Stimmungsveränderung bemerkbar. Sie will eine Reportage, nein, ein ganzes Buch über ihre Erlebnisse schreiben, sie dekoriert ihr Zimmer mit zahlreichen Fotos, belehrt Schwestern und Patientinnen ständig, streitet sich mit «uneinsichtigen» Ärzten, will das ganze Krankenhaus reformieren. Die manischen Reaktionsweisen werden immer wieder von realitätsorientierten Überlegungen gezügelt, so daß es zu keinem durchgängig «verrückten» Verhalten kommt, was ja bereits die Neigung zu sublimierten (zum Beispiel schriftlichen) Äußerungsformen anzeigt. Die (Hypo-)Manie zeigt hier deutlich ihre Verwandtschaft mit einer Depression: Auslöser ist ein Verlust, eine narzißtische Kränkung durch die Einbuße einer für die weibliche Identität sehr wichtigen Körperfunktion. Unter dieser massiven Bedrohung des Selbstgefühls werden die Ideal-Instanzen mit großen Mengen seelischer Energie besetzt; die sonst ausgeprägten Selbstzweifel verschwinden, Ich und vom Allmachtsgefühl getragenes Ideal fallen zusammen. Körperliche Umstellungen scheinen hier ebenfalls eine Rolle zu spielen. Es leuchtet ein, daß der größte seelische Energieaufwand notwendig ist, um beide seelischen Systeme – das Idealsystem und das realitätsorientierte Ich – mit so viel Energie zu versorgen, daß ein ausgewogenes Verhältnis entsteht. In seelischen und/oder körperlichen Krisen wird dann, etwa analog zum Notkreislauf bei hohem Blutverlust oder Unterkühlung (durch den lediglich Gehirn und Herz versorgt werden), nur eines der beiden Systeme mit so viel seelischer Energie besetzt, daß es seine Funktionen ausreichend erfüllen kann. Die Manie ist kein Zustand übermäßiger

Produktivität, sondern ein Ausdruck geschwächter Realitätskontrolle. Darin unterscheidet sie sich von ähnlich anmutenden Zuständen, etwa der künstlerischen Inspiration, in denen nur die zerstörerischen, hemmenden Seiten des Idealsystems in den Hintergrund treten, das realitätsorientierte Ich jedoch voll funktionstüchtig bleibt.

Die Depression ist eine sehr urtümliche und allgemeine menschliche Reaktion, während die Manie als Sonderfall der Abwehr von Depressionen unter bestimmten sozialen, persönlichen und womöglich organischen Bedingungen angesehen werden kann.

Die Grenze zwischen krankhafter Depression und der Trauer, die zu den stärksten und wichtigsten Gefühlserlebnissen des Menschen gehört, ist nicht einfach zu bestimmen. In der Nervenheilkunde begnügt man sich mit äußerlichen Merkmalen: der krankhafte Deprimierte ist in seinen Alltagsaktivitäten stark behindert, er kann nicht mehr arbeiten, nichts mehr genießen. Körperliche Merkmale der Herabminderung von Lebensfreude und Antrieb werden deutlich – Verstopfung, Appetitmangel, Schlaflosigkeit, Mattigkeit, Gliederschmerzen. Manchmal beherrschen sie das Bild. Die Depression findet versteckt im Körper statt, die seelische Stimmung wird als normal im Sinn des angepaßten Arbeitsmenschen der Industriegesellschaft beschrieben. Der Psychiater bekämpft oder verstärkt – je nach dem Blickpunkt des Betrachters – diese «larvierte» oder «maskierte» Depression mit Medikamenten, die den Antrieb steigern, die Stimmung anheben sollen und letztlich einen erneuten Sieg der stummen Unterdrückung bedeuten, die eine Sprache körperlicher Symptome zugleich ausdrückt und verschweigt.

Zu den grundlegenden Denkansätzen, die eine zugleich psycho-analytische und evolutionstheoretische Betrachtungsweise der Idealbildung ergibt, gehört die enge emotionale Verknüpfung zwischen der Elternbeziehung und der Beziehung zu den idealisierten Werten des Erwachsenenlebens. Um die Zusammenhänge zwischen Depression, Identifizierung und Idealbildung weiter zu beleuchten, ist es daher unumgänglich, die Schicksale der frühkindlichen Bindungs- und Loslösungsprozesse zu verfolgen, die wichtige Modelle der Beziehung zwischen dem Ich und dem Ideal enthalten. Wie die Ablösung von den ersten Bezugspersonen ist auch die Auseinandersetzung mit den eigenen Idealen ein Weg von der symbiotischen Bindung zur Vereinzelung und Individuation.[1] Wie in der seelischen Entwicklung wird das Ideal zunächst als untrennbarer, lebensnotwendiger Teil des eigenen Selbst erlebt, als «selbstverständlich», nicht weiter distanzierten Überlegungen und Gefühlen zugänglich. Ein seelisches Überleben ohne sein Vorhandensein scheint unmöglich; tatsächlich beruhen die meisten Selbstmorde auf einem (realen oder phantasierten) Verlust bisher für fest gehaltener Ideale oder idealisierter Bezugspersonen.[2] Andererseits ist für den Menschen, der nicht Selbstmord oder einem Zusammenbruch seines Ichs in Irrsinn und Wahn zum Opfer fallen wird, Ablösung und Trennung von Idealen notwendig. Das Kind sieht, daß eine idealisierte Erwartung nicht eintreffen wird, bricht in Wut, in Tränen aus und wendet sich dann nach einer kürzeren oder längeren Erholungsphase, in der es sich regressiv verhält und beispielsweise zu älteren, vertrauten, aber auch weniger anziehenden Befriedigungsmöglichkeiten zurückkehrt, neuen Handlungsentwürfen zu, die eher mit seinen realen Möglichkeiten abgestimmt werden können. Die Fähigkeit, solche Umstellungen wahrzunehmen, macht einen wesentlichen Teil der Ich-Leistungen aus. Die Gefühle, mit denen erst die idealisierte Erwartung besetzt wurde, müssen nach der Verlust-, Wut-, Enttäuschungsphase an die überarbeitete, wirklichkeitsgerechte Fassung des Ideals wieder angepaßt werden.

Die Alltagspsychologie sucht den Betroffenen mit Sprüchen zu trösten wie «Es hat keinen Sinn, über verschüttete Milch zu weinen (es ist ohnedies genug Wasser darin)» – wobei die Milch auf die Muttermilch hinweist, und die Beziehung des ganzen Vorgangs zu den ursprünglichen Gefühlen beim Verlust der Brust, des ideale Befriedigung spendenden Teils der Mutter-Umwelt deutlich wird. Wer an sich selbst und an seinen Klienten Tag für Tag beobachten kann, wie mühevoll und verletzend es ist,

1 M. Mahler, Symbiose und Individuation, Stuttgart 1972.
2 H. Henseler, Nazißtische Krisen, Hamburg 1974.

mit den Verlust- und Vernichtungsgefühlen beim Scheitern einer idealisierten Erwartung fertig zu werden, der wird die Vermutung der Analytiker nicht als Schrulle abweisen, daß die Beziehung des Säuglings zur Mutterbrust zu einem Teil unserer seelischen Ausrüstung wird, der uns ein Leben lang begleitet. Für den Säugling ist das «Alles oder nichts»-Prinzip, das wir als den destruktiven Teil der Idealisierungsvorgänge beim Menschen beschrieben haben, ein Stück Lebenswirklichkeit. Für ihn gibt es nur die Brust. Findet er sie, dann findet er auch alles, was er braucht, und fühlt sich als allmächtiger Herrscher der Wirklichkeit, weil er ja ein vollkommene und umfassende Befriedigung gewinnender Teil der Mutter «ist». Findet er sie nicht, dann hat er nichts, woran er sich in seiner hilflosen Wut halten kann.

Schuldgefühl und Strafbedürfnis

Was wir bisher vor allem als den zerstörerischen Aspekt menschlicher Idealbildungen analysiert haben, soll jetzt mit den Einsichten über einen zentralen Bereich unseres «Unbehagens in der Kultur» verknüpft werden. In seiner so betitelten Arbeit hat Freud eine Reihe von Ansätzen entwickelt, die hier nicht außer acht gelassen werden können. Es geht um die alte Frage, die zu beantworten Wissenschaftler heute in der Regel nicht wagen: Was ist das Glück? Wir wissen, daß Freuds Antwort recht resignativ lautet. Die Absicht, daß der Mensch glücklich sei, ist nicht in seinem seelischen Apparat enthalten. Glück im phänomenologischen Sinn ist die Entladung aufgestauter Bedürfnisse, ein episodisches Ereignis, niemals ein Dauerzustand – als dieses läßt sich allenfalls ein laues Behagen beobachten, denn der Mensch ist so eingerichtet, daß er nur den Gegensatz intensiv genießt, den Zustand sehr wenig. So macht den Reichen sein Reichtum nicht glücklich, während er den Armen glücklich machen würde – solange er den Zustand des Reichen in seiner Phantasie zu idealisieren vermag. Ist er selber reich, wird ihn die Angst vor dem Verlust plagen und sein Triumphgefühl einschränken. Die reale

Beschränktheit unserer Glücksmöglichkeiten steht in heftigem Widerspruch zu unseren Phantasien und Tagträumen vom Glück, sei es, daß wir sie unmittelbar erleben, sei es, daß wir sie in andere hineinprojizieren oder in eine künftige Gesellschaft verlegen, deren Idealzustand eine dauernde Lösung der Ängste und Depressionen verspricht, die uns heute quälen.

Freud hat diese im Zusammenhang mit unserem Thema sehr naheliegende Frage nicht weiter verfolgt, wie häufig sich die Menschen in ihrer Fähigkeit lähmen, reales Glück in seinen Beschränkungen durch die Erschöpfbarkeit unserer Gefühle und den Wechsel unserer Stimmungen anzunehmen, weil sie einem idealen Glückszustand nachjagen. Er untersucht vor allem die Probleme der Triebdynamik in der Kultur. Eine genauere Analyse seines Kulturbegriffs und seiner Vorstellungen über das menschliche Sozialverhalten ist hier nicht meine Absicht. Auf der Suche nach den Wurzeln der Sexualunterdrückung in der Kultur findet Freud jedenfalls einen «mächtigen Anteil von Aggressionsneigung», der die Menschen dazu zwingt, möglichst viele und starke Mittel einzusetzen, um zielgehemmte, auf wechselseitige Identifizierung abzielende Beziehungen aufzubauen.[1] Die primäre Feindseligkeit aller gegen alle bedroht die Kultur ständig mit ihrem Zerfall.

Die Wendung einer zunächst nach außen gerichteten Aggressionsneigung gegen die eigene Person hängt sicherlich mit den schädlichen Folgen von Idealbildungen zusammen. Wie läßt sich diese Verwandlung erklären? Wie kann es geschehen, daß ein Wunsch, die Außenwelt zu verändern, störende Teile – meist andere Menschen – aus ihr zu entfernen, sie zu zerstören, verinnerlicht wird und nicht nur unverrichteterdinge wieder zum Ausgangspunkt zurückkehrt, sondern sogar die Quelle dieses Wunsches verändert, ja vergiftet? Die psychoanalytische Formulierung besagt, daß die zunächst nach außen gerichtete Angriffslust von einer besonderen seelischen Instanz, dem Über-Ich, übernommen und von diesem gegen das Ich gerichtet wird. Die Kultur unterdrückt die Aggressionslust des einzelnen wie ein

1 S. Freud, Das Unbehagen in der Kultur, G. W., Bd. XIV, S. 470.

Feldherr eine unterdrückte Stadt. In ihr wird eine Besatzung zurückgelassen, die jeden Aufruhr wirksamer bekämpft als die Bedrohung von außen.

Doch helfen solche bildhaften Erklärungen nur ein Stück weiter. Versucht man, sie durch Erlebnismaterial zu ergänzen, so werden die Spannungen zwischen dem Über-Ich und dem unterworfenen Ich als Schuldbewußtsein oder Schuldgefühl deutlich. Diese Gefühle der Schuld, der Versündigung, des Versagens erscheinen aber ihrerseits sehr schwierig aufzuklären. Sie hängen nämlich nur selten mit realen Taten zusammen, die der Betroffene als «schlecht» erkennt und bewertet. Die bloße Vorstellung, das Verbotene zu tun, ja selbst es nur zu denken oder zu fühlen, wird in der Regel ebenso nachdrücklich mit Schuldgefühlen belastet. Endlich ist damit auch noch nicht aufgeklärt, weshalb nun bestimmte Erlebnis- oder Verhaltensweisen «schlecht» sein sollen, die doch oft für jeden Außenstehenden dem Ich des Betroffenen nicht nur ungefährlich, sondern sogar nützlich oder vergnüglich sind. Es muß ein fremder, unabhängig vom Ich des Erwachsenen wirksamer Einfluß sein, der von außen kommt, aber mächtig genug ist, um Unterwerfung zu erzwingen.

Das «Böse» ist ursprünglich wohl das, wofür ein Kind mit Liebesverlust bedroht wurde. Liebesverlust ist dabei eine umfassende Gefahr. Er reicht von den strafenden, ablehnenden Äußerungen der nach Lohn und Strafe («gutes Kind – böses Kind») orientierten Erziehung bis zu subtilen Weigerungen der Erwachsenen, bestimmte Verhaltensweisen oder Gefühlsäußerungen des Kindes überhaupt wahrzunehmen. Je subtiler und weniger in einem offenen Konflikt die Drohung mit Liebesverlust wirkt, desto nachhaltiger können die Folgen sein.[1] Der Verlust an Liebe ist dabei ebenfalls altersspezifisch aufzufassen, je nach der Form von Liebe, die das Kind braucht. Für das eine Kind – in der Regel das jüngere – mag etwa der Verlust des Partners einer innigen, symbiotischen Einheit besonders bedrohlich sein, für ein anderes der Verlust eines Partners, der Freiheit und einen «sanften

1 Eindrucksvolle Beispiele bietet die Autobiographie von Fritz Zorn, Mars, München 1977.

Schubs» (Mahler[1]) zur Selbständigkeit gibt (verbunden mit der Angst, in die Fesseln eines Kontrollsystems zu kommen). Gerade der letzte Fall wird häufig in der Aufklärung des Verinnerlichungsprozesses von Über-Ich-Gesetzen unterschätzt. Das Kind lernt ja schon bald, die Möglichkeiten der Neugieraktivität, der Selbständigkeit und des Freiraums für seine Individuation zu schätzen. Es erkennt, daß die Gefahr einer erzwungenen Rückkehr in die Symbiose um so größer ist, je mehr es die offenen oder heimlichen Rollenvorschriften verletzt, die ihm auferlegt werden oder die es auf dem unbewußten Weg der Identifizierung übernimmt. Daher auch die Neigung, gerade das Über-Ich der Bezugspersonen zu übernehmen, nicht etwa das mildere Ich. Auf diese Weise werden die Bezugspersonen am sichersten als gelegentliche «Tankstellen» für symbiotische Zuwendung erhalten, während gleichzeitig die größten Möglichkeiten für eine selbstbestimmte Individuation zu erhoffen sind.

Es ist zweifelhaft, ob überhaupt der Ausdruck «schlechtes Gewissen» oder «Schuldgefühl» verwendet werden sollte, solange das Schuldbewußtsein sich vollständig auf die soziale Angst vor Liebesverlust oder Strafe zurückführen läßt. Beim kleinen Kind, aber auch bei vielen Erwachsenen herrschen solche nach außen verlegten Kontrollformen vor. Sie gestatten sich das «Böse», solange es Annehmlichkeit verspricht, ohne von der Entdeckung durch eine kritische Autorität bedroht zu sein. Diese Situation scheint in jedem Fall wohltuender und leichter zu bewältigen als der innere Konflikt mit einem strafenden Über-Ich. Daher auch die häufigen Versuche, diesen inneren Konflikt wieder in den äußeren Kampf mit kontrollierenden Autoritäten zurückzuverwandeln. Zu denken ist dabei nicht nur an den von verschiedenen Autoren – unter anderen Freud und Theodor Reik – beschriebenen Verbrecher, der aus einem unbewußten Schuldgefühl heraus seine Taten so inszeniert, daß er ertappt und bestraft wird. In der Ehetherapie von Eifersuchtskonflikten findet sich sehr häufig ein Mann bzw. eine Frau, die durch Fehlleistungen (zum Beispiel

1 M. Mahler und Mitarbeiter, Die psychische Geburt des Menschen, Frankfurt a. M. 1978.

Liegenlassen von Briefen oder Tagebüchern) und Rationalisierungen («wir müssen offen sein») immer wieder den Partner in die Position der kontrollierenden, verbietenden Autorität bringen, die ihnen unerbittlich ihre sexuellen Seitensprünge und andere Eheverfehlungen vorhält. Es ist für die Betroffenen meist ein hartes Stück Arbeit zu sehen, daß es ihre eigene unbewußte Regie ist, wenn der Partner die Rolle der eifersüchtigen, strafenden Instanz übernimmt, die sie selbst in sich tragen. In jedem Fall scheint die Verinnerlichung eines Konflikts diesen häufig so zu verschärfen und den Betroffenen zu belasten, daß er es als befreiend ansieht, die ursprüngliche, entwicklungsgeschichtlich wohl primitivere Situation wiederherzustellen.

Kein Wunder, denn durch die innere Aufrichtung des Über-Ichs entfällt die Hoffnung, nicht entdeckt zu werden, ebenso wie der Unterschied zwischen dem real getanen «Bösen», und dem bloß vorgestellten, gefühlten. Die realen Gefahren sind verblaßt. Es ist schwer einzusehen, weshalb die neue, verinnerlichte Autorität des Über-Ichs Grund hätte, dem Ich seine Liebe zu versagen und es zu mißhandeln. Dennoch bleibt es so, die Situation der Vergangenheit wird häufig noch gnadenloser und unentrinnbarer wiederholt, das Über-Ich erklärt das Ich ständig für wertlos und sündhaft. Es zeigt damit Merkmale, die der äußeren Auseinandersetzung abgehen und die offensichtlich eng mit dem Streben nach Vollkommenheit zusammenhängen, welches die seelischen Idealbildungen auszeichnet.

Das Über-Ich wird um so strenger und kritischer, je mehr sich die betroffene Person abmüht, alle seine Forderungen zu erfüllen. Am Ende beschuldigen sich die Menschen, die es in der Heiligkeit am weitesten gebracht haben, der ärgsten Sünden.[1] Eine zweite

1 Freud beschreibt dieses Phänomen, ohne auf seinen gruppendynamischen Aspekt einzugehen. Die Selbstanklagen des Heiligen sind ein Appell an die Umwelt, der einerseits ein Stück indirekter Aggression enthält (denn wenn sich dieser Tugendhafte selbst bezichtigt – wie schlecht muß es dann um die Tugend der weniger Tugendhaften bestellt sein!), andererseits die Umwelt motiviert, sich entlastend zu verhalten, auf die deutlichen Tugenden zu verweisen, die Selbstanklagen abzuschwächen. Die überstrenge verinnerlichte Autorität ist somit ein erfolg-

Besonderheit ist, daß äußeres Unglück die Macht des Über-Ichs steigert. «Solange es dem Menschen gutgeht, ist auch sein Gewissen milde und läßt dem Ich allerlei angehen; wenn ihn ein Unglück getroffen hat, hält er Einkehr in sich, erkennt seine Sündhaftigkeit, steigert seine Gewissensansprüche, legt sich Enthaltungen auf und bestraft sich durch Bußen.»[1] Wahrscheinlich läßt sich das teilweise dadurch erklären, daß Unglück und Mißgeschick als Abwendung einer phantasierten Elterninstanz erlebt werden (der Moira, des Schicksals, das im antiken Glauben mächtiger war als selbst Zeus). Von diesem im Stich gelassen, sucht der Betroffene Zuflucht und Strafe bei der Eltern-Stellvertretung in seinem Über-Ich.

Die Unabhängigkeit von äußerer Autorität und Kontrolle, welche das Über-Ich dem Kulturmenschen sichert, wird also teuer erkauft. Gewiß, er ist nun fähig, unter widrigen Umständen und ohne Bestätigung von außen die Werte seiner Kultur zu vertreten. Er kann missionarisch auftreten, zum Märtyrer werden, beides höchste Werte im christlichen Glaubenssystem, das die Verinnerlichung des Gewissens besonders betont. Diese Verhaltensmöglichkeit wird dazu beitragen, die Durchsetzungskraft seiner Kulturformen besonders zu steigern, sie wird ihm – gerade wegen der Herzlosigkeit und Starre, die seine Über-Ich-Identifizierungen mit sich bringen – die Möglichkeit geben, andere, «primitivere» Völker zu unterjochen, ihr Führer zu werden, ihnen die Mechanismen seiner Kultur aufzuzwingen.

Im Kolonialismus nach außen setzt sich die innere Kolonisierung gewissermaßen fort. In vielen Mechanismen der bürgerlichen Zivilisation lassen sich nach außen verlegte Über-Ich-Prozesse nachweisen. Wie das Über-Ich sind die meisten Institutionen unserer Gesellschaft mit besonderen Sperrmechanismen versehen, die sie zwingen, ein bestimmtes Funktionsniveau

reiches Mittel, alle äußeren Autoritäten milde zu stimmen, zu stützendem Verhalten zu bringen. Damit wird auch der große narzißtische Anspruch deutlich, der hinter den Selbstanklagen steckt. Alle müssen mich lieben, weil ich mich selbst nicht lieben kann!

1 S. Freud, Das Unbehagen in der Kultur, G. W., Bd. XIV, S. 485.

dauernd aufrechtzuerhalten. Bürokratische Systeme oder moderne Konzerne, Finanzverwaltungen oder Parteiapparate schlafen nie, lösen sich nie für eine Weile auf, um sich dann neu zu organisieren. Alle diese Fähigkeiten haben sich «primitive» Organisationsformen und kreative einzelne erhalten. Die Technokratie jedoch will nichts von ihnen wissen, und sie schreibt ihre unzweifelhaften Erfolge in der Kontrolle der Natur wie der Menschen diesem völligen Ausschluß jeder Regression zu. Allerdings ist inzwischen sehr deutlich geworden, daß gerade diese Perfektion und der mit ihr verbundene Wachstumszwang heute die Umwelt mehr und mehr zerstören und die ganze Menschheit in eine ausweglose Situation bringen.

Kehren wir zurück zur Betrachtung des Über-Ichs. Es ist deutlich geworden, daß es sich – im Gegensatz zu einer äußeren Autorität – nicht durch den Triebverzicht beschwichtigen läßt. Der Wunsch bleibt bestehen und läßt sich vielleicht vor dem Bewußtsein, nicht aber vor dem Über-Ich verheimlichen. Trotz des Verzichts wird also ein Schuldgefühl entstehen, das sich nicht mehr nach dem Grad der realen Vergehen gegen das Ideal, sondern nach der Stärke der (unbewußten) Wünsche bemißt, die gegen das Ideal verstoßen. Der Triebverzicht kann das Individuum nicht mehr entlasten, die Enthaltung wird nicht durch vermehrte Sicherheit belohnt. Für ein nur drohendes äußeres Unglück – den Liebesverlust von seiten der Bezugspersonen – tauscht man ein dauerndes inneres Unglück ein: die ständige Spannung des Schuldbewußtseins und in ihrer Folge ein Strafbedürfnis. Das Versagen vor dem Ideal ermäßigt seine Ansprüche nicht, sondern steigert sie.

An dieser Stelle wird es unerläßlich, das Problem der Energieversorgung des Über-Ichs aufzugreifen. Es entwickelt eine ständige gegen die Triebe gerichtete Aktivität, die eine dynamische Quelle haben muß. Diese sieht Freud im Triebverzicht selbst, und zwar in der Form eines Rückkopplungsmechanismus: Das Gewissen fordert den Triebverzicht, der Triebverzicht verstärkt das Gewissen. Das gilt vor allem (Freud vermutet: ausschließlich) für die unterlassene Befriedigung aggressiver Wünsche. Jedes Stück davon, auf dessen Abfuhr wir verzichten, wird vom Über-Ich übernommen und steigert dessen Angriffslust gegen das Ich, die sich als Schuldgefühl und Strafbedürfnis äußern. Das würde bedeuten, daß das Über-Ich nicht nur das Erbe der Aggression der Eltern antritt, die unerwünschtes Verhalten des Kindes mit Drohungen und Strafen verfolgen, sondern weit mehr noch die Aggression des Kindes gegen die Eltern übernimmt, mit der es auf ihre Einschränkungen antwortet, die es aber aus Angst vor dem Liebesverlust nicht äußern kann.

So wird das Verhältnis zwischen Über-Ich und Ich zu einer Wiederholung realer Beziehungen zwischen dem noch ungeteilten Ich des Kindes und einer Person der Außenwelt. Diese Beziehung ist durch die aggressiven Wünsche des Kindes gestaltet, das ja in seinen Phantasien weit grausamere «Erziehungsmittel» gegen die Eltern anwendet, als diese gegen das Kind richten. So wirken beide Quellen für die aggressiven Energien des Über-Ichs zusammen: die Identifizierung mit dem Angreifer, beispielsweise dem strafenden Vater, und die Verlegung rachsüchtiger Aggression des Kindes ins Über-Ich, um diese sozial so gefährlichen Wünsche zu beherrschen. Gerade dieser Gesichtspunkt hilft uns auch zu verstehen, weshalb die Strenge des Über-Ichs eines Kindes keineswegs die Strenge der Behandlung widerspiegelt, die ihm zuteil wurde. Auch bei höchst nachsichtiger Einstellung der Eltern kann ein Kind ein sehr strenges Gewissen entwickeln. Die unbekannte (weil unbewußte) Größe ist hier das Maß der narzißtischen Aggression des Kindes, mit der es auf enttäuschte idealisierte Erwartungen reagiert. Eine «milde» Erziehung drückt sich häufig darin aus, daß die Eltern sich selbst eine sehr starke Zügelung ihrer Aggressionen dem Kind gegenüber auferlegen. Dieses findet daher für seine eigene narzißtische Wut keine wirklichkeitsbezogenen Äußerungsmöglichkeiten, die es sich auf dem Weg der Identifizierung aneignen kann.

Eine 16jährige Gymnasiastin wirft sich nach einer schlechten Zensur unter einen Zug und wird tödlich verletzt. Der Selbstmord ist für die Eltern vollkommen unverständlich, ebenso wie später die schizophrene Psychose ihres Sohns, die sie in Familientherapie bringt. Ist ihr Familienleben doch musterhaft! Es gibt nie

Streit, es wird größter Wert auf Verständnis und Nachsicht gelegt. Das Kind hätte kein böses Wort gehört, wenn es die schlechte Zensur nach Hause berichtet hätte.

Fassen wir die Ergebnisse der Psychoanalyse zusammen[1]: Das *Über-Ich* ist eine Instanz, ein begriffliches Konstrukt, zu dessen Funktionen unter anderem das *Gewissen* gehört: Es überwacht und beurteilt die Handlungen des Ichs nach der Maßgabe bestimmter *Ideale*, die man zusammenfassend *Ich-Ideal* nennen kann. Das Schuldgefühl läßt sich als Härte oder Strenge des Über-Ichs oder auch als Strenge des Gewissens auffassen. Es handelt sich um die dem Ich zustehende Wahrnehmung, daß es überwacht und zensiert wird. Wesentlich sind zwei Komponenten des Schuldgefühls: einmal die Höhe der Idealansprüche, zum anderen die Stärke der Aggressionen, welche dem Über-Ich zur Erledigung zugeteilt werden. Zu den vom Ich getätigten Reaktionen auf das Über-Ich gehört die Angst vor dessen Kritik (Gewissensangst). Das *Strafbedürfnis* endlich ist eine vom Ich gestaltete Triebäußerung, eine masochistische Reaktion auf die Beziehung zu einem sadistischen Über-Ich, in dem sich auch eine erotische Bindung an das Über-Ich erkennen läßt.

Von Gewissen sollte erst dann gesprochen werden, wenn ein Über-Ich nachweisbar ist, während das Schuldbewußtsein früher besteht und dann unmittelbar die Angst vor einer äußeren Autorität ausdrückt, die mit Liebesentzug oder Strafe droht. (Es wäre möglich – obwohl es Freud nicht tut –, den Ausdruck Schuldgefühl auf die unbewußten Äußerungen des Über-Ichs zu beschränken und bei der Angst vor einer äußeren Autorität durchweg von *Schuldbewußtsein* zu sprechen.) Das Schuldbewußtsein ergibt sich aus dem Konflikt zwischen dem Bedürfnis nach der Liebe der Autorität und dem Drang nach eigener Triebbefriedigung, dessen Versagungen Aggressionen hervorrufen. *Reue* ist ein Gesamtausdruck für die Angst und Unruhe des Ichs im Zustand des Schuldgefühls. Sie kann selbst wie eine Strafe (Selbstbestrafung) wirken und ist älter als das Gewissen. Ob nun die in Schuldgefühl und Strafbedürfnis wirksame Aggression aus der Identifizierung

1 S. Freud, Das Unbehagen in der Kultur, G. W., Bd. XIV, S. 496.

mit einer strafenden Person (beispielsweise dem Vater) herstammt oder aus der gegen den von außen aufgenötigten Triebverzicht entstandenen Aggression – in jedem Fall wirkt im Über-Ich eine ursprüngliche äußere Feindseligkeit, die sich nun in einem Konflikt innerhalb der Person fortsetzt. Während andere analytische Autoren (Ernest Jones, Susan Isaacs, Melanie Klein, Theodor Reik und Franz Alexander) gelegentlich vermuten, daß jeder Triebverzicht auch die Schuldgefühle steigert[1], beharrt Freud selbst auf einer strengeren Auffassung: «Wenn eine Triebstrebung der Verdrängung unterliegt, werden ihre libidinösen Anteile in Symptome, ihre aggressiven Komponenten in Schuldgefühle umgesetzt.»[2] Dennoch sind die Symptome mehrfach bestimmt: Ihre Genese mag sich aus der Verdrängung libidinöser Wünsche und einer Ersatzbefriedigung für diese herleiten. Doch ihre mögliche Verwendung als Strafe kann zugleich das Strafbedürfnis des Über-Ichs versöhnen.

Für den Leser, der weder mit dem analytischen Material noch mit Freuds Metapsychologie vertraut ist, werden einige der hier vorgefundenen Folgerungen höchst befremdlich sein. Handelt es sich um ein Stück psychoanalytischer Dämonologie, einen in den Erlebnisablauf projizierten Anthropomorphismus, vergleichbar der antiken Fabel vom Magen und den Gliedern, die anfangen zu streiten? Wie weit nützen die bildhaften Ausdrücke vom strengen Über-Ich, das wie eine Besatzungsmacht mit feindseliger Kontrolle das innerseelische Getriebe von Wünschen und Phantasien verfolgt? Wiederholen die Analytiker nur Grundformen einer naiven Dramaturgie, wenn sie das arme Ich, von der Realität, dem Über-Ich und dem Es bedrängt, zu allerlei Listen und Abwehrtechniken greifen lassen, ihm endlich gar unterstellen, es würde sich wie ein Strichjunge dem Über-Ich zu einer sadomasochistischen Sexualbeziehung anbieten? Wie kann es geschehen, daß eindeutig an das Subjekt herangetragene Verhaltensweisen, wie die Strafe oder der drohende Liebesentzug von seiten der Eltern, auf einmal zu einem innerseelischen Konflikt werden? Wie ist es

1 S. Freud, Das Unbehagen in der Kultur, G. W., Bd. XIV, S. 498.
2 Ebd., S. 499.

möglich, daß die im Individuum gegen störende Personen der Außenwelt gerichtete Wut gegen die eigene Person oder, genauer gesagt, gegen einen bestimmten Teil dieser Person gerichtet wird?

Die hier erwähnten Mechanismen lassen sich auf einige einfache Grundlagen zurückführen. Sie beruhen darauf, daß 1. Affekte anderer Personen durch Identifizierung übernommen werden («ich behandle mich jetzt so, wie mich meine Mutter behandelt») und 2. gegen andere Personen gerichtete Affekte das eigene Ich treffen («ich behandle mich jetzt so, wie ich gern meine Mutter behandeln würde»). Beidemal werden somit Wünsche verinnerlicht, introjiziert. Das erste Mal ist eine äußere Person das Objekt dieser Introjektion, das zweite Mal eine eigene Wunschphantasie – Re-Introjektion einer in die Umwelt verlegten, projizierten und mit starken Gefühlen besetzten Vorstellung.

Psychoanalytische Autoren gehen mit solchen Vorgängen ganz selbstverständlich um, die für viele andere nicht mehr sind als ein Zeichen für den «unwissenschaftlichen», spektulativen Charakter der Psychoanalyse. Vielleicht lassen sich diese unterschiedlichen Positionen einander annähern, wenn die biologischen Zusammenhänge erneut einbezogen werden. Der Mensch ist durch eine lange Evolution entstanden, die bereits ungeheure Zeiträume vor dem Beginn der Geschichtsschreibung kulturell geprägt war. Das heißt, daß die Übernahme und Verinnerlichung kultureller Traditionen schon für die Vorstufen des heutigen Menschentypus von höchstem Überlebens- und damit Auslesewert war. Das menschliche Überleben hing davon ab, wie fähig die Mitglieder einer der kleinen, sozial und genetisch weitgehend isolierten Jäger- und Sammlerinnen-Kultur waren, ihre einmal gewonnenen Sozialstrukturen und Überlebenstechniken weiterzugeben. Menschliches Lernen erhielt damit eine bei keiner Tierart vorzufindende Betonung von Kommunikation und Überlieferung. Lebewesen anderer Arten lernen zwar ebenfalls, aber nur durch ihre unmittelbare, individuelle Erfahrung. Die Übernahme von Verhaltenstraditionen, bei gruppenlebenden Wirbeltieren gelegentlich beobachtet (vor allem bei Ratten und Affen), ist in diesen Tierspezies die Ausnahme, nicht die Regel. Außerden sind die Instruktionen nicht symbolisch vermittelt. Sie werden nicht unabhängig von den Einzelwesen gespeichert und sind nicht kumulativ. Der bestinformierte Affe wird sich unter natürlichen Bedingungen nicht anders verhalten als seine Vorfahren vor drei oder dreihundert Generationen. Im Gegensatz dazu hat ein durchschnittlicher Student heute mehr verläßliches physikalisches Wissen als Kopernikus oder Galilei.

Die großen Fortschritte des kognitiven, symbolisch verschlüsselten und kumulativen Lernens haben dabei den Blick auf die urtümlicheren, emotionalen Formen des Lernens durch Identifizierung teilweise verstellt. Die Gefühle erscheinen als Naturmacht, die nicht weiter analysiert und in ihren Quellen oder Abläufen untersucht werden kann. Die enge Verknüpfung von emotionalem Erleben und körperlich-vegetativen Abläufen unterstützt diese Verleugnung. Doch sind die durch Identifizierung erworbenen Formen möglicher emotionaler Erfahrungen sicherlich wichtiger als die angeborenen Reaktionsweisen (obwohl wir im beobachtbaren Verhalten immer nur Mischungen beider finden). Die strenge Mutter, deren vom Kind als ebenso feindlich wie übermächtig erlebte Kritik sich in der Kritik durch ein bösartiges Über-Ich fortsetzt, ist nicht die unmittelbare, physiologische Ursache dieser aggressiven Strenge des Über-Ichs, sondern die mittelbare, psychologische Bedingung. Sie bietet gewissermaßen eine affektive Form an, welche die formbaren, nach Introjektion machtvoller Identifikationsobjekte hungrigen Phantasien des Kindes auf eine bestimmte Weise gestaltet. Das Kind scheint dabei eine spontane Auslese der Personen zu treffen, mit denen es sich identifiziert und von denen es Gefühlsabläufe oder Wunschinhalte übernimmt. Es wählt aus, was mächtig wirkt, was prägnant und eindrucksvoll ist, möglicherweise: was seinen unklaren inneren Situationen besonders entspricht. Die Gestaltung der Wunschmatrix des Kindes wird dadurch noch weiter kompliziert, daß die Strafimpulse des Über-Ichs gegen libidinöse Wünsche gerichtet werden, deren Formen ebenfalls aus den Beziehungen zu den Personen des Familienromans stammen.

Nena suchte analytische Hilfe, weil sie immer dann, wenn sie eine Beziehung zu einem Mann aufnehmen wollte, zwanghaft unschmackhafte Sachen zu essen anfing und sich dann «tabu» für eine erotische Beziehung fühlte. Sie wehrte damit unter anderem eine Wunschgestalt ab, die sie von ihrem Vater übernommen hatte: «Diese Tochter ist eine Zigeunerin mit lockeren Sitten, die wird einmal allen Männern den Kopf verdrehen!» Das Symptom selbst war sehr vielfältig begründet. Es enthielt eine Libidoregression auf die orale Stufe, die durch den Ablauf – zwanghaftes Essen zum Beispiel von trockenem Brot – zugleich das Strafbedürfnis des Über-Ichs befriedigte. Die Klientin sprach dann feindselig und abschätzig von sich selbst (daß sie betroffen weinen konnte, zeigte einen wesentlichen Fortschritt). Sie war mit dem Über-Ich identifiziert, das weitgehend die Stimme ihrer ständig unzufriedenen Mutter hatte. Die Tabuisierung durch das Gefühl, vollgegessen und dick zu sein, hing ebenfalls mit der Mutter-Identifizierung zusammen (die Mutter war korpulent).

Identifizierung und Introjektion sind die reproduktiven Mechanismen, mit deren Hilfe der Mensch aus der Fülle möglicher emotionaler Schemata die für seine Kultur, Gesellschaftsschicht und familiäre Situation günstigsten auswählt. Introjektion von in die Personen der Umwelt projizierten Identifikationsmöglichkeiten läßt sich als die aktive und kreative Art des Erwerbs solcher Strukturen ansprechen. Das Kind ist keineswegs nur Opfer seiner Situation zwischen den primären Bezugspersonen, sondern ein Mittelpunkt eigener Tätigkeit. Es kann, bildhaft gesagt, aus einem Engel einen Drachen oder aber auch aus einem Drachen einen Engel machen. Wenn Klienten Aussagen machen wie: «Meine Mutti ist die beste von der Welt», oder aber: «Ich wünsche meiner Mutter jeden Tag den Tod, ich kann sie nur hassen!», dann wird der Analytiker an solche Möglichkeiten des Kindes denken, das Vor-Bild der Eltern nach seinen eigenen Phantasien zu gestalten.

Die Personifizierung von Teilen des seelischen Apparats, die der psychoanalytischen Theorie so nahe liegt, ist mehr als der Versuch, wissenschaftliche Theorien bildhaft und faßbar zu formulieren. Sie drückt in ihrer Form aus, was sie als Inhalt enthält: die Tatsache, daß unsere emotionalen Erlebnis- und Verhaltensformen durch Identifizierungen und Introjekte, das heißt durch andere Menschen, bestimmt sind. Diese wurden in besonders einprägsamen Situationen von einem nach Modellen gierigen Organismus übernommen. Ohne solche Modelle bzw. ohne die Möglichkeit (und Gier), sie aufzunehmen, wäre das Kind hilflos einer überwältigenden Empfindungsvielfalt ausgeliefert, die durch seine fortgeschrittene Gehirnentwicklung bedingt ist. Die Sprachformen, in denen wir innerseelische Konflikte beschreiben, sind nicht zufällig denen ähnlich, mit denen wir die Eltern-Kind-Situation rekonstruieren. Beide drücken aus, daß die Kindheit die Wiege der Persönlichkeit ist. Die Sehnsucht nach Verschmelzung mit den Eltern verläßt uns ebensowenig wie der Wunsch nach vollständiger Befreiung und Loslösung. Die innerseelische Beziehung zu den idealisierten Werten übernimmt viele Gefühlsschablonen aus der Kind-Eltern-Beziehung. Angst und Wut, Flucht und Zerstörungslust, die Dynamik zwischen Kinder- und Elternzimmer, die Spannungen, Anziehungen und Abstoßungen innerhalb der Familie wiederholen sich im innerseelischen Bereich und gehen auf eine neue Generation über. Der Hinweis Freuds, daß Schuldgefühl und Strafbedürfnis in diesem Prozeß eine sehr wesentliche Rolle spielen, ist für eine Untersuchung der Zusammenhänge von Ideal und Destruktion unentbehrlich. Seine Vision einer Kulturentwicklung im Würgegriff des Schuldgefühls, in dem sich die Eltern durch ihre Aggression und Drohung für den ihnen auferlegten Triebverzicht an den Kindern rächen, und die Kinder ihre Wut gegen diese Eltern wiederum in Schuldgefühl verwandeln, ist ebenso eindrucksvoll wie düster. Sie wird durch zahlreiche Beobachtungen belegt, doch sind wir vorsichtig, sie auf Kultur schlechthin anzuwenden und in der zerstörerischen Aggression, mit der das Über-Ich die Einhaltung überhöhter Idealforderungen durchzusetzen sucht, ein unausweichliches Schicksal des Kulturmenschen, einen Ausdruck des unzähmbaren Todestriebs zu sehen.

Der Gegenstand des Narzißmus

Der Gegenstand des Narzißmus, das heißt der Besetzung des Selbst, ist von sehr großer Bedeutung, denn man kann zu Recht sagen, daß er die Hälfte der Inhalte der menschlichen Psyche einschließt, während die andere Hälfte die Objekte darstellen.

Heinz Kohut[1]

Wären die Aussagen der psychoanalytischen Instanzenlehre über die Tätigkeit und den Aufbau des Über-Ichs die einzigen Zugangswege zu unserem Verständnis der zerstörerischen Seiten menschlicher Ideale, so müßten wir am Sinn dieses Unternehmens zweifeln. Die Metapsychologie mit ihren begrifflichen Konstruktionen ist zu abstrakt, um zu verstehen, was in der Grundsituation des destruktiven Ideals geschieht, die hier vor allem anderen interessiert: Ein real möglicher Gewinn für das Ich – ein Glücksgefühl, ein kreativer Schritt, eine nützliche Veränderung der Umwelt – wird unmöglich, weil er einer idealisierten, starren Erwartung nicht entspricht.

Möglicherweise gehört es zur Dialektik der Entwicklung unseres psychologischen Wissens, daß auf dem höchsten Stand der theoretisch-begrifflichen Differenzierung in der Psychoanalyse der führende Vertreter dieser abstrakten Ich-Psychologie, Heinz Hartmann, einen neuen Ausdruck einführte, der die Instanzenlehre entscheidend verändern und einer mehr am unmittelbaren Erleben orientierten Betrachtungsweise einen wichtigen Zugang öffnen sollte. Es, Ich und Über-Ich sind Bausteine einer sehr erfahrungsfernen Abstraktion in der Psychoanalyse, was sich auch schon dadurch ausdrückt, daß erlebnisnahe Unterscheidungen wie die zwischen dem Bewußten und dem Unbewußten, zwischen Ich-Trieben und Sexualtrieben durch die neue Instanzenlehre durchkreuzt wurden. Wer jemals in psychoanalytischer Theorie unterrichtet hat, der weiß, wie große Ver-

1 H. Kohut, Narzißmus. Eine Theorie der psychoanalytischen Behandlung narzißtischer Persönlichkeitsstörungen, Frankfurt a. M. 1973, S. 13.

ständnisschwierigkeiten durch diesen Schritt zur «zweiten Topik» entstehen, in der das Es keineswegs mit dem Unbewußten[1] identisch ist. Im Gegensatz zu den Abstraktionen des «psychischen Apparats» ist das Selbst ein erlebnisnaher Begriff, was sich auch daraus ablesen läßt, daß «Selbstgefühl» ein Ausdruck der Umgangssprache ist. Das Selbst läßt sich als eine seelische Struktur auffassen, die dem Bild der Gesamtpersönlichkeit entspricht, mit Triebenergie (narzißtischer Libido) besetzt ist und sich parallel zu den seelischen Instanzen entwickelt. Dabei gibt es verschiedene und zum Teil widersprüchliche Selbst-Bilder im Es, Ich und Über-Ich, wobei auch in einer Instanz gegensätzliche Selbst-Repräsentanzen auffindbar sind, etwa im Ich Größen- und Minderwertigkeitsvorstellungen. Das Selbst ist also keine seelische Instanz, sondern ein Inhalt dieser Instanzen und damit des seelischen Apparats.

Während in der frühen Narzißmus-Forschung vermutet wurde, daß Selbstliebe und Objektbeziehung einander ausschließen, hat vor allem Heinz Kohut immer wieder unterstrichen, daß sich einige der stärksten narzißtischen Erlebnisse auf Objekte, das heißt auf andere Menschen beziehen, die entweder im Dienst des Selbst und der Aufrechterhaltung seiner Besetzung mit Trieb-Energie stehen oder aber als Teil des Selbst erlebt werden. Allgemein ist dieses Bedürfnis nach «Selbst-Objekten», das heißt nach Menschen, die als Teil des eigenen Selbst erlebt werden, in der frühen Kindheit. Doch bleibt es oft in veränderter Form auch im Erwachsenenleben bestehen. Mit dem «Selbst-Objekt», einem anderen Menschen, der ähnlich idealisiert und mit Vollkommenheitsphantasien ausgerüstet wird wie in der ungestörten Symbiose des primären Narzißmus die Betreuungsperson des Säuglings, haben wir einen der beiden wichtigsten Bestandteile des Selbst aufgefunden. Indem das Kind fähig wird, die primär-narzißtische Bedeutung auch anderen Menschen zuzuweisen, tut es ja einen wichtigen Schritt zu

1 Wichtige Teile des Ichs – die Abwehrmechanismen – und des Über-Ichs – das Strafbedürfnis – sind ebenfalls unbewußt.

Verselbständigung. Es findet «Übergangsobjekte» nicht nur im Sinn von Winnicott[1], sondern reale Personen, die es bewundert und mit denen es in Krisenzuständen seines Selbstgefühls verschmilzt. Doch noch durch eine weitere narzißtische Struktur ersetzt das Kind das verlorene Paradies des frühen Narzißmus, in dem es sich mit der Mutter eins fühlen konnte und ohne schmerzliche Bedürfnisspannungen und Unlusterlebnisse alles von ihr bekam, was es wollte (das gilt vor allem für die Situation im Mutterleib, wo die Nahrungsversorgung nicht in Abständen unter dem Druck des Hungers erfolgt, sondern kontinuierlich, da der Fetus aus dem Kreislauf der Mutter nimmt, was er braucht).

Diese urtümliche Vollkommenheit, die das Kind passiv empfängt (ohne doch Aktivität und Passivität unterscheiden zu können: der Primärnarzißmus gewinnt seine charakteristische Tönung gerade aus dieser Unmöglichkeit), sucht es später durch den Aufbau eines großartigen, exhibitionistischen Bildes des eigenen Selbst wiederherzustellen. Dieses Größen-Selbst oder grandiose Selbst (Kohut) wird von anderen Autoren auch «narzißtisches Selbst» oder «Ideal-Selbst» genannt. Doch muß es vom Ich-Ideal unterschieden werden: dieses ist ein Aspekt des Über-Ichs und damit Teil einer Instanz, einer in abstrakte Begriffe gefaßten seelischen Funktion. Das Größen-Selbst oder Ideal-Selbst hingegen ist ein Inhalt aller seelischen Instanzen und als solcher eher im Erlebnismaterial aufzufinden.

Es ist hier wichtig, sich nicht an Ausdrücken wie «grandios» oder «exhibitionistisch» zu stoßen. Das Unbewußte ist, wie Freud einmal sagte, immer auch das Infantile – und vieles an ihm wird, wenn es als abgespaltene Phantasie ins Erwachsenenleben eindringt, zum Perversen. Die ungehemmte Lust des Kindes an der Bewunderung seines Körpers, seiner Bewegungen und Fertigkeiten, der Wahn des schizophren Erkrankten, beobachtet und von aller Welt – Fernsehen, Straßenpassanten, Kirche, Polizei – beach-

1 Gemeint sind Puppen, Bären, Kuscheldecken usw., aber auch der Daumen oder die Hand, kurzum alles, was zwischen der Symbiose und einer Objektbeziehung, in der ein getrennter Mensch wahrgenommen wird, zur Befestigung des kindlichen Selbstgefühls dient.

tet zu werden, die grob-sexuellen Aktionen des erwachsenen Exhibitionisten, die spielerischen Aktionen des «Blitzers» gehören ebenso hierher wie die hochgradig zielgehemmten exhibitionistischen, nichterotischen Befriedigungen Erwachsener über sich selbst, über das, was sie «veröffentlichen» oder wie sie auf andere Menschen wirken. Der Analytiker ist gewohnt, seine Ausdrücke an Hand der Extremerscheinungen in einem Beobachtungsfeld zu wählen. Er spricht von Sexualtrieben, nicht von Erotik, er weigert sich, in seiner Ausdrucksweise neutral und beschönigend zu sein.[1]

Narzißmus ist für Kohut nicht mehr eine besondere *Richtung* der Libidobesetzung (auf das Selbst zu, nicht auf die Objekte), sondern eine besondere *Qualität*. Narzißtische Erlebnisweisen sind den Vorstellungen näher, die ein Erwachsener über die Kontrolle des eigenen Körpers und der eigenen Seele hat. Objektbesetzungen hingegen entsprechen den Vorstellungen einer gegenseitigen, auf den Ausgleich von Interessen und materiellen wie emotionalen Austausch abgestellten Beziehung. Damit entsteht die interessante Frage: Wenn ein Mensch einen anderen wie einen Teil seines eigenen Körpers oder seiner eigenen Seele behandeln kann, wie es bei der Beziehung zu einem narzißtisch besetzten Partner der Fall ist – ist es dann auch möglich, daß er sich selbst so behandelt wie einen anderen Menschen, einen Fremden? Das scheint gerade bei narzißtischen Störungen nicht selten der Fall, vor allem in der Beziehung zum eigenen Körper. Ein extremes Beispiel wäre die Selbstverstümmelung – absichtlich oder als unbewußt determinierte Fehlleistung. Aber auch sehr viele psychosomatische Störungen lassen sich so auffassen, daß der Körper entfremdet und zerstörerisch behandelt wird oder daß sich der Betroffene von seinem Körper verraten, belastet usw. vorkommt.

1 Kohut vermutet, daß auf diese Weise die individuellen und gesellschaftlichen Widerstände gegen solche neue Ausdrücke optimal mobilisiert werden. «Nur durch die schrittweise Überwindung optimal freigesetzter affektiver Widerstände kann nämlich auf lange Sicht die Annahme neuer Vorstellungen erreicht werden.» – H. Kohut, Narzißmus. Eine Theorie der psychoanalytischen Behandlung narzißtischer Persönlichkeitsstörungen, Frankfurt a. M. 1973, S. 44.

Die beiden grundlegenden narzißtischen «Gestalten» in unserem Erleben laufen also auf die Formeln hinaus: «Ich bin großartig und vollkommen» (grandioses Selbst), oder «Du bist allmächtig und vollkommen, und ich bin ein Teil von dir» (omnipotentes Selbst-Objekt). Auf beiden Wegen wird versucht, die ursprüngliche narzißtische Vollkommenheit zu erhalten, in der das Kind sein eigenes Ideal war und sich nicht von den Bezugspersonen getrennt fühlte. Solche Erlebnisse sind zunächst in einem Bereich angesiedelt, in dem sie noch nicht von Wortvorstellungen erfaßt werden können. Unsere Beschreibungen sind somit nur Andeutungen und Vergleiche. Das Größen-Selbst etwa kann in Situationen erlebt werden, in denen eine Menschenmenge durch Lieder oder Sprechchöre eine gefühlsmäßig stark besetzte Vorstellung vertritt, zum Beispiel die Nationalhymne nach einem erfolgreichen Länderspiel im Fußball. Hier überläuft auch sonst kritische und distanzierte Menschen ein Schauer, in dem sie sich großartig und mächtig fühlen. Vergleichbar sind die nationalen, rassischen oder sexuellen Vorurteile, durch die alles Gute nach «innen» verlegt werden kann («Arier sind die einzig kulturtragende Rasse»), während alles «Böse» den «Außenseitern» zugeschrieben wird. Die Suche nach der idealen Elternfigur findet sich (wobei gerade der Blickwinkel der Mystik, das heißt der Verschmelzung mit dem Ideal, besonders wesentlich ist) in der religiösen Hingabe wieder, in der Glaube, Hoffnung und Liebe zugleich befriedigt werden.

Destruktive Aspekte des Größen-Selbst

Wie groß war diese Welt gestaltet
so lang die Knospe sie noch barg . . .

Friedrich Schiller, ‹Die Ideale›

Warum zeigen unsere Verwandten, die Tiere, keinen solchen Kulturkampf? Oh, wir wissen es nicht. Sehr wahrscheinlich haben einige unter ihnen, die Bienen, Ameisen, Termiten durch

Jahrhunderttausende gerungen, bis sie jene staatlichen Institutionen, jene Verteilung der Funktionen, jene Einschränkung der Individuen gefunden haben, die wir heute bei ihnen bewundern. Kennzeichnend für unseren gegenwärtigen Zustand ist, daß unsere Empfindungen uns sagen, in keinem dieser Tierstaaten und in keiner der dort dem Einzelwesen zugeteilten Rollen würden wir uns glücklich schätzen.

Sigmund Freud[1]

Der «Kulturkampf» in der menschlichen Entwicklungsgeschichte hängt sicher damit zusammen, daß die Idealbildungen geeignet sind, unter ungünstigen Entwicklungsbedingungen den Menschen seelisch so zu überfordern, daß sein eigenes und das Überleben seiner Mitmenschen gefährdet sind. Die Ausgangssituation der Evolution war gewiß eine ganz andere als die der sozialen Insekten. Bei ihnen ist das Verhalten weitgehend genetisch gesteuert, so daß individuelle Lernvorgänge und Rollenzuweisungen nicht benötigt werden. Je ausgearbeiteter unsere Gesellschaftssysteme werden, desto mehr stehen die Menschen vor Anpassungsforderungen, die mit einem Verzicht auf andere, im Prinzip ebenso mögliche Lebensformen verknüpft sind. Dabei entsteht häufig ein Widerspruch zwischen dem Ideal der Selbstverwirklichung und dem realen Erfolg in der Gesellschaft. Reichbegabte Naturen mögen beides teilweise verbinden. Doch wohl keinem gelingt es ganz, und viele scheitern erbärmlich oder werden in Phantasien abgedrängt, deren Allmachts- und Größenansprüche in erniedrigendem Gegensatz zu ihrer Rolle im Alltag stehen. Daß es dazu gekommen ist, verdanken wir dem Grundwiderspruch der bürgerlichen Gesellschaft, ein soziales, von Natur aus gruppenlebendes Wesen zu sein, das ein Ideal von Unabhängigkeit und Durchsetzung individueller Triebwünsche entwickelt hat. So ist es uns selbstverständlich, daß wir bei allen anderen Menschen beliebt sein möchten, gleichzeitig aber unsere individuellen Interessen durchsetzen wollen – wobei wir realistischerweise davon ausgehen müssen, daß auch andere Menschen

1 S. Freud, Das Unbehagen in der Kultur, G. W., Bd. XIV.

solche individuellen Interessen haben, die unmöglich stets mit den unsrigen übereinstimmen werden.

Es gibt an der Grenze zwischen dem Biologischen und dem Sozialen eine Situation, in der diese unmögliche Forderung nach umfassendem Geliebtsein und ebenso umfassender Triebbefriedigung real erfüllt wurde. Doch war der Betroffene nicht in der Lage, diese Erfüllung bewußt wahrzunehmen. Es handelt sich um den Zustand des primären Narzißmus, der urtümlichen Symbiose von Mutter und Kind während des intrauterinen und zu Beginn des extrauterinen Lebens. Wer es verlassen hat, kann erkennen, daß er im Paradies war, und versuchen, es wiederzufinden. Und so wird die urtümliche Sehnsucht nach dem Paradies dort am stärksten sein, wo die Enttäuschung durch die Realität am wenigsten abgemildert wurde. Das Kind braucht den Erwachsenen, der durch Einfühlung und Verständnis zum Puffer zwischen den Versagungen der Realität und den exhibitionistischen Größenvorstellungen des Kindes wird. Er kann helfen, daß die selbstbezogenen, unkritischen und maßlosen Äußerungen der Größenphantasie allmählich aufgegeben und durch angemessenere Ziele ersetzt werden. Diese sind mit der Realitätsprüfung durch das Ich, mit einem realistischen (und durch die Antworten der Realität bestätigten) Selbstwertgefühl und mit den Bedürfnissen der Neugieraktivität sowie anderer Äußerungen von «Funktionslust» vereinbar. Die einerseits einfühlende, andererseits realitätsbezogene Unterstützung der Erwachsenen wird vom Kind benötigt, um seine archaischen Größenansprüche aufzugeben. Andernfalls muß es sich selbst, in einer urtümlichen, primitiven, von der Wirklichkeit abgespaltenen Phantasiewelt geben, was es nicht im Dialog mit der von den Eltern verdolmetschten Wirklichkeit erwerben konnte.

Freilich ist das Kind nicht unabhängig in dieser Produktion eines Größenanspruchs, ebensowenig wie es sich die Inhalte seiner projektiven Identifikationen selbst gestalten kann, die ihm in der Ausbildung des Über-Ichs ein Stück schöpferische Aktivität ermöglichen. Was es als großartig und exhibitionistisch nutzbar erlebt, hängt von den Einstellungen der Personen ab, die dem Größen-Selbst als Erweiterung und Spiegel dienen. Die Ideale, die oft das Lebensschicksal prägen, stammen aus den Identifizierungen mit Menschen aus der Umgebung des Kindes, die es ursprünglich als Bestandteil seines Größen-Selbst erlebte. Umgewandelte Anteile des ungezähmten Primärnarzißmus sind es wohl auch, die den Idealen ihre unerschütterliche Dauerhaftigkeit verleihen, die im günstigen Fall als gesundes Selbstgefühl und nachhaltige Überzeugungskraft ein Schrittmacher realer Erfolge sind, im ungünstigen jedoch die realistische Verwirklichung immer wieder stören. Das gilt vor allem für eine Situation, in der das Größen-Selbst nicht allmählich in real erreichbare Zielvorstellungen umgewandelt wird, sondern abgespalten und/oder verdrängt ein parasitäres Leben auf Kosten der Entwicklungsmöglichkeiten des Selbst führt. Das Selbst ist dann unvollständig, nicht abgerundet, es kann bei geringen Belastungen zusammenbrechen – der oder die Betroffene erleidet dann einen narzißtischen Kollaps, eine Auflösung des Selbstgefühls, die als sehr bedrohlich erlebt wird und nur mit Mühe wieder überwunden werden kann. Durch den einfühlenden Dialog mit den Bezugspersonen der Primärgruppe wird das Größen-Selbst gewissermaßen abgemildert und weiterentwickelt. Fehlt dieser Dialog, dann kann sich diese Veränderung ebensowenig vollziehen wie Pflanzen unter einer Steinplatte weiterwachsen.

Die Bedeutung des «narzißtischen Kollaps» wurde in der Analyse einer sehr vielseitig begabten Frau faßbar, die trotz eines äußerlich erfolgreichen Lebens an einer «Vollendungshemmung» litt, die im Laufe der Analyse immer deutlicher wurde. Sie war beispielsweise sehr kontaktfähig und knüpfte leicht Bekanntschaften zu attraktiven Männern. Doch gelang es ihr nicht, diese Anfangssituation in eine dauernde Beziehung umzuwandeln, in der sie sich wirklich geborgen fühlte. Anzeichen für eine solche Dauerhaftigkeit stellte sie einerseits her – etwa durch wiederholte Schwangerschaften – und beseitigte sie dann unter höchst belastenden Umständen. Sie fürchtete, in einer engen Bindung ihre Eifersucht nicht mehr kontrollieren zu können, die sie als krankhaft erlebte und die für viele ihrer narzißtischen Zusammenbrüche verantwortlich war. Was ihr in diesen Krisen half, waren ihre außergewöhnlichen intellektuellen Fähigkeiten. Sie konnte sich dann hinsetzen und durch Lesen oder Schreiben beruhigen – Aktivitäten, durch die sie eine Phantasiebeziehung zu ihrem Vater herstellte, der größten Wert auf Bildung gelegt hatte. Andererseits ließ sich auch in diesem intellektuellen Bereich die Vollendungshemmung nachweisen. Sie hatte zwar keine Arbeitsstörungen im gewöhnlichen Sinn, daß es ihr Schwierigkeiten gemacht hätte, sich hinzusetzen und schrittweise eine Arbeit anzugehen. Doch geschah es oft, daß sie ein Projekt mitten in der Arbeit aufgab, es wegräumte und sich einer anderen, interessanteren Sache zuwandte. Das geschah häufig dann, wenn sie die begonnene Arbeit dem Urteil eines anderen unterwarf, das sie nicht in dem unbewußt erwarteten Maß bestätigte. Sie konnte die Einwände dann bewußt akzeptieren, verlor jedoch die Lust weiterzuarbeiten. In ihrer Vorgeschichte ließen sich zwei narzißtische Verletzungen nachweisen. Sie war nur kurze Zeit der Liebling der Mutter (das jüngste Kind), wurde dann durch eine nachgeborene Schwester entthront, die den größten Teil der mütterlichen Aufmerksamkeit auf sich zog. Diese Situation bewältigte sie durch eine frühe, heftige Identifizierung mit dem Ideal-Ich der Mutter – sie war blond wie die Mutter, sie war immer gesund, sie fiel nie hin, sie machte nie Schwierigkeiten, während die kleine Schwester immer krank war, immer hinfiel, immer Schwierigkeiten machte. In dieser Identifizierung blieben weite Bereiche ihres Größen-Selbst erhalten. Sie forderte von sich ein Höchstmaß an Stärke und Unerschütterlichkeit, wie sie es damals der Mutter zuschrieb. Dieses erste narzißtische Trauma verknüpfte sich später mit einem zweiten: Ihr Vater und ein Jahr später ihre Mutter starben, als sie noch ein Kind war. Daher konnte die Idealisierung der Eltern als Selbst-Objekte nur sehr ungenügend durch schrittweise, realistische Wahrnehmung ihrer wirklichen Fähigkeiten und Mängel ersetzt werden.

Im allgemeinen gehört es zur normalen Entwicklung des Selbstgefühls, daß die realistischen Unvollkommenheiten und Grenzen der eigenen Person erkannt und anerkannt werden. Die Macht der Größenphantasie schwindet, die Erwartungen an das Selbst werden realitätsgerecht. Ein fortbestehendes Größen-Selbst kann einen durchschnittlich begabten Menschen durch seine wahnhaft übersteigerten Forderungen beeinträchtigen, während das Ich eines besonders fähigen Menschen gerade durch die überlebenden, stark narzißtisch besetzten Größenphantasien zu Höchstleistungen angetrieben werden mag. Kohut nennt Churchill, Goethe und Freud als Beispiel. Aus Churchills Autobiographie ist bekannt, daß er als Jugendlicher von einer Flugphantasie so überwältigt wurde, daß er bei einem Räuber-und-Gendarm-Spiel über eine Brücke sprang und erst drei Tage später im Krankenhaus erwachte. Goethe wurde nach einer Studie von Eissler durch viele Einflüsse während seiner späten Kindheit bewogen, den Glauben an die magische Kraft seiner Wünsche und Phantasien beizubehalten.[1] Freud endlich sagte über sich (und über Goethe): «Wenn man der unbestrittene Liebling der Mutter gewesen ist, so behält man fürs Leben jenes Eroberergefühl, jene Zuversicht des Erfolges, welche nicht selten wirklich den Erfolg nach sich zieht.»[2] Die reale Erfüllung des narzißtischen Größenwunsches, uneingeschränkter Liebling der «Welt» (der Mutter) zu sein, nährt das grandiose Selbst über die Zeit hinaus, die es sonst dem Wirken der Realität standhält.

Das Größen-Selbst wird destruktiv, wenn die Umsetzung der urtümlich-exhibitionistischen Bedürfnisse in reifere Formen des Narzißmus (zum Beispiel soziale Bestätigung, Verwirklichung religiöser oder ästhetischer Werte) mißlingt. Ein Beispiel dafür, wie die Allwissenheits-Phantasie des Größen-Selbst fortbesteht, ist die Unfähigkeit, Wissenslücken zuzugeben. Es gibt Menschen, die in einer fremden Stadt stundenlang in die Irre gehen, statt jemanden nach dem Weg zu fragen. Dieses Verhalten ist mehrfach bedingt. Neben sozialen Ängsten spielt die alte narzißtische Überzeugung eine Rolle, alles zu wissen. Ein anderes Zeichen eines noch aktiven Größen-Selbst, das mächtiger ist als die Realitätsprüfung des Ichs, ist die Unfähigkeit zuzugeben, ein bestimmtes Buch nicht gelesen (eine Platte nicht gehört, einen Film nicht

1 Kurt R. Eissler, Goethe: A Psychoanalytic Study, Detroit 1963.

2 Eine Kindheitserinnerung aus «Dichtung und Wahrheit», G. W., Bd. XII, S. 26.

gesehen) zu haben. Das Ergebnis ist im günstigsten Fall, daß der Betroffene nach dem Motto «So laßt mich scheinen, bis ich werde» nun wirklich das Buch liest, die Platte hört oder den Film besucht, um sein wirkliches Wissen den magischen Erwartungen anzupassen, die sein Größen-Selbst stellt.

Die Neigung zum Lügen gehört ebenfalls in diesen Zusammenhang. Viele Unwahrheiten zeigen die Wirklichkeitsferne des Größen-Selbst. Besonders wichtig sind im klinischen Bereich – nicht zuletzt wegen der immens großen Zahl der Süchtigen, vor allem der Alkoholiker[1] – die Lügen der Drogenabhängigen. Rauschgifte sind «der falsche Weg zum Selbst», wie Jürgen vom Scheidt sagt.[2] Durch sie wird die Entwicklung reifer Formen der Idealbildung und des Narzißmus wieder rückgängig gemacht. Die archaischen Größen- und Allmachtsphantasien des Rauschgiftabhängigen oder des Alkoholikers scheinen dem uneinfühlsamen Blick des Nervenarztes der Ausdruck seiner Depravation – ein Kunstwort für Verderbtheit. Der Süchtige verspricht, beteuert, gelobt, er macht Geständnisse, die dazu dienen, Lügen glaubwürdiger zu gestalten. Er will aufhören, er hat schon aufgehört, er ist weg von dem Zeug – und sagt das nur, um die Mittel zu gewinnen, weiterzumachen, um noch einmal Geld zu ermogeln, noch einmal an Stoff zu kommen. Diese Lügen sind oft ein durchaus ehrlicher Ausdruck des Größen-Selbst, ein Zeichen des wahnhaften Selbstvertrauens, mit einem Schlag und ohne Mühe, wie durch Magie, vom Suchtmittel loszukommen – wenn nur noch diese Spritze, dieses letzte Besäufnis zugestanden werden. Die Magie, die Allmacht der Gedanken, ist ohnedies eine wichtige Ausdrucksform des Größen-Selbst.

Ein Klient mit narzißtischen Persönlichkeitsstörungen (Beobach-

1 Die Schätzungen allein für Westdeutschland liegen zwischen 500 000 und 1 000 000 Menschen. Zudem steigt diese Zahl gegenwärtig in den meisten Industriestaaten so an, daß etwa im Jahre 2100 die Zahl der Drogenabhängigen die Zahl der Nicht-Süchtigen übersteigen würde, wenn diese Progression linear weitergeht.

2 J. vom Scheidt, Der falsche Weg zum Selbst, Studien zur Drogenkarriere, München 1976.

tungsangst, Kontaktschwierigkeiten, mit großer Angst erlebte perverse Phantasien) entwickelte als Jugendlicher ein magisches Ritual, welches diese Seite des Größen-Selbst verdeutlicht. Immer wenn etwas geschah, was seinem Idealbild des vollkommenen Mannes widersprach – wenn er Unsicherheit oder Angst spürte, von seinem Vater gescholten wurde, onaniert hatte –, dann löschte er mit einem Pfiff alles Bisherige aus und konnte von neuem anfangen, am Aufbau des grandiosen Selbst zu arbeiten.

Wenn das Größen-Selbst die kritischen Funktionen des Ichs umgehen kann, wie es bei Süchtigen oft der Fall ist, dann führen die wahnhaft-großartigen Versprechungen und Beschwörungen, aus der gegenwärtigen Abhängigkeit und dem durch das Suchtmittel wie durch die Untätigkeit in der Realität verursachten Elend herauszukommen, tatsächlich nur noch einer immer tieferen Abhängigkeit. Die Ansprüche an eine Wirklichkeit, die ohne die betäubende Wirkung des Suchtmittels noch erträglicher sein könnte, werden so gesteigert, daß die Ausflucht in die Drogenabhängigkeit unausweichlich ist. Der Süchtige sucht Helfer und findet endlich doch nur Verfolger. Er möchte seine Mitmenschen dazu bringen, eine ebenso vollständig stützende, Sicherheit spendende Rolle zu übernehmen wie die (enttäuschenden) Selbst-Objekte der Kindheit und wie jetzt die Droge, die ja die Aufgabe eines solchen Selbst-Objekts und damit eines Teils des Größen-Selbst erfüllt.[1] Doch ist sein Bedürfnis so groß, daß er notwendig enttäuscht werden muß. Der Helfer müßte alle eigenen Interessen aufgeben, und er tut es um so weniger, je mehr er spürt, daß seine Unterstützung – sei es, daß er dem Süchtigen Geld leiht, ihm eine Wohnung gibt, sich als Gesprächspartner zur Verfügung stellt – nur durch Versprechungen großer Gegenleistungen, aber nicht durch reale Gegenleistungen belohnt wird. Auf dieser Ebene liegt die Quelle der Konflikte durch das Größen-Selbst. Keine soziale Beziehung ist auf die Dauer aufrechtzuerhalten, in der ein Partner auf einer anderen Ebene gibt als der andere. Der vom Größen-Selbst überschwemmte Süchtige gibt auf einer Phantasieebene, in

1 Heinz Kohut, Vorwort zu J. vom Scheidt, Der falsche Weg zum Selbst, München 1976, S. 10.

der er absolutistisch herrscht und reiche Gaben verteilt. Doch wünscht er Gegenleistungen auf einer realen Ebene.

An diesem Widerspruch, nicht an einem gänzlichen Mangel, zu geben und eine gegenseitige Beziehung wahrzunehmen, liegt es, wenn die sozialen Beziehungen narzißtisch gestörter Personen scheitern. Wie das kleine Kind zu Recht, so will der vom Größen-Selbst beherrschte Mensch allein für seine Bereitschaft geliebt und umsorgt werden, da zu sein und seine unschätzbare Person zur Verfügung zu stellen. Er zeigt praktisch das Spiegelbild der Störung mancher leistungsfixierter Menschen, die glauben, nur durch ihr Tun für andere einen Anspruch auf Zuneigung zu haben. Es ist hier sinnvoll, zwischen aktiven und passiven Äußerungsformen des Größen-Selbst zu unterscheiden. Der stets aktive Leistungsmensch, der nur in seiner rastlosen Tätigkeit sich selbst spüren und ein Gefühl innerer Leere vermeiden kann, wird ebenfalls von einem primitiven Größen-Selbst beeinflußt, doch ist eine Orientierung an der Wirklichkeit stärker, da seine Arbeit viel mehr realitätsorientierte Wahrnehmung voraussetzt. Zudem gewinnt er in einer leistungsorientierten Gesellschaft soziale Anerkennung, die ihm hilft, seine narzißtischen Wunden ohne Betäubung chemischer Art zu ertragen. Daß ihm die Arbeit in manchen Situationen ähnlich dient wie ein Suchtmittel, läßt sich in der Analyse solcher Personen oft verfolgen.

«In dieser Zeit, als meine Frau krank wurde und alles zusammenzubrechen schien, habe ich mich eigentlich nur am Schreibtisch wohl gefühlt. Da konnte ich für längere Zeit alles vergessen und mir sagen: jetzt schaffst du etwas, jetzt hast du etwas getan – obwohl ich natürlich an meinem eigentlichen Problem nichts tun konnte und nichts getan hatte.»

Aus der Analyse eines 30jährigen Psychologen

Der Größenanspruch des Leistungsmenschen wird durch den ständigen korrigierenden Einfluß der Realität, die ein zähes Material für Veränderungen ist, wieder und wieder gedämpft, abgemildert, in reifere Formen übergeführt. Der passive Größenanspruch des Lügners oder Süchtigen hingegen muß in der Phantasie immer mehr gesteigert werden, um die reale Einbuße an narzißtischer Bestätigung wettzumachen. So gesehen, ist Bescheidenheit der Luxus der Erfolgreichen. Sie sollte von der Selbsterniedrigung unterschieden werden, die den wie einen Handschuh umgewendeten Größenanspruch ausdrückt. Der schlimmste Säufer, der kaputteste Süchtige, der ärgste Neurotiker zu sein kann ebenso zum Ausdruck eines Größenanspruchs werden wie der Platz auf der Liste der «zehn gefährlichsten Verbrecher», die das FBI erstellt, oder auf den millionenfach verbreiteten Plakaten zur Fahndung nach Menschen, die der Beteiligung an terroristischen Gewalttaten verdächtigt werden. Die Terrorismus-Szene der Gegenwart ist hier von unheilvollen Interaktionen geprägt. Auf der einen Seite drückt die rudimentäre Ideologie, nach der die Terroristen handeln, eine Verzerrung des realitätsorientierten Denkens zugunsten von wahnhaften Größenideen aus. Wer glaubt, die Gesellschaft in einem Grüppchen verschworener Einzelner verändern zu können, wer mit Aktionen im Stil von Gangsterfilmen politisch wirksam werden will, wird mit ziemlicher Wahrscheinlichkeit stark von einem urtümlichen, undifferenzierten Größen-Selbst beeinflußt. Auf der anderen Seite bestätigt die Reaktion der Massenmedien und der etablierten Macht ihn ständig in dieser Illusion. Obwohl dem Terroristen auf der einen Seite gesagt wird, er sei ein Krimineller wie andere auch, verkünden die Schlagzeilen, die aufwendige Fahndung, die Schnüffelei nach Sympathisanten das Gegenteil. Sie verstärken den Terroristen in seinem Größenwahn und damit in seiner Gewalttätigkeit, seinen Plänen zu spektakulären Aktionen. Die zu seiner Bekämpfung angewandten Mittel werden so zur wichtigsten Teilursache des Terrorismus; Vermutungen darüber, wer nun wirklich den politischen Nutzen aus diesem Teufelskreis zieht, möchte ich dem Leser überlassen.

Destruktive Aspekte der Beziehung zum idealisierten Objekt (Selbst-Objekt)

Wir fragen immer nur, ob es ein Leben nach dem Tode gebe. Wir sollten fragen: gibt es ein Leben nach der Geburt?
Samuel Beckett

Die urtümlichen narzißtischen Strukturen des Größen-Selbst und des allmächtigen, idealisierten Selbst-Objekts werden in der normalen Entwicklung verändert und so weit differenziert, daß sie mit den Anforderungen des Erwachsenenlebens vereinbar sind. Ein Grundgesetz solcher Prozesse scheint zu sein, daß nur jene Schritte ein erfolgreiches Weitergehen erlauben, die erst einmal in ihrem Recht belassen und in ihrem Ablauf angemessen unterstützt wurden.

Das übermäßig früh oder übermäßig streng zur Reinlichkeit und Ordnung gezwungene Kind wird zunächst den Schritt zur Sauberkeit hastig und verfrüht tun (zum Stolz der Eltern). Später aber muß es diesen Schritt zwanghaft wiederholen. Es bleibt an ihn gebunden, fixiert, es wird keine natürlich anmutende Beziehung zum Problem von Sauberkeit und Ordnung gewinnen, sondern eine gekünstelte, konflikthafte, in der es entweder besonders schmutzig und unordentlich oder aber besonders sauber und ordentlich oder beides in verschiedenen Bereichen ist. Auf diese Weise wird der zu kurz geratene, zu hastig absolvierte Schritt zur Störung. Es ist kein inneres Gleichgewicht erreicht, kein Stück natürlich gewachsene Struktur, sondern eine Art Eiterherd, in dem ständig ein Kampf zwischen eingedrungenen Erregern und abwehrenden Körperzellen stattfindet, zum Schaden des ganzen Organismus, der dafür Energie aufwenden muß, die er sonst für nützlichere Aufgaben einsetzen könnte.

Ähnliche Gesetze gelten für den Bereich der narzißtischen Entwicklung, in der es um die Mäßigung und Differenzierung der Strukturen des Größen-Selbst und des idealisierten Objekts geht. Die urtümlichen Formen der Suche nach einem idealisierten Elternbild bleiben um so mehr erhalten, je stärker, früher und heftiger die traumatischen Enttäuschungen in der Beziehung zu den idealisierten Gestalten der frühen Kindheit sind. In diesem Fall wird das Selbst-Objekt nicht verinnerlicht und damit den differenzierenden Einflüssen zugänglich, die das reifende Ich auf die Introjekte ausübt. Es bleibt eine Abhängigkeit von archaischen Übergangs-Selbst-Objekten bestehen, die benötigt werden, um das narzißtische Gleichgewicht aufrechtzuerhalten.

Die Zeitspanne größter Verwundbarkeit des Kindes im Bereich seines Selbstgefühls ist dann abgeschlossen, wenn ein Über-Ich-Kern fest verankert und mit idealisierter Libido besetzt ist. Das Kind hat dann (wie später der Erwachsene) ein Reservoir, aus dem es in Notzeiten, nach einem Einbruch an Selbstwertgefühl, Ermutigung schöpfen kann («ich habe einen Fehler gemacht, aber im Grunde ist in Ordnung, was ich tue»). Am verwundbarsten sind immer neue, in den Anfangsstadien ihrer Ausbildung begriffene Strukturen. Unter günstigen Bedingungen wird das Kind durch ein idealisiertes Objekt schrittweise und unter der Möglichkeit einer einfühlenden Kommunikation enttäuscht. Parallel dazu baut es ein stabiles Gefühl der eigenen Tätigkeit, Macht und eigener, idealisierter Werte auf. «Enttäuscht» ist vielleicht zu sehr in der Sprache des primären Narzißmus gesprochen. Tatsächlich nimmt das Kind die Eltern realistischer wahr, es zieht die narzißtischen Besetzungen des bewunderten Selbst-Objekts schrittweise zurück und baut aus ihnen innerseelische Strukturen auf, welche die Aufgaben des allmächtigen, idealen Elternbilds übernehmen. Wenn das Kind jedoch das idealisierte, als Teil seines Selbst erlebte Objekt noch vor Beginn der ödipalen Phase verliert oder wenn es von ihm wiederholte, übermäßige (nicht einfühlende) Enttäuschungen erlebt, dann unterbleiben wesentliche Teile der Verinnerlichung. Der seelische Apparat kann nur ungenügend eigene, mit narzißtischer Libido besetzte Strukturen aufbauen. Das Kind und später der Erwachsene bleiben gewissermaßen in diesem Entwicklungsbereich undifferenziert, offen, an urtümliche Beziehungsmöglichkeiten und ihre Abwehr gefesselt.

Das kann sich als regelrechter Objekthunger äußern, als Unfähigkeit, ohne Menschen zu sein, die in irgendeiner (häufig negativen) Weise das Selbstgefühl des Betroffenen stützen. Es geht hier primär um die Ebene der Beachtung (des Bemerkt-, Gehört-, Angesehen-Werdens), erst in zweiter Linie um liebevolle Bestätigung. Da die Abhängigkeit in einer von dieser Form des Objekthungers bestimmten Beziehung mit Angst besetzt ist, sind die Folgen oft vom Typus der «Schlag mich»-Interaktion. Diese Menschen wirken aufdringlich, distanzlos, gierig nach Aufmerksamkeit auf eine so unangenehme Weise, daß sie meistens Zurückweisung ernten. Gerade dabei, eine Enttäuschung zu verschmerzen, scheinen sie bereits auf der Suche nach der nächsten – unbelehrbar durch Erfahrungen, solange ihnen nicht die zugrunde liegende Bedürftigkeit und die ängstliche Abwehr dieser Wünsche deutlich werden.

Die Heftigkeit der Suche nach solchen Surrogaten des idealen Selbst-Objekts erklärt sich daraus, daß sie als Prothesen benötigt werden, um fehlende Segmente der seelischen Struktur zu ersetzen. Die Beziehung zu ihnen ist ähnlich wie die des Prothesenträgers zu seinem notwendigen Übel: Er kann nicht auf es verzichten und kann es nicht lieben, er braucht es und würde es doch gern entbehren, weil ihn seine Unvollkommenheiten ständig an die frühere Vollkommenheit erinnern.

Wie sehen narzißtische Verletzungen aus, deren Folgen später die Fähigkeit beeinträchtigen, ein realistisches Selbstgefühl zu entwickeln und nach Störungen das narzißtische Gleichgewicht wiederzuerlangen? Die frühen Bezugspersonen versagen wegen ihrer mangelhaften Einfühlung in die Bedürfnisse des Kindes. Sie können nicht als Reizschutz dienen, der das Kind vor übermäßigen Störungen seines inneren Gleichgewichts bewahrt; sie senden selbst nicht die notwendige Menge von Entwicklungsreizen aus; sie enthalten dem Kind die Möglichkeit vor, unbeeinträchtigt von einem zu lange und zu eng verstandenen Schutz realistische Erfahrungen zu machen, die sein Selbstgefühl fördern und die Idealisierung von Erinnerungsspuren des eigenen Tuns und der Bestätigung durch andere ermöglichen.

Je nachdem, wie ausgeprägt die Fähigkeit des Kindes bereits entwickelt ist, das idealisierte Selbst-Objekt losgelöst von sich selbst wahrzunehmen, sehen die Folgen der narzißtischen Verwundungen verschieden aus. Bei sehr frühen Traumata in einer weitgehend unstrukturierten Phase der Ich-Bildung entsteht eine «diffuse narzißtische Verwundbarkeit»[1]. Das ist zunächst ein unscharfer Begriff; narzißtische Verwundbarkeit gehört zu den menschlichen Grundeigenschaften. Wer hätte sich noch nie eine seelische Rhinozeroshaut gewünscht? Frühe Schädigungen eines Organismus führen zu ausgedehnten und darum auch schwerer abgrenzbaren diffusen Folgen.

Der Idealisierung einer Eltern-Imago und der Größenvorstellung des ersten Selbstbildes geht in der Regel ein Zustand ungestörten narzißtischen Gleichgewichts voraus. Er hinterläßt für das Erleben eine Ahnung möglicher Vollkommenheit schlechthin, ohne noch in einzelne Bereiche der Idealisierung aufgespalten zu sein (Allmacht, Allwissenheit, vollkommene Schönheit, vollkommene Tugend). Wenn die primären Bezugspersonen einfühlend auf die Bedürfnisse des Kindes eingestellt sind, dann kann das Kind schrittweise narzißtische Libido von der Ur-Einheit mit der Primärgruppe, die es als Teil seines Selbst erlebt, abziehen und eine innere seelische Struktur aufbauen, welche die ursprünglichen Aufgaben der Primärgruppe übernimmt. Ein elementares, noch am Körper selbst ansetzendes Zeichen des Versagens dieser Übernahme der Selbststeuerung drückt sich beispielsweise in der gestörten Wärmeregulation der Körperoberfläche aus – nicht im Sinn eines körperlichen Schadens, sondern als Unfähigkeit, sich warm zu fühlen. Diese vermehrte Empfindlichkeit gegen Kälte hat als Gegenstück die Wärmeschauer, die in bestimmten Situationen einer starken narzißtischen Bestätigung über den Körper laufen, und auch die «Schamröte», die eine exhibitionistische Besetzung der Körperoberfläche ausdrückt. Kohut vermutet, daß die Empfindlichkeit für Schnupfen mit dem Rückzug solcher libidinöser Besetzungen der Körperoberfläche zusammenhängt: Gefäßverengungen in Haut und Schleimhäuten senken die körpereigene Immun-Abwehr und erhöhen damit die Anfälligkeit für Infektionen. Nach einer Kränkung ist man «verschnupft».

Der Entwicklungsprozeß innerseelischer Strukturen, die einen

1 H. Kohut, Narzißmus, Frankfurt a. M. 1973, S. 67, S. 84 f.

Ausgleich nach narzißtischen Kränkungen herstellen können, wird in der Kindheit dadurch beeinträchtigt, daß die Primärgruppe unzuverlässig ist und keinen Schutz gewährt, der übermäßige Reize abhält, jedoch mäßige Enttäuschungen zuläßt. Die seelischen Stützen, die Kränkungen und den Verlust idealisierter Ziele auffangen können, sind einerseits innerseelischer Natur (es gibt für den Betroffenen die Möglichkeit, narzißtische Bestätigung aus anderen Lebensbereichen oder aus der Vergangenheit abzurufen). Andererseits beruhen sie auf mitmenschlichen Beziehungen zu Personen, die Teile der idealisierten Eltern-Imago weiterverkörpern und die durch entsprechende Signale als Spender von narzißtischer Bestätigung gewonnen werden können. Wenn durch die traumatischen Einflüsse von seiten der ursprünglichen Selbst-Objekte die inneren Strukturen zur Aufrechterhaltung des narzißtischen Gleichgewichts ungenügend entwickelt sind, dann neigt der Betroffene dazu, auf Kränkungen mit vollständigem Rückzug, Zusammenbruch des Selbstgefühls oder rachsüchtiger Wut zu antworten.

Das Ausmaß dieser traumatischen Einflüsse wird zum Teil durch die (möglicherweise ererbte) Fähigkeit des Kindes bestimmt, narzißtische Zufuhr aufzunehmen, vor allem aber durch die Persönlichkeit der primären Bezugspersonen. Unter den gegenwärtigen Bedingungen der Kindererziehung ist das in der Regel die Mutter, weshalb wir hier diese Situation zugrunde legen – mit dem Hinweis darauf, daß sie nicht natürlich oder selbstverständlich ist. Eine Versorgung des Kindes durch beide Elternteile, wie es in manchen Ländern (zum Beispiel Schweden) schon gesetzlich vorgesehen ist, könnte die heute noch im durchschnittlichen Fall gegebene Vormacht der leiblichen Mutter in der narzißtischen Entwicklung verändern.

Es ist bekannt, daß die Hersteller von Babynahrung ihre Produkte so würzen, daß sie den Müttern schmecken. Diese Verkaufsstrategie weist auf die Tatsache hin, daß nicht nur das Kind die Mutter, sondern auch die Mutter das Kind als Selbst-Objekt behandelt, als Teil des eigenen Selbst, dessen Geschmack ebenso wie andere Bedürfnisse nicht von den eigenen unterscheidbar ist. Obzwar diese Verschmelzung zu den Grundlagen der menschlichen Entwicklung gehört, kann sie doch durch übermäßige Selbstbezogenheit der Mutter und eine damit verbundene Projektion ihrer eigenen Stimmungen und Spannungen auf das Kind die Einfühlung und damit die (zunächst nichtverbale) Kommunikation zwischen Kind und Mutter stören.

Dadurch verliert die Mutter ihr Wahrnehmungsvermögen darüber, welche Versagungen sie dem Kind zumuten kann und welche nicht – welche Enttäuschungen notwendig und für die Entwicklung eigener Autonomie sinnvoll sind und welche andererseits die Entwicklung aufhalten und eine Fixierung an primitive narzißtische Strukturen fördern. Auch im Bereich der narzißtischen Entwicklung gilt somit das Prinzip: «Wir könnten erzogene Kinder gebären – wenn wir selber erzogen wären.» Die narzißtischen Fixierungen der Mutter führen zu mangelhafter Einfühlung in das Kind und damit letzlich zu einer Weitergabe dieser Fixierungen. In den späteren Entwicklungsphasen wird der Vater mehr und mehr bedeutsam. Er kann durch seine Unfähigkeit, das Kind einfühlend wahrzunehmen und mit ihm über die wechselseitigen Bedürfnisse einen Dialog aufzunehmen, die früheren narzißtischen Schäden verstärken. Andererseits ist es möglich, daß er ein Gegengewicht zur Mutter schafft, indem er es beispielsweise akzeptiert, daß das Kind ihn idealisiert, und anschließend diesem gestattet, Stück für Stück seine Begrenzungen wahrzunehmen, ohne daß er sich dem Kind entzieht. Dadurch vermag das Kind später ein Stück der schrittweisen Verinnerlichung narzißtischer Besetzungen nachzuholen.

Während frühe Entwicklungsstörungen der idealisierenden Beziehung zu dem allmächtigen Selbst-Objekt zu einer diffusen Steigerung der narzißtischen Verwundbarkeit führen, lassen sich die Folgen einer später einsetzenden oder doch in späteren Entwicklungsphasen verstärkten Traumatisierung vor allem als Unsicherheit in der Geschlechtsidentität und als Neigung zu perversen Phantasien (seltener zu manifesten Perversionen) nachweisen.

«Vor der Trennung von Sabine hätte ich ja nie gedacht, daß ich solche sexuellen Schwierigkeiten haben könnte. Ich habe eigentlich gar nicht viel Wert auf sie und auf unsere Beziehung gelegt –

bis sie eben aus war, bis sie diesen anderen Mann kennengelernt hatte. Dann hat es mich ganz zusammengehauen, ich wußte nicht mehr aus und ein. Ich war impotent oder ich hatte einen vorzeitigen Erguß, und was am schlimmsten war: ich mußte mir immer andere Männer vorstellen, kräftige, mit einem starken Glied – ich hätte nie vorher gedacht, daß ich homosexuell sei.»

Aus der Anamnese eines 30jährigen.

In diesem Fallbeispiel aktivierte die Trennung von einem Sexualpartner, der teilweise (und für den Betroffenen unbewußt) die Rolle eines Selbst-Objekts übernommen hatte, die als Ausdruck einer narzißtischen Störung zu verstehenden, mit großer Angst erlebten homosexuellen Phantasien.

«Die Objekte seiner homosexuellen Phantasien waren immer Männer mit großer körperlicher Kraft und mit vollkommenem Körperbau. Seine eigene phantasierte Tätigkeit bestand darin, eine quasisadistische, absolute Kontrolle über diese Männer auszuüben. In seinen Phantasien konnte er die Situationen so manipulieren, daß er, obwohl schwach, in der Lage war, den starken Mann zu versklaven und ihn hilflos zu machen. Gelegentlich erreichte er einen Orgasmus und ein Gefühl von Triumph und Stärke bei dem Gedanken, den starken und physisch vollkommenen Mann zu masturbieren und ihn auf diese Weise seiner Kraft zu berauben.»[1]

Auch bei Kohuts Patienten «A» war die Homosexualität nie manifest geworden. Er suchte aber wegen dieser Phantasien analytische Hilfe. Kohut erklärte die häufigen Unsicherheiten der sexuellen Identität, die perversen Phantasien und auch Handlungen bei narzißtischen Störungen mit einer Sexualisierung der zugrunde liegenden Mängel des Selbstgefühls. Wie jede starke gefühlsbesetze Aktivität kann die Sexualität suchtartig verwendet werden, um Defekte im Aufbau des Selbst auszugleichen. Das gilt für die normale ebenso wie für die sogenannte perverse Sexuali-

1 H. Kohut, Narzißmus, Frankfurt a. M. 1973, S. 91 f.

tät, ist aber bei der perversen Form wohl eher der analytischen Beobachtung zugänglich. Ich wähle hier ein Fallbeispiel, in dem ein äußerlich normales, heterosexuelles Verhalten dazu dient, Lücken des Selbstgefühls in der Art der Beziehung zu einem Selbst-Objekt zu schließen.

«Früher habe ich gedacht, ich sei sexuell ganz in Ordnung und sogar außergewöhnlich potent. Manchmal schlief ich in einer Woche mit drei oder vier Frauen außer meiner Ehefrau, und ich kam mir dabei großartig vor. Schrittweise habe ich jetzt bemerkt, daß ich viele Dinge auf diese sexuelle Ebene verschiebe, die dort zunächst gar nichts zu suchen haben. Die Möglichkeit, jederzeit mit einer Frau schlafen zu können, ist für mich der Beweis dafür, daß ich ein Mann bin, daß ich mächtig bin, potent. Aber sooft ich den Sexualakt auch vollziehe, ich bin mir nie sicher, daß ich ihn wirklich beherrsche. Es ist, also ob ich durch ständige Wiederholung mir etwas beweisen muß, was ich doch nicht glauben kann. Dabei interessieren mich Frauen sehr. Aber ich kann mich nur dann auf eine längere Beziehung zu ihnen einlassen, wenn sie auch bereit sind, mit mir zu schlafen. Ich hatte Freundinnen, die das spitzgekriegt haben müssen. Sie wollten auf einmal nicht mehr mit mir schlafen, und ich habe die Beziehungen dann ganz schnell abgebrochen. Am besten geht es mir mit Frauen, die mir versichern, daß sie immer gern mit mir schlafen, daß sie mir gar nicht widerstehen können und daß es für sie immer schön ist, auch wenn sie keinen Orgasmus haben, weil sie es schön finden, daß sie mit mir vögeln können. Am heftigsten hat es mich betroffen, und mir gleichzeitig auch verdeutlicht, wie es um mich steht, als meine Frau auf einmal anfing, sich mir zu entziehen. Manchmal, wenn sie nicht mit mir schlafen wollte, war ich ganz verzweifelt, konnte halbe Nächte nicht schlafen und drohte mit den unsinnigsten Sachen, wie wegzufahren, sie zu verlassen, mich scheiden zu lassen. Gleichzeitig war ich wütend auf mich, daß ich mich so abhängig verhielt, und auf sie, daß sie mich in diese Lage brachte, und auf die ganze ausweglose Situation, weil ich ja mir sagen mußte, wenn sie jetzt mit mir schläft, tut sie es nur, um Ruhe zu haben, und das ist das Gegenteil von dem, was ich will. Oft lag ich stumm und verzweifelt im Bett und wartete, hoffte, sie würde sich mir zuwenden. Ich konnte sie nicht darum bitten, das fand ich erniedrigend. So ließ ich die Zeit verstreichen, bis ich es nicht mehr aushielt, und machte ihr dann Vorwürfe. Es hat lange gedauert, bis ich einigermaßen verstand, daß ich auf diesem Weg nie aus der Zwickmühle rauskomme. Ich habe mich gefühlt wie ein vollständig verlassenes Kind, ich meinte, sie würde sich mir nie wieder zuwenden, sie würde mich ein für allemal sexuell im Stich lassen, es sei alles aus und vorbei. Dabei wußte ich rational ganz genau, daß sie vielleicht eine oder auch zwei Nächte Ruhe haben wollte und dann wieder Lust gehabt hätte – aber ich konnte das nicht mit meinen Gefühlen zusammenbringen, weil ich nicht verstand, daß es eigentlich um etwas ganz anderes ging als um Sexualität.»

Aus der Analyse eines 32jährigen Anwalts

«Es ist, als ob ich durch ständige Wiederholung mir etwas beweisen muß, was ich noch nicht glauben kann.» Diese Formulierung zeigt deutlich die narzißtische Bedeutung des Sexualakts. Er wirkt in der Art eines Übergangsobjekts für das Selbstgefühl, eine zeitweilige Erlebnis- und Empfindungslücken schließende Prothese, die dennoch keine wirkliche, «organische» Sicherheit geben kann. An diesem Fallbeispiel wird auch deutlich, wie heftige Abhängigkeit in Beziehungen mit ihren destruktiven Folgen (das Klammern des einen Partners verstärkt die Distanzierungsbemühungen des anderen) dadurch zustande kommt, daß die libidinöse Besetzung eines äußeren Objekts verwendet wird, um Mängel der innerseelischen Strukturen auszugleichen.

Die umwandelnde Verinnerlichung von Objektbeziehungen zu dauerhaften seelischen Strukturen ist ein Grundprinzip der menschlichen Entwicklung – sowohl der individuellen wie auch der stammesgeschichtlichen. Dabei schaffen die natürlicherweise eintretenden Reifungsbedingungen eine Bereitschaft, seelische Strukturen auszubilden, indem Introjekte aufgenommen werden. Die (retrospektiv gewonnenen, das heißt aus der Analyse Erwachsener abgeleiteten) analytischen Daten sprechen nun dafür, daß ein Objekt vor der Verinnerlichung «zerfällt». Die Besetzungen werden nicht mit einemmal entzogen, sondern in einzelnen Schritten. Nur dann scheint es für das Kind möglich zu sein, aus einzelnen Enttäuschungen, die zu einem für es annehmbaren Zeitpunkt und in annehmbarem Umfang stattfinden, das zunächst vollkommene Selbst-Objekt einzelner idealisierter Aspekte zu entkleiden und diese in stabile innere Strukturen zu verwandeln. Dieser Prozeß kann nicht ablaufen, wenn das gesamte allmächtige Objekt sich als ohnmächtig erweist, das heißt, wenn das Kind erleben muß, daß ein zunächst umfassender Reizschutz, wie er in der intrauterinen Periode und vielleicht auch noch längere Zeit nach der Geburt gegeben war, mit einem Schlag zusammenbricht. Kleine, verarbeitbare (Frustrations-) Reize fördern die seelische Entwicklung, große stören sie.

Die seelische Struktur des Kindes wird durch die Verinnerlichung verändert. Das geschieht dadurch, daß die verinnerlichten Aspekte von dem Gesamtbild der betroffenen Person – beispielsweise der Mutter – abgelöst werden und sich zu speziellen seelischen Tätigkeiten wandeln. Dieser Einfluß auf die innerseelische Struktur unterscheidet trotz der biologischen Gemeinsamkeit die Identifizierung von der Nachahmung – «. . . wie er sich räuspert und wie er spuckt – das habt ihr ihm glücklich abgeguckt» (Schiller, ‹Wallenstein›). In der Nachahmung werden Verhaltensweisen eines Objekts kopiert, während in der Identifizierung seelische Leistungen, die bisher das Objekt für das Kind übernommen hat, zu eigenen Funktionsbereichen des Kindes werden, welche die persönlichen Züge ihres Vorbilds weitgehend (aber nicht ganz) verloren haben.

«Nicht ganz» heißt, daß bei vielen Menschen das Über-Ich noch Spuren individueller Merkmale der Mutter oder des Vaters zeigt. Das wird vor allem in späteren Über-Ich-Identifizierungen deutlich, wenn sich beispielsweise ein Kind, das unter einer ständig nörgelnden und schimpfenden Mutter gelitten hat, später – selbst Mutter geworden – bis in Einzelheiten ähnlich verhält wie die einstmals als so belastend und bedrohlich erlebte Mutter. Hier verwandelt die sonst unpersönliche Instanz des Über-Ichs die ganze Person in eine Reinkarnation der Mutter. Die Entpersönlichung und Funktionalisierung, die mit einer Verinnerlichung wichtiger Leistungen der Selbst-Objekte einhergeht, ist umkehrbar. Die entstandenen seelischen Funktionen und Strukturen können wiederum personalisiert werden.

Was den evolutionstheoretisch interessierten Betrachter an Kohuts Narzißmus-Theorie fesselt, ist die Tatsache, daß in ihr ein kontinuierlicher Übergang zwischen urtümlichen mitmenschlichen Beziehungen, Beziehungen innerhalb der einzelnen seelischen Funktionsbereiche des Individuums und rational gesteuerten zwischenmenschlichen Beziehungen beschrieben wird. «Obwohl das archaische, narzißtisch erlebte Objekt und das reife Objekt, das mit Objektlibido besetzt wird, beide Objekte im Sinne der Sozialpsychologie sind», sagt Kohut, «so liegen sie unter dem Gesichtspunkt der psychoanalytischen Theorie (Metapsychologie) auf entgegengesetzten Enden einer Entwicklungslinie und eines dynamischen Kontinuums. Anders ausgedrückt: Intrapsychische Strukturen wie das Über-Ich ... sind in ihrer psychischen Bedeutung und in ihrer Funktionsweise von den reifen Objekten weniger weit entfernt als die archaischen Objekte, die noch nicht zu inneren psychischen Strukturen umgewandelt worden sind.»[1] Wahrscheinlich liegt hier der Schlüssel zu vielen schwerverständlichen Problemen zwischen Menschen, aber auch zu innerseelischen Konflikten. Ein Mensch kann einen anderen wie einen Teil seiner selbst erleben und so auf ihn reagieren, er kann ihn als getrennt und unabhängig wahrnehmen – und er kann in ein und derselben Beziehung beides tun. Eine Betrachtungsweise, die Individuen nur als abgegrenzte Einheiten auffaßt, wird dieser Situation ebensowenig gerecht wie der Versuch, menschliches Verhalten allein als Überbau wirtschaftlich-rationaler Notwendigkeiten zu verstehen.

Die biologischen oder soziologischen Aussagen über die soziale Natur des Menschen erhalten durch die psychoanalytischen Forschungen eine neue Ebene. Es wird deutlich, wie diese sozialen Bedürftigkeiten aufgebaut sind und wie sie mit der individuellen seelischen Struktur zusammenhängen. Im Gegensatz zu primär genetisch begründeten Formen der Vergesellschaftung, wie

1 H. Kohut, Narzißmus, Frankfurt a. M. 1973, S. 72.

in den Insektenstaaten, sind die menschlichen Gruppen um das Urmodell der symbiotischen Beziehung zwischen Mutter und Kind herum entstanden. Auch die reifen Objektbeziehungen Erwachsener enthalten diese symbiotischen Bindungen als ein Stück Fundament, vergleichbar dem gewachsenen Fels. Interessanterweise ist die intensivste Beziehung zwischen Menschen keine Beziehung mehr, sondern Entgrenzung, Verschmelzung, Aufhebung der Trennung zwischen Individuen. Die Mutter ist für das Kind (ebenso wie der Analytiker für den narzißtisch regredierten Patienten, der sich leer und tot fühlt, wenn er vom Therapeuten getrennt ist) mehr ein Teil des eigenen Selbst als später das Über-Ich, welches unabhängig von allen äußeren Einflüssen Kritik und Kontrolle über das Ich ausübt. Gerade die Verschmelzung mit und vollständige seelische Abhängigkeit des Kindes von den primären Bezugspersonen schaffen andererseits die Voraussetzungen dafür, daß Einzelheiten dieser Bezugspersonen, symbolisch verschlüsselte Fragmente, als idealisierte Wertvorstellungen übernommen und dann in eigener, individueller Tätigkeit, unabhängig von den frühen Selbst-Objekten, verwirklicht werden. Doch setzen sich in der Bindung an diese verinnerlichten Fragmente die Bindungen an die Selbst-Objekte fort.

3. Die Quellen der Aggression

Nein, der Mensch muß von Natur aus gut oder wenigstens gutmütig sein. Wenn er sich gelegentlich brutal, gewalttätig, grausam zeigt, so sind das vorübergehende Trübungen seines Gefühlslebens, meist provoziert, vielleicht nur Folge der unzweckmäßigen Gesellschaftsordnungen, die er sich bisher gegeben hat.

Sigmund Freud[1]

So aus dem Zusammenhang gerissen ließe sich Freud als Zeuge einer Aggressionstheorie heranziehen, die er versucht hat zu widerlegen. Ich will hier nicht noch einmal die Debatte um den Todestrieb eröffnen, sondern gerade diesen scheinbar belanglosen Satz Freuds analysieren, in dem er die illusionäre Argumentation eines stets unterliegenden Gesprächspartners aufgreift. Der Mensch muß von Natur aus gut – oder doch wenigstens gutmütig sein, legt Freud seinem naiven Gesprächspartner in den Mund. Weshalb diese Unterscheidung von «gut» und «gutmütig»? Gut ist, was das Normensystem einer Gesellschaft erfüllt und in Einklang mit den Forderungen des Über-Ichs, des Wächters der Ideale steht. Wäre der Mensch von Natur aus gut, entspräche sein Verhalten von Anfang an diesen moralischen Kategorien, dann wären sie überflüssig, ebenso wie die Unterscheidung von Gut und Böse. Die biblische Lehre vom verlorenen Paradies ist hier ein Beispiel für viele. «Gott weiß, daß, welches Tages ihr davon esset, so werden eure Augen aufgetan und werdet sein wie Gott und wissen, was gut und böse ist» (Genesis 1, 317). So entkräftet

1 S. Freud, Neue Folge der Vorlesungen zur Einführung in die Psychoanalyse, G. W., Bd. XV, S. 110.

sich die Behauptung, daß der Mensch von Natur aus gut sei, bereits durch sich selbst.

Freud hat einen zweiten Satz hinzugefügt, in dem er die menschliche Natur als «gutmütig» anspricht. Das ist ein vieldeutiger Begriff, der keineswegs nur lobend und anerkennend gebraucht wird. Gutmütig rückt oft in die Nähe von schwächlich, dümmlich – ein gutmütiger Mensch, der einfach zu träge und einfallslos ist, um auf boshafte Gedanken zu kommen. Diese etymologische Situation entspricht dem Geist unserer Leistungsgesellschaft, in der gutmütiges Verhalten eher bestraft als belohnt wird, weil es Konkurrenz und Härte mildert. Ein erfolgreicher, ein guter Mann ist hierzulande nicht gutmütig. Doch sobald wir versuchen, diesen Beigeschmack zurückzustellen und uns einer Aussage über den fiktiven «natürlichen Menschen» anzunähern, gewinnt die Frage nach der Gutmütigkeit neues Interesse. Sie läuft dann darauf hinaus, ob das erste, ursprüngliche Gefühl gegenüber dem Mitmenschen Liebe oder Haß ist, ob die sozialen Bindungen durch Kompensation von Neid und Aggression entstehen, wie Freud vermutet, oder zur Gefühlsausrüstung des Menschen gehören, die noch in seiner Stammesgeschichte wurzelt.

Viele Autoren (darunter auch ich) haben mit verschiedenen Argumenten versucht, ihre Überzeugung von der primär sozialen Natur des Menschen (der «primären Liebe» Michael Balints, des «Gemeinschaftsgefühls» Alfred Adlers) auszudrücken. Verbunden damit ist meist die Annahme, daß zerstörerisches oder – unschärfer – aggressives Verhalten nicht dieser primären Anlage des Menschen zuzuschreiben ist, sondern reaktiv entsteht, abgeleitet werden muß, aus «unzweckmäßigen Gesellschaftsordnungen», wie Freud seinen naiven Gesprächspartner sagen läßt, aus den Versagungen der frühen Kindheit, aus aktuellen Repressionen, Frustrationen, Klassengegensätzen. Gerade für den, der sich geraume Zeit mit der Aggressionsforschung und ihren Polemiken befaßt hat, ist es schwierig, ohne einen ironischen Unterton seinen Weg durch dieses Schlachtfeld zu rekonstruieren. Es erscheint ihm allmählich frustrierend, sich über die biologische, instinktive oder die soziale, reaktive Entstehung aggressiven

Verhaltens auszulassen. Beide Theorien, die biologische wie die soziale, erscheinen ihm mehr und mehr als Mythen, die große, vereinfachende Formeln finden und entlastende Polemiken gestatten, weil es einfacher ist, eine Theorie anzugreifen als die soziale Wirklichkeit zu verändern. Die konservative Tendenz der Verfechter eines angeborenen Todes- oder Aggressionstriebs ist ebenso ein mythisches Klischee wie die fortschrittliche, sozialrevolutionäre Haltung der Lerntheoretiker der Aggression.

Um nochmals die Unterscheidung von «gut» und «gutmütig» aufzugreifen: Der Mensch kann nicht gutmütig sein, weil er gut sein, sich am Ideal orientieren muß. Die zerstörerischen Wirkungen menschlicher Aggressionen sind weder nur ein triebhaftes Geschehen noch ausschließlich Reaktionen auf Frustrationen durch gegenwärtig beobachtbare Situationen. Die Bindung an Ideale macht das aggressive Verhalten von Menschen so unüberschaubar und darum für die vielfältigsten Deutungen geeignet. Die ursprünglichen Quellen der Aggression, ob triebhafter Natur oder als Antwort auf frustrierende Situationen, treten in dieser Betrachtungsweise zurück. Sie sind für das Verständnis wenig fruchtbar und zudem um so schwieriger zu unterscheiden, je genauer die Analyse geführt wird. Denn die Neigung, auf Versagungen mit Wut und Haß zu antworten (Aggression als Affekt-*Reaktion*), kann wohl kaum erlernt sein. Sie dürfte zu den mitgegebenen, genetisch verwurzelten, aber immer auch kulturell überformten Ausrüstungen des Menschen gehören. Eine andere Frage wäre die, ob Aggressivität ein triebhaftes, bei Nichtäußerung angestautes und dann bei kleinen Anlässen *spontan* hervorbrechendes Bedürfnis ist, wie Konrad Lorenz vermutet. Gegen diese Auffassung lassen sich zu viele Einwände finden, während die wenigen Beobachtungen, die für sie sprechen, sich zwangloser auf anderen Wegen erklären.[1]

Das gilt zumindest dann, wenn die Triebtheorie biologisch aufgefaßt wird, die nach Entäußerung drängende Aggressionsbereitschaft somit eine angeborene, naturhaft wirksame Kraft sein soll. Aber auch hier sind die «großen» theoretischen Konzeptio-

1 Vgl. W. Schmidbauer, Die sogenannte Aggression, Hamburg 1972.

nen so vage, daß sie im Einzelfall kaum mehr unterscheidbar werden. Angesichts der Persönlichkeit von Michael Kohlhaas kann das verdeutlicht werden. Dieser wandelt sich vom gesetzestreuen Pferdehändler in einen Räuber und Mörder, weil er Genugtuung für ein ihm angetanes Unrecht zu fordern hat. Er scheint als Beispiel für die an Idealvorstellungen gebundene Aggression sehr geeignet, handelt er doch im Dienst eines narzißtisch besetzten Ideals der Gerechtigkeit. Doch läßt sich seine Geschichte auch als Ausdruck einer Entmischung bisher durch Verbindung mit libidinösen Triebanteilen gemäßigter Todestriebe verstehen: Sie setzt ein, als Kohlhaas' Frau Lisbeth stirbt.

Die Wucht der selbstvernichtenden Dynamik, die Kleist beschrieben hat, können die Begriffe beider theoretischer Modelle in abgekühlte, handliche wissenschaftliche Analyse verwandeln. Möglicherweise entspricht es dieser Wucht sogar mehr, eine Naturgewalt, einen allem Leben drohenden Zerstörungstrieb zu vermuten. Doch wäre dieser Trieb allen übrigen Motiven lebendiger Organismen wesensverschieden. Was Kohlhaas tut, was er verkörpert, ist ein lebendiger, atmender Organismus, der von einem starren, festen, unnachgiebigen Ideal unterworfen wird und im Dienst dieses Ideals zerstört, bis er stirbt. Der Gegensatz ist keiner von Wünschen, von Gefühlen, von Liebe und Haß, sondern er betrifft die fließende, wandelbare, an- und abschwellende Seite des menschlichen Lebens in ihrem Kontrast zur Verfestigung, Härte, Erstarrung, zur unerbittlichen Trennung von Gut und Böse, von richtig und falsch.

Der Fanatiker opfert sein persönliches Glück einem Ideal. Doch läßt dieser Satz, kaum ausgesprochen, sich wieder einschränken. Von außen scheint uns dies so. Wir wägen ab: Die mißhandelten Pferde, Symbol für den kleinen oder großen Anlaß der fanatischen Aggression, gegenüber der Zerstörung des eigenen Lebens. Die Gerechtigkeit – wird sie durch diese Zerstörung vermehrt? Kann sie überhaupt vermehrt werden? Ist sie es wert, um ihretwillen auch nur eine Nacht schlechter zu schlafen? Der Fanatiker glaubt fest, daß sein Opfer sinnvoll ist. Er weicht dem noch größeren Unglück aus, auf banale Weise glücklich zu sein, seinen Garten zu pflegen, sich sein Essen schmecken zu lassen, mit seinem Weib zu schlafen und seine Kinder heranwachsen zu sehen. Ist die Aggression des Fanatikers auf dieselbe Quelle zurückzuführen wie die Aggression des Kindes, das seine Milch nicht rechtzeitig bekommt? Die Unterschiede sind groß: Die Wut des Kindes ist gestalthaft, sie schwillt an, hat einen Höhepunkt und ebbt wieder ab. Die Wut des Fanatikers ist erstarrt, sie beherrscht viele längere Strecken seines Verhaltens, sie trägt ihre Lösung nicht in einem organischen An- und Abschwellen, sondern in idealisierten Zielen. Sind sie erreicht, darf die Aggression aufhören, sind sie nicht erreicht, wäre es verachtenswerte Schwäche, nicht weiterzukämpfen. Die Loslösung der Gefühle von ihrem fließenden, an- und abschwellenden, wandelbaren Verlauf, ihre Verbindung mit verfestigten, erstarrten Idealen und Erwartungen ist der «Todestrieb» im menschlichen Leben.

Diese Feststellung zeigt ein Grundproblem der Forschung in diesem Bereich. Eine Studie über die Idealisierungsmechanismen kann gar nicht anders, als sich in der verfestigten, geordneten, logischen, nach «richtig» und «falsch» unterscheidenden Sprache der Sekundärvorschläge auszudrücken, welche die Haltung des Forschers (Autors) bei der Arbeit bestimmen. Gleichzeitig ist ihr Gegenstand zum Teil von den Primärprozessen bestimmt – zu eben jenem Teil, in dem nicht die Macht verfestigter Idealstrukturen sich bereits ankündigt. Es ist unmöglich, diesem Dilemma zu entgehen. Eine etwas umfassendere Betrachtungsweise ist immerhin gewonnen, wenn bekannt und bewußt bleibt, daß alle Versuche, die Gefühle, das Unbewußte, die Triebe mit wissenschaftlichen Mitteln zu erfassen, dem Versuch gleichen, Wasser in Netzen zu transportieren.

Zu den Versuchen, dieses Problem anzugehen, gehören die periodisch in der Wissenschaftsgeschichte bemerkbaren Revolutionen gegen eine verfestigte Auffassung, an denen vor allem die Psychotherapie so reich ist. Die Gestalttherapie von Fritz Perls oder die Primärtherapie von Arthur Janov sind Beispiele dafür. Auf einer marxistisch reflektierten Ebene versuchen Gilles Deleuze und Felix Guattari in ihrem *‹Anti-Ödipus›* die verfestigten Strukturen des ödipalen Rahmens in der Psychoanalyse anzugreifen.[1] Was zu Freuds Zeiten die Entdeckung eines verdrängten, gesellschaftlich unterdrückten Geheimnisses war, scheint ihnen ein Kompromiß zwischen Unterdrückung und Aufdeckung. Unterdrückt wird durch feste Strukturen wie «Ödipus-Komplex», «Kastrationsangst» die Wunschproduktion des Unbewußten, die urtümlichste Produktionskraft schlechthin. Dieses Unbewußte hat kein Gedächtnis, es kennt keine Namen, es wendet sich nicht bevorzugten Objekten zu (der Mutter, dem Vater). Es drängt nach Entladung, nach Lustgewinn auf einer elementaren Ebene. Hier orientieren sich die beiden französischen Autoren (ein Philosoph und ein Psychiater) an Melanie Kleins Theorie der Partialobjekte. Der Säugling, der sicherlich dem «unbewußten» Zustand am nächsten ist, nimmt demnach keine Einheit «Mutter» wahr, sondern lebt in verschiedenen Kontakten zu Teilen der Mutter, von denen die nährende Brust (Flasche) zunächst besonders wichtig ist. Die «gute», nährende, oder die «schlechte», versagende Brust sind die ersten Stellvertreter der Außenwelt.

Diese Form von Beziehung und Entladung halten Deleuze und Guattari für die ursprüngliche Produktionsweise des Unbewußten, die sie mit einem auf den ersten Blick verwirrenden Vergleich «maschinell» nennen. Das Unbewußte ist eine Wunschmaschine, in der ganze Personen für die Befriedigung überflüssig sind. Es genügt, wenn sich eigene Teile mit Teilen anderer Menschen verbinden, wenn vorübergehend produktive Einheiten entstehen, die sich auch wieder auflösen können, um andere Produktionseinheiten zu bilden. Diese Überlegungen gleichen den Grundannahmen der Gestalt-Therapie von Perls, der sogar das Maschinen-Gleichnis verwendet[2]: «Wenn wir leben, verbrauchen wir Energie und brauchen sie auch, um die Maschine in Gang zu halten . . . Nehmen wir an, ich marschiere durch die Wüste, und es ist sehr heiß. Ich verliere, sagen wir, einen Viertelliter Flüssigkeit. Wie weiß ich nun, daß ich diesen Viertelliter Flüssigkeit verloren habe? Erstens durch das Gewahrsein des Phänomens, in

1 G. Deleuze, F. Guattari, Anti-Ödipus. Kapitalismus und Schizophrenie I. Frankfurt a. M. 1974.

2 F. Perls, Gestalt-Therapie in Aktion, Stuttgart 1974, S. 23.

diesem Fall ‹Durst› genannt. Zum zweiten taucht plötzlich in dieser ungeschiedenen allgemeinen Welt etwas auf als *Gestalt*, als Vordergrund, nämlich – sagen wir – ein Brunnen oder eine Pumpe – oder sonst irgend etwas, das ein Plus von einem Viertelliter hat. Das Plus des Viertelliters in der Außenwelt und das Minus des Viertelliters in unserem Organismus können sich gegenseitig ausgleichen. In dem Augenblick, in dem dieser Viertelliter in unser System eingeht, erhalten wir ein Plus/Minus an Wasser, das das Gleichgewicht wiederherstellt. Wir kommen zur Ruhe, wir sind befriedigt, sowie die Situation abgeschlossen ist, die Gestalt sich schließt. Der Drang, der uns treibt, etwas zu unternehmen, soundso viele Meilen zu gehen, um an diesen Ort zu gelangen, hat seinen Zweck erfüllt. Diese Situation ist nun abgeschlossen, und die nächste unabgeschlossene kann an ihre Stelle treten, was bedeutet: Unser Leben ist im Grunde praktisch nichts anderes als eine unendliche Anzahl unabgeschlossener Situationen – unvollständiger Gestalten. Kaum haben wir die eine Situation abgeschlossen, tritt eine andere auf.»[1]

Aussagen von der Form «unser Leben ist im Grunde praktisch nichts anderes als . . .» sind in der Regel voreilig. Die Gestalt- und Wunschproduktion erklärt keine langfristigen Verhaltensabläufe, in denen idealisierte Ziele gerade über eintretende Störungen hinweg verfolgt werden. Die Bildung von Gestalten, die Produktion von Wünschen, das Auftauchen von Bedürfnissen sind biologische Phänomene. Aber sie spielen im menschlichen Leben nicht eine Rolle, welche den Einfluß anderer Kräfte ausschließt. Der Gegensatz ist auch hier der zwischen Starre, Verfestigung einerseits, situativer, fließender Erlebnisweise andererseits. Im Versuch, dieser Starre zu entfliehen, die so eng mit den Gewohnheiten der wissenschaftlichen Sprache verknüpft ist, geraten Deleuze und Guattari in eine hektische sprachliche Betriebsamkeit, die ihre Gedanken schwer zugänglich macht und dem Ansatz zur Praxis, zur Veränderung dieser verfestigten Strukturen entfremdet. Perls registriert das Vorhandensein der erstarrten Strukturen, doch er hinterfragt sie nicht: «Dieses Ideal setzt einen Maßstab,

1 F. Perls, Gestalt-Therapie in Aktion, Stuttgart 1974, S. 23 f.

der einem dauernd Gelegenheit gibt, sich selbst einzuschüchtern, sich selbst und andere zu bekritteln. Da dieses Ideal unerfüllbar ist, kann man es nie im Leben verwirklichen. Der Perfektionist liebt seine Frau nicht. Er ist in sein Ideal verliebt, und er verlangt von seiner Frau, daß sie in dieses Prokrustesbett seiner Erwartungen hineinpaßt; und er tadelt sie, wenn sie's nicht tut. Was sein Ideal genau ist, wird er nicht preisgeben. Hier und da wird er vielleicht einige Züge äußern, aber das Wesen des Ideals ist, daß es jenseits des Möglichen liegt, unerreichbar, so recht eine gute Gelegenheit zum Beherrschen und Mit-der-Peitsche-Knallen ... Viele Leute opfern ihr Leben, um ein Bild dessen, was sie sein *sollen*, zu verwirklichen, anstatt *sich selbst* zu verwirklichen.»[1]

Diese Beschreibungen sind den Erscheinungen nahe, aber als Modell, um sie zu erklären, befriedigen sie nicht. Die Menschen, die ihr Leben opfern, um ein realitätsfremdes Ideal zu verwirklichen, sind für den Betrachter von außen ein Rätsel, ein Anlaß zu Kritik, Mitleid oder therapeutischen Versuchen. Wie aber trennen zwischen dem «Sein-sollen» und dem «Selbst»? Wie unterscheiden zwischen «Selbstverwirklichung» und Verwirklichung des «Selbstbildes»? Hier finden wir eine fragwürdige Trennung von Sein und Scheinen, von «richtigem» und «falschem» Selbst, wobei das Selbstgefühl der Betroffenen gerade dadurch ausgezeichnet ist, daß sie für richtig halten, was ein Beobachter – Therapeut, Wissenschaftler – für falsch hält. Dennoch ist diese Unterscheidung in der einen oder anderen Fassung für eine Veränderung dieser Situation unerläßlich. Therapieziele müssen bestimmt werden, und das kann nur geschehen, wenn eine Richtung vor einer anderen bevorzugt wird. Freud spricht davon, die Forderungen des gestrengen Über-Ichs zu ermäßigen; Perls fordert direkter, jede Art von äußerer oder verinnerlichter Kontrolle aufzugeben und ein gesundes Arbeiten des Organismus in der Hingabe an das Hier und Jetzt, die konkrete Situation (und ihre Wunschproduktionen) herzustellen. Die Dosis macht das Gift und das Heilmittel. Es ist offenbar schwierig zu sehen, daß Ideale, Verfestigungen, Über-Ich ebenso unentbehrlich wie gefährlich

1 F. Perls, Gestalt-Therapie in Aktion, Stuttgart 1974, S. 27 f.

sind. Die «Wunschmaschine», die nichts anderes will als produzieren, ohne festen Namen, ohne abgrenzbare Gestalt, ist eine Fiktion, nur möglich, weil ihre Konstrukteure gerade die festen Strukturen und abgegrenzten Personen verkörpern, die sie transzendieren wollen. «Das für den Wilden wie für das Kind Wichtige besteht in der Konstruktion und dem Laufenlassen seiner Wunschmaschinen, im Fließenlassen seiner Ströme und der Ausführung von Einschnitten. Das Gesetz gebietet uns: Du wirst deine Mutter nicht heiraten und deinen Vater nicht töten. Und wir folgsamen Subjekte sagen uns: *Das also* wollte ich!»[1]

Der Mythos vom goldenen Zeitalter, «in dem das Wünschen noch geholfen hat», wird hier in der Klage über die Vernichtung der Wunschproduktion durch Gesellschaft jeder Art wiederbelebt. Ausgenommen ist der «Wilde», der in allen Mythen vom *golden age* mit dem «Kind» identifiziert wird, von dem er sich real genauso unterscheidet, wie Kind und Erwachsener in unserer Gesellschaft. Die Unterdrückung der Wunschproduktion wird beschrieben, die Produktion von Wunschmaschinen durch Unterdrückung übersehen. Gerade die Unmöglichkeit für das Kind, in einer dialogunfähigen Primärgruppe idealisierte (idealisierbare, narzißtisch besetzte) Schablonen für die Erfüllung seiner Wünsche zu finden, erhöht die Produktivität der Wunschmaschine, läßt die Phantasie unersättlich und unrealistisch anschwellen, führt endlich dazu, daß die realen Befriedigungsmöglichkeiten gestört oder zerstört werden.

Wesentlich ist es wohl zu sehen, daß die Sprache selbst die Feindin der Wünsche ist. Sie verfestigt die Ströme, Flüsse, die auftauchenden und verschwindenden Gestalten. Sie verfestigt die Gefühle, indem sie ihnen Namen gibt. Sie verfeinert gleichzeitig die Unterscheidungsmöglichkeiten. Sie verfestigt die zwischenmenschlichen Beziehungen und ermöglicht dadurch dauerhafte Bindungen, die wohl notwendig sind, um das Überleben der lange in Abhängigkeit aufwachsenden Kinder zu sichern. Die Ideale, unter denen wir so oft leiden, sind lebenswichtig. Das

1 G. Deleuze, F. Guattari, Anti-Ödipus, Frankfurt a. M. 1977, S. 147 f.

Leben im Hier und Jetzt allein ist eine Fiktion; verwirklicht, wäre es tödlich. Die Zerstörung des Augenblicks, um die Fortdauer idealisierter symbolischer Strukturen zu gewährleisten, ist oft notwendig und oft überflüssig. Gerade diese Situation erschwert einfache Lösungen: Der eine Mensch braucht mehr Planung, mehr idealisierte Erwartungen, an denen er sich orientiert, mehr Möglichkeiten, für langfristig realisierbare Werte auf kurzfristige Befriedigung zu verzichten. Der andere Mensch braucht eine Verstärkung des Hier und Jetzt, der fließenden, gefühlshaften Reaktionen auf den Augenblick, der Hingabe an die unmittelbare Realität seiner Bedürfnisse.

Frau M. berichtet in einer Selbsterfahrungsgruppe unter heftigem Weinen über eine Szene, die sie für typisch hält: «Mein Mann hat mich gefragt, ob das Glas Karotten im Kühlschrank noch gut ist. Ich hab daran gerochen und gesagt, es ist noch gut. Später hab ich entdeckt, daß er es auf meinem Schreibtisch stehenließ. Mein Schreibtisch ist mein Intimbereich, und wenn er da etwas stehenläßt, reg ich mich immer furchtbar auf. Ich denke, ich kann es bei ihm auch nicht tun, und er läßt immer alles überall stehen. Ich hab das Glas genommen und hab es draußen auf die Kommode gestellt. Da lagen Bilder von seinen Eltern, und ich hab es draufgestellt. Das Glas war wohl unten feucht, und es hat einen Rand gegeben. Dann ist er hereingekommen und hat darüber geschimpft. Wir sind ins Streiten gekommen, und ich hab gesagt, wenn du meinen Intimbereich und mein Zimmer überhaupt nicht achtest, dann komm ich heut abend gar nicht nach Haus. Ich wollte dann ins Geschäft fahren, aber er hat gesagt, wenn du so fährst, dann fahre ich dir nach. Das wäre mir ganz furchtbar, wenn er da an meinem Arbeitsplatz ankäme. So bin ich wieder zurückgegangen und hab angefangen zu reden, dann wollte ich gehen, und da hab ich gemerkt, daß er die Tür abgeschlossen hat und den Schlüssel eingesteckt. Das find ich immer ganz furchtbar, und das weiß er auch. Ich hab dann ein Glas mit Joghurt aus der Küche genommen und hab gedroht, ich werf es ihm an den Kopf, wenn er nicht gleich aufmacht. Ich hab ganz laut geschrien, das ist mein Problem, daß ich dann so laut schreie, daß es alle Nachbarn hören, und das Fenster war offen. Sonst macht mein Mann die Fenster zu, wenn ich lauter werd, und das macht mich ganz verrückt, dann schrei ich ihn an, die Fenster wieder aufzumachen, weil ich sonst erstick, aber es ist mir furchtbar peinlich, wenn die Leute mich hören. Ich hab so zwanzigmal geschrien und gedroht, ich hab mich selbst nicht mehr gekannt, er saß da auf der Sitzecke und war ganz ruhig, er ist immer viel ruhiger als ich, auch wenn er noch viel gemeinere Sachen sagt als ich. Und ich hab mich nicht mehr gekannt und hab das Glas Joghurt weggestellt, und die Spraydose mit dem Insektenvernichtungsmittel genommen und sie ihm an den Kopf geworfen. Sie war ganz voll, und ich hab ihn mitten auf die Stirn getroffen. Ich hab gedacht, ich hab ihn umgebracht. Meine Cousine, die nebenan wohnt, ist dann gekommen, wegen des Schreiens, und wir haben ihn zusammen ins Krankenhaus gebracht. Er wollte erst gar nicht, er hat gesagt, laß mich doch verbluten, das war ganz furchtbar, ich war wie gelähmt, es war so gut, daß meine Cousine kam. Und jetzt hat er eine Narbe und sagt, er kann das verstehen, und ich fühle mich so schlecht, weil er gar nicht aggressiv und wütend auf mich ist. Ich hab jetzt furchtbare Angst, daß ich einmal ganz die Beherrschung verlier und ihn wirklich umbring. Und ich finde, dieses Schreien und Toben, das kann doch kein Mensch auf die Dauer aushalten. Ich hätte so gern von euch einen Rat, wie ich damit aufhören kann, obwohl ich weiß, daß es blöd ist, Ratschläge zu verlangen.»

Die Gruppe beschäftigt sich längere Zeit mit dieser Szene und ihren Inhalten:

1. Frau M. stellt an ihren Ehemann einen Idealanspruch, der ihre in ihn hineinverlegte Abhängigkeit widerspiegelt. Aus dieser Szene und anderen Erinnerungen wird deutlich, daß Herr M. vollkommen sein muß, sie vollständig verstehen und auf sie eingehen muß. Auf Verletzungen dieses Anspruchs reagiert sie mit heftiger Angst und Wut. Sie droht dann, ihn zu verlassen, um das Gegenteil ihrer Abhängigkeit zu veräußerlichen (Reaktionsbildung), wodurch sie ihn dazu bringt, kontrollierend («ich fahre hinter dir her») und anklammernd zu reagieren.

2. Die heftige Abwehr des «Eindringens in meinen Intimbereich» («er läßt etwas auf meinem Schreibtisch stehen») führt zur

Frage, ob hier die Abwehr der kontrollierenden, die Ausscheidungen und die sexuelle Selbstbefriedigung des kleinen Mädchens überwachenden Mutter mitspielt. Frau M. fällt zu ihrer Mutterbeziehung ein, daß sie ihre Mutter immer mehr als Kumpel und Freundin erlebt hat. Die Mutter war sehr jung, als sie ihr erstes und einziges Kind bekam.

3. Die Verlassenheit des Kindes, das im frühen Alter keine einfühlsame Mutter hat, sondern ein überfordertes Mädchen, das möglichst schnell einen Gesprächspartner heranziehen will, führt zu heftiger, unbewußter Wut. Die bewußten Erinnerungen an die (späte) Kindheit sind positiv («ich habe mit Mutter im selben Bett geschlafen, und wir haben viel zusammen unternommen»). Die frühen Aggressionen wurden abgespalten und auf den Vater verschoben («ich habe ihn immer gehaßt, weil er mir die Mutter wegnahm, ich mußte aus dem Bett heraus, und sie sind zusammen ausgegangen, ich lag allein da, mit meiner Puppe, unter der Decke, und traute mich nicht, unters Bett zu schauen, weil da ein böser Mann liegen mußte»).

4. Die Wiederbegegnung mit den kindlichen Gefühlen, nicht einfühlsam bestätigt zu werden, sondern traumatische narzißtische Kränkungen zu erfahren, wird vermieden. Die Kindheit gilt als schöne Zeit, wobei nur die späte Kindheit in der Erinnerung gegenwärtig ist. Da in der sexuellen Partnerschaft solche kindlichen Gefühle die tiefste Schicht der Bindung verkörpern, wird auch einer innigen Nähe zum Partner durch den dauernden Streit ausgewichen.

5. Erlebt wird von dieser Situation ein in doppelter Hinsicht einseitiger Ausschnitt. Der Partner, zu dem echte Nähe hergestellt werden kann, wird subjektiv ersehnt und nicht mit Angst vermieden. Die Intimität ist jedoch nicht möglich, weil er nicht vollkommen ist. (Dabei werden Teile der entstehenden Aggression auf die Eltern des Ehemanns abgeleitet, die ihn so unvollkommen gemacht haben – das verrät die Fehlleistung mit dem auf den Elternbildern abgestellten Karottenglas und bestätigen andere Angaben der Klientin.) Die eigenen Gefühle werden als primär liebevoll erlebt; die Wut über die narzißtische Kränkung durch den Mann (die Mutter) kann nur geäußert werden, wenn sie

durch «Fehler» des Partners begründbar ist und durch ihre Konsequenzen (die Verletzung des Partners durch das «Insektenvernichtungsmittel», die strafenden Reaktionen der Nachbarn, der Ärzte, die die Wunde nähen) so bestraft wird, daß der Zustand der Unbewußtheit beibehalten werden kann. Dadurch kann die idealisierte «gute Mutter» als Selbst-Objekt erhalten bleiben.

6. Das von Frau M. geschilderte «laute Schreien», das sie für unzumutbar und unerträglich hält, hängt mit einem zweiten Symptom Frau M.s zusammen, das in der Gruppe sehr häufig auftritt. Wenn sich die Mitglieder intensiv mit einer anderen Person als Frau M. beschäftigen, gähnt sie demonstrativ und sagt entschuldigend, sie könne nichts dafür, das sei eine zwanghafte Gewohnheit von ihr zu gähnen, auch wenn sie sich gar nicht langweile, und schon in der Schule sei sie jeden zweiten Tag deswegen bestraft oder vor die Tür gestellt worden. Ein weiteres Zeichen für die oral-narzißtische Problematik ist ihr ständiges Bedürfnis nach Stimulation der Mundzone (sie raucht, ißt zuviel und muß dann Diätpläne aufstellen, weil sie zu dick ist, hat früher Rauschdrogen genommen).

7. Schreien und Gähnen sind beides regressive Verhaltensweisen aus dem Umkreis der Situation des Säuglings, der nach der Mutter schreit und vollständige Befriedigung von ihr erwartet. Erhält er sie nicht, weil die Mutter zu spät kommt oder uneinfühlsam mit ihm umgeht, dann reagiert der Säugling mit heftiger narzißtischer Wut. Dieses Kindheitsschicksal kann eine dauernde Neigung zu aggressivem Verhalten heraufbeschwören, die mit «Ungeduld» verknüpft ist. Für die uneinfühlsame Mutter ist das Schreien des Säuglings kein «gutes», sondern ein «böses» Signal, und Frau M. hat ihre oralen Äußerungen ebenfalls zu «bösen» Signalen gemacht, die einerseits Aggression ausdrücken, andererseits Strafe finden.

Dieses Beispiel zeigt einen in der psychologischen Praxis nicht seltenen Fall. Die «Symptome» von Frau M. weisen einerseits auf ein Zuwenig an Kontrolle hin; ihre Aggressions-Wunsch-Maschine ist übermäßig produktiv. Doch entspricht dieser Eigenart in dem einen Verhaltensbereich ein «Zuviel» an Kontrolle in anderen Bereichen, zum Beispiel in der Fähigkeit, sich in einer intimen Beziehung geborgen zu fühlen, spontane Freude zu produzieren, Nähe herzustellen, Interesse für andere Menschen zu empfinden und zu äußern. Alle diese Verhaltensmöglichkeiten erlebt Frau M. als beeinträchtigt. Sie fühlt sich gezwungen, durch Aggression andere Menschen präventiv abzustoßen, deren Liebe sie «an sich» gern erwerben würde, vor deren Ablehnung sie jedoch so viel Angst hat, daß sie diese nach dem Motto des Wiederholungszwangs selbst produziert («Was ich nicht will, daß man mir tu, füg ich mir vorher selber zu»). Gezügelt sind diese Konflikte im Arbeitsbereich; Frau M. ist mit großem Engagement in einem sozialen Beruf tätig.[1] Je näher und gefühlsbestimmter eine Beziehung ist, je mehr Gegenseitigkeit in ihr verlangt wird, desto deutlicher werden sie.

Die Vermutung des Analytikers, daß Frau M. in ihren Schrei- und Wutanfällen eine Szene aus ihrer vergessenen, frühen Kindheit wiederholt, in der sie heftige Wut gegen ihre uneinfühlsame, zu junge Mutter unterdrücken mußte, mag einen seelischen Zusammenhang herstellen, der das Ich erweitert und vor den Angriffen des Gewissens schützt. Doch läßt sie die Frage nach den Einzelheiten des beteiligten Mechanismus (die Frage nach den Wurzeln der Aggression) in vielen Punkten unbeantwortet, wenn die vereinfachende, jedoch aus vielen Gründen unhaltbare Hypothese des Todes- oder Aggressionstriebs verworfen wird und die Aggression als primär biologisch zweckmäßige, dem Überleben dienende Reaktion angesprochen wird. Solche Reaktionen haben naturgemäß, wie andere Affekte, ihre biologischen Wurzeln; sie treten aber nicht als ständige Anforderungen an den Organismus, deren Energie aus biologischen Reizquellen fließt, in Erscheinung (wie Hunger, Durst, Sexualität, Schlaf). Sie sind Antworten auf innere oder äußere Situationen, die beispielsweise Neugieraktivität einengen, andere Triebziele versagen, wobei nach den hier gesammlten Beobachtungen gerade die Enttäuschung idealisierter Erwartungen eine zentrale Rolle in der Entstehung zerstörerischer Aggression spielt.

1 Vgl. W. Schmidbauer, Die hilflosen Helfer, 3. Aufl., Reinbek 1977.

Wie kommt es, daß sich bei Frau M. die ursprünglich situativ gebundene Wut gegen die dem Kleinkind auferlegten Versagungen zu einem Dauerverhalten entwickelt? Betrachten wir einige mögliche Modelle für eine Erklärung:

1. Es besteht kein Zusammenhang zwischen der Kindheitssituation und dem gegenwärtigen Verhalten. Dieses ist durch aktuelle Reaktionen der Umwelt bedingt, die es – dem subjektiven Empfinden von Frau M. zum Trotz – motivieren, zum Beispiel die erhöhte Aufmerksamkeit, die ihr geschenkt wird, wenn sie schreit oder gähnt. Diese (hier sehr vereinfacht angebotene) lerntheoretische Erklärung kann sicher als wesentlich anerkannt werden. Aber reicht sie aus? Woher stammen die Unterschiede der Verhaltensweisen, durch die Frau M. Beachtung sucht, von denen anderer Menschen? Wie läßt sich das gemeinsame Auftreten von Abhängigkeit, Schreien, Gähnen, Suchtsymptomatik und Partnerproblemen verstehen?

2. Die Versagungen der frühen Kindheit führten dazu, daß keine befriedigende Legierung aus Lebens- und Todestrieben hergestellt werden konnte. Das liegt daran, daß das Ich durch Fixierungen an die orale Stufe der Libidoorganisation geschwächt ist, die dadurch entstanden, daß Frau M. während ihrer analen Phase übermäßigen Einschränkungen und Kontrollversuchen durch ihre Mutter ausgesetzt war und deshalb an die orale Periode gebunden blieb. Ein so geschwächtes Ich ist nicht in der Lage, aggressive Triebdurchbrüche zu neutralisieren, sondern muß sie durch Verschiebung auf harmlose Primitivreaktionen (Schreianfälle) mildern, die ein ständiges Schuldbewußtsein und Strafbedürfnis in Gang setzen und dadurch weiter verstärkt werden (der Zirkel ist Wut → Schuld → Wut über die Schuld → neue Wut → neue Schuld → →). Wo die Bedrohung durch die Kontrollmaßnahme des Mannes zu stark wird, kann sogar eine gefährliche Tätlichkeit die Steuerungsversuche des Ichs durchbrechen.

3. Die höchst schmerzhaften Kindheitserfahrungen sind als Urschmerz-Speicher nach wie vor im Unbewußten vorhanden. Dieser Speicher ist der Kern des gestörten Verhaltens, von Angst umgeben. Er führt dazu, daß ein kompliziertes Abwehrsystem aufgebaut wird, das nur mit großem Energieaufwand aufrecht-

erhalten werden kann. Das wichtigste Abwehrmittel ist eine Erstarrung des Gefühlslebens, durch die deutliche, entspannende und befriedigende Gefühlserlebnisse unmöglich werden. Denn wer nicht mehr fühlen kann, muß auch nicht mehr fürchten, tiefe seelische Schmerzen zu erleiden. Unglücklicherweise geht dadurch jedoch auch die Fähigkeit zur Freude, zur lustvollen, ausdauernden Entspannung verloren. Der Betroffene gerät in einen Zustand quälender innerer Leere, den er durch verschiedene Ersatzbefriedigungen auszufüllen sucht: Sucht nach erlaubten (Fernsehen, Zigaretten, Alkohol, Musik, Arbeit) oder unerlaubten (Haschisch, Heroin, LSD) Betäubungsmitteln, oder aber suchtartige Verwendung von Pseudogefühlen, zu denen vor allem die durch Frustration ausgelösten Affekte zählen – wie Neid, Ärger, Rachsucht, Nörgelei. Auch sexuelle Beziehungen können in dieser gefühlsleeren, nach Sensation gierigen Weise eingesetzt werden, um die ursprüngliche Gefühlserstarrung zu mildern. Geschrei und Jähzorn von Frau M. wären eine solche Form übersteigerter Reaktion auf Frustrationen, um die durch Urschmerz-Abwehr entstandene innere Leere zu füllen.

4. Die Erlebnisweisen, welche menschliche Gefühlsbindungen ermöglichen und fundieren, können sich nur in einer von einfühlendem Dialog getragenen Beziehung entwickeln. Diese dialoghafte Situation ist im biologisch vorgegebenen Reifungsmodus des Menschen vorgesehen. Fehlt sie ganz, kann das Kind nicht überleben.[1] Fehlt sie teilweise, entstehen sehr komplexe Schädigungen, die eng damit zusammenhängen, daß das Kind versucht, einen Ausgleich durch die Bildung von Phantasien zu schaffen, die ihm das Fehlende ersetzen und so den Mangel zwar nicht aufheben, aber mildern. Diese Phantasien bilden Hindernisse der weiteren Entwicklung, weil sie sich von der unerträglichen Realität abwenden und daher auch nicht im Kontakt mit ihr, gewis-

1 Ein entsprechendes Fallbeispiel primärer mütterlicher Ablehnung schildert R. A. Spitz, Vom Säugling zum Kleinkind, Stuttgart 1969. Der vollständig abgelehnte Säugling weigerte sich zu trinken und konnte aus einem lebensbedrohlichen Zustand nur durch intensive medizinische Fürsorge gerettet werden.

sermaßen von ihr genährt, wachsen, reifen, sich differenzieren können. Ein wesentlicher Inhalt dieser Phantasien sind idealisierte Vorstellungen von Personen oder Werten, welche das durch den lückenhaften Dialog mit den frühen Bezugspersonen vom Zerbrechen und von Auflösung bedrohte Selbst festigen und erhalten sollen. Ein anderer sind das eigene Selbst zu großartiger, exhibitionistischer Allmacht aufblähende Idealvorstellungen. Aggressive Durchbrüche erfolgen, wenn ungereifte, nicht durch den von der sozialen (familiären) Realität angebotenen Dialog entwickelte Idealerwartungen an andere Partner, andere Situationen unerfüllt bleiben. (Als sekundärer narzißtischer Gewinn mag dabei die strafende, doch intensive Beachtung durch die soziale Umwelt eine Rolle spielen.)

Ich halte es für wenig nützlich, hier anzugeben, wieviel die hier erwähnten vier Modelle Skinner, Freud, Janov oder Kohut verdanken. Viel wesentlicher scheint mir, daß alle vier auf ihre Weise bestimmte Aspekte des Sachverhalts erfassen. Ich kann auch nicht verhehlen, daß mir das vierte Modell am umfassendsten scheint. Es verbindet die biologischen Grundlagen der menschlichen Entwicklung mit Aussagen über die Struktur und die Inhalte aggressiver Durchbrüche. Diese werden nicht nach dem Dampfkesselprinzip oder nach einem verfrüht biologisierten Triebmodell erklärt, sondern als Folge spezifischer und zumindest in grober Form auch benennbarer Ausfälle in der Entwicklung. Dabei wird nicht das einfache Modell von Schmerz-Schmerzfixierung–Schmerzvermeidung zugrunde gelegt, sondern ein ausgearbeiteteres, in das die spezifischen Phantasien, mit denen narzißtische Traumen der Kindheit verarbeitet werden, einbezogen werden.

Gerade diese Phantasien sind die besondere menschliche Form der Verarbeitung solcher Verletzungen. Sie erklären auch, weshalb vergangene Ereignisse derartige dynamische Folgen für die Gegenwart haben können: Weil sie einen mentalen Prozeß anstoßen, der seine Motivationskraft der Tatsache verdankt, daß bei der Evolution des menschlichen Gehirns eine strenge Trennung von materieller und seelischer Realität, von Wirklichkeit und Phantasie, weder möglich noch nötig war. Die emotionale Abhängigkeit des Menschen von seinen (bewußten oder unbewußten) Phantasien schuf ja die Möglichkeit, auch in der Abwesenheit des Artgenossen soziales Verhalten herzustellen und auf diese Weise jenes höchst effektive Gesellschaftssystem herzustellen, dem wohl die Vormenschen mehr als jeder anderen evolutionären Errungenschaft ihr Überleben verdankten.

Das Modell von Urschmerz-Abwehr und Ersatzbefriedigung greift die Vorstellung wieder auf, der Mensch sei ein Tier, dem eine verfeinernde Kultur von außen aufgezwungen werden muß. Hier wiederholt Janov einen Irrtum Freuds und kann ebensowenig wie dieser erklären, woher denn die Kultur stammen soll, wenn nicht aus der menschlichen Natur, die sie doch vorgeblich unterjocht. Die marxistische Grundannahme, daß es keine menschliche Natur gibt außer der vom Menschen durch Arbeit erschaffenen, muß auch so verstanden werden, daß lange, entscheidende Perioden der menschlichen Evolution vor allem vom (an Werkzeug- und Scherbenfund nicht nachweisbaren) Aufbau sozialer Fertigkeiten und von der Phantasietätigkeit bestimmt waren.[1] Die Urschmerz-Theorie läßt die Frage unbeantwortet, weshalb offensichtlich nur Menschen unter den krankmachenden Folgen der Urschmerz-Abwehr zu leiden haben. Geburtstraumen und körperlichen Schmerz gibt es sicher häufig in der Kindheit von Tieren. Die Antwort kann nur so lauten: Die menschliche Phantasie hält an ihren Versuchen, die Versagungen und Verletzungen der Kindheit auszugleichen, diese Versagungen und Verletzungen aufrecht. Und ohne diese ständige Wiederholung des unbewußten traumatischen Ereignisses in der Phantasie (oder auch im Handeln, im «Ausagieren»)[2] wäre der Urschmerz dynamisch wenig wirksam. Wer viel mit Selbsterfahrungsgruppen gutangepaßter, seelisch gesunder Menschen gearbeitet hat, findet bald, daß es keine un-

1 Sehr nachdrücklich belegt Lewis Mumford, Mythos der Maschine, Frankfurt a. M. 1977, diese These.

2 Von der ursprünglich analytisch-technischen Bedeutung (der Patient redet nicht, erinnert nicht, sondern verhält sich auffällig – er ist gegen den Analytiker trotzig, statt sich des Trotzes gegen den Vater zu erinnern) abgehend, wird dieser Ausdruck häufig auf impulsives, unbewußt gesteuertes Handeln schlechthin angewendet.

mittelbare Verbindung zwischen belastender Kindheit und Schwere der seelischen oder psychosomatischen Störungen gibt. Der Joker im Spiel ist die Phantasie, die Art, in der das ursprüngliche Trauma in Phantasieproduktion umgesetzt wurde, weiterhin der Prozeß, durch den die archaischen kindlichen Phantasien durch neue, aus der Kompensation späterer Verletzungen und Mängel geborene Produktionen verändert, ergänzt, ausgeweitet wurden. Ohne diese Einflüsse läßt sich die Entstehung seelischer Störungen nicht verstehen; ihre Macht erklärt auch, weshalb Verfahren wie die Urschrei-Behandlung möglich sind. Sicherlich wirken auch die Erbanlagen auf dem Weg über die angeborenen Verschiedenheiten der Triebstärke, der Aufnahmefähigkeit für soziale Reize und Identifizierungsmöglichkeiten auf die Phantasietätigkeit und damit auf die seelische Entwicklung ein.

Die Mächtigen im Reich der Phantasie, seine Könige und Fürsten, fahrende Ritter und Magier aber sind die Ideale. Die Quellen der Aggression sind deshalb so schwierig aufzuklären, weil sie tatsächlich Legierungen sind. Freud sprach von einer Legierung aus Liebes- und Todestrieben, die den Trieb- und Treibstoff des Menschen verkörpere. Das Ergebnis unserer Überlegungen sind zwei andere Bestandteile: Das Ideal als innere Reizquelle, welches zu anderen, äußeren Reizquellen tritt und zyklische, fließende, phänomenologisch als Affekte und Gefühle faßbare Bedürfnisse übernimmt, gestaltet, deformiert. Das destruktive Ideal ist eine Reizquelle, keine Triebquelle, und daher gibt es auch keinen Destruktionstrieb. Es wirkt als «Dorn im Fleisch» (womit der Gegensatz zwischen der starren Art des Ideals und der elastischen, atmenden Eigenart der Gefühle abgebildet ist), der unabhängig von äußeren Reizen oder anderen Gefühlsregungen zur Verwirklichung vorgefaßter Erwartungen treibt. Dadurch wird auch das natürliche An- und Abschwellen von Gefühlen und Bedürfnissen vermieden. Die biologische Wunschproduktion erstarrt zu einer maschinellen, von der gleichbleibende Leistung erwartet wird. Die Gefühle durchdringen sich nicht mehr gegenseitig, lösen sich ab. Sie werden kanalisiert und nur noch abgemessen weitergeleitet wie Wasser, das eine Turbine treiben soll.[1] Die innere, erstarrte Reizquelle des Ideals kann mächtiger und einflußreicher werden als alle äußeren Reize, die ein weniger bedrohtes Ich angemessen aufnehmen und verarbeiten würde. Die Koppelung zwischen einer solchen inneren Reizquelle, die von einer unbewußten, idealisierten Erwartung ausgeht, mit der ursprünglich zyklischen, affektiv-reaktiven Aggressionsbereitschaft eines gruppenlebenden Primaten (der grollt und droht, wenn ihm ein anderer das Futter wegschnappt, aber nicht nachträgt, nicht in unersättlichen Rachedurst verfällt, keinen Hinterhalt legt, um die Kränkung durch Vernichtung des Gegners ungeschehen zu machen) bestimmt die menschliche Aggression mit ihrem gefährlichen, destruktiven Potential.

Wut, Scham und Rache

Er nannte sich . . . «einen Statthalter Michaels, des Erzengels, der gekommen sei, an allen, die in dieser Streitsache des Junkers Partei ergreifen würden, mit Feuer und Schwert die Arglist, in welcher die ganze Welt versunken sei, zu bestrafen . . . Gegeben auf dem Sitz unserer provisorischen Weltregierung . . .»

Heinrich von Kleist, ‹Michael Kohlhaas›[2]

Die destruktive Gewalt des inneren Stachels, zu dem eine idealisierte Wertvorstellung werden kann, zeigt der schon erwähnte Michael Kohlhaas. Kleist hat die Geschichte des tüchtigen, gesetzestreuen Pferdehändlers aufgezeichnet, der in seiner Rache für

1 Klaus Theweleit, Männerphantasien, 1. und 2. Band, Frankfurt a. M. 1977 und 1978, bringt eine Fülle von Beispielen aus der faschistischen Freikorps-Literatur. Die militärischen Männer zeigen die Destruktivität der Enttäuschung narzißtischer Erwartungen ebenso wie Starre, Festigkeit, «stählerne» Härte, Angst vor gegenseitigen Beziehungen zu Frauen, endlich primitive Verschmelzungs- und Auflösungsphantasien, die sich in der Zerstörung des ihnen begegnenden Lebens äußern.

2 H. v. Kleist, Werke und Briefe, hg. von K. M. Schiller, Leipzig 1926, Bd. III, S. 42.

eine Kränkung zum Religionsstifter und Räuberhauptmann wurde, Kriegsknechte durch Flugblätter anwarb, Wittenberg und Leipzig in Brand steckte. Auf dem Höhepunkt seines Feldzugs wurde ihm ein großes Cherubsschwert auf einem rotledernen Kissen, mit goldenen Quasten verziert, vorangetragen. Zwölf Knechte mit brennenden Fackeln folgten ihm. Erst die Begegnung mit einem Manifest Martin Luthers, in dem dieser ihn der Ungerechtigkeit zeiht, bringt Michael Kohlhaas dazu, seinen Feldzug zu beenden und sich, da ihm der Fürst freies Geleit zusichert, zu stellen. Er will nur Gerechtigkeit und ist bereit, mit dem Leben für sie zu bezahlen.

Psychologisch besonders wesentlich sind wahrscheinlich zwei Ereignisse: Der Tod von Lisbeth, Kohlhaas' Frau, und die entschiedene Stellungnahme Martin Luthers gegen die Selbstjustiz des Roßhändlers. Das erste Ereignis führt dazu, daß Kohlhaas zum fanatischen Kämpfer für sein Recht wird und vor keiner Gewalttat mehr zurückscheut. Das zweite beendet diese kurze, von exhibitionistischem, religiösem Wahn bestimmte Lebensphase und führt Kohlhaas zurück zur Selbstkritik. Sein Gerechtigkeitsfanatismus bleibt erhalten, doch das Schwert des Cherub hat er aus der Hand gelegt. Beidemal greift ein anderer Mensch, zu dem Kohlhaas eine sehr enge seelische Beziehung unterhält, in seine Entwicklung ein. Lisbeths Verlust läßt seine Ruhe entgleisen, Luthers persönliche Ansprache führt dazu, daß sich Kohlhaas vertrauensvoll (und wie zu erwarten in seinem Vertrauen getäuscht) dem Landesvater, dem Fürsten, stellt.

Die beiden grundlegenden Typen der Idealisierungsvorgänge betreffen 1. die eigene Person, ihre Leistungen, ästhetischen Eigenschaften, Erfolge usw. und 2. andere Menschen, die als wertvoll für die Aufrechterhaltung des Selbstgefühls erlebt und häufig wie Teile der eigenen Person aufgefaßt werden. In seiner liebevollen, hilfsbereiten, an seinem Wohlergehen interessierten Ehefrau verlor Kohlhaas einen unersetzlichen Teil seines narzißtischen Gleichgewichts. In die entstandene Lücke traten urtümliche, großartig-exhibitionistische Phantasien, der Engel Michael, der mächtigste Diener Gottes im Kampf gegen das Böse zu sein. Erst die persönliche Begegnung mit Martin Luther (ob Kleistsche

Erfindung oder Wirklichkeit ist für diese Betrachtungsweise nebensächlich) konnte durch den Aufbau einer neuen, narzißtisch besetzten Objektbeziehung diese Lücke schließen.

Es ist an der komplexen Wirklichkeit vorbeigedacht, von zerstörerischen Idealen wie von einem Webfehler im seelischen Apparat des Individuums zu sprechen, der in jedem Fall zu Entgleisungen, zum Durchbruch von Wut, Rache oder Selbstbestrafung führen muß. Wie die Ich-Stärke oder -Schwäche allgemein, so ist auch die Widerstandsfähigkeit gegen zerstörerische Idealisierungen kein individuelles, sondern ein Beziehungsproblem, eine Folge gruppendynamischer Konstellationen. Diese Aussage scheint in der Psychologie schlechthin ein Gemeinplatz. Doch ist es sinnvoll, sie angesichts der Problematik von Ideal und Destruktion noch einmal zu betonen. Ebenso nötig ist es, auf die besondere Situation hinzuweisen, die dadurch entsteht, daß der Mitmensch in einem Maß zum Träger idealisierter Erwartungen werden kann, das rechtfertigt, nicht mehr von zwischenmenschlichen Beziehungen (zwischen Subjekt und idealisiertem Objekt) zu sprechen. Das idealisierte Objekt wird wie ein Teilstück des eigenen Selbst erlebt. Sein Verlust bedroht es so wie der Verlust eines lebenwichtigen Organs den ganzen Menschen.

Die menschliche Aggression ist dann am gefährlichsten, wenn sie an die absolutistischen seelischen Strukturen des Idealsystems geknüpft ist: an die Idealisierung der grandios übersteigerten eigenen Macht und Leistung oder an die Idealisierung eines zum Teil des eigenen Selbst werdenden Lehrers, Führers (der seinerseits dem Größenwahn seines Ideals folgt). Was uns in Gegenwart und Zukunft ängstigt, sind nicht regressive, blinde Aggressionen. Wirklich bedrohlich ist nicht das von Lorenz gezeichnete Bild, wonach der Mensch einem jähzornigen Schimpansen gleicht, der statt des Faustkeils die Atombombe in der Hand trägt. Weit gefährlicher sind kalt geplante, ordnungsgemäß organisierte Handlungen von Terroristen oder Politikern, bei denen die destruktive Wut hinter der starren, einfühlungslosen, für alle anderen Einflüsse blinden Identifizierung mit einem absoluten Ideal verschwindet und eigener Größenwahn oder die Selbstaufgabe im Dienst eines größenwahnsinnigen anderen uneingeschränkte Macht gewinnen.

Stanley Kubrick hat diese Situation in seinem Film ‹*Dr. Seltsam oder Wie ich lernte, die Bombe zu lieben*› dargestellt. Ein Paranoiker, der seinen Größenwahn, sein von einem überbesetzten Ideal aufgefressenes Erleben hinter einer intakten militärischen Fassade verbirgt, gibt die Erde dem Untergang preis, zum Entzücken des Dr. Seltsam, dessen körperliche Behinderung zur Folie seiner totalitären Visionen wird. Was an realem Leben fehlt, wird durch die narzißtische Phantasie und die Überbesetzung des Idealsystems ausgeglichen. Das Ideal der Leistung schlechthin, die Macht, alles Machbare zu machen, der Roboter, der über den Menschen herrscht, oder der Mensch, welcher selbst zum Roboter wird, sind Archetypen der Science-fiction-Phantasie, in der Narzißmus, Ideal und Destruktion ihren zeitgemäßen Ausdruck finden.

Ein Raumschiff macht eine Notlandung auf einem fernen Planeten, den nur ein Professor mit seiner schönen Tochter bewohnt. Er erforscht seit Jahren das Geheimnis der versunkenen Kultur dieses Sterns, konstruiert einen Roboter, der zu allem fähig ist, außer zu Gewalt – dann tritt ein eingebauter Sperrmechanismus in Kraft. Nachts werden die Raumfahrer von einem schier allmächtigen, nur zu Bosheit und Gewalt fähigen Ungeheuer überfallen. Einige sterben, der Rest kann sich mit Mühe verteidigen. Gegen Ende der Geschichte entwickelt der Professor seine Vermutung über den Untergang der frühen Hochkultur auf dem Planeten. Die Menschen wurden so zivilisiert, so mächtig, Gutes zu tun, daß das über Jahrhunderte hin jeder Äußerungsform beraubte Böse sich endlich zu einem Wesen mit so gigantischer Energie steigerte, daß sein Angriff die gesamte Zivilisation vernichtete. Ähnlich scheint es jetzt zu sein: Das bedrohliche Ungeheuer greift an, der mächtige Roboter bleibt, seinem Auftrag gemäß, untätig, meterdicke Schutzwände aus härtestem Metall zerschmelzen wie Butter. Der Professor erkennt, daß er selbst, gepeinigt von Eifersucht auf den Raumkapitän, in den sich seine Tochter verliebt hat, alles auslöschen will, was er aufgebaut hat.

Er tritt dem Ungeheuer – sich selbst – entgegen, das Liebespaar flieht, der Planet explodiert ...

Alarm im Weltall! In dieser Geschichte geht es um die Dynamik narzißtischer Wut. Sie entsteht dann, wenn «das Selbst oder das narzißtisch besetzte Objekt es versäumen, den absolutistischen Ansprüchen gemäß zu leben, die von der narzißtischen Persönlichkeit an Selbst und Selbst-Objekt gestellt werden – seien es nun die absolutistischen Ansprüche des Kindes, das mehr oder weniger phasengerecht auf der Grandiosität und Omnipotenz des Selbst und des Selbst-Objekts besteht, oder die des narzißtisch fixierten Erwachsenen, dessen archaisch-narzißtische Strukturen unmodifiziert geblieben sind, weil sie vom Rest der wachsenden und reifenden Psyche isoliert wurden, nachdem die der Entwicklungsphase angemessenen narzißtischen Forderungen der Kindheit traumatisch frustriert wurden.»[1] Das abgespaltene, idealisierte Größen-Selbst gleicht die Ohnmacht und Abhängigkeit der Kindheit durch die Phantasie aus, den ganzen Planeten zu beherrschen – sei es durch Allmacht, sei es durch Allwissenheit. Quälende Beschämung und heftige Wut überfallen den Betroffenen, wenn sich die Umwelt der absoluten Kontrolle entzieht, eben weil die Aufrechterhaltung des Selbstgefühls auf der bedingungslosen Verfügbarkeit eines bewundernden Menschen (der Gelegenheit zur Verschmelzung mit einem zum Ideal gemachten Selbst-Objekt) beruht.

Die Scham-Wut-Reaktion hängt mit dem Maß an Autonomie bei der Idealisierung des Selbstbildes zusammen. Die dem Entwicklungszustand des Kindes entsprechenden Forderungen der Primärgruppe und das für die Erfüllung dieser (begrenzte Macht und Keime von Autonomie ausdrückenden) Leistungen erteilte Lob führen dazu, daß relativ widerstandsfähige Strukturen des Selbstgefühls und der Selbstbilder entstehen. Bei destruktiven Idealen hingegen ist die Autonomie der Idealisierung des Selbstbildes eingeschränkt. Es wird gewissermaßen probeweise mit

1 H. Kohut, Überlegungen zum Narzißmus und zur narzißtischen Wut; in: *Psyche* 27, 1973, S. 540 f.

narzißtischer Libido besetzt und überhöht, bleibt aber auf bestätigende Reaktionen der Umwelt angewiesen. Bleiben diese aus, lassen sich die hochgesteckten Ansprüche nicht erfüllen, dann droht der Zusammenbruch des Selbstbildes. Wer hoch steigt, muß tief fallen; der Zustand des narzißtischen Kollapses ist schier unerträglich – Zerstörung der und/oder völliger Rückzug von der Umwelt (Selbstmord) sind die Leitthemen der Phantasie.

Das später vom Realitätsprinzip abgelöste Lustprinzip hat als Vorläufer das Sicherheitsprinzip[1], das umfassender und weniger um das Ich zentriert arbeitet. In ihm ist die Wurzel der sozialen Bindungen zu sehen. Für das kleine Kind, das jeden Augenblick von übermächtigen äußeren oder inneren Reizen katastrophal überfordert werden kann, ist die Anwesenheit des vertrauten Erwachsenen, der sich bereits als einfühlend und bedürfnisbefriedigend erwiesen hat, von stärkster Bedeutung. Ein verlassenes, schreiendes Kleinkind wird auf jede andere Triebbefriedigung verzichten, um wieder bei der Mutter oder ihrem (ihrer) Stellvertreter(in) zu sein. Diese aus der Alltagserfahrung vielfältig belegbare Tatsache bestätigt die Vermutung, daß in den frühen Zeitspannen der kindlichen Entwicklung zwischen dem Ich und dem Du nicht getrennt wird. Das Du ist ein Teil des Selbst (und darum kein «Du» im Sinn der Erwachsenensprache). Wie lange sich solche Erlebnisweisen erhalten, zeigt die Reaktion des Kindes auf Krankheiten oder Verletzungen. Neben dem Schmerz drücken sein Weinen und auch seine artikulierte Forderung aus, daß die erwachsene Bezugsperson doch gefälligst dafür sorgen möge, daß die Schmerzen verschwinden und das ganze Unheil aus der Welt geschafft sei. Diese Situation ist die Vorform des Themas von Hiob: Woher kommt das Böse, das ich leide, wenn die allmächtigen Eltern doch die Möglichkeit hätten, es zu verhindern oder doch wenigstens sogleich zu beenden?

Es ist ein wichtiger und in seinem Zustandekommen noch höchst ungenügend erforschter Entwicklungsschritt, wie ein Kind dazu kommt, den Eltern zu verzeihen, daß sie nicht allmäch-

1 Ausführlicher in W. Schmidbauer, Vom Es zum Ich – Evolution und Psychoanalyse, München 1975.

tig sind (die Verschiebung dieses Anliegens auf Gott und die ausweglose Problematik der Unfähigkeit, Gott zu verzeihen, hat Tilmann Moser[1] dargestellt). Der Analytiker findet nicht selten hinter den haßerfüllten Angriffen auf die Eltern genau diese Unfähigkeit, ihnen zu verzeihen. Sie hängt wohl damit zusammen, daß die Eltern nicht fähig waren, dem Kind ihre begrenzte Macht einfühlend zu verdeutlichen. Weil sie ihm diese narzißtische Stütze versagten, mußte das Kind glauben, seine Schmerzen seien die sadistische Absicht der Eltern, die – allmächtig und allwissend – auch nicht entschuldigt werden können und immerwährender Rache preisgegeben sind.

In der schulmedizinisch umstrittenen, aber durch klinische und auch experimentelle Befunde untermauerten Theorie vom «Sekundenphänomen» (Huneke) wird vermutet, daß ein Erregungsherd im Körper als Folge eines Traumas (einer Wunde, einer Operation, eines Knochenbruchs) bestehen bleibt. Ohne die neurologischen Erklärungsmodelle einer fortdauernden vegetativen Reizung hier einzubeziehen, fällt doch die Parallele zur Reaktion auf eine narzißtische Verwundung auf. Auch hier beobachtet man oft ein rastloses Kreisen um die angetane Verletzung und quälende, zwanghafte Phantasien, wie Rache oder Entlastung zu bewirken sei. Es ist dem Betroffenen nicht möglich, neue, reale Befriedigungsmöglichkeiten anzustreben. Seine ganze seelische Arbeit richtet sich darauf, die Kränkung durch ständige Beschäftigung anzugehen. Sie soll ausgelöscht werden, als Webfehler in der Wirklichkeit erwiesen, als etwas, was gar nicht hätte sein dürfen, was unverzeihlich und unkorrigierbar ist. In diesem ständigen Beschwören einer beschämenden Situation wird ein Wiederholungszwang faßbar, der sich nicht allein durch magisches Denken erklären läßt. Man könnte vermuten, daß übergroße Erregungsbeträge, die auf andere Weise nicht verarbeitet werden können, durch die ständige Wiederholung in der Phantasie abgeführt werden. In dieser Ratlosigkeit wird deutlich, wie die Idealbildung den zyklischen, gestalthaften, von Ein- und Ausatmen,

1 T. Moser, Gottesvergiftung, Frankfurt a. M. 1976.

Nahrungsaufnahme und -ausscheidung, Wachen und Schlaf bestimmten Ablauf der Lebensvorgänge durchbricht.

Die durch den Stachel des Ideals in Gang gesetzte Wut und zerstörerische Aggression läßt sich in den typischen Ehestreit-Situationen verfolgen. Die sexuelle Partnerschaft enthält eine teilweise Erneuerung der Beziehungen zu den ersten Liebesobjekten. In ihr spielen Wünsche, mit einem idealisierten Gegenüber zu verschmelzen und damit schmerzlich empfundene Mängel des eigenen Selbstgefühls auszugleichen, eine entscheidende Rolle. Dieser Verschmelzungswunsch äußert sich häufig negativ. Heftige Ausbrüche von Wut, Haß und Trennungsdrohungen lassen sich oft auf solche Ansprüche zurückführen. Gefühle der Wertlosigkeit des eigenen Selbst wechseln dabei rasch mit heftiger Ablehnung des wertlosen, enttäuschenden Partners, der weder liebenswert noch entbehrlich scheint. Der außenstehende Betrachter, der diese Situation nicht aus eigenem Erleben kennt, fragt sich dann, weshalb denn die beiden zusammenbleiben. Die Ursache liegt darin, daß jeder dem anderen hilft, sein Selbstgefühl aufrechtzuerhalten. Dieses wird durch die haßerfüllten Angriffe mehr befestigt als durch eine Trennung, nach der es nicht mehr möglich wäre, das eigene Selbst dadurch zu idealisieren, daß alle Mängel dem Partner vorgeworfen und angelastet werden.

Ein Paar sucht therapeutische Hilfe, vorgeblich, weil der Mann seine Frau gelegentlich unkontrolliert zusammenschlägt. Diese Partnerprobleme bestehen seit dem Beginn der Beziehung. Frau J. schildert die Wutausbrüche, Depressionen und die Rückzugsneigung ihres Mannes als wichtigste Schwierigkeit in ihrem Leben. Außerhalb der Ehe fühle sie sich erwachsen und kontaktfähig, während sie in der Beziehung zu Herrn J. überfordert, kleingemacht und unselbständig sei. Herr J. ist nach jedem Jähzornanfall mit Prügelabschluß optimistisch, daß er so etwas nie wieder tun werde. Der Anlaß ist meist, daß sich Frau J. in einer Weise verhält, die seinen Erwartungen widerspricht und einen Ansatz zu der von ihm gewünschten, ihm vorbehaltenen Verschmelzung gefährdet. Sein Hauptproblem sind seine Depressionen, die einsetzten, als er nach dem Studium, das er mit gutem

Erfolg abschloß, in einem größeren Betrieb als Angestellter zu arbeiten begann. Es zeigte sich, daß das Studium eine Zeit war, in der er ungehemmt seinen Größenphantasien nachgehen konnte, während er die Einschränkungen und Abhängigkeiten der Berufsarbeit als unerträgliche narzißtische Kränkung seines Großideals erlebte und mit heftigen Ängsten reagierte. In diesen Zuständen von Angst und Depression suchte er die mütterliche Zuwendung seiner Frau, die er andererseits, um sein durch diese Abhängigkeit beschädigtes Selbstgefühl wieder zu verbessern, wie ein unmündiges Kind behandelte. Die Ehefrau durfte kein selbständiger, zu eigenen Entscheidungen fähiger Mensch sein, sondern mußte tun, was Herrn J.s Erwartungen entsprach. Verhielt sie sich anders, dann kritisierte er sie oder zog sich von ihr zurück. Die Wutanfälle treten vor allem dann auf, wenn Frau J. ihre Eltern besuchen will, die Herr J. mit tiefem Groll verfolgt. Das ideale Selbst duldet keine anderen Götter neben sich, zu denen eine ähnliche Abhängigkeitsbeziehung hergestellt werden könnte. Beide Partner hatten schwere Verletzungen in ihrer narzißtischen Entwicklung erlitten. Herr J. war von bereits älteren Eltern zehn Jahre nach seinen Geschwistern als unerwünschter Nachkömmling geboren worden; Frau J. hatte im Alter von knapp zwei Jahren ihre Mutter verloren, worauf ihr Vater deren Schwester – ihre bisherige Tante – heiratete. In diesem Zusammenhang ist vielleicht noch bemerkenswert, daß Herr J. mit großem Aufwand an Zeit und Energie tropische Fische züchtete. Er hoffte sogar, sich mit einem großartigen Erfolg seiner Zucht selbständig zu machen und eine Menge Geld zu verdienen. Die Aquarien, vor denen er stundenlang sitzen konnte, waren offensichtlich ein narzißtischer Zufluchtsort – «meine Fische, die verlangen nichts von mir, wie meine Frau oder mein Chef» –, eine symbolische Wiederholung der narzißtischen Primärsituation im Uterus, in dem das Kind ständig, in kontinuierlichem Zustrom und völlig ohne den Zwang zu eigener Aktivität und Auseinandersetzung von der Mutter versorgt wird.

Die von destruktiven Idealen mobilisierte Aggression beharrt auf der uneingeschränkten Macht eines Vollkommenheitsanspruchs, der entweder an das eigene Selbst oder an ein idealisiertes Objekt gerichtet wird, das als Teil des eigenen Idealsystems das Selbstgefühl stützt. Das fanatische, unersättliche Rachebedürfnis drückt aus, daß die Aggression nicht im Dienst des erwachsenen Ichs steht, das reale Hindernisse beseitigen will, die es hindern, seine Ziele zu erreichen. Die Aggression im Dienst des Ideals beruht auf einer undifferenzierten Wahrnehmung der Umwelt, in der es keine Abstufungen, keine Nuancen, keine Veränderungsmöglichkeiten gibt, sondern nur Feinde und Freunde, Teufel und Götter. Die Aggression im Dienst des Ichs endet, wenn das Hindernis beseitigt ist, das der eigenen Befriedigung im Weg steht. Die Aggression im Dienst des Ideals endet erst, wenn der störende Teil der Wirklichkeit, der an die eigene Unvollkommenheit erinnert, ausgelöscht ist. Das Märchen vom Schneewittchen zeigt, wie die Königin erst dann ruht, wenn Schneewittchen nicht mehr lebt, so wenig ihr das Mädchen «hinter den sieben Bergen» äußerlich den Rang der Schönsten streitig machen kann. Immer, wo es um narzißtisch besetzte Ideale geht, heißt es: Wer nicht für mich ist, der ist gegen mich. Der Feind wird nicht als getrenntes, autonom handelndes und vielfältige Interessen verfolgendes Wesen wahrgenommen, sondern als widerspenstiges, verfehltes und deshalb um jeden Preis auszulöschendes Stück einer narzißtisch, das heißt als Teil des eigenen, erweiterten Selbst wahrgenommenen Realität. Rassen- und Klassenhaß hängt oft eng mit solchen Mechanismen zusammen: Der «andere» wird gehaßt, nicht weil er eigene Interessen verletzt, sondern weil er anders ist, weil er sich als widerspenstiges Stück eines erweiterten Selbst erweist. Auf diesem Prinzip beruhen viele Formen sozialen Wiederholungszwangs.

«Ich bin eben nicht nachtragend», sagt eine Klientin, die immer wieder unbefriedigende Beziehungen eingeht und anscheinend nicht daraus lernt, sie zu vermeiden. Die genauere Analyse ergibt, daß sie ihre Partner wie Teile eines expandierten Selbst behandelt. Enttäuschungen, die dadurch entstehen, daß diese Partner Zentren eigener Interessen sind, vergißt sie bald. Die eigene, idealisierte Erwartung wird mit so viel narzißtischer Energie besetzt, daß die reale Wahrnehmung des Partners und seiner Interessen verschwindet wie durch einen hypnotischen Auftrag. Das Gegenstück des «Ich bin nicht nachtragend» ist die außerordentliche Kränkbarkeit, die dadurch geschürt wird, daß die narzißtisch wahrgenommenen Partner sehr oft die allmächtige Verfügbarkeit durch ihr reales Verhalten in Frage stellen.

Es ist möglich, die Formen der durch das Idealsystem ausgelösten Wut als Spektrum zu beschreiben, das vom erstarrten, Jahre und Jahrzehnte dauernden Haß des paranoisch Kranken bis zum rasch abklingenden Jähzorn nach einer Beleidigung reicht. Trotz der Verschiedenheiten in den Erlebnisweisen und den Verhaltensmanifestationen haben die vom Ideal ausgehenden Aggressionen wesentliche Gemeinsamkeiten, die auch ihren bedrohlichen Charakter ausmachen. Die Ideale werden mit Gefühlen erlebt, die gerade bei Personen, deren Ansprüche destruktiv überhöht sind, aus den frühesten Formen des kindlichen Weltbilds herzuleiten sind. Diese sehr urtümlichen, wenig differenzierten Gefühle erklären auch zum Teil, weshalb der in seinem Idealanspruch Gekränkte häufig unfähig ist, einfühlendes Verständnis für seinen Beleidiger aufzubringen. Gerade weil die Nicht-Erfüllung des Ideals so erlebt wird wie der Verlust der Mutterbrust, wie das Zuspätkommen der ersehnten, einfühlenden Bezugsperson, läßt sich die unversöhnliche Wut und das heftige Streben verstehen, die Beleidigung, die dem Ideal zugefügt wurde, wieder auszulöschen.

In den Äußerungen der idealgebundenen Aggression wird häufig das Ziel deutlich, die Zeit zurückzudrehen, die Kränkung ungeschehen zu machen, den Anlaß der Beschämung für immer zu tilgen. Die Zeit wird nicht realistisch, sondern narzißtisch erlebt, wobei sich der an überhöhte Ideale gebundene Narzißmus wesentlich vom reifen Narzißmus unterscheidet, der durch Humor, Selbst-Distanz, Einfühlung und Mitgefühl gekennzeichnet ist. Offensichtlich hängt die Fähigkeit, vergangene Ereignisse eindeutig als abgeschlossen und entfernt zu erleben, eng mit der Trennung zwischen dem Selbstgefühl und den Selbst-Objekten zusammen. Wer in der Lage ist, andere Menschen als Zentren von

Bedürfnissen zu erleben, deren Ziele mit den eigenen Wünschen übereinstimmen können oder auch nicht, wer gelernt hat, solche Unterschiede anzunehmen, ohne den anderen vollständig abzulehnen oder mit der Wut enttäuschter Erwartungen zu verfolgen, der wird auch abgeschlossene Ereignisse der Vergangenheit als endgültig abgetan und unwiderruflich vorbei akzeptieren können. Wer hingegen andere Menschen wie Teile seines erweiterten, idealisierten Selbst erlebt, wird nicht vergessen, nicht verzeihen können, was ihm an Kränkungen zugefügt wurde.

In diesem Zusammenhang ist die Erklärung des Affekts der Scham wesentlich, die als Vorläufer und/oder Begleiter der Aggression verstanden werden kann, die mit narzißtischen Kränkungen einhergeht. Voraussetzung der Scham ist, daß wir erwarten, daß unsere Person binnen kurzem von anderen Menschen (möglicherweise von Selbst-Objekten) anerkennend widergespiegelt oder gelobt wird. Im fortgeschrittenen Alter verschiebt sich diese Erwartung auf das Idealsystem, also auf eine innere Struktur, welche uns ähnlich wohlwollend behandeln sollte wie die frühen Bezugspersonen. Die erwartete Bestätigung führt zu einer Reaktion des vegetativen Nervensystems, die durch Erweiterung der Blutgefäße, subjektiv durch das Gefühl eines warmen Schauers, gekennzeichnet ist. Selbst und Körperselbst zugleich werden «von der milden Glut einer exhibitionistischen Libido durchwärmt», wie es Kohut ausdrückt.[1]

Anders ist der Verlauf, wenn die erwartete Bestätigung ausbleibt, das Echo nicht zustimmend, sondern kritisch oder ablehnend ist. Die Entladung der exhibitionistischen Libido wird dadurch beeinträchtigt, daß die Selbst-Objekte oder ihre innerseelischen Nachfolger sich weigern, das in irgendeiner Form veröffentlichte Erleben bestätigend anzunehmen. Diese Veröffentlichung betrifft beim Kind das äußere Verhalten, beim Erwachsenen darüber hinaus noch die Annäherung eines Wunsches an das (vor)bewußte Ich. Er kann sich über seine Gedanken schämen, ja sogar ohne bewußt faßbaren Anlaß erröten. In einer

1 H. Kohut, Überlegungen zum Narzißmus und zur narzißtischen Wut; in: *Psyche* 27, 1973, S. 549.

solchen Situation gerät das Ich durch den Mangel an narzißtischer Zufuhr aus dem Gleichgewicht. Es ist nicht mehr in der Lage, die exhibitionistischen Libidoströme gleichmäßig und wohlig auf den ganzen Körper zu verteilen, sondern zeigt ein Gemisch aus unangenehmer Röte und Blässe. Kohut vermutet, daß es «diese desorganisierte Mischung von massiver Entladung (Spannungsabnahme) und Blockierung (Spannungszunahme) auf dem Gebiet der narzißtischen Libido ist . . . die als Scham empfunden wird»[1].

Die Scham gehört mehr zur exhibitionistischen Seite des Idealbildes der eigenen Person, die Wut zur Macht und Kontrolle anstrebenden Seite. Das Idealsystem strebt nach vollständiger Kontrolle über die Umwelt. Wenn es von einem reifen Ich überwacht wird, kann sein Allmachts- und Vollkommenheitsanspruch gezügelt und in realisierbare Ziele umgesetzt werden. Wenn diese Einschränkung der Machtansprüche des Idealsystems nicht möglich ist, sind Scham und Wut die unausweichliche Folge. Ein vom Idealsystem beherrschtes Ich wird erwarten, daß sich die Umwelt seinen Ansprüchen widerstandslos fügt. Es wiederholt die schicksalhafte Erwartung des neugeborenen Kindes, eine einfühlende, ihm zugewandte Mutter zu finden. Die betroffene Person blieb an diese Erwartung fixiert, weil sie in der Kindheit traumatisch enttäuscht wurde. Das Bedürfnis nach Sicherheit vermittelnder Kontrolle über die Mutter wird in der geglückten, für beide Teile befriedigenden Mutter-Kind-Beziehung dadurch gemildert, daß die Mutter sich gern dem Kind zuwendet, es bewundert und bestätigt, so daß Wut und Scham selten und vorübergehend auftreten. Doch ist diese Situation oft nicht gegeben. Das enttäuschte Liebesbedürfnis führt zu dem Streben, durch Macht und Manipulation eine absolute Kontrolle aufzubauen, die das ersetzt, was freiwillig nicht gegeben wurde.

In der «biologisch erwarteten» Entwicklung des Idealsystems ist die Beziehung des Kindes zum Erwachsenen keine Herrschaftsbeziehung, sondern ein Verhältnis der von Gegenseitigkeit und wechselseitiger Befriedigung getragenen Einfühlung. Wenn

1 H. Kohut, Überlegungen zum Narzißmus und zur narzißtischen Wut, in: *Psyche* 27, 1973, S. 549.

die wesentlichen Objekte – die Eltern, Geschwister, Freunde – vorwiegend einfühlsam dem Kind zugewandt sind, wird es ertragen, mit den Verletzungen seiner Erwartungen fertig zu werden, die unweigerlich mit dem Schritt von der intrauterinen Existenzform in die des individuellen, letztlich selbstverantwortlichen und autonomen Organismus einhergehen. Wird dieses biologisch geforderte Milieu eines «erweiterten Uterus» während der ersten Lebensjahre schwerwiegend gestört, dann verwandelt sich die gesunde Neugieraktivität des Kindes in destruktive Wut. Während es sonst immer weitere Bereiche seiner belebten und unbelebten Umwelt erforscht, erprobt, Funktionslust und andere frühe Formen der narzißtischen Bestätigung gewinnt, zieht sich nun das narzißtisch verwundete und vernachlässigte Kind in Phantasien zurück, in denen seine Idealansprüche an das eigene Selbst großartig und exhibitionistisch befriedigt werden. Zugleich holt es seine enttäuschte Sehnsucht nach dem idealen, sein Selbstgefühl füllenden Liebesobjekt in Phantasien nach. Doch mischt sich in diese Sehnsucht eine lauernde Wut, die durch die Unvollkommenheiten des Objektes entzündet wird.

Kurz nach Beginn seiner Analyse träumt ein 32jähriger Arzt von seinem Analytiker. Dieser sei auf einer riesigen Bühne gestanden und habe mit Jugendlichen diskutiert. Weil er so uneinfühlsam und abweisend alle ihre Fragen zurückgegeben habe, hätte ihn am Ende eine Bande von Rockern zusammengeschlagen. – Dieser Traum zeigt einerseits das Bedürfnis nach einem idealen, bewunderten und großartigen Liebesobjekt, andererseits die Enttäuschung und Wut über das abweisende Verhalten dieser Person. Die Wahl des «Rockers» als Symbol für die narzißtische Enttäuschung entspricht durchaus der Entstehung von Verhaltensmerkmalen in den jugendlichen Banden. Durch exhibitionistisches Verhalten, Spiegel-Beziehungen (durch Uniformität der Kleidung), Verwendung von «verabscheuten» Symbolen aus der Nazizeit, Totenköpfen usw. drückt der Rocker seinen Wunsch aus, beachtet zu werden, sowie seine Verzweiflung, solche Beachtung in der Form positiver sozialer Anerkennung zu finden.

Die Begriffe, mit denen Verhalten beschrieben wird, gehen von Situationen zwischen Erwachsenen aus und sind daher ungeeignet, die emotionalen Beziehungen der frühen Kindheit zu erfassen. Mit dieser Einschränkung läßt sich sagen, daß die Phantasie, in der Identifizierung mit dem idealisierten Selbst unbeschränkte Macht auszuüben, ein Ausgleich des Mangels an Liebe ist. «Sie mögen mich hassen, wenn sie mich nur fürchten» – diese dem größenwahnsinnigen Kaiser Caligula zugeschriebene Maxime beschreibt diesen Sachverhalt genau. In der Scham ist vor allem der Ur-Wunsch eines sozialen Tieres, von Artgenossen bewundert und beachtet zu werden, als unbewußte exhibitionistische Phantasie erfüllt und enttäuscht zugleich. In der Wut geht es um die Allmachtswünsche des in seinem Sicherheitsbedürfnis, in seiner Sehnsucht nach liebevollen und einfühlenden Bezugspersonen enttäuschten Selbst, das darauf besteht, vollständige Kontrolle über seine Umwelt auszuüben. Der Scham folgt oft Wut. «So jemand das Angesicht seines Gefährten in der Öffentlichkeit zum Erbleichen bringt, so ist es, als hätte er sein Blut vergossen», steht im babylonischen Talmud.[1] Diese Aussage belegt nicht nur den heftigen Schmerz der narzißtischen Kränkung und ihren Zusammenhang mit der Blutverteilung an der Körperoberfläche, sondern auch die «Blutrache», die der Ursache der Schamreaktion gilt. Während die Schamreaktionen meist kurzlebig sind und – ihrem Ursprung in der real ohnmächtigen, dem Liebesobjekt erwartungsvoll zugewandten Haltung des Kindes getreu – eher durch Vermeidungsverhalten als durch offene Aggression beendet werden, kann die narzißtische Wut zu einer Dauerspannung werden. Der Wutanfall, der Ausbruch gestauter aggressiver Energie, mag rasch abklingen. Die realitätsorientierten Denkprozesse gewinnen wieder die Oberhand. Die kränkende Erinnerung an den Kontrollverlust, die dem Vollkommenheitsstreben des idealen Selbst kraß widerspricht, wird durch Verdrängung, Schuldprojektion («Ich bin der gutmütigste Mensch, aber wenn mich jemand derart provoziert, muß ich aus der Haut fahren»),

1 Zit. n. H. Kohut, Überlegungen zum Narzißmus und zur narzißtischen Wut, in: *Psyche 27*, 1973, S. 550.

Rationalisierung («Ich hatte eben zuviel getrunken») und «gute Vorsätze» («Ich tue das bestimmt nie wieder») bekämpft. Vor allem die guten Vorsätze, mit denen nach dem Sprichwort der Weg zur Hölle gepflastert ist, zeigen den fortbestehenden, unerkannten und ungereiften Größenanspruch des Ideal-Selbst. Sie verleugnen die Erfahrung, daß nach dem vorletzten und vorvorletzten Ausbruch eben dieselben guten Vorsätze gefaßt wurden, und beharren auf dem magischen Denken, das für eine narzißtisch erlebte Welt charakteristisch ist. Im guten Vorsatz verhält sich das Größenselbst nach dem Motto «Wasch mir den Pelz und mach mich nicht naß». Es nimmt an, omnipotent herrschen zu können, obwohl doch eben die Realität diesen Anspruch zurückgewiesen hat.

Herr J. faßte jedesmal, wenn er seine Frau in einem Ausbruch von Wut über ihre Versuche, sich seinem Idealanspruch zu entziehen, zusammenschlug, den festen Vorsatz, das nicht wieder zu tun. Er sprach davon in der therapeutischen Gruppe wie von einer feststehenden Tatsache, die über jeden Zweifel erhaben sei. Erst als ihn der Therapeut nachdrücklich mit diesem Verhalten konfrontierte und ihn aufforderte, doch realistisch davon auszugehen, daß er ständig in Gefahr sei, derart in Wut zu geraten, hörten die Prügelszenen auf.

Akute Wut, die durch enttäuschte Erwartungen ausgelöst wurde, ist weit weniger bedrohlich als die abgekühlte, durch die Denkprozesse gestützte und zum Dauerzustand gewordene Destruktivität, in der jede Abweichung von einem perfektionistischen Ideal unerbittlich verfolgt wird. Die Wut erstarrt zu einer rechthaberischen Kälte, die rational gesteuerten Erlebnisbereiche werden mehr und mehr von einem Idealsystem usurpiert, dessen wichtigstes Ziel es ist, vollkommene Kontrolle über eine Welt herzustellen, die nur noch in den Begriffen und Wahrnehmungsschablonen des Idealsystems erlebt werden kann. Die Denkfähigkeit des Ichs tritt in den Dienst des archaischen Vollkommenheits- und Allmachtswahns, statt ihn zu kritisieren. Das ideale Selbst wird durch Rationalisierungen befestigt, wobei politische Ideologien, die eine einfache Trennung von «Gut» und

«Schlecht» erlauben, besonderen Einfluß gewinnen. Unter diesem Einfluß verleugnet das Ich, daß die Macht des idealisierten Selbst irgendwelche Grenzen hat. Alle Unvollkommenheiten, Mängel und Schwächen werden dem böswilligen Unverstand eines Gegners zugeschrieben, der zerstört werden muß. Zum Gegner dieser erstarrten Wut im Dienst des Idealsystems wird endlich das reale Leben schlechthin, das atmet, fließt, sich ständig verändert, das unkontrollierbar, situationsabhängig, gefühlsbestimmt ist und stets droht, die Allmacht und den Vollkommenheitsanspruch des idealen Selbst zu stören.

Es lebe der Tod! – Nekrophilie und Narzißmus

Indem eine Mutter mich geboren hat, bin ich schuldig, bin ich verurteilt zu leben, bin verpflichtet, einem Staat anzugehören, Soldat zu sein, zu töten, Steuern für Rüstungen zu bezahlen. Und jetzt, in diesem Augenblick, hat die Lebensschuld mich wieder, wie einst im Kriege, dazu geführt, töten zu müssen. Und diesmal töte ich nicht mit Widerwillen, ich habe mich in die Schuld ergeben, ich habe nichts dagegen, daß diese dumme, verstopfte Welt in Scherben geht, ich helfe gerne mit und gehe selber gerne mit zugrunde.

Hermann Hesse[1]

Der Todestrieb als Verhalten des in seinen Idealen enttäuschten, mit andauernder, erstarrter und von seinen Verstandeskräften gesteuerter narzißtischer Wut antwortenden Menschen ist ein Thema, das Dichter und Theologen schon lange vor den Psychoanalytikern beschrieben haben. In der christlichen Theologie wird der Teufel zum Ausdruck dieser Wut, und zwar in zweifacher Hinsicht. Seine Mythologie drückt die tiefe narzißtische Kränkung aus, die der Erstgeborene empfindet, wenn er erleben muß, daß ihm jüngere, untüchtigere und weniger vollkommene

1 H. Hesse, Der Steppenwolf, Berlin 1927, S. 242.

Geschwister vorgezogen werden. Luzifer war der strahlendste Engel, das klügste und schönste von Gott erschaffene Geschöpf. Gerade deshalb konnte er es nicht ertragen, daß Maria ihm als Königin der Engel vorgesetzt werden sollte – eine gemeine Sterbliche. Und so rebellierte er, wurde von Gott verbannt und ist nun in rastloser Wut darauf aus, Gottes Werke zu stören, den Menschen zu verführen. Der Teufel ist nur böse, immer böse, zu ewiger Verdammnis verurteilt – in diesen Extremaussagen wird der Anspruch des idealen Selbst deutlich, das den fließenden, wandelbaren Lebensvorgängen sein «immer» und «nie», «vollkommen» und «ewig» entgegenhält.

Zugleich erweist die Geschichte der christlichen Religionen, daß der Kampf gegen den Teufel die wichtigste Äußerungsform der dem Teufelsglauben zugrunde liegenden seelischen Kräfte ist. Unerbittliche, rachsüchtige, sadistische Verfolgung von Andersgläubigen oder sozial abweichenden «Hexen» wurden durch den Teufelsglauben begründet. Tatsächlich waren die Verfolger, die Richter und Henker der Inquisition, die Ideologen und Praktiker der Hexenverfolgung von den Mechanismen beherrscht, die ihre Teufels-Mythologie ausdrückt: von der unersättlichen Rache am Wandelbaren, Abweichenden, Unvollkommenen, Lebendigen, an der Erotik, der Naturreligion, am Selbstgefühl von Frauen, das tiefer verwurzelt und beständiger sein kann als das der auf Expansion, Machtausübung und starre Kontrolle festgelegten Männer. Im Rachefeldzug gegen den Feind Gottes und des Glaubens äußerte sich die Feindschaft gegen das Leben. Dieses scheinbare Paradox kennzeichnet häufig die Folgen der Verwirklichung eines narzißtisch festgelegten, nicht im Dialog mit der Wirklichkeit gereiften Ideals.

Diese Vorgänge lassen sich mit dem Bild der «Nekrophilie» verbinden, zu dem Erich Fromm viel Material gesammelt hat. Er definiert Nekrophilie «als das leidenschaftliche Angezogenwerden von allem, was tot, vermodert, verwest und krank ist; sie ist die Leidenschaft, das, was lebendig ist, in etwas Unlebendiges umzuwandeln; zu zerstören um der Zerstörung willen; das ausschließliche Interesse an allem, was rein mechanisch ist. Es ist die Leidenschaft, lebendige Zusammenhänge zu zerstükkeln»[1]. Mir scheint, daß Fromm mehr nach Grundsätzen einer ethischen Philosophie vorgeht als nach denen einer psychologischen Untersuchung des Sachverhalts. Es ist unerläßlich, als Wissenschaftler moralische und politische Forderungen zu stellen. Doch besteht die Gefahr, durch eine schlichte Gegenüberstellung von «Lebensliebe» und «Todesliebe», von Biophilie und Nekrophilie, die zusammengesetzte Beschaffenheit menschlichen Verhaltens zu vereinfachen. Ich will im folgenden einige der von Fromm verwendeten Beispiele untersuchen und seine ethischen Unterscheidungen durch andere Gesichtspunkte ergänzen.

Der Ausdruck «nekrophil» stammt aus der Sexualforschung und betrifft zunächst einmal eine sexuelle Neigung, die mit dem Sadismus verwandt ist und ihr Sexualziel in der Manipulation von Leichen hat. Interessanterweise wurde diese Perversion bisher nur bei Männern beobachtet.[2] Den Zusammenhang von Nekrophilie und der Suche nach einer idealen Mutter-Geliebten belegt eine Fallgeschichte von J. P. de River, die auch von Fromm zitiert wird.

Ein junger Mann verliebt sich in ein tuberkulosekrankes Mädchen, mit dem er wegen dieser Krankheit nur einmal sexuell verkehren kann, ehe sie stirbt. Als er sie in ihrem Leichenhemd sieht, ist er so außer sich, daß er unkontrolliert schreit und in den Sarg springen will, um mit ihr begraben zu werden. Später gelangt er zu der Überzeugung, daß er beim Anblick der Toten von einer sexuellen Leidenschaft gepackt wurde. Diese Deutung des eigenen Verhaltens, die de River und Fromm übernehmen, kann auch in Frage gestellt werden. Es ist möglich, daß der junge Mann den inneren Mangel, den sein Selbstgefühl durch den Verlust der idealisierten Geliebten erlitt, durch sexuelle Phantasien ausfüllte. Die spätere, pervers-suchtartige Verwendung

1 E. Fromm, Anatomie der menschlichen Destruktivität, Stuttgart 1974, S. 301.

2 Der japanische Film ‹*Im Reich der Sinne*› deutet ein weiblich-nekrophiles Verhalten an.

sexueller Erlebnisse spricht für eine solche Deutung, die durch Beobachtungen aus der Psychologie sexueller Abhängigkeit oder «Hörigkeit» bestätigt wird. Danach ist es in der Regel nicht der Verlust an Triebbefriedigung, der um jeden Preis vermieden werden muß, sondern der Verlust des idealisierten Selbst-Objekts, der mit ähnlicher Angst erlebt wird wie der Verlust der Mutter im Säuglings- und Kleinkindalter.

Nachdem ihm die Mutter abschlägt, ein Medizinstudium zu finanzieren, besucht er eine Einbalsamier-Schule. Er fühlt sich immer heftiger zu den Leichen von Frauen hingezogen. Endlich beginnt er unter heftigen Ängsten und Schuldgefühlen, sexuell mit den Frauen zu verkehren, die in das Leichenhaus eingeliefert werden, bei dem er angestellt ist. «Einmal beeindruckte ihn die Leiche eines fünfzehnjährigen Mädchens so sehr, daß er, als er die erste Nacht nach ihrem Tod mit ihr allein war, von ihrem Blut trank. Das brachte ihn in solche sexuelle Erregung, daß er einen Gummischlauch in ihre Harnröhre einführte und mit dem Mund Urin aus ihrer Blase saugte. Dabei fühlte er immer stärker den Drang, noch weiter zu gehen. Er hatte das Gefühl, es würde ihm die größte Befriedigung gewähren, wenn er sie nur verschlingen – auffressen – und einen Teil ihres Körpers kauen könnte ... Er drehte den Körper und biß sie ins Gesäß. Dann kroch er auf den Leichnam und beging Sodomie (Analverkehr) mit der Leiche.»[1]

Solche Szenen stoßen ab und ziehen an: Sie drücken Extremformen menschlichen Verhaltens aus, von denen unser Alltagsbewußtsein durch dicke Schutzschichten getrennt ist. Das Verhalten des Nekrophilen drückt eine ungestaltete Sehnsucht aus, in den Leib der Mutter zurückzukehren, die intrauterine Situation wiederherzustellen (er trinkt ihr Blut, ihren Urin – der Gummischlauch ist die Nabelschnur). Ausdrücke wie «Nekrophilie», «Nekrophagie», «Analerotik» distanzieren den Betrachter von diesen Wünschen. Die Auflösung und Verschmelzung aller Materie im Tod macht ihn zum Gegenpart des narzißtischen Ur-Erlebnisses der Situation im Mutterleib. Den Wunsch, die verlo-

1 J. P. de River 1956, zit. n. E. Fromm, Anatomie der menschlichen Destruktivität, Stuttgart 1974, S. 297.

renen Paradiese der Vor-Kindheit wiederzufinden, drücken auch andere «nekrophile» Phantasien aus, etwa die, in Leichen fetter Frauen hineinzukriechen, in ihren verfaulenden Überresten zu versinken.[1] Die Anziehung, welche der Geruch von faulender, verwesender Substanz auf manche Menschen ausübt, läßt sich ebenso deuten. Der Geruch faulender Äpfel, den Schiller so liebte, daß er sie in seiner Schreibtischschublade aufbewahrte, das Frankenstein-Motiv (Leichen ausgraben, sie zerstückeln und durch die Energie des Gewitters neues Leben in monströser Form daraus zu schaffen) – sie alle hängen mit der Nekrophilie zusammen. Wie in anderen von der Suche nach einem narzißtisch besetzten Ideal geprägten Erlebnissen lassen sich auch hier ungereifte und reifere Formen unterscheiden. Die Spannweite dieser Erlebnisse reicht von der nekrophilen Perversion und dem Lustmord, dessen Ziel die Zerstückelung des Opfers ist (Rache am enttäuschenden Selbst-Objekt einerseits, veräußerlichte Auflösung des eigenen Selbst andererseits), bis zu höchst sublimierten Erlebnisweisen wie der phantheistischen Belebung der Natur, verbunden mit der Phantasie einer Auflösung des eigenen Organismus.

An diesem Abend, als ich bei starkem, warmem Wind – Föhn – spazierenging und mich unter einen Baum legte, dessen Blätter ich rauschen hörte, empfand ich ganz stark, daß ich unsterblich bin und mit allem verbunden – daß sich mein Körper in zahllose Atome und Moleküle auflösen wird, daß er neue Körper bilden wird, die ich bin und nicht bin. Ich hatte ein Gefühl der Unsterblichkeit und gleichzeitig die Gleichgültigkeit gegenüber dem Tod.

Aus der Analyse eines 28jährigen

«Ich gehe einen Freund besuchen. Ich gehe in der Richtung seines

1 T. Spoerri, Über Nekrophilie, Basel 1959. – Die Beziehung solcher Phantasien zur Angst vor blutsaugenden Hexen und Vampiren liegt auf der Hand: Die oral-kannibalischen Wünsche nach dem mütterlichen Objekt werden abgewehrt und in die Hexe projiziert. Wer den Säugling «innen» nicht wahrnimmt, begegnet dem Vampir «außen».

Hauses, das mir wohlbekannt ist. Plötzlich verwandelt sich die Szene. Ich befinde mich in einer trockenen, wüstenartigen Szenerie; keine Pflanzen oder Bäume. Offenbar befinde ich mich noch immer auf der Suche nach dem Haus meines Freundes, aber das einzige Haus in Sicht ist ein merkwürdiges Gebäude, das keine Fenster hat. Ich gehe durch eine schmale Tür hinein; als ich sie zumache, höre ich ein seltsames Geräusch, so als ob jemand die Tür abgeschlossen und sie nicht nur zugemacht hätte. Ich drehe am Türknopf, kann ihn aber nicht aufbekommen. Voller Angst gehe ich durch einen sehr engen Gang – er ist tatsächlich so niedrig, daß ich kriechen muß – und befinde mich in einem großen, ovalen, verdunkelten Raum. Er sieht aus wie ein großes Grabgewölbe. Nachdem ich mich an das Dunkel gewöhnt habe, sehe ich ein paar Skelette auf dem Boden liegen, und ich weiß, das ist mein Grab. Ich wache mit einem Gefühl der Panik auf.»[1]

Dieser Traum zeigt sehr deutlich, wie zusammengesetzt die von Fromm als einheitlicher, grundlegender Charakterzug beschriebene Nekrophilie ist. Der Träumer geht nicht zu seinem Freund, sondern er geht in ein Grab. Das Motiv des Lebendigbegraben-Werdens hängt eng mit der Geburtsphantasie zusammen. Es ist ein altes Märchenmotiv. In der Geschichte von Sindbad dem Seefahrer müssen Eheleute zusammen begraben werden, wenn einer der Partner stirbt; ein Symbol für die Wiederkehr der Mutter-Kind-Beziehung in der sexuellen Paarbildung. Der Ersatz von «Freund» durch «Grab» (Mutterleib) kann eine homosexuelle Phantasie ausdrücken, die durch Rückkehr zu der älteren Phantasie vom Leben im Mutterleib und von der Geburt abgewehrt wird. Die Sehnsucht, in den Mutterleib – in das Grab – zurückzukehren, wird wegen ihrer bedrohlichen Seiten, ihrer Verbindung mit Tod und Auflösung, erschreckt abgewehrt und hängt vermutlich mit der verbreiteten Angst zusammen, scheintot begraben zu werden.

Die emotionale Anziehung durch das Lebendige ist eng mit der Fähigkeit verbunden, andere Lebewesen als getrennt vom eige-

1 Traumbeispiel nach E. Fromm. Anatomie der menschlichen Destruktivität, Stuttgart 1974, S. 301.

nen Selbst zu erkennen. Diese Einsicht entspricht reiferen Formen der Auseinandersetzung mit den ursprünglichen, narzißtischen Vorstufen des Selbst-Erlebens. Daher sind für Menschen, deren narzißtische Entwicklung gestört verlief, auf die unbelebte Natur gerichtete Phantasien besonders wichtig: rasche Bewegung (Fliegen, Motorrad fahren, Segeln, Skifahren), Verschmelzung mit Wasser, Luft und Landschaft (Schwimmen, Bergsteigen und Klettern, weite, einsame Reisen – «die Braut des Seemanns ist das Meer»).

Freuds Spekulationen über den Todestrieb, dessen Ziel es sei, die organischen Strukturen wieder in den ursprünglichen Zustand der unbelebten Materie zurückzuversetzen, erinnert stark an diese narzißtischen Phantasien einer allgegenwärtigen Auflösung und Verschmelzung. Mir scheint, daß der Todestrieb tatsächlich eher als narzißtische Phantasie aufgefaßt werden sollte, nicht als Beschreibung eines wissenschaftlich faßbaren Sachverhalts. Daß Freud zu sublimierten Ausdrucksformen dieser narzißtischen Phantasie einen persönlichen Zugang hatte, zeigt seine Arbeit ‹*Das Motiv der Kästchenwahl*›[1]. Als Hintergrund der drei Kästchen – Gold, Silber, Blei –, zwischen denen in ‹*Der Kaufmann von Venedig*› die Freier der schönen Porzia zu wählen haben, enthüllt sich für Freud die Wahl zwischen drei Frauen, ein Urmotiv des Mythos von Paris, dem trojanischen Hirten, der zwischen drei Göttinnen zu wählen hatte, bis zum Prinzen Aschenputtels. Allemal ist die dritte Frau die schönste, die gewählt wird. Freud sucht nach ihren Kennzeichen und findet ihre Neigung, sich zu verbergen, stumm zu sein, unscheinbar. Eben diese Symbole stehen für den Tod: Die drei Frauen sind die Schicksalsschwestern, und die dritte verkörpert den Tod. Fromm dürfte nicht zögern, diese Deutung der lebensfrohen Szene mit der Kästchenwahl als Zeichen einer «nekrophilen» Tendenz Freuds anzusehen.

Freud verbindet die Kästchenwahl mit Shakespeares Drama ‹*König Lear*›, in dem ebenfalls die dritte Frau eine besondere Rolle spielt. Es ist Lears Tochter Cordelia, die ihm nicht schmeichelt

1 S. Freud, Das Motiv der Kästchenwahl, G. W., Bd. X, S. 24 f (1913).

und daher enterbt wird, wenngleich sie seiner Liebe würdiger wäre als ihre lügnerischen, undankbaren Schwestern. Lear, sagt Freud, ist dem Tod verfallen, will aber «auf die Liebe des Weibes nicht verzichten, will hören, wie sehr er geliebt wird. Nun denke man an die erschütternde letzte Szene, einen der Höhepunkte der Tragik im modernen Drama: Lear trägt den Leichnam der Cordelia auf die Bühne. Cordelia ist der Tod. Wenn man die Situation umkehrt, wird sie uns verständlich und vertraut. Es ist die Todesgöttin, die den gestorbenen Helden vom Kampfplatz wegträgt, wie die Walküre in der deutschen Mythologie. Ewige Weisheit im Gewande des uralten Mythus rät dem alten Manne, der Liebe zu entsagen, den Tod zu wählen, sich mit der Notwendigkeit des Sterbenden zu befreunden.»[1]

Freuds poetische Schlußsätze drücken ein Stück des narzißtischen Urthemas der Verschmelzung mit der Mutter aus, der Unmöglichkeit, sich von ihr zu trennen. «Man könnte sagen, es seien die drei für den Mann unvermeidlichen Beziehungen zum Weibe, die hier dargestellt sind: Die Gebärerin, die Genossin und die Verderberin. Oder die drei Formen, zu denen sich ihm das Bild der Mutter im Laufe des Lebens wandelt: Die Mutter selbst, die Geliebte, die er nach ihrem Ebenbild gewählt, und zuletzt die Mutter Erde, die ihn wieder aufnimmt. Der alte Mann aber hascht vergebens nach der Liebe des Weibes, wie er sie zuerst von der Mutter empfangen; nur die dritte der Schicksalsfrauen, die schweigsame Todesgöttin, wird ihn in ihre Arme nehmen.»[2]

Diese Sätze sind ein sehr persönlicher Ausdruck von Freuds eigenen Todesahnungen. Nach allem, was wir von ihm wissen, hat er tatsächlich immer nur eine Frau geliebt. Sein Leben war, was intime Beziehungen zu Frauen anging, mit seiner Heirat abgeschlossen. Die Qualen der Eifersucht und die Freuden der Verliebtheit hat er als Verlobter gespürt; sie müssen sehr heftig gewesen sein. Die intakte Symbiose, in der Freud die Wieder-

1 Ebd., S. 36. – Freud selbst wurde während seines jahrzehntelangen Kampfes gegen den Mundkrebs von seiner Lieblingstochter Anna gepflegt.

2 S. Freud, Das Motiv der Kästchenwahl, G. W., Bd. X, S. 37 (1913).

holung der von ihm idealisierten Mutterbeziehung suchte und fand, hinderte ihn, sich eben dieser Symbiose bewußt zu werden, die durch sein monogames Eheideal noch zusätzlich befestigt wurde. Die enge Beziehung zwischen Freud und seiner Tochter Anna (die er allen Regeln zum Trotz selbst analysierte) läßt ahnen, wie stark König Lear ein Stück eigenen Erlebens darstellt. Die Liebe zur Tochter ist ein Kompromiß zwischen der Liebe zu einer neuen Geliebten und zur Ehefrau. Das theoretische Gebäude der Psychoanalyse sähe ganz anders aus, wenn Freud sich zur Zeit, als er ‹*Das Motiv der Kästchenwahl*› schrieb, weniger resigniert gefühlt hätte. Es mag frivol scheinen, gehört aber zum Wesen analytischer Überlegungen (in denen nach Widerstand, Übertragung und Gegenübertragung zu fragen ist), zu vermuten, daß Freud irgendwann in seinem Leben vor der Wahl stand, sich zu verlieben, die häusliche Symbiose in Frage zu stellen oder die Phantasie vom Todestrieb auszugestalten. Die dritte Schicksalsfrau ist die Mutter, die nur durch Aufspaltung in ihrer Übermacht erträglich gemacht werden kann: als Hausfrau, die den Mann in allen unmittelbar mit der Sinnlichkeit und den Trieben zusammenhängenden Lebensbereichen kindlich erhält, als intellektuelle Begleiterin, die – von Haushaltspflichten unbelastet wie Lou Andreas-Salomé – geistvolle Gespräche führt, nie beides in einer Person. «Der alte Mann aber hascht vergebens nach der Liebe des Weibes . . .» – Diese Resignation gilt nicht für jeden alten Mann, wohl aber für den alternden Freud, der – von Frauen umschwärmt – die Nähe zu ihnen fürchtet und deshalb mit der ihm eigenen, unerbittlichen Ehrlichkeit feststellen muß, er habe nie eine Antwort auf die Frage gefunden: «Was will das Weib?»[1]

Daß Freud keine Antwort fand, liegt wohl darin, daß es ihm in wesentlichen Bereichen seines Erlebens – und damit auch seiner Möglichkeiten, psychologische Gesetzmäßigkeiten aufzudecken – nicht gelang, Frauen in einer engen persönlichen Beziehung als abgetrennte, selbständige, gleichberechtigte Wesen zu erleben. Frauen waren für ihn Selbst-Objekte, denen er in seinem persönlichen Leben nur durch den Schutz eines starren, monogamen

1 S. Freud, Briefe, Frankfurt a. M. 1960.

Ideals begegnen konnte. In seinen Theorien behandelte er sie wie unvollständige, vom Neid nach der Vervollständigung durch den Penis behelligte Männer, als Kolleginnen respektierte und förderte er sie. Nie ist eine Frau für ihn beides gewesen: Sexualpartner und Gesprächspartner auf der wissenschaftlichen Ebene, die für ihn der wichtigste Bereich seines Selbstgefühls war.

Freud selbst hat in seinen Überlegungen zum Motiv der Kästchenwahl den Zusammenhang zwischen dem Streben nach der idealen Geliebten und der Todesphantasie angesprochen. Die Liebessehnsucht schlägt in den Wunsch nach Auflösung und Wiedervereinigung mit dem Mutterschoß der Erde um, wenn sie nicht aus der Verschmolzenheit von Mutter und Kind, Mann und Frau zu reiferen Formen wechselseitiger Sicherheit und Bestätigung liefernder Beziehungen umgewandelt werden kann. Wechselnde Liebesbeziehungen sind hier ebenso eine Hilfe wie eine Partnerschaft mit einer Person, die sich verändert, entwickelt, die den Wiederholungsmechanismus der Mutter-Kind-Beziehung, der in jeder intimen Partnerschaft machtvoll wirkt, immer wieder aufgreift, bekämpft, verwandelt.

Das Ideal und die Maschine

Viele Merkmale des «nekrophilen» Charakters hängen mit destruktiven Erstarrungsvorgängen zusammen. Der Ausdruck Nekrophilie enthält aber neben einer Bewertung auch eine Zielvorstellung. Die Bewertung behindert die Verwendung des Begriffs in der therapeutischen Praxis; die Finalität verstellt oft den Zugang zu einer genauen Untersuchung der entwicklungsbedingten Ursachen. Gemeinsam ist dem zerstörerischen Ideal und der Nekrophilie, daß dort, wo sie bestehen, die Einfühlung in andere Menschen keinen Einfluß gewinnen kann. Doch sind solche Einschränkungen in der Regel nicht so total, wie sie das Bild des nekrophilen Charakters hinstellt. Gerade die Verbindung zerstörerischer Ideale mit einem gesunden, gefühlvollen, lebendigen Persönlichkeitsanteil ist gefährlich. Nicht alle Personen, die teilweise von destruktiven Idealen bestimmt werden, sind unliebenswürdig steif, kalt, pedantisch und unlebendig, wie es Fromm vermutet.[1]

Mir scheint, daß im Bild der nekrophilen Persönlichkeit mindestens zwei verschiedene Themen zusammengefaßt sind: die Anziehung durch Zerstörung und Tod (die ihrerseits mit narzißtischen Verschmelzungsphantasien und mit der Rückkehr in das intrauterine Paradies zusammenhängt) und die Erstarrung wechselnder, lebendiger Gefühle zu festen Wertstrukturen. Fromms Nekrophiler fühlt sich von Todesanzeigen angezogen, er redet gern über das Sterben, über Krankheiten, über Leid, Unglück, Geldschwierigkeiten, Ehescheidungen. Eine nekrophile Mutter wird sich vor allem für die Krankheiten ihres Kindes interessieren, für die Möglichkeiten, wie es zu Schaden kommen könnte. Sie wird reagieren wie die Mutter in Salomons Urteil, die lieber ein Kind mit dem Schwert zerhauen sehen will, als es lebendig einer Rivalin anvertrauen. Ein lebendiges Kind wird einer festen Vorstellung von Gerechtigkeit geopfert. Ihr Handeln läßt sich aber durch die Feststellung eines nekrophilen Charakters nur bewerten, nicht verstehen.

Mehr zu einem Verständnis trägt die Vorstellung einer gestörten Verarbeitung der narzißtischen Kränkung bei, selbst keine gute Mutter zu sein, das heißt dem selbstgesetzten Perfektionsideal nicht zu entsprechen. Dann soll es der Rivalin auch nicht besser gehen, dann soll auch ihr Kind zerstört werden. Solche Handlungsmodelle sind jedem in seiner narzißtisch besetzten Idealvorstellung enttäuschten Menschen geläufig. Der Eifersüch-

1 E. Fromm, Anatomie der menschlichen Destruktivität, Stuttgart 1974, S. 307, oder: «Grundsätzlich besteht die Reaktion derartiger Menschen auf die Probleme des Lebens in Destruktion und niemals in dem Bemühen, anderen zu helfen, in einem konstruktiven oder beispielhaften Verhalten» (S. 306). Solche Aussagen weisen auf verfestigte Idealvorstellungen über Nekrophilie einerseits, Biophilie andererseits hin, auf den Versuch, eine Zweiteilung von Gut und Böse herzustellen. Wesentlicher scheint es mir, die Beziehung zwischen nekro- und biophilen Prozessen in einem Menschen zu untersuchen, als ihn als das eine oder andere zu klassifizieren.

tige ist in der Regel unfähig, die fortbestehende, reale Zuwendung durch seinen Partner wahrzunehmen. Er fühlt sich so betrogen, daß er sie als Betrug entlarven will, weil er den enttäuschenden Partner nicht als unabhängigen Menschen mit eigenen Interessen erlebt, sondern als widerspenstiges Stück seines erweiterten Selbst – als Selbst-Objekt, das seine Pflichten ungenügend erfüllt und deshalb das eigene Selbstgefühl in einen Strudel von Impulsen reißt, die Kränkung auszulöschen, die Störung gewaltsam zu beseitigen, auf mörderisch-selbstmörderischen Wegen den noch im Erwachsenenleben gesuchten narzißtischen Urzustand der Verschmelzung, Symbiose und völligen Geborgenheit im Mutterleib wiederherzustellen.

Ebenfalls als Merkmal des nekrophilen Charakters nennt Fromm die Unlebendigkeit seiner Unterhaltung. Der Nekrophile drücke sich so aus, daß sein Thema tot bleibt, auch wenn es vom Inhalt her fesseln könnte. Weiterhin erlebt der Nekrophile nur die Vergangenheit, nicht die Gegenwart oder die Zukunft als völlig wirklich. Was gewesen ist, beherrscht ihn: Überlieferungen, Gesetze, Institutionen, Besitz: «Kurz gesagt, die Dinge beherrschen den Menschen; das Haben beherrscht das Sein; das Tote beherrscht das Lebendige. Im persönlichen, philosophischen und politischen Denken des Nekrophilen ist die Vergangenheit heilig, nichts Neues ist von Wert, eine drastische Veränderung ist ein Verbrechen gegen die ‹natürliche Ordnung›.»[1] Endlich erfreut sich der Nekrophile noch an schlechten Gerüchen – verwesendes Fleisch, Kot, Urin – oder zeigt panische Abwehr gegen solche Gerüche. Fromm spricht in diesem Zusammenhang vom «schnüffelnden Ausdruck» im Gesicht der nekrophilen Persönlichkeit, den er auch bei Hitler beobachtet, und der ein zuverlässiges Kennzeichen sein soll. Nekrophile lachen nicht frei und spontan, sondern grinsen mechanisch. Ihre Haut ist fahl, leblos, sie wirkt auch in gewaschenem Zustand schmutzig. Der Wortschatz ist durch eine Vorliebe für Wörter gekennzeichnet, die sich auf Exkremente und Zerstörung beziehen.

1 E. Fromm, Anatomie der menschlichen Destruktivität, Stuttgart 1974, S. 307.

Eher von allgemeinem Interesse ist die Beziehung zwischen destruktiven Idealen und dem «Gemachten» im Gegensatz zum «Gewachsenen». Der Historiker Lewis Mumford hat die ägyptischen Pharaonengräber mit der modernen Raumfahrt verglichen. – Beides, Pyramide wie Rakete, seien äußerst kostspielige Mittel, um einige wenige Auserwählte in den Himmel zu schicken. Die «Megamaschine» der frühen Mechanisierung vor etwa 5000 Jahren beschreibt Momford als Mittel, Macht, Ordnung, Vorausbestimmtheit und Kontrolle ständig zu steigern. Damit Hand in Hand werden einst selbstbestimmte Tätigkeiten reglementiert und degradiert. «Mit sarkastischem Symbolismus waren die größten Erzeugnisse der Megamaschine in Ägypten kolossale Gräber, die von mumifizierten Leichen bewohnt waren, während später in Assyrien – wie auch immer wieder in sämtlichen sich ausdehnenden Weltreichen – eine Wüstenei zerstörter Dörfer und Städte und vergifteter Boden das Hauptzeugnis technischer Leistungsfähigkeit war: der Prototyp ähnlicher ‹zivilisierter› moderner Greuel.»[1] Das Interesse für technische Dinge, für ihre Starre, Festigkeit, Zuverlässigkeit, verdrängt den Sinn für das Lebendige.

Dokumente, an denen sich dieses Thema analysieren läßt, sind die *‹Futuristischen Manifeste›*, die der italienische Dichter F. T. Marinetti 1909 herausgab. Sie enthalten eine Idealisierung der Technik, in die destruktive Züge eingehen, wie sie auch die frühen Werke Ernst Jüngers und die von Klaus Theweleit untersuchte Freikorps-Literatur auszeichnen. Marinettis Thema ist die Verschmelzung mit dem Angreifer als Abwehr der Angst vor der Riesenmaschine. Das Unheimliche, Bedrohliche an der Technik wird idealisiert und zum Ziel der Vergöttlichung gewählt:

«1. Wir wollen die Liebe zur Gefahr besingen, die Vertrautheit mit Energie und Verwegenheit.»

«3. Bis heute hat die Literatur die gedankenschwere Unbeweglichkeit, die Ekstase und den Schlaf gepriesen. Wir wollen preisen die angriffslustige Bewegung, die fiebrige Schlaflosigkeit, den

1 L. Mumford, Geschichte der Technik, Frankfurt a. M. 1967, S. 24, zit. n. E. Fromm, Anatomie der menschlichen Destruktivität, Stuttgart 1974, S. 310.

Laufschritt, den Salto mortale, die Ohrfeige und den Faustschlag.» (Wie häufig bei abwehrbesessenen Personen wird jede Art der Regression – Ruhe, Beschaulichkeit, Rausch – mit Ausnahme des Rausches der Geschwindigkeit, der höchste Konzentration und Wachsamkeit erfordert, bekämpft.)

«4. Wir erklären, daß sich die Herrlichkeit der Welt um eine neue Schönheit bereichert hat: die Schönheit der Geschwindigkeit. Ein Rennwagen, dessen Karosserie große Rohre schmücken, die Schlangen mit explosivem Atem gleichen . . . ein aufheulendes Auto, das auf Kartätschen zu laufen scheint, ist schöner als die Nike von Samothrake.» Dieser Kult der Geschwindigkeit wird im zweiten futuristischen Manifest (1910) noch deutlicher. Hier nennt Marinetti die Geschwindigkeit ihrem Wesen nach rein, weil sie die «intuitive Synthese jeder Kraft in Bewegung» ist, während die Langsamkeit als «rationale Analyse jeder Art von Erschöpfung in der Ruhe» ihrem Wesen nach unrein sei. «Nach der Zerstörung des veralteten Guten und des veralteten Bösen schaffen wir ein neues Gutes, die Geschwindigkeit, und ein neues Böses, die Langsamkeit. Die Geschwindigkeit ist die Synthese eines jeden Mutes in Aktion. Aggressiv und kriegerisch. Die Langsamkeit ist die Analyse jeder stagnierenden Vorsicht. Passiv und pazifistisch. Wenn das Gebet die Kommunikation mit der Gottheit ist, so ist mit hoher Geschwindigkeit rasen ein Gebet . . . Man muß vor der ungeheuren Drehzahl eines Kreiselkompasses knien: 20 000 Umdrehungen pro Minute, die höchste mechanische Geschwindigkeit, die vom Menschen bisher erreicht wurde. Der Rausch hoher Geschwindigkeiten in Autos ist nichts anderes als das Hochgefühl, sich mit der einzigen Gottheit zu vereinigen. Die Sportler sind die ersten Katechumenen dieser Religion. Zukünftige Zerstörung von Häusern und Städten, um Raum zu schaffen für große Treffplätze für Autos und Flugzeuge.»[1]

Der Geschwindigkeitsrausch ist ein Beispiel narzißtischer Phantasien, in denen es um die Verschmelzung mit einem umfas-

1 F. T. Marinetti, Futuristische Manifeste, zit. n. Christa Baumgarth, Geschichte des Futurismus, Reinbek 1966.

senden Medium geht, nicht um die Möglichkeiten einer Triebbefriedigung durch Beziehungen zu abgrenzbaren, vollständigen Personen. Dabei tritt der typische Rauschzustand dann auf, wenn die Bewegung als solche passiv ist, ihr Verlauf jedoch aktiv bestimmt wird. Der Spaziergänger bewegt sich aktiver als der Flieger; zugleich ist er ein Beispiel für Langsamkeit, «stagnierende Vorsicht», Passivität und Pazifismus. Der Flieger, der Autorennfahrer, der Segler bewegen sich nur wenig, doch steuern sie durch ihre Bewegungen mächtige Apparate, die sie mütterlich umschließen wie früher der Uterus. Sie sind Lenker und Opfer dieser Apparate zugleich, sie können bei glatter Fortbewegung die Illusion genießen, ihre Kräfte zu vervielfachen und die dem gewöhnlichen Gang gesetzten Grenzen mühelos zu überschreiten. Überschätzen sie ihre Macht, fallen sie dem Rausch der Geschwindigkeit so zum Opfer, daß sie unveränderte narzißtische Allmachtphantasien zur Grundlage ihres Handelns machen, dann gewinnen die Kräfte, welche bereits das Bewegungsverhalten des Embryos in der intrauterinen Flüssigkeit bestimmt haben, die Übermacht: Schwerkraft und Beschleunigung. Die fließende, grenzenlose Verschmelzung mit der Geschwindigkeit endet in einem Aufprall, der die Maschine als todbringenden Apparat entlarvt. Im Geschwindigkeitsbedürfnis und in der mit ihm verbundenen Angstlust (die sich im Motorsport, Skifahren oder Segelfliegen bzw. Fallschirmspringen und Drachenfliegen äußern kann) werden zwei Grundbedürfnisse erfüllt, die in Objektbeziehungen unvereinbar sind: die passive Befriedigung (die in einer Objektbeziehung wegen der durch sie drohenden Abhängigkeit gefürchtet wird) einerseits, die aktive Kontrolle über die befriedigende Situation andererseits. Maschinen sind für eine Person, die andere Menschen häufig als enttäuschend erlebt hat, vertrauenswürdiger als Menschen. Sie sind rational aufgebaut und gehorchen vollständig berechenbaren Gesetzen.[1] Daher kann ihr Benutzer, der die Verschmelzungsgefühle der intraute-

1 Beobachtungen in Analysen haben mich dazu geführt, Maschinen gelegentlich scherzhaft ein eigenes Unbewußtes zuzusprechen bzw. eine Reaktion auf das Unbewußte ihrer Besitzer. Castaneda schildert eine

rinen Situation wiederbeleben möchte, gleichzeitig seine Ängste vor Abhängigkeit kontrollieren.

In einer Therapiegruppe berichtet eine Frau darüber, daß ihr unzugänglicher, bei Kränkungen gewalttätiger Mann sie jetzt auf eine neue Weise unter Druck setze: Er habe sich einen Drachen (zum Drachenfliegen im Gebirge) gekauft und das Paket im Keller deponiert. Komme es zum Streit, dann drohe er regelmäßig, den Drachen zusammenzusetzen und damit zu fliegen.

Nach der Trennung von ihrem Freund kaufte sich eine 23jährige Studentin ein schweres Motorrad und unternahm damit weite Überlandfahrten. Sie kam später in Therapie, weil sie fürchtete, «es doch noch einmal zu schaffen» – so formulierte sie ihre Ängste, Selbstmord zu begehen. In der Therapiegruppe wurde deutlich, daß sie an sich den Anspruch stellte, allen Mitgliedern vollkommen zu gefallen, und Kritik als vollständige Ablehnung erlebte, auf die sie mit dem Wunsch reagierte fortzulaufen und endgültig Schluß zu machen.

In diesen Fällen ist die Ersatzfunktion, welche narzißtisch verwendbare Maschinen erfüllen können, noch unschwer faßbar. Die Aussagen Marinettis zeigen diesen Prozeß bereits zur Charakterabwehr erstarrt und durch Umwandlung der narzißtischen Bedürfnisse unkenntlicher gemacht. Die passiven Wünsche werden nicht nur indirekt abgewehrt, sondern aktiv bekämpft und durch Idealisierung ihrer Gegenströmungen angegangen:

«Schönheit gibt es nur noch im Kampf. Ein Werk ohne aggressiven Charakter kann kein Meisterwerk sein. Die Dichtung muß aufgefaßt werden als ein heftiger Angriff auf die unbekannten

Situation, wo die Konzentration des Zauberers Don Juan sein Auto außer Funktion setzt. Möglicherweise gibt es solche nichtzufälligen, auf unbewußte, seltener bewußt-magische Formen der Psychokinese zurückzuführenden Vorfälle häufiger. Sie kommen in jedem Fall einer narzißtischen Beziehung zu Maschinen entgegen und bekräftigen eine animistische Auffassung.

Kräfte, um sie zu zwingen, sich vor dem Menschen zu beugen.» Diese Sätze enthalten ihre eigene Deutung. Die unbekannten Kräfte, von denen der futuristische Dichter spricht, sind seine eigenen auf Verschmelzung und Passivität gerichteten Wünsche. Sie können nur durch Überbetonung von Aktivität, Aggression und Flucht (Geschwindigkeit) abgewehrt werden. Ein grenzenloses Aktivitäts- und Machtbedürfnis wird auf die unbelebte Umwelt gerichtet, weil es unvorstellbar ist, in einer engen Objektbeziehung aktiv zu sein, mehr zu sein als ein passives, manipuliertes Baby.

Die neunte, zehnte und elfte These der ‹*Futuristischen Manifeste*› zeigen weitere Folgen dieses Abwehrkampfs:

«9. Wir wollen den Krieg verherrlichen – diese einzige Hygiene der Welt –, den Militarismus, den Patriotismus, die Vernichtungstat der Anarchisten, die schönen Ideen, für die man stirbt, und die Verachtung des Weibes.«

«10. Wir wollen die Museen, die Bibliotheken und Akademien jeder Art zerstören und gegen den Moralismus, den Feminismus und gegen jede Feigheit kämpfen, die auf Zweckmäßigkeit und Eigennutz beruht.»

«11. Wir werden die großen Menschenmengen besingen, die die Arbeit, das Vergnügen oder der Aufruhr erregt; besingen werden wir die vielfarbige, vielstimmige Flut der Revolutionen in den modernen Hauptstädten; besingen werden wir die mächtige, vibrierende Glut der Arsenale und Werften, die von grellen elektrischen Monden erleuchtet werden; die gefräßigen Bahnhöfe, die rauchende Schlangen verzehren; die Fabriken, die mit ihren sich hochwindenden Rauchfäden an den Wolken hängen; die Brücken, die wie gigantische Athleten Flüsse überspannen, die in der Sonne wie Messer aufblitzen; die abenteuersuchenden Dampfer, die den Horizont wittern; die breitbrüstigen Lokomotiven, die auf den Schienen wie riesige, mit Rohren gezäumte Stahlrosse einherstampfen und den gleitenden Flug der Flugzeuge, deren Propeller wie eine Fahne im Winde knattert und Beifall zu klatschen scheint wie eine begeisterte Menge.»[1]

1 Erstes Futuristisches Manifest, F. T. Marinetti, zit. n. Christa Baumgarth, Geschichte des Futurismus, Reinbek, 1966.

Es fällt mir schwer, hier nur «die wesentlichen Elemente der Nekrophilie: die Anbetung der Geschwindigkeit und der Maschine; Dichtung als Mittel zum Angriff; Glorifizierung des Krieges; Zerstörung der Kultur; Haß gegen die Frauen; Lokomotiven und Flugzeuge als lebendige Kräfte»[1] zu sehen. Neben der schon beschriebenen Abwehr einer tiefen Sehnsucht nach Geborgenheit und Passivität scheint mit im Loblied auf Militärmaschinen, Anarchie, Krieg und die Zerstörung der Akademien und Museen ein verzweifeltes Bedürfnis nach etwas Neuem zu stecken, das durch die Ersatzwelt einer poetisch verlebendigten Technik geschaffen werden soll. Diese narzißtisch besetzten, als Erweiterung der eigenen Kräfte erlebten Surrogate trösten über die Enttäuschung hinweg, die der Verlust des idealen Objekts dem Selbst zufügte. In den Bildern Marinettis, etwa in den mit ihren Rauchfäden wie mit Nabelschnüren an den Wolken aufgehängten Fabriken, in den breitbrüstigen Lokomotiven oder in den gefräßigen Bahnhöfen wird diese Sehnsucht nach Rückkehr, nach Verschmelzung wieder faßbar.

Die Entstehung der Nekrophilie

Fromm hat versucht, die Welt des Narzißmus, der primären Symbiose von Mutter und Kind, der Sehnsucht nach Auflösung und Verschmelzung mit den Begriffen der ödipalen Situation zu erfassen. Er sprach von einer «bösartigen», inzestuösen Bindung, die er der gutartigen, sexuellen Bindung des normalen Ödipus-Komplexes gegenüberstellt und als Hauptwurzel der Nekrophilie deutet. Das liegt wohl auch daran, daß Fromms Verständnis der narzißtischen Seite der Person stark von seinen ethischen Vorstellungen bestimmt wird. Der Narzißmus ist für ihn kein akzeptables Element des Erlebens, sondern ein Zustand, den gesunde Menschen bald überwinden, da er angeblich mit Wärme, Einfühlung und herzlicher Zuneigung unverträglich ist. Ich stimme mit

1 E. Fromm, Anatomie der menschlichen Destruktivität, Stuttgart 1974, S. 313.

Kohut[1] überein, daß diese Auffassung einem Verständnis wesentlicher Seiten der Persönlichkeitsentwicklung sehr im Weg steht. Es ist nicht sinnvoll, davon auszugehen, daß der Narzißmus abnehmen muß, wenn die Liebe zu anderen Menschen zunimmt – im Gegenteil! Mit einer differenzierten Ausbildung der Objektbeziehungen geht eine Verfeinerung und Reifung des Narzißmus Hand in Hand. Für Fromm hingegen ist der Narzißmus eine Schale, die der kleine Junge durchbrechen muß, wenn er eine liebevolle Beziehung zu seiner Mutter aufbauen soll.

Die Abwertung eines Bedürfnisses steigert seine Macht. Die Zeitgenossen Freuds mußten diese Erfahrung mit der Sexualität machen. Vielleicht werden wir einmal sehen, in welchem Umfang es bis heute mit den narzißtischen Bedürfnissen geschieht. Vermutlich bestimmen undifferenzierte Allmachtswünsche das Verhalten der Menschen in den Industriestaaten weit mehr, als es die Fassaden technokratischer Vernunft und vorgeblicher wirtschaftlicher Notwendigkeit vermuten lassen. Die Verfestigung und Erstarrung von Idealvorstellungen, verbunden mit solchen von der Lebenswirklichkeit abgespaltenen Allmachtsphantasien schafft eine Situation, in der das technisch Machbare auch tatsächlich gemacht wird. Mangel an Rücksicht auf die Verletzung natürlicher Zusammenhänge, Zerstörung der zyklischen Vorgänge in der Umwelt (beispielsweise der Selbstreinigungskraft von Ge-

1 «Schlimmer als die leicht pejorative Bedeutung, die der Narzißmus als Regressions- oder Abwehrprodukt im wissenschaftlichen Kontext gewonnen hat, ist ein spezifisches emotionales Klima, das ein Akzeptieren des Narzißmus als gesunde und anerkennenswerte psychische Konstellation nicht begünstigt. Das tief eingewurzelte Wertsystem des Abendlandes, das sich in der Religion, der Philosophie und den Sozialutopien des westlichen Menschen ausprägte, preist den Altruismus und die Sorge um das Wohl des anderen und setzt Egoismus und Sorge um das eigene Wohl herab. Aber was für die sexuellen Bedürfnisse des Menschen gilt, gilt auch für seine narzißtischen Bedürfnisse: weder eine geringschätzige Einstellung ... noch der Versuch ihrer totalen Ausrottung werden zu einem wirklichen Fortschritt der Selbstkontrolle und der sozialen Anpassung des Menschen führen,» sagt H. Kohut, Überlegungen zum Narzißmus und zur narzißtischen Wut in: *Psyche* 27, 1973, S. 517.

wässern) sind die wirtschaftlichen Folgen.[1] Ihnen entspricht im seelischen Haushalt des Individuums die Erstarrung des Verhaltens zum Leistungsautomatismus und die Verletzung der zyklischen Vorgänge von Einatmen und Ausatmen, Wachen und Schlafen, Nahrungsaufnahme und Nahrungsausscheidung. Ein Signal dieser Störungen sind die überhandnehmenden psychosomatischen Krankheiten, an denen inzwischen mindestens sieben von zehn Patienten im Wartezimmer praktischer Ärzte leiden. Der psychosomatisch Kranke scheut meist die mühevolle, seinen Idealanspruch an Normalität, Leistungsfähigkeit und Rechtschaffenheit kränkende Arbeit, sich seiner seelischen Konflikte und seiner selbstschädigenden Lebensweise bewußt zu werden. Zugleich ist es unter dem leistungsorientierten Blickpunkt der Heilung nicht immer aussichtsreich, mit ihm diesen Weg zu gehen: Die verkörperlichten Folgen des gestörten seelischen Gleichgewichts sind nicht durchweg wieder rückgängig zu machen.

An Fromms Bild von den Wurzeln der Nekrophilie fällt auf, daß er nur die männliche Entwicklung – vor allem die Ödipus-Situation – aufgreift. In der typisch biophilen Vorgeschichte bilden sich warme, gefühlvolle Bindungen des Sohns an die Mutter. Die bösartige, inzestuöse Situation hingegen gleicht dem autistischen Krankheitsbild, ist aber weniger extrem. Autistische Kinder fallen sozial auf, weil sie das Lachen der Mutter nicht erwidern und keine Gefühlsbindungen entwickeln. Die späteren Nekrophilen sind zunächst unauffällig. Sie passen sich an die Forderungen der Eltern an, entwickeln aber keine zärtlichen Bindungen an die Mutter, haben nicht den Wunsch, ihr nahe zu sein und begehren sie nicht sexuell. «Für sie ist die Mutter ein Symbol: mehr ein Phantom als eine wirkliche Person. Sie ist ein Symbol der Erde, der Heimat, des Blutes, der Rasse, der Nation, des Urgrundes, aus dem das Leben entspringt und zu dem es zurückkehrt. Aber sie ist auch das Symbol von Chaos und Tod; sie ist nicht die lebenspendende, sondern die todbringende Mutter;

1 Daß statt «Wirtschaft» hier «Ökologie» genauer wäre, zeigt die Perversion unseres Wirtschaftssystems, das höchst unwirtschaftlich geworden ist.

ihre Umarmung ist der Tod, ihr Schoß ist das Grab. Die Anziehung, die von dieser Tod-Mutter ausgeht, kann nicht Zuneigung oder Liebe sein; es ist keine Anziehungskraft im üblichen psychologischen Sinn, die etwas Angenehmes und Warmes bedeutet, sondern es handelt sich um eine Anziehung in dem Sinn, wie man etwa von der magnetischen Anziehungskraft oder von der Schwerkraft sprechen würde. Jemand, der mit einer bösartigen inzestuösen Bindung an die Mutter fixiert ist, bleibt narzißtisch, kalt und reaktionsunfähig; er fühlt sich zu ihr hingezogen, wie das Eisen von einem Magneten angezogen wird; sie ist das Meer, in dem er ertrinken möchte; die Erde, in der er begraben werden möchte. Der Grund für eine solche Entwicklung scheint zu sein, daß der Zustand einer ungemilderten narzißtischen Einsamkeit unerträglich ist; wenn keine Möglichkeit besteht, mit der Mutter oder ihrer Ersatzfigur durch warme, erfreuliche Bindungen in Beziehung zu treten, so muß die Beziehung zu ihr und der ganzen übrigen Welt zu einer endgültigen Vereinigung im Tode werden.»[1]

Zu dieser Auffassung läßt sich kritisch sagen, daß Fromm die narzißtische Ebene des Erlebens, in dem keine abgrenzbaren Personen, sondern Verschmelzungs- und Idealisierungsprozesse vorherrschen, aus dem Blickwinkel der ödipalen Beziehung beschreibt. Damit verkennt er auch, daß die narzißtischen Sehnsüchte – etwa das Aufgehen im grenzenlosen Meer – durchaus positive Seiten haben und zur emotionalen Grundausrüstung der meisten Menschen gehören. Moralische Abwertung narzißtischer Erlebnisweisen ist eine wichtige Ursache ihrer mangelnden Differenzierung und Verbindung mit reiferen Formen der Wahrnehmung und der Einfühlung. Unbeachtet bleibt auch die Bedeutung des Ideals in diesem Zusammenhang. Gerade die Verknüpfung von ungemilderten, unentwickelten, narzißtischen Strukturen (dem Größen-Selbst und dem allmächtigen Selbst-Objekt) mit den überlieferten Idealen einer Kultur schafft die Voraussetzungen für die bedrohlichen Formen der Nekrophilie. Hitler war

1 E. Fromm, Anatomie der menschlichen Destruktivität, Stuttgart 1974, S. 329.

nicht deshalb gefährlich, weil er persönlich nekrophile Züge aufwies (Fleischbrühe nannte er Leichentee und aß vegetarisch), sondern weil er destruktive Größenvorstellungen einer Mehrheit der Bevölkerung ausnutzen konnte. Die Verknüpfung von unvereinbaren, nach logischen und rationalen Kriterien widersprüchlichen und darum notwendig destruktiven Idealvorstellungen ist geradezu ein Markenzeichen der faschistischen Propaganda, in der etwa Nationalismus und Sozialismus durch die Verleugnungskünste eines realitätsblinden Größenwahns zur Grundlage einer einzigen, machtbesessenen politischen Strömung gemacht wurden.

Andere Aussagen Fromms entsprechen den hier entwickelten Vorstellungen über destruktive Ideale. So nimmt er an, daß die gutartige inzestuöse Bindung ein normales Entwicklungsstadium ist, vergleichbar der Ausbildung gutartiger Idealisierungen in der phasengerechten Entstehung fester innerer Strukturen durch die Verinnerlichung der frühen Bezugspersonen. Die bösartige inzestuöse Bindung und mit ihr die Nekrophilie treten dann auf, wenn «gewisse Bedingungen» die Entstehung gutartiger inzestuöser Bindungen verhindern.[1] Dasselbe gilt für die Genese bösartiger Ideale. Über diese Einflüsse gibt Fromm allerdings nur sehr dürftige Hinweise: Er nimmt genetische Faktoren an – eine «genetisch mitgegebene Disposition zur Kälte»[2] – und sucht weitere Voraussetzungen im Charakter der Mutter. (Hier wird wiederum die Neigung analytischer Autoren deutlich, die Sohn-Mutter-Situation zum Modell der Kindheit schlechthin zu machen, als ob es Väter, Mädchen und Frauen nicht gäbe.) Eine «kalte» Mutter macht es dem Kind unmöglich, warme Gefühlsbedingungen zu entwickeln, obwohl sie von einem Kind mit starker Anlage zur Wärme aufgetaut werden kann, vermutet Fromm. Andererseits kann sich das Kind einer gestörten Mutter Ersatzpersonen suchen, oder ein ursprünglich «kaltes» Kind wird durch die besondere Liebe und Fürsorge der Mutter geändert.

1 E. Fromm, Anatomie der menschlichen Destruktivität, Stuttgart 1974, S. 330.
2 Ebd.

Auch an diesen Überlegungen fällt auf, daß es nur zwei Möglichkeiten gibt – «Wärme» oder «Kälte». Die Mischung beider, die in der Realität vorherrscht, wird nicht einbezogen. So gesehen, vergröbert Fromm die Todestrieb-Lehre Freuds, indem er keine Mischung von Lebens- und Todestrieben annimmt, sondern eine Alternative. Seine Grundhaltung ist deutlich die der ethischen Entscheidung, nicht der wissenschaftlichen Analyse.[1] Hier, als Abschluß, die ethische Grundaussage Fromms: «Wenn der Mensch nicht schaffen oder niemanden ‹bewegen› kann, wenn er nicht aus dem Gefängnis seines totalen Narzißmus und seines Abgetrenntseins ausbrechen kann, so kann er doch dem unerträglichen Gefühl seiner vitalen Impotenz und Nichtigkeit dadurch entrinnen, daß er in einem Akt der Zerstörung des Lebens sich selbst bestätigt. Dazu ist weder viel Anstrengung noch Geduld, noch Sorgfalt notwendig; zur Zerstörung braucht man nur starke Arme, ein Messer oder einen Revolver.»[2] – Es ist nur hinzuzufügen: Heute, im Zeitalter des unbegrenzten technischen Fortschritts, sind die starken Arme längst überflüssig geworden. Es genügt, eine Partei zu wählen, einen Plan zu zeichnen, einen Computer zu programmieren oder auf einen Schaltknopf zu drücken . . .

1 Meine Position würde ich in der Mitte zwischen Freud und Fromm ansiedeln: Ich teile Fromms Auffassung, daß die Entwicklung lebensbejahender Idealvorstellungen die Ausgangssituation der biologischen und kulturellen Evolution ist, während die zerstörerischen Ideale die Folge von Störungen dieser Entwicklung sind. Andererseits teile ich Freuds Einstellung, daß es sich um parallele Entwicklungsvorgänge handelt und daß in jedem Menschen lebensbejahende und lebensfeindliche Ideale nebeneinander bestehen – zumindest in jedem Menschen der gegenwärtigen Industriegesellschaft, den ich bisher psychologisch genauer kennenlernen konnte.

2 E. Fromm, Anatomie der menschlichen Destruktivität, Stuttgart 1974, S. 332.

4. Entwicklungsgeschichte des Ideals

Wir sind bisher einen Weg gegangen, der sich für eine psychoanalytische Untersuchung anbietet: Er geht von den Störungen aus. Die nützlichen Seiten des Ideals sind unerwähnt geblieben. Zu einem vertieften Verständnis scheint aber das Wissen um die regelrechte Funktion einer seelischen Struktur unerläßlich. Störungen andererseits geben oft Anlaß, überhaupt wahrzunehmen, daß es diese Struktur gibt. Im seelischen Normalzustand fallen Ideal und realitätsbezogenes Ich zusammen, sind nicht voneinander zu unterscheiden. Das Ideal greift nicht störend in die vegetativen Abläufe von Wachen und Schlafen, Essen und Verdauen, Einatmen und Ausatmen, Arbeit und Ruhe ein. Es ordnet die Aktivität, verbindet sie mit den Tätigkeiten anderer Menschen und mit sozial anerkannten, von den Bezugsgruppen erwarteten Zielen. Es ermöglicht Kooperation, Verantwortung, Verläßlichkeit, Vertrauen – alles Leistungen, die damit zusammenhängen, daß die Wunschmaschine nicht ungesteuert und unkontrolliert arbeitet, sondern langfristige Ziele verfolgt, die Bedürfnisse anderer Menschen berücksichtigt.

Als die beiden wichtigsten Aufgaben der Idealfunktion können wir 1. die Ordnung des sozialen Zusammenlebens und 2. die Festigung innerseelischer, für das Überleben wichtiger Erlebnis- und Verhaltenssequenzen betrachten. Beide Funktionsbereiche sind eng miteinander verflochten. Es gibt letztlich keine Psychologie des menschlichen Individuums, die nicht nach allen Seiten die Muster des sozialen Zusammenhangs miteinbeziehen muß, aber auch keine Betrachtung der menschlichen Gesellschaften, die nicht den einzelnen als den unentbehrlichen Träger der symbolischen Strukturen und damit der Werte und Ideale betrachtet.

Die Idealfunktion ist in den geistigen Traditionen des Abendlandes schon früh entdeckt worden. In der Philosophie Platons sind die Ideen, den Idealen verwandt, dem Sterblichen nur als Schatten faßbar, aber dennoch das Wichtigste, was er besitzt. Dabei werden Ideen und Begriffe eng verknüpft, die Beziehung zwischen der sprachlichen Struktur und den gesellschaftlich anerkannten Werten liegt offen zutage. Gleichzeitig überliefert Platon auch einen Mythos, der – ob er nun von ihm selbst stammt oder eine andere Tradition aufgreift – die symbiotische Beziehungsform aufzeigt. Es ist die Geschichte von den Kugelmenschen, die er im ‹*Gastmahl*› erzählen läßt. Vor alters waren die Menschen Zwitter, mannmännlich, mannweiblich, weibweiblich, rund wie Kugeln und ungeheuer stark. Selbst die Götter fürchteten ihre Macht. Um sie zu schwächen, halbierten sie die zwittrigen Kugelmenschen und nötigten sie dadurch, ihre Kraft in das Bemühen umzuformen, sich wieder mit der anderen Hälfte der ursprünglichen Einheit zu vereinigen. Die Verschmelzung mit dem Ideal, mit der Idee, mit dem zum Ideal gewordenen Partner – Platon hat dieses Thema immer wieder zum Gegenstand seiner Schriften gemacht.

Die Entwicklung der Idealfunktion läßt sich nicht trennen von der biologischen und kulturellen Entwicklungsgeschichte, die zum Entstehen menschlicher Gesellschaften führte. Das Streben nach Vollkommenheit, die Erfüllung einer vorgegebenen Form, welche als Zielvorstellung so lange das Verhalten beeinflußt, bis sie verwirklicht ist – solche Vorgänge lassen sich auch bei Tieren beobachten. Sie wurden früher sogar häufig als Zeichen einer von Gott eingegebenen Sicherheit und Vollkommenheit der nichtmenschlichen Lebewesen gepriesen: die perfekte soziale Organisation von Bienen und Ameisen, der kunstvolle Bau des Spinnennetzes, die majestätische Mühelosigkeit des Vogelflugs. Immer haben Menschen die Anpassung, die ideale Harmonie bewundert, in der Tiere mit ihrer Umwelt leben – die Verfeinerung tierischer Körper, die ganz Werkzeug zu sein scheinen –, der Hai wie der Pinguin, der Falke wie die Schwalbe, die in ihrem Haus eingeschlossene Schnecke oder die flüchtige Antilope. Dennoch ist die Vollkommenheit, von der hier die Rede ist, etwas ganz anderes als die menschliche Idealfunktion. Der mittelalterliche Prediger, der die Vollkommenheit Gottes in den erstaunlichen Webkünsten der Spinnen bestätigt sieht, wäre über eine Beobachtung von M. Melchers[1] verblüfft. Baut die Spinne (Cupiennius salei) den Kokon für die Eiablage, dann spinnt sie zuerst eine Grundplatte, die sie mit einem erhöhten Rand umgibt. In dieses Nest legt sie die Eier; anschließend spinnt sie den Kokon zu. Doch fehlt der Spinne der Begriff für Vollendung. Wenn sie beim Kokonbau gestört wird, nachdem sie schon die Basalplatte fertig hat, dann spinnt sie an anderer Stelle nur die Randzone, legt die Eier ab (die zu Boden fallen und verloren sind) und spinnt den Kokon säuberlich zu. Selbst wenn ihr durch die Wärme der Scheinwerfer, die ein Verhaltensforscher für seine Filmaufnahmen auf sie richtet, die Spinndrüsen eintrocknen, macht sie ihre vorprogrammierten, etwa 6400 Tupfbewegungen mit den Spinnwarzen und legt anschließend die Eier ab.

Dieses Beispiel für «instinktives» Verhalten läßt sich natürlich nicht auf höhere Tiere übertragen. Es zeigt aber, wie Vollkommenheit im Fall des bereits von den griechischen Mythographen bewunderten Spinnennetzes zustande kommt: durch in den Erbanlagen überlieferte, festgelegte Bewegungsabläufe, die an einer häufig vorkommenden Umweltsituation ausgerichtet sind und in einer so hohen Zahl von Situationen den Erfolg gewährleisten, daß die Art überlebt. Der Spinne schwebt kein idealisiertes Ergebnis vor. Das vollkommen gewobene Netz entsteht durch einzelne Verhaltensweisen, die zentralnervös gesteuert und durch Veränderungen des Erbguts der Umwelt angepaßt sind. Wie die Spinne ihr Netz webt, welchen Grad an Vollkommenheit sie darin erreicht, hat nur sehr wenig mit ihrem individuellen Schicksal zu tun. Sie beherrscht diese Kunst, ohne sie erlernen zu müssen. So kann sie diese nicht durch ihre Erfolge vervollkommnen oder unter einem Mißerfolg leiden. Verändern wird sich nicht ihr Verhalten, sondern das Verhalten der ganzen Art, wenn Umweltveränderungen eine neue Auslese des Erbguts bedingen.

1 M. Melchers, Cupiennius salei: Spinnhemmung beim Kokonbau. Encycl. cinem. E 364, Publ. 3. Wiss. Filmen, 1 A, 21–24, Göttingen (Institut für wiss. Film) 1964.

Die erstaunliche Vielfalt der Tierarten und die Vollkommenheit ihrer Anpassungen zeigen, daß die Möglichkeiten der Erbanlagen schier unbegrenzt sind. Dennoch wären sie allein nicht in der Lage, die lebenden Strukturen in einem Gleichgewichtszustand mit ihrer Umwelt zu erhalten. Die Anpassungsleistungen des Genoms betreffen nur langfristige, mindestens eine Generation betreffende Veränderungen. Sie setzen voraus, daß die Umweltbedingungen gleich oder zumindest so ähnlich bleiben, daß längere Zeiträume beständige Bedingungen herrschen. Daher benötigen die lebendigen Systeme auch Mittel, um schnellen Veränderungen der Umwelt gerecht zu werden, die nicht durch das langsame Zusammenspiel von Mutation und Auslese bewältigt werden können.

Es ist etwas vorschnell, diese rasch arbeitenden Mechanismen als Lernen schlechthin aufzufassen. Tatsächlich gibt es auch viele Zwischenstufen, auf denen Information aus der Umwelt aufgenommen und verwertet, jedoch nicht gespeichert wird. Das einfachste dieser Modelle ist der Regelkreis, der den Organismus im Gleichgewichtszustand (Homöostase) erhält. Regelkreise gibt es auf sehr vielen Ebenen, von chemischen Mechanismen des Säure-Basen-Haushalts bis zu höchst verfeinerten Leistungen der Sinnesorgane und des Nervensystems. Ihnen gemeinsam ist, daß der Organismus Informationen über Umweltveränderungen empfangen und so verwerten kann, daß sinnvolle innere oder äußere Veränderungen das bedrohte Gleichgewicht wiederherstellen. Das Tier frißt mehr, wenn die Umwelttemperatur sinkt und der Stoffwechselbedarf steigt, oder es atmet rascher, wenn die Luft weniger Sauerstoff enthält. Dazu ist notwendig, daß zwischen der Umweltsituation und dem eigenen Bedarf Informationen ausgetauscht werden. Diese werden nicht gespeichert. Es genügt, wenn der Regelkreis auf Grund seiner durch Erbanlagen vorgegebenen Struktur zuverlässig arbeitet. Auf einer ähnlichen Stufe arbeiten einfache Formen der Reizaufnahme und -beantwortung. Die Amöbe etwa entzieht sich schädlichen Reizen durch Wegfließen, strebt «angenehmen» Reizen durch Ausstülpung von Scheinfüßchen zu (indem die Oberflächenspannung an einer Stelle des Protoplasma-Klümpchens vermindert wird) und verleibt sich ihre Nahrung durch Umfließen ein. Höherentwickelte Tiere, die feste Strukturen aufweisen, sind auch vor neue Probleme gestellt. Sie zu betrachten, ist im Zusammenhang mit der Idealbildung deshalb fesselnd, weil diese naturgeschichtlichen Verfestigungsprozesse Vergleichsmöglichkeiten und Denkanstöße liefern können, wenn wir die psychologischen Verfestigungs- und Erstarrungsmechanismen der Idealbildung betrachten.

Die Amöbe ist fähig, je nach Bedarf an jeder Stelle ihres Körpers ein elementares Vorder- oder Hinterende – Kopf oder Schwanz, Mund oder Arm – entstehen zu lassen. Dadurch ist es ihr möglich, sich mit minimalem Aufwand – freilich auch mit sehr geringer Geschwindigkeit – in allen drei Dimensionen des Raums fortzubewegen. (Wir gehen hier, wie die Evolution auch, vom Ursprung des Lebens im Wasser aus.) Eine feste Form, wie etwa die gestreckte Stromlinie rasch schwimmender Fische, erzwingt ausgearbeitete Apparate, um eine sinnvolle Steuerung zu ermöglichen.

Auch hier lassen sich höchst einfache und wirksame Mechanismen beobachten. Es genügt etwa, wenn ein Einzeller, der wegen seiner festen Struktur in eine Richtung schwimmen muß, in günstigem Milieu sein Tempo verlangsamt und in ungünstigem beschleunigt. Dieses Prinzip entspricht nach einem Vergleich von Konrad Lorenz genau dem, das Autos an Stellen langsamer Fahrt gehäuft auftreten läßt – «wären sie Urtierchen in der Nähe eines faulenden Pflanzenteilchens, so wäre ihr Verhalten zweckmäßig»[1]. Andere Tiere wiederum bewegen sich prinzipiell im Zickzack. In günstigem Milieu wird der Winkel steiler, die Bewegung erfolgt weniger voran und mehr hin und her. Das tun nicht nur Einzeller, sondern auch Asseln. Wie eindeutig zweckmäßig dieses Grundprinzip ist, zeigt – bei allen Verschiedenheiten im Zustandekommen – die Beobachtung grasender Säugetiere oder auch Pilze suchender Menschen.[2]

Weitere Formen der Reizverarbeitung sind die Flucht- und Orientierungsreaktionen (phobische und topische Reaktionen).

1 K. Lorenz, Die Rückseite des Spiegels, München 1973, S. 73.
2 Ebd., S. 77.

Sie sind häufig mit angeborenen auslösenden Mechanismen (AAM) verknüpft, die sich als Reizfilterapparate beschreiben lassen, welche auf bestimmte Reize (Schlüsselreize) ansprechen und sinnvolle Verhaltensweisen auslösen. Ich erwähne diese Grundprinzipien kurzfristigen Gewinns an Information und aus ihr gewonnener Anpassungsleistung hier, weil sie ein Übergangsfeld zwischen den festgelegten, nur im langsamen Fortschreiten der natürlichen Auslese veränderten Strukturen des Genoms und den höheren Formen des Lernens darstellen, zu denen als Extremtyp das Idealsystem gehört. Es gibt sogar Versuche von Verhaltensforschern, das starke Festhalten an Werten und Idealen durch Mechanismen zu erklären, die vor allem an Vögeln beobachtet und unter dem schillernden Begriff der «Prägung» zusammengefaßt werden.

Wie die geprägte Münze das einmal aufgepreßte Bild festhält, so scheinen viele Vogelarten die während einer kurzen, empfindlichen Zeitspanne erworbenen Reaktionen weitgehend unveränderlich festzuhalten. Eine junge Graugans etwa folgt jedem bewegten Gegenstand, den sie kurz nach dem Schlüpfen sieht – ob es die Gänsemutter, ein Verhaltensforscher oder ein von ihm an einer Schnur gezogenes Kistchen ist. Diese Folgereaktion bleibt bestehen; bringt man das auf einen Menschen geprägte Gänschen später zu seiner Mutter, so folgt es ihr nicht. Andere Vogelarten haben Sicherungsmechanismen eingebaut; hier wird die optische Prägung durch eine sehr selektive akustische Aufmerksamkeit für die Lockrufe der eigenen Art ergänzt und dadurch die Wahrscheinlichkeit von Fehlprägungen vermieden.

Die Prägung ist für die Betrachtung menschlicher Wiederholungszwänge ein fesselndes Modell, obwohl sich unmittelbare Schlüsse verbieten. Sie nimmt einen Vorgang vorweg, der im Zusammenhang mit den Mechanismen der Idealisierung sehr wesentlich ist: Erworbene Verhaltensformen werden beibehalten, obwohl die tatsächlich eintretenden Folgen für den außenstehenden Betrachter schmerzhaft, unsinnig oder einer natürlichen Abfolge widersprechend scheinen. Die Prägung scheint einem von Lehrern beklagten, häufig aber wohltätigen Vorgang entzogen: dem Vergessen, das ein wesentliches Merkmal der meisten übrigen Lernprozesse ist. Verhängt man den Käfig, in dem zwei menschengeprägte Wellensittiche zusammen leben, so fangen sie trotz ihrer Prägung auf Menschen an, sich anzubalzen und zusammen zu brüten. Nimmt man dann den Vorhang weg, dann zerbricht diese Paarbildung, der wieder sichtbare Mensch wird angebalzt, die Brut geht ein, weil sich keiner mehr um sie kümmert.[1] Die einem Pappkarton folgende Graugans beraubt sich einer Fülle wesentlicher Eindrücke und Lernerfahrungen. Dennoch bleibt sie dem Pappkarton treu.

Prägungsvorgänge betreffen meist das soziale Verhalten – den Gesang von Vögeln, die Nachfolgereaktion junger Nestflüchter, den Rivalenkampf, die Wahl des Sexualpartners. Durch Prägung lassen sich beispielsweise bei vielen Vogelarten homosexuelle Partnerwahl oder auch die Wahl von Partnern aus anderen Arten erreichen, die für eine Paarung gar nicht geeignet sind und eine unter dem Aspekt der Aufzucht aussichtslose Beziehung ergeben. Dabei wird ein Vogel nicht schlechthin auf eine andere Art geprägt, sondern nur im Hinblick auf umrissene Verhaltensweisen. Er kann beispielsweise sexuell auf eine andere Art fixiert sein, jedoch Rivalenkämpfe mit Artgenossen austragen. Graugänse lassen sich in ihrer Nachfolgereaktion auf Menschen prägen, ohne daß gleichzeitig eine sexuelle Prägung stattfindet. Ziemlich rätselhaft ist auch, daß die Prägung bei Vögeln von einem Abstraktionsmechanismus begleitet wird. Nicht der ursprünglich die Prägung auslösende Partner wird später gewählt, sondern in der Regel ein Artgenosse von ihm. Auf diese Weise entsteht eine Parallele zur Inzestschranke.

Der Sinn des Prägungsmechanismus liegt darin, wesentliche Reiz-Reaktions-Folgen des sozialen Verhaltens festzulegen, in denen es zu kompliziert wäre, bereits in den Erbanlagen vorzuprogrammieren, welche Merkmale das Objekt dieser Verhaltensweisen hat. Objektprägungen sind daher bei Vogelarten besonders häufig, deren Vertreter arm an auffälligen Signalreizen sind. So unterscheidet sich bei Enten die Prägbarkeit verschiedener

1 Konrad Lorenz, Das angeborene Erkennen, in: *Natur und Volk* 84, 1954, S. 285 f.

Geschlechter je nach der Auffälligkeit der Objekte. Die weiblichen Enten sind tarnfarbig; die Erpel werden auf sie geprägt (die erste Ente, die sie sehen, ist in freier Natur ihre Mutter). Die Ente hingegen erkennt den auffälligen Erpel angeborenermaßen. Sie kann nicht auf «falsche» Partner geprägt werden. Auf Grund dieses Sachverhalts läßt sich vermuten, daß Brutparasiten, die zu Beginn ihrer Entwicklung nur Nicht-Artgenossen sehen, auch nicht prägbar sind, sondern einander an einem möglichst einfachen, arttypischen Signal erkennen. Das ist beim Kuckuck tatsächlich der Fall.

Die Prägung ist eine freie Stelle in einem sonst durchgewebten Muster genetisch bedingter Abläufe. Die menschlichen Fixierungen an Ideale, denen manche Ethologen einen prägungsähnlichen Charakter zuschreiben[1], sind nicht artspezifisch, sondern kulturspezifisch. Die als Beweis angeführte Zähigkeit, mit der Menschen an den religiösen oder politischen Idealen ihrer Kindheit festhalten, kommt sicher auf komplexere Weise zustande als die Folgereaktion der Graugans, die einem Pappkarton nachläuft, oder die sexuelle Fixierung der Dohle, die unentwegt einen Menschen anbalzt.

Für das Verständnis eines Sachverhalts ist es häufig nützlich, ein Maschinenmodell für ihn zu entwerfen, ihn gewissermaßen nachzubauen. Unsere konventionellen Maschinen entsprechen am ehesten den vorwiegend durch angeborene Verhaltensformen festgelegten Organismen. Sie sind so gebaut, daß sie eine bestimmte, schon während ihrer Entwicklung festgelegte Tätigkeit möglichst günstig bewältigen können. Eine Planierraupe wird ebensowenig geeignet sein, Menschen rasch zu befördern, wie ein Pinguin, sich neue Lebensräume außerhalb des fischreichen Polarmeers zu erschließen, oder ein Termiten-Soldat, außerhalb seiner wohlorganisierten Gesellschaft und ohne Arbeiter, die ihn füttern, zu überleben. Die menschlichen Ingenieure sind bisher wenig erfindungsreich gewesen, Maschinen zu bauen, die nicht von Anfang an festgelegte Aufgaben erfüllen, sondern ihre Fern-

1 I. Eibl-Eibesfeldt, Grundriß der vergleichenden Verhaltensforschung, München 1972, S. 285. – H. Hass, Wir Menschen, Wien 1968.

ziele – Selbst- und Arterhaltung – dadurch erreichen, daß sie eine Vielfalt unvorhersehbarer Umweltsituationen durch individuelle, auf Grund ihrer Erfahrungen vollzogene Verhaltensänderungen bewältigen. Für das menschliche Bewußtsein ist Lernen so selbstverständlich, daß wir dazu neigen, die Fähigkeit zum Lernen mit Leben schlechthin zu identifizieren. Dennoch ist Lernen auf frühen Stufen der Evolution eher eine Nebensache. Noch ungewöhnlicher ist, daß nicht nur die Mittel zum Überleben – die Verwendung des Körpers als Werkzeug – erlernt werden, sondern auch die Ziele des Lebens selbst: die Ideale.

Säugetierarten – Mäuse, Wölfe, Bären – gleichen Maschinen, die zwar eine feste äußere Form haben, jedoch die Art ihrer Tätigkeit erst im Umgang mit ihrer Umwelt schrittweise erwerben. Sie sind fähig, Erfolge und Mißerfolge mit Hilfe bestimmter Mechanismen so zu verwerten, daß im Laufe der Zeit die Zahl der erfolgreichen Verhaltensweisen zunimmt, die Zahl der erfolglosen vermindert wird. Diese an- oder abdressierenden Apparate werden in der behavioristischen Psychologie «Verstärker» genannt. Wie sie beschaffen sind und welche Wirkungen sie ausüben ist intensiv untersucht worden.[1] Insgesamt nimmt mit dem Fortschreiten der biologischen Evolution die Zahl der angeborenen Verhaltensformen ab, die der durch Lernen erworbenen zu. Das innere System von Verstärkern ordnet die Vielfalt der möglichen Lernvorgänge. Es wird nur gelernt, was tatsächlich oder möglicherweise die Bedürfnisse des Organismus nach einem Gleichgewichtszustand befriedigt – beispielsweise einen Mangel an Nahrung, an Atemluft, an Wärme beseitigen hilft oder der Paarung und Aufzucht von Nachwuchs dient. Wesentlich ist hier die bei vielen Wirbeltieren beobachtete Fähigkeit, auch in von unmittelbarer Notwendigkeit entlasteten Situationen zu lernen, die nach ihren am höchsten entwickelten Formen als «Spiel» gekennzeichnet wird. Spielbereit sind dabei vor allem Jungtiere, die unermüdlich und scheinbar ohne nachweisbaren Nutzen klettern, laufen, sich orientieren,

1 K. Foppa, Lernen, Gedächtnis, Verhalten, Köln 1966, gibt eine übersichtliche Zusammenfassung der europäischen und amerikanischen Lernforschung.

soziale Kontakte anknüpfen. Auch erwachsene Tiere erforschen «spielerisch» ihre Umwelt, wenn sie aus der vertrauten Umgebung in eine ungewohnte Lage geraten. Diese Neugieraktivität hat den Sinn, das Tier auf den Ernstfall vorzubereiten, so daß seine körperlichen und seelischen Funktionen gerüstet und seine Orientierung im Raum (Fluchtwege, Angriffswege, Verstecke) gewonnen sind.

Diese spielerische Vorbereitung auf den Ernstfall ist wahrscheinlich der Nährboden, auf dem die weitgehend von unmittelbar biologischer Bedürfnisbefriedigung befreite (sie jedoch mittelbar vorbereitende und gestaltende) Evolution des Idealsystems einsetzte. Die idealisierten Werte jeder Gesellschaft werden zunächst spielerisch erworben und geprobt. Die Erwachsenen lächeln mitfühlend oder erhaben, wenn vor ihnen mit Puppen, Bauklötzen oder Spielautos eine Welt entsteht, in der Gut und Böse, Erfolg und Mißerfolg, Glück und Unglück mit den reinlichen Unterscheidungen des Märchens oder des Kasperltheaters verkörpert sind. Die Puppe bildet meist nicht den wirklichen Menschen ab, sondern den idealen; das Spielzeugauto ist selten ein Abbild des wirklichen Familienautos, sondern ein Sportwagen mit mindestens acht Zylindern. Vermutlich würde sich mehr Ernst und Einfühlung in dieses Lächeln mischen, wenn die Erwachsenen wüßten, wie sehr sie selbst in ihren Ängsten und Depressionen von dem bestimmt sind, was sie in spielerischer Übertreibung vor sich veräußerlicht sehen.

Die Erbanlagen dienen dazu, einen Gewinn an Information, wie ihn lebende im Gegensatz zu toter Materie darstellt, zu erhalten. Was durch individuelles Lernen im Laufe der Lebensgeschichte eines Organismus erworben wurde, geht in der Regel mit seinem individuellen Tod verloren. Kein Gelehrter wird seinen Kindern sein Wissen auf die mühelose Weise mitgeben, wie die Spinne ihren Nachkommen die Kunst, Netze zu weben. Die Vermutung über eine Vererbung erworbener Eigenschaften, die von Lamarck bis Lyssenko viele Forscher beschäftigte, gilt heute als widerlegt.[1]

1 Sie faszinierte auch Sigmund Freud vgl. Freuds Neo-Lamarckismus, Kap. 4, in: W. Schmidbauer, Vom Es zum Ich – Evolution und Psychoanalyse, München 1978.

So ist die Versuchung für den Gelehrten groß, andere Kinder zu zeugen, die unmittelbar behalten und weitertragen, was er sich mühevoll erwarb. Gemeint sind die Aufsätze, die er verfaßt, die Formeln, die er entwirft, die Erfindungen, deren Pläne und Modelle er ausarbeitet. Und oft genug kommen die leiblichen Kinder des Wissenschaftlers – wie jedes von seinen Idealen übermäßig faszinierten Menschen – zu kurz, werden uneinfühlsam behandelt und geben der Umwelt Anlaß zu der mitleidig-schadenfrohen Feststellung, daß es nicht leicht sei, Kind berühmter Eltern zu sein. Pastors Kinder, Müllers Vieh – gedeihen selten oder nie: Was durch Ideale übermästet aufwächst, entwickelt sich oft nicht gut, weil starre Vorstellungen und Forderungen nicht ersetzen, was an Einfühlung und Aufmerksamkeit fehlt.

Die Annahme einer Vererbung erworbener Gewinne an Information ist wohl als Projektion eines narzißtischen Wunsches nach Unsterblichkeit in die Natur zu verstehen. Die Natur erfüllt diesen Größenwunsch nicht – bezeichnenderweise war es der machtbesessene Stalin, der Lyssenkos Lehre allen Gegenbeweisen zum Trotz unterstützte –, doch das Fortbestehen von Verhaltenstraditionen in den menschlichen Kulturen kommt einer Erfüllung dieses Wunsches nahe.

Wie sind solche Verhaltenstraditionen, zu denen als höchstentwickelte Form auch das menschliche Idealsystem gehört, im Verlauf der Evolution entstanden? Wir müssen davon ausgehen, daß es grundsätzlich zwei Formen des Lernens gibt, die bisher viel zuwenig voneinander unterschieden wurden: das Lernen von der unmittelbaren Umwelt, wie sie individuell erlebt wird, auf der einen Seite, das durch einen Artgenossen vermittelte Lernen «am Vorbild» andererseits. Beide Lernbereiche überschneiden sich: Auch Artgenossen können so unzugänglich, so von Affekten beherrscht sein, daß sie ebenso erlebt werden wie eine blinde Naturgewalt. Manchmal werden Artgenossen auch gar nicht erkannt, wie bei einigen Fischarten, wo die Erwachsenen ungehemmt ihre eigenen Nachkommen vertilgen, wenn sich die Gelegenheit dazu ergibt. Doch je wesentlicher soziale Bindungen werden, je stärker der Zusammenhalt der Gruppe das Leben des einzelnen mitbestimmt, desto wichtiger wird auch das nicht unmittelbar an der Umwelt vollzogene, sondern das durch das Vorbild des Artgenossen vermittelte Lernen. Das Vorbild ist der Vorläufer des Ideals, wobei die Macht des menschlichen Idealsystems gerade darin liegt, daß es zu besonderen Forderungen von unerbittlicher Strenge und unerfüllbarer Höhe neigt, wo reale Vorbilder gerade fehlten.

Das einzige, was ich von meinem Vater bekam, waren Schläge. Ohne meine Mutter hätte ich nicht überlebt. Jetzt bin ich sehr festgelegt auf meine Männlichkeit. Ich würde lieber sterben als impotent sein.

Ein 45jähriger Arzt

Ich glaube, wenn ich so hin und her schwanke zwischen der Phantasie, ein Supermann zu sein, und der, ein Baby, dann liegt das auch daran, daß mein Vater im Krieg starb, als ich erst drei Jahre alt war. Meine Mutter hat sich später nicht mehr mit Männern eingelassen.

Ein 34jähriger Lehrer

Zurück zur Entwicklungsgeschichte der Verhaltensüberlieferung, des Lernens am Vorbild. Der Rattenforscher F. Steiniger hat aufschlußreiche Beobachtungen an diesen gruppenlebenden Nagetieren zusammengetragen. Von neuen, verdächtigen Speisen kosten zunächst nur wenige Rudelmitglieder. Sterben sie daran, dann wird der Köder gemieden. Überleben sie die Vergiftung, weil sie nur wenig davon gefressen haben, dann wird der Giftköder ebenfalls verschmäht, und zwar auch von Tieren, die nichts davon versucht haben. Auf diese Weise bilden sich Verhaltenstraditionen heraus, durch die über Generationen hin in manchen Völkern von Wanderratten bestimmte Köder wirkungslos bleiben, die an anderen Orten durchaus erfolgreich sind. Durch vergleichbare Traditionen erwerben Ratten auch lokale Verhaltenseigentümlichkeiten, die dem Rest der Art fremd sind. Auf einer vor allem von Vögeln besiedelten Nordseeinsel lernten die eingeschleppten Ratten, Vögel zu fangen. Sie verhielten sich wie Raubtiere, die anschleichen und lauern, bauten die Angst ab, die sie normalerweise vor auffliegenden Vögeln haben, und eroberten auf diese Weise einen neuen Lebensraum.[1]

Besonders eindrucksvoll sind die Verhaltenstraditionen bei Affen. George Schaller beobachtete bei Berggorillas[2], wie ein weibliches Tier einem Jungen ungenießbare Blätter aus dem Mund nahm. Ein andermal half ein Weibchen dem Jungtier beim Wurzelgraben. Eine unerfahrene junge Schimpansenmutter trug ihr Baby kopfunter. Sie korrigierte sich sofort, als sie eine ältere Mutter sah, die ihr Kind in einer bequemeren Haltung trug.

Besonders gut dokumentiert sind Verhaltenstraditionen bei den japanischen Stummelschwanzmakaken (Macaca fuscata), die vom japanischen Affenforschungszentrum auf einer Insel weitgehend frei gehalten und schon über viele Jahre hin beobachtet werden. So «erfand» das damals anderthalbjährige Weibchen Imo 1953 das Waschen von Süßkartoffeln mit Wasser. Diese Verhaltensweise breitete sich im Laufe der Zeit aus, wobei die japanischen Forscher sogar die Kanäle beobachten konnten, durch die es geschah: vor allem die Mutter-Kind-Beziehung und die Gruppe der etwa gleichaltrigen Spielgefährten. Neun Jahre später wuschen bereits drei Viertel aller erwachsenen Affen auf der Insel die Kartoffeln, wobei einige sogar die ursprüngliche Technik, sie in den Süßwasserbächen zu säubern, abwandelten. Sie wuschen die Knollen im Meer und schienen den Salzgeschmack zu genießen, weil sie auch die angebissenen Stücke immer wieder eintauchten. Einige Jahre später erfand die inzwischen vierjährige Imo noch eine weitere Reinigungsprozedur. Sie warf den Weizen, den die Wärter einfach in den Sand schütteten und den ihre Artgenossen Korn für Korn auflasen, ins Wasser. Dort trennte sich rasch das Weizen-Sand-Gemisch; die eßbaren Körner blieben an der Oberfläche, während der Sand unterging. Auch diese Erfindung wurde nach und nach von weiteren Tieren übernommen.

1 F. Steiniger, Zur Soziologie und Biologie der Wanderratte, in: *Zeitschrift für Tierpsychologie* 7, 1950, S. 356–379.

2 G. Schaller, The Mountain Gorilla, Chicago 1963.

«Betrachte die Herde, die an dir vorüberweidet: sie weiß nicht, was Gestern, was Heute ist, springt umher, frißt, ruht, verdaut, springt wieder, und so vom Morgen bis zur Nacht und von Tage zu Tage, kurz angebunden mit ihrer Lust und Unlust, nämlich an den Pflock des Augenblicks, und deshalb weder schwermütig noch überdrüssig. Dies zu sehen geht dem Menschen hart ein, weil er seines Menschentums sich vor dem Tiere brüstet und doch nach seinem Glücke eifersüchtig hinblickt – denn das will er allein, gleich dem Tiere weder überdrüssig noch unter Schmerzen leben, und will es doch vergebens, weil er es nicht will wie das Tier. Der Mensch fragt wohl einmal das Tier: warum redest du mir nicht von deinem Glücke und siehst mich nur an? Das Tier will auch antworten und sagen: das kommt daher, daß ich immer gleich vergesse, was ich sagen wollte – da vergaß es aber auch schon diese Antwort und schwieg: so daß der Mensch sich darob verwunderte.»[1]

Ich kenne keine eindrucksvollere Zusammenfassung des Evolutionsschritts zum Menschen, zur umfassenden Steuerung des Verhaltens durch Traditionen, als Nietzsches Arbeit über den Nutzen und Nachteil der Geschichte, die er später nennen wollte: ‹*Wir Historiker. Zur Krankheitsgeschichte der modernen Seele*›. Die Geschichte befreit den Menschen von der Fessel des Augenblicks und sperrt ihn ein in die Sorge um Vergangenheit und Zukunft, zwingt ihn zur Lüge und Verstellung. Da Nietzsche zwischen den im Menschen zur Struktur gewordenen Seiten der Geschichte und dem Zustand des Sich-Erinnerns nicht unterscheidet, muß er zu dem Schluß kommen, daß zu allem Handeln Vergessen gehört und ein Mensch, der durch und durch nur historisch empfindet, dem ähnlich wäre, «der sich des Schlafens zu enthalten gezwungen würde, oder dem Tiere, das nur vom Wiederkäuen und immer wiederholten Wiederkäuen fortleben sollte».[2] Die Macht der Geschichte ist noch weit größer: sie erfaßt auch den handelnden Menschen, sie bestimmt seine Leidenschaft, selbst die Ge-

1 F. Nietzsche, Vom Nutzen und Nachteil der Historie für das Leben, verfaßt 1873, zit. n. der Reclam-Ausgabe, Leipzig o. J., S. 7.

2 F. Nietzsche, a. a. O., S. 9.

setze seines Vergessens und Verdrängens. Reflexion, Erinnerung, Nachdenken sind nur die eine Seite.

Die Beziehung zwischen Geschichte und Nicht-Geschichte, zwischen dem Bereich der (sprachlich gebundenen) Verhaltenstradition und dem wunschproduzierenden Unbewußten sieht Nietzsche durchaus dialektisch: «Erst durch die Kraft, das Vergangene zum Leben zu gebrauchen und aus dem Geschehenen wieder Geschichte zu machen, wird der Mensch zum Menschen: aber in einem Übermaße von Historie hört der Mensch wieder auf, und ohne jene Hülle des Unhistorischen würde er nie angefangen haben und anzufangen wagen.»[1]

Die Geschichte nimmt ab, wo die Kraft zum Handeln zunimmt – «die besten Taten geschehen in einem solchen Überschwange an Liebe, daß sie jedenfalls dieser Liebe unwert sein müssen, wenn ihr Wert auch sonst unberechenbar groß wäre»[2]. Diese paradoxe Aussage zeigt, unter welchem destruktiven Selbstzweifel Nietzsche selbst litt, den die Identifizierungen mit Zarathustra, Dionysos und Christus nicht beschwichtigen konnten. Diese «Liebe» ist keine reale Objektliebe, sondern die Sehnsucht nach der Erfüllung eines narzißtisch besetzten Ideals, die – wegen der Destruktivität des Ideals – nur enttäuscht werden kann. Wie Mephisto,

1 F. Nietzsche, Vom Nutzen und Nachteil der Historie für das Leben, a. a. O., S. 12.

2 Ebd., S. 13 – Nietzsche nimmt ein Stück der Psychologie narzißtischer Kränkbarkeit (bzw. Destruktivität des Idealsystems) vorweg, wenn er von der Kraft eines Menschen spricht, «Wunden auszuheilen, Verlorenes zu ersetzen, zerbrochene Formen aus sich nachzuformen» (S. 10). «Es gibt Menschen, die diese Kraft so wenig besitzen, daß sie an einem einzigen Erlebnis, an einem einzigen Schmerz, oftzumal an einem einzigen zarten Unrecht wie an einem ganz kleinen blutigen Risse unheilbar verbluten; es gibt auf der anderen Seite solche, denen die wildesten und schauerlichsten Lebensunfälle und selbst Taten der eigenen Bosheit so wenig anhaben, daß sie es mitten darin oder kurz darauf zu einem leidlichen Wohlbefinden und zu einer Art ruhigen Gewissens bringen» (S. 10). Vgl. die Äußerung Freuds, daß Schuldgefühl und Gewissen des Tugendhaften weit empfindlicher und strenger sind als die des Gottlosen.

der dem destruktiven Ideal so nahe stehende «gefallene Engel» die Flamme als sein Element ansieht – «denn besser wär's, daß nichts entstünde» –, so vergleicht auch Nietzsche die «Liebe» einer unermüdlichen Suche nach dem Ideal, das alles Erreichte entwertet und verzehrt, mit dem Feuer.

Ecce homo

Ja! Ich weiß, woher ich stamme!
Ungesättigt gleich der Flamme
glühe und verzehr ich mich.
Licht wird alles, was ich fasse,
Kohle alles, was ich lasse:
Flamme bin ich sicherlich.
F. Nietzsche[1]

Es ist ein weiter Weg von den Verhaltenstraditionen in Affengesellschaften zu der «Unzeitgemäßen Betrachtung» Nietzsches, in der er beschreibt, wie schwer der Mensch an der Last seiner Traditionen trägt, wie groß seine Sehnsucht nach Glück, Freiheit, Vergessen ist – ähnlich wie Freud, der das Unbehagen in der Kultur mit dem unausweichlichen Fortschreiten des Triebverzichts verknüpft. Es scheint zum 19. Jahrhundert und seinen vom Historismus bestimmten Städten in Europa zu gehören, das Gewicht der Überlieferung zu spüren. Schopenhauer, Nietzsche, Marx und Freud sind alle von diesem Jahrhundert geprägt und haben jeder auf seine Weise versucht, mit dieser Last fertig zu werden.

Der Sinn von starren, vorprogrammierten Verhaltensweisen liegt in der biologischen Entwicklungsgeschichte darin, daß sie dort situationsgerechtes Verhalten erlauben, wo die Quittung für einen Fehler der Tod ist. Diese Feststellung erlaubt eine Antwort auf die Frage, weshalb die umständlichen, schwer veränderlichen

1 F. Nietzsche, Gedichte, Reclam-Ausgabe, Leipzig o. J., S. 34.

Formen des in den Erbanlagen vorgegebenen Verhaltensprogramms so lange und von so vielen Tierarten beibehalten wurden, obwohl doch in der Evolution längst das Lernen durch die individuelle Erfahrung von Erfolg oder Mißerfolg entstanden war. Wenn das Männchen der Springspinne nur durch seine arttypischen Balzbewegungen verhindern kann, daß es von dem körperlich weit überlegenen Weibchen sofort gefressen wird, dann kann es diese Bewegungsfolgen gar nicht durch langsame Verhaltensformung nach dem Prinzip von Versuch und Irrtum gelernt haben. Dieser Mechanismus kann dort nicht funktionieren, wo schon dem ersten Fehler der Tod folgt. Stammesgeschichtlich vorgegebene, starre Verhaltensprogramme bleiben dort bestehen, wo auf eine weitgehend beständige Situation rasch und ohne Probieren in angemessener Weise reagiert werden muß. Die Jungschwalbe kann in ihrem engen Nest unter der Dachkante ihre Flügel nicht spreizen und Flugübungen machen. Wenn sie das Fliegen erlernen müßte, wäre sie übel dran. In einem der ersten ethologischen Experimente hat D. A. Spalding 1873 Schwalben in so engen Käfigen gezogen, daß sie niemals die Flügel rühren konnten. Sobald er ihnen die erste Gelegenheit zum freien Flug bot, schwangen sie sich in die Luft.[1]

Auch jeder individuelle Lernvorgang hat eine genetische Grundlage. Der Mensch ist keine Tabula rasa, in die willkürlich alle möglichen Zeichen eingegraben werden können. Bedingungen des Lernens und Grenzen des Erlernbaren sind allgemein darüber hinaus individuell festgelegt. Die genetischen Grundlagen bestimmen, was von Beginn des Lebens an als «Verstärker» wirkt, was als Lust, was als Unlust erlebt wird. Das Lustprinzip ist angeboren, das Realitätsprinzip wird erlernt. Doch unterscheidet sich die Anpassung des Menschen auch erheblich von den erlernten Anpassungsformen höherer Säugetiere. Sie enthält Elemente, die an die instinktiven Mechanismen der Tiere erinnern, aber biologisch näher mit individuell-erlernten Anpassungsfor-

1 D. A. Spalding, Instinct with Original Observations on Young Animals, in: *MacMillans Mag.* 27, 1873, S. 282, Neudruck in: *Brit. J. Anim. Behav.* 2, 1954, S. 1–11.

men verwandt sind. Gemeint ist die Aufnahme der kulturellen Tradition. Sie gibt gerade dem intelligentesten, neugierigsten, weltoffensten, phantasievollsten Primaten eine feste innere Struktur, ohne die sein biologischer Erfolg ebensowenig verständlich ist wie seine gegenwärtig katastrophale Situation. «Biologischer Erfolg» heißt Vermehrung der Art – die drohende Katastrophe ist das bereits empfindlich verletzte, vom Kollaps bedrohte Ökosystem dieses Planeten.

In der kulturellen Tradition werden jahrtausendealte Erfahrungen weitergereicht, was sonst nur durch genetisch festgelegte Überlieferung in diesem Ausmaß geschieht. Diese Traditionen sind aber nicht genetisch gebunden, sondern individuell erlernt. Das heißt auch, daß sie auf eine ganz andere Weise entstehen und sich verändern.

Im folgenden soll der Entwicklungsweg geschildert werden, an dessen Ende die symboltragenden, für die Idealisierung verantwortlichen Strukturen stehen. Der hier eingenommene Blickwinkel ist durch das Thema vordefiniert, er wird sich aber erst allmählich verschmälern. Zunächst hängt die Ausdifferenzierung der Idealfunktion eng mit allem zusammen, was dem menschlichen Leben von Anfang an Struktur, Festigkeit, Halt gegeben hat. Gerade deshalb muß sie in Zusammenhang mit der menschlichen Irrationalität und metaphysischen Phantasie betrachtet werden, die für unsere geistige Entwicklung soviel wesentlicher war als der Gebrauch materieller Werkzeuge.

Diese Werkzeuge und die Knochen der Werkzeugmacher sind die einzigen unmittelbaren Beweise für eine Rekonstruktion der Evolution menschlichen Verhaltens. Jeder Versuch, aus ihnen und anderen Daten Schlüsse zu ziehen, ist spekulativ, doch muß er deshalb nicht fruchtlos sein, wenn er ein besseres Verständnis für die Situation des Menschen in der Gegenwart ermöglicht. Die kulturelle Evolution des Menschen als Ausdruck einer zwar langwierigen, jedoch ungebrochenen Entwicklung aus äffischen Vorfahren ist heute wieder wissenschaftlich salonfähig, ja gelegentlich sogar populär, wenn man den Erfolg von Autoren wie Konrad Lorenz, Robert Ardrey oder Desmond Morris betrachtet. Diese Popularität wird freilich oft durch ideologisch orientierte Vereinfachungen erkauft, wie sie entstehen müssen, wenn in der auf Menschen angewandten Zoologie ziemlich unmittelbar von niedrigen Wirbeltieren (Fischen und Graugänsen bei Lorenz) oder Halbaffen (Paviane bei Ardrey) auf Erscheinungen in den hochentwickelten Industriegesellschaften geschlossen wird.

Doch halte ich es für voreilig, eine evolutions-theoretisch orientierte Anthropologie an solchen Verkürzungen zu messen. Der Versuch, Zusammenhänge zwischen Tieren und Menschen zu finden, ist nicht nur von ehrwürdiger Tradition (er macht einen Kernpunkt aller mythischen Lehren von der Entstehung der Welt und von den Gesetzen, denen das Leben unterliegt, aus), sondern in einer Zeit unentbehrlich, in der die Industriegesellschaften rapide ihrem Untergang entgegengehen. Eine Theorie, in der die Gesamtzusammenhänge des Lebens berücksichtigt werden, ist hier von großem Nutzen. Nicht wenige Psychotherapeuten, die sich von dem Denken in Einzelpersonen abgewandt haben, betonen heute, daß die Behandlung seelischer Leiden nicht von einer Betrachtung möglicherweise krankmachender Vorgänge in der Gesellschaft abgehoben und zu einer selbstgenügsamen Reparatur gemacht werden soll. Ich glaube, daß darüber hinaus auch die Zerstörung der natürlichen Regenerationsvorgänge in lebenden Organismen und Lebens-Systemen (wie einem Fluß, einer Landschaft) in die Betrachtung von Ursachen und Heilungsmöglichkeiten seelischer Störungen einbezogen werden sollte.

«Der tiefere Sinn all dessen, was Rolling Thunder sagte, liegt in seiner einheitlichen Vorstellung, daß die Gesetze des Karma, die Gesetze von Aktion und Reaktion, die Beziehung Mensch/Natur und alle Naturgesetze, die Grundlagen menschlicher Gesundheit und Heilungsprozesse, der Selbstkontrolle und des menschlichen Zusammenlebens, nur dann verstanden werden können, wenn man sie als Ganzes betrachtet. Nach Rolling Thunders Ansicht rührt zum Beispiel die immer häufiger werdende Erlassung von komplizierten und unterdrückenden Gesetzen, die die menschliche Individualität überdecken und die Selbstbestimmung verhindern, von der zunehmenden Nachlässigkeit gegenüber den Gesetzen der Natur und der menschlichen Seele her.»[1]

Es gibt verschiedene Möglichkeiten, die Gültigkeit eines Weltbilds zu beurteilen. Positivistisch nachgewiesene «Richtigkeit» ist eine davon. Eine andere, mindestens ebenso sinnvolle, ist die Frage, wie lange die Menschen überleben und sich fortpflanzen, die einem Weltbild anhängen. Hier scheint mir die Überlegenheit des hier kurz von einem indianischen Schamanen formulierten Weltbilds auch für eine nicht allzu pessimistische Schätzung bereits gegeben. Die Vergiftung der Mutter Erde durch die Industriegesellschaften ist ein Beweis für den Mangel an Ganzheitsdenken und an Durchsetzungskraft der Grundsätze, die als Ökologie, kritische Theorie, Feminismus, Alternativbewegung durchaus in der Riesenmaschine unseres technischen Imperiums auftreten, wie Hofnarren vor den Thronen der Fürsten des Mittelalters. Die mythischen Weltbilder der «Primitiven» waren sicher weit weniger differenziert, aber offensichtlich mehr auf den Menschen zugeschnitten, wenn es darum ging, Rücksicht auf den Zusammenhang des Lebens zu lehren und zu verwirklichen.

Die Evolution menschlichen Verhaltens läßt sich auf zwei Wegen untersuchen und rekonstruieren: einmal, indem die Daten aus der Feldforschung an freilebenden Affen und Menschenaffen nach vorwärts projiziert werden, in das Tier-Mensch-Übergangsfeld hinein. Zum anderen, indem die Ergebnisse der Völkerkunde über die urtümlichsten heute bestehenden Kulturen, die der Jäger und Sammler, nach rückwärts verlegt werden. Beide Linien treffen sich in der Geschichte der Australopithecinen, ihrer Verwandten und Abkömmlinge während des Pleistozän, in einem Zeitraum von etwa fünf Millionen Jahren bis 100 000 Jahren vor unserer Zeitrechnung. Mit diesen unseren Vorfahren kann kein lebendes Wesen unmittelbar verglichen werden.

Betrachten wir zunächst die Basis der menschlichen Evolution, das Sozialverhalten der nichtmenschlichen Primaten. Sie zeigen bereits eine Reihe von Eigentümlichkeiten, die für das Verständ-

1 Dough Boyd, Rolling Thunder. Erfahrungen mit einem Schamanen der neuen Indianerbewegung. München 1978, S. 41.

nis der menschlichen Gesellschaften wesentlich sind. Soziale Gruppen von Nicht-Primaten zerfallen und sammeln sich unter hormonellen Einflüssen (Brunstzyklus), je nachdem, wie Jahreszeit und Fortpflanzungsaufgaben es erfordern. Der typische Angehörige einer Primaten-Gruppe hingegen wird in ein und derselben Kleingruppe geboren, wächst in ihr heran, pflanzt sich in ihr fort und stirbt in ihr. Kindliche Abhängigkeit und soziales Lernen gewinnen durch diesen Rahmen entscheidende Bedeutung. Besonders wichtig ist es, die gegenüber anderen, gruppenlebenden Säugetieren entscheidend veränderte Rolle des Männchens zu beachten. Normalerweise hat das Säugetiermännchen für die Art nur eine zentrale Funktion: es gibt seinen Teil an Erbanlagen der nächsten Generation mit. Ist diese Pflicht erfüllt, droht es zu einem Konkurrenten für das Weibchen zu werden. Es kann ihm Nahrung wegfressen. Daher vertreiben die Weibchen vieler Wirbeltierarten die Männchen, sobald sie geschwängert sind, oder sie ziehen sich an abgeschiedene Plätze zurück. Wenn bei einer Säugetierart beide Geschlechter nach der Paarung zusammenbleiben, muß ein entgegengesetzter Selektionsdruck wirken, durch den die Konkurrenz der Männchen um Nahrung ausgeglichen wird. Bei den Primaten liegt dieser Beitrag meist darin, daß sie die Gruppe gegen Räuber verteidigen, gelegentlich auch gegen Übergriffe benachbarter Gruppen.

«Als ein affenfressender Adler plötzlich über eine Gruppe von Colobus-Affen erschien, die in den Baumwipfeln speisten, schnellten die Weibchen und Jungen auf die tieferen Zweige, doch ein erwachsenes Männchen kletterte sogar noch höher, um den Räuber anzubellen. Solche Vorfälle können selten sein und werden sicherlich noch seltener durch Beobachter vom Boden aus gesehen, doch müssen sie für das Überleben langsam heranwachsender Organismen wie der Primaten bedeutungsvoll sein.»[1]

Die größten zusammenhängenden sozialen Gruppen unter den

1 I. DeVore. Die Evolution der menschlichen Gesellschaft, in: W. Schmidbauer (Hg.): Evolutionstheorie und Verhaltensforschung, Hamburg 1974, S. 198.

Primaten bilden bodenlebende Arten, vor allem die Paviane und Makaken. Hier schützen zahlreiche Männchen eine Gruppe, die sich frei auf der ungeschützten, keine Fluchtbäume bietenden Savanne bewegt. Vermutlich gehört diese soziale Organisation auch zu den Ursprüngen der kulturellen Evolution des Menschen. Das heißt, daß es vom evolutionstheoretischen Standpunkt aus falsch ist, die Familie als ursprünglichste organisatorische Einheit der Gesellschaft anzusprechen. Dieses Klischee von der «Keimzelle des Staates» aus einem Paar Erwachsener mit Kindern entspräche eher der Organisation waldbewohnender Affen wie der Gibbons: Hier vertreiben die Partner eines Paars alle anderen Artgenossen, einschließlich ihrer heranwachsenden, geschlechtsreifen Jungen aus ihrem Territorium. Menschliche Familien stehen in allen Kulturen in einem größeren sozialen Zusammenhang, der durch fortbestehende Bindungen bestimmt wird. Es scheint sinnvoller zu überlegen, wie sich die menschliche Paarbildung aus einer größeren Primaten-Gruppierung herausdifferenziert hat, als zu überlegen, wie isolierte menschliche Paare fähig wurden, ihre gegenseitige Abstoßung zu überwinden und zusammenhängende Trupps zu bilden.

Während die Primatenmännchen die Gruppe nach außen verteidigen und nach innen stabilisieren (indem beispielsweise dominante Paviane drohend ihre Eckzähne zeigen, wenn irgendwo im Trupp eine Rauferei zwischen Jugendlichen ausbricht), leisten die Weibchen den wichtigsten Beitrag zum sozialen Zusammenbleiben. Die Untergruppe Weibchen-Jungtiere hat bei den Affengruppen stets die größte soziale Kohäsion und Stabilität. Der soziale Rang eines Jungtiers wird durch den Status der Mutter mitbestimmt. Wenn sich eine Gruppe aufspaltet, dann meist so, daß die Kinder einer Mutter zusammenbleiben.

Vorstufen menschlicher Kultur reichen bis zu zwei Millionen Jahre vor unserer Zeitrechnung zurück. Die Lebensform, in der sich die Vormenschen und – seit 100 000 Jahren – Menschen entwickelten, hat nur in wenigen Resten überlebt, und doch hat sie über 90 Prozent der bisher etwa 90 Milliarden Menschen, die auf diesem Planeten lebten, erhalten. 99 von 100 Teilen seiner Entwicklungsgeschichte hat der Mensch in ihr gelebt, als Jäger und Sammler, im Einklang mit der Natur, der er entnahm, was sie ihm bot, ohne sie durch seine Arbeit einschneidend zu verändern. Erst seit 10 000 Jahren – entwicklungsgeschichtlich einem winzigen Zeitraum – gibt es Ackerbau und Tierzucht in größerem Umfang. Die Entwicklung der Technik mit ihrer Vorherrschaft des Gemachten vor dem Gewachsenen hat erst in den letzten Jahrhunderten ihren Höhepunkt erreicht. Wenn einmal Archäologen eines fremden Sonnensystems die Erde erreichen und Ausgrabungen anstellen, können sie gut zu dem Ergebnis kommen, daß über sehr lange Zeit eine primitive Kulturstufe mit Knochenwerkzeugen und zugeschlagenen Steinen in stabilem Gleichgewicht mit ihrer Umwelt lebte, gefolgt von einer kurzfristigen Zeit des Städtebaus und einer noch kürzeren Zeit technischer Veränderung der Umwelt, die dann von einer dünnen Schicht radioaktiver Asche begraben und ausgelöscht wurde. Die besonderen Merkmale der Art Homo sapiens sind in einem Lebensraum entstanden, der durch die Grundmerkmale der örtlichen Ungebundenheit, weitgehenden Besitzlosigkeit und gleichberechtigten Sozialstruktur der Jäger und Sammler geprägt ist. In dieser Lebensform entstanden die Merkmale, welche allen Mitgliedern der verschiedengestaltigen Kulturen von Homo sapiens gemeinsam sind: Eine Sprache mit beliebig kombinierbaren Symbolen (im Unterschied zu den festen Symbolsequenzen der Signalsysteme von Tieren), soziale Gesetze, welche die Verwandtschaftsbeziehungen, die Ehe, die Erziehung der Kinder und den Umgang mit der Natur regeln, religiöse Vorstellungen und mythische Überlieferungen, die ein zusammenhängendes Weltbild mit mehr oder weniger festgelegten Idealen ergeben.

Vielleicht ist die grundsätzliche Veränderung der menschlichen Entwicklung, die mit dem ungeheuer beschleunigten Fortschritt seit der Seßhaftwerdung, der Entdeckung der Schrift und einer erheblich verstärkten Konkurrenz zwischen den kulturellen Strukturen einherging, die Wurzel vieler bedrohlicher Konflikte. Ein Buschmannkind, dessen Vorfahren bis vor wenigen Generationen und teilweise auch noch heute nicht viel anders leben als die Jäger und Sammler der Altsteinzeit, kann sich durchaus an die Situation in einer modernen Großstadt anpassen. Es verfügt also über die angeborenen Merkmale, die einen Europäer dazu befähigen: Beide, Buschmann wie Europäer, sind so lange durch denselben evolutionären «Filter» gelaufen, daß Erbanlagen entstanden, die eine sehr weitgehende Anpassungsfähigkeit ergeben. Doch ist es notwendig, zwischen Anpassungsfähigkeit und Anpassungssicherheit zu unterscheiden. Der Mensch ist fähig, sich an Situationen anzupassen, die seine innere Sicherheit zerstören. Ein erwachsener Buschmann, den ein Anthropologe jüngst nach Johannesburg einlud, lernte zwar rasch, sich im modernen Verkehr zurechtzufinden. Doch wünschte er nichts sehnlicher, als diesem Getriebe zu entfliehen, das er für das Werk Wahnsinniger hielt. – Die gegenwärtige Großstadt ist tatsächlich ein Ausdruck kollektiven Wahnsinns, gemessen am eingewurzelten ökologischen Denken des Jägers. Nach der Studie von Leo Srole zeigen etwa 80 Prozent der Bewohner von Manhattan Zeichen leichterer oder massiver seelischer Störungen.[1] Vor vierhundert Jahren, als Manhattan noch im Besitz der Indianer war, hätte eine psychiatrische Felduntersuchung sicher noch ein anderes Bild ergeben.

Solche Überlegungen kränken die heute noch immer vielfach narzißtisch besetzte Überzeugung vom Segen des Fortschritts. Ich finde es aber sinnvoll, die Fragestellung zu teilen: Haben die Primitivkulturen mehr biologische Vorteile, weil sie stabiler auf ihre Umwelt bezogen sind? Sind die Menschen in ihnen glücklicher? Wäre ein Mensch aus unserer Kultur in einer solchen Kultur glücklicher? Mir scheint, daß die erste Frage sicher, die zweite mit großer Wahrscheinlichkeit bejaht werden muß, während die dritte eher zu verneinen ist. Zum Wesen der Kultur gehört ein zusammenhängendes System narzißtisch besetzter Ideale.

Dieses System wird in der Kindheit verinnerlicht und nach der Pubertät mit einem größeren Maß narzißtischer Triebkraft besetzt. Daher lassen sich kulturelle Lebensformen nicht einfach austauschen, nach dem Motto des römischen Kosmopoliten: ubi bene, ibi patria (Dort wo es mir gutgeht, ist mein Vaterland).

1 Leo Srole et al., Mental Health in the Metropolis, New York 1962.

«Gutgehen» ist eben nicht von den kulturell und familiär überlieferten Idealen zu trennen.

Es ist sicher unrichtig, den Menschen als «Mängelwesen» zu deuten, das Kultur und Technik erwerben mußte, weil es – arm an natürlichen Waffen und rascher Fluchtfähigkeit – ohne sie nicht überleben konnte. Diese Auffassung[1] geht von einem hohen Stand der materiellen Kultur aus, ohne den das Individuum nicht mehr lebensfähig scheint. Genauere Beobachtung zeigt, daß Homo sapiens ein erstaunlich lebenszähes und leistungsfähiges Wesen ist, dessen Vielfalt an biologischen Möglichkeiten praktisch alle anderen Tiere übertrifft, auch wenn man den kulturschaffenden (und kulturgeschaffenen) Intellekt ausklammert. Jeder durchschnittlich geübte Mensch kann einige Kilometer schwimmen, zwanzig Kilometer marschieren und auf einen Baum klettern – nur wenige Säugetiere leisten dasselbe.

Manche Indianer laufen während ihrer rituellen Spiele in 24 Stunden nicht weniger als 150 Kilometer. Der trainierte Jäger kann sogar viele Tiere zu Tode hetzen. Kein größeres Säugetier kann so gut Lasten tragen wie der Mensch – über Tagesmärsche hin mehr als sein eigenes Gewicht. Auch die menschlichen Sinnesorgane sind sehr hochwertig. Andere Tiere übertreffen ihn in einzelnen Funktionen, nie aber in allen zusammen: Manche Vögel sehen schärfer als er, Hunde riechen feinere Unterschiede, Katzen haben ein besser entwickeltes Gehör. Doch die Gesamtleistung der menschlichen Wahrnehmung ist unübertroffen. Ähnlich leistungsfähig ist das vegetative Nervensystem des Menschen, das ihm erlaubt, in verschiedeneren Klimazonen und Umwelten zu überleben als alle anderen Tiere. Nicht einmal die Ratte lebt in so großen Höhen und zugleich an den Meeresküsten, in den tropischen Wäldern und in der Eiswüste der Arktis, von reiner Pflanzenkost oder allein von Fleisch und Fett.

Nicht der Mangel, sondern der Überfluß an Wunschproduktion, Triebenergie, Neugieraktivität waren es, die den Menschen entstehen ließen. Wünsche, Pläne, Phantasien, Gedanken, Einsichten waren wohl das ursprünglichste und lange Zeit einzige

1 A. Gehlen, Der Mensch, seine Natur und seine Stellung in der Welt, Berlin 1940.

Material, an dem die Evolution zum Menschen arbeitete. Noch heute ist es erstaunlich, wieviel mehr Aufmerksamkeit die Angehörigen der sogenannten «primitiven» Kulturen auf Wissen, Einfühlung und Einsicht legen, als auf technische Verbesserungen ihrer Werkzeuge. Für den «Primitiven» scheint es häufig sehr viel wichtiger, seinen Lebensraum geistig und emotional zu durchdringen, als ihn technisch zu verändern. Viel spricht dafür, daß materielle und spirituelle Kultur wie eine Waage sind: je dürftiger Werkzeuge und Waffen, desto ausgebildeter das Gefühl für die Ganzheit der Lebensvorgänge, die Verbreitung schamanistischer Fähigkeiten, die Verschmelzung mit den Kräften der Natur. Die Primitivität des Indianers, der mit Pfeil und Bogen einen Büffel jagt, dem großen Geist dankt, Fleisch und Haut sorgfältig verwertet, liegt auf einem anderen Gebiet als die Primitivität des weißen Jägers, der Hunderte von Büffeln abschießt, nur die Felle oder die Zungen nimmt und den Rest verfaulen läßt. Die Primitivität des nackten Australiers, der mit seinen Totem-Vätern spricht und eine mythische Verbindung zu den Jahreszeiten und Landschaften fühlt, in denen er lebt, liegt woandes als die Primitivität des weißen Missionars, der im Landrover ankommt, von Gottvater predigt und dafür sorgt, daß der nackte Eingeborene sich in Lumpen kleidet. Dabei scheint es durchweg so zu sein, daß die überlegene Technik des Kolonisators zunächst äußerlich den Sieg davonträgt. Erst im Verlauf einiger Generationen wird dann deutlich, daß dieser Sieg teuer erkauft ist, daß ihn die eigenen Folgen in eine umfassende Niederlage zu verwandeln drohen.

Zerstörung der Landschaft und Vergiftung der Umwelt zeigen heute, daß die leistungsorientierte Einstellung von Wissenschaft und Technik, verknüpft mit dem Profitprinzip des Kapitalismus (oder auch dem Machtprinzip sozialistischer Gesellschaften, das durch die Konkurrenz mit dem Kapitalismus bedingt sein mag, aber auch autonom aus der Starre einer Funktionärs-Hierarchie entstehen kann) den schamanistischen oder magischen Weltbildern unterlegen sind. Es wäre falsch, hier einzuwenden, daß die «Primitiven» gar nicht die technischen Mittel hatten, ihre Umwelt zu zerstören. Nicht alles Machbare zu tun, gehört zu den Lebensgrundlagen der Primitivkulturen.

Der Mythos, der ihr Weltbild bestimmt, ist ein zyklisches, kein progressives Prinzip. Anders ausgedrückt: Wie in den Kreisläufen der Natur, im Wechsel von Tag und Nacht, von Geburt und Tod, von Schlafen und Wachen, von Regen und Trockenheit, Wärme und Kälte, Sommer und Winter vollzieht sich auch das menschliche Leben. Das bereits auf diesen urtümlichsten Stufen der materiellen Kultur und des Werkzeuggebrauchs angesammelte Wissen ist zwar umfassend, aber es dient mehr der Einsicht in die zyklischen Notwendigkeiten des Lebens als geplanter Veränderung, Vorratswirtschaft und der mit ihnen so eng verknüpften Ausbeutung. Der Ornithologe Ernst Mayr, der in den dreißiger Jahren einige Monate mit einem Stamm von Jägern in Neuguinea zusammen lebte, lernte von diesen «Steinzeitmenschen» 136 verschiedene Namen von Vogelarten, die in ihrem Gebiet lebten. Er selbst zählte 137 Arten. «Es ist natürlich kein Zufall, wenn diese primitiven Waldmenschen zu denselben Schlüssen kommen wie die Taxonomen der Museen», erläutert Mayr, «sondern ein Zeichen dafür, daß beide Gruppen von Beobachtern mit denselben Unterschieden der Natur zu tun haben.»[1]

In seinen Gesprächen mit den Aleuten hat William S. Laughlin typisch ökologische Überlegungen angetroffen, die unserm Gesellschaftssystem weitgehend fehlen (bzw. in Nischen der Alternativbewegungen gedrängt sind). Sie sprachen über klimatische Veränderungen, Nahrungsketten, das vorhandene pflanzliche Futter für die Beutetiere, die Konkurrenz durch Raubtiere.[2] Doch scheint mir diese moderne, biologisch orientierte Forschung über die Jäger und Sammler gerade eine Ebene auszuklammern, die in den frühen Untersuchungen geisteswissenschaftlich geschulter, häufig besonders religiös interessierter Feldforscher dominierte: die Untersuchung der magischen und religiösen Welt.

1 Zit. n. W. Schmidbauer, Jäger und Sammler, München 1972, S. 96; zahlreiche weitere Beispiele in C. Lévi-Strauss, Das wilde Denken, Frankfurt a. M. ²1977.

2 W. S. Laughlin, Hunting: An Integrating Biobehavior System and Its Evolutionary Importance, in: R. B. Lee, I. DeVore, Man the Hunter, Chicago 1968, S. 314.

Das zyklische Weltbild ist nicht zweckrational. Obwohl es «funktioniert», tut es das nicht nach den Prinzipien der naturwissenschaftlich begründeten Technik, sondern nach einem Lebensprinzip, dessen umfassender Charakter mit unseren psychologischen oder soziologischen Begriffen kaum zu beschreiben ist. Diese Sprachschwierigkeiten sind dem Psychoanalytiker vertraut, der seine theoretischen Instrumente hinterfragt, mit denen er die Wunschproduktionen des Unbewußten wieder freilegen will. Ähnlich wie der Übergang von der fließenden Körperform der Amöbe zu den starren Torpedos der Fische zwar eine Steigerung der Geschwindigkeit, aber eine erhebliche Einschränkung der Bewegungsvielfalt erbrachte, hat auch der zweckrationale Fortschritt in bestimmten Kulturen den seelischen Apparat «stromlinienförmig» gemacht, seine Zielgerichtetheit auf Kosten der möglichen Vielfalt eingeschränkt.

An der Oberfläche beobachtbar ist das vor allem als schrittweise und unwiderrufliche Zerstörung der Erscheinungsvielfalt und künstlerischen, magischen, schamanistischen Traditionen der Primitivkulturen, als Ausrottung von Tieren und Pflanzen. Was diesen Verlusten auf der seelischen Ebene entspricht, ist nicht so einfach zu beschreiben. Wissenschaft, Kunst, politische Aktivität haben heute als isolierte Leistungen die narzißtische Besetzung gewonnen, die früher globale, mit dem Alltag praktisch verbundene Idealsysteme hatten, die mit dem heutigen Verständnis von «Religion» nur sehr unzutreffend charakterisiert werden können. Diese Spaltung belegt Goethes Aphorismus sehr klar: «Wer Wissenschaft und Kunst besitzt – der hat auch Religion. Wer diese beiden nicht besitzt, der habe Religion!»

Eine Besonderheit der «primitiven» Religion, etwa des Schamanen, scheint nun zu sein, daß in ihr noch jene Kräfte wirken, die heute «parapsychologisch» genannt werden. Die Wissenschaft, welche sie untersucht, hat bezeichnenderweise ein doppeltes Problem: Sie muß nicht nur ihren Gegenstand erforschen, sondern auch nachweisen, daß er vorhanden ist. Das geschieht der Parapsychologie eben recht, denn ihr Gegenstand ist kein Gegenstand der Wissenschaft, er wird durch wissenschaftliche Bemühungen zerstört. Die sicherste Erkenntnis, welche bisher über das Eintreten und den Ablauf der sogenannten «paranormalen» Vorgänge (Hellsehen, Bewegung von Gegenständen ohne nachweisbare physikalische Ursache, Heilung von Krankheiten ohne medizinische Erklärung) gewonnen werden konnte, ist die, daß zweckrationale Erwartungen und bewußte Absicht für sie so wenig förderlich sind wie ein Abschneiden der Luftzufuhr einem Feuer.

In der parapsychologischen «Wissenschaft» wird immer wieder gefordert, der Parapsychologe solle eine Ausbildung im Aufdecken von Taschenspielertricks besitzen, um Betrüger zu durchschauen. Tatsächlich sind viele der Hellseher, Medien usw. in den Industriegesellschaften Betrüger. Sie versuchen, ihre Leistungen als beständig und wiederholbar auszugeben, während diese doch nur «am richtigen Ort zur richtigen Zeit» vorhanden sein können, wie Rolling Thunder sagt.[1] Wenn heute die Nachfahren der Medizinmänner mit Taschenspielertricks arbeiten und die Parapsychologen ihre Aktivität dahin richten, diese Tricks zu entlarven, läßt sich absehen, wie unglaubwürdig solche Verbindungen zwischen seelischen Erlebnissen, materiellen Veränderungen und geistig-religiöser Weltanschauung heute geworden sind.

Wahrscheinlich ist in einer Welt, in der die meisten Menschen ihre Anstrengung auf Leistung und zweckrationales Handeln richten, die Macht der schamanistischen Kräfte geschwächt. Die Parapsychologen sind Gärtner, die eine Pflanze, die ausgerissen am Wegrand liegt, in ein Laboratorium bringen und sich dann bemühen, ihre Wachstumsbedingungen zu erforschen. – Es scheint heute unmöglich, sie wieder in ihren Mutterboden zu versetzen, weil es ihn nicht mehr gibt, selbst wenn wir fähig wären, ihn zu erkennen. Durch Spezialisierung und Perfektionierung des Machbaren haben wir uns den Zugang zu den besonderen Augenblicken verstellt, in denen das Unmögliche sich dem Menschen erschließt.

Unter dem Blickwinkel der menschlichen Evolution läßt sich festhalten, daß Wissen, Phantasie und Einfühlung, möglicher-

1 D. Boyd, Rolling Thunder, Erfahrungen mit einem Schamanen der neuen Indianerbewegung, München 1978.

weise auch die Erzeugung und Nutzung heute «parapsychologisch» genannter, nicht kausal und planmäßig verwendbarer Kräfte die frühen Stadien der menschlichen Entwicklungsgeschichte bestimmten. Die materiellen Werkzeuge waren demgegenüber unwesentlich: Stöcke zum Graben, roh zugeschlagene Steine, die sogenannten «Faustkeile», von denen man bis heute nicht weiß, wozu sie tatsächlich dienten (wahrscheinlich mehr zum Wurzelgraben). Lanze, Pfeil und Bogen sind sehr späte Errungenschaften – verglichen mit dem ungeheuren Schritt, den etwa der Erwerb der Sprache bedeutet, lächerliche Verbesserungen. Sie zum Gradmesser von Primitivität einerseits, Fortschritt andererseits zu machen, deutet auf eine erschütternde Primitivität des Betrachters, auf einen kulturellen Narzißmus, der jede Einfühlung in andere Werte als die eigenen vermissen läßt. Wissen um soziale Beziehungen und magische Kräfte, um das Verhalten von Beutetieren, umgesetzt in vorausschauende Planung von Treibjagden, Spurenlesen, Kenntnisse über eßbare Pflanzen und über Gifte, die auch einfache Waffen tödlich machen können, waren die ursprünglichsten Schrittmacher der Entwicklung des menschlichen Verhaltens. Wissen dient dem Überleben sicherer als ein Werkzeug, das verlorengehen oder zerstört werden kann. Der weiße Jäger mit beschädigter Büchse ist sehr bald dem Hungertod nahe, wenn er keine Hilfe erhält. Der Pygmäe oder Buschmann mit beschädigtem Bogen kann diesen rasch mit den Mitteln seines Lebensraums reparieren und auch ohne ihn durch seine Kenntnisse über eßbare Pflanzen sicher überleben.

Das größte Rätsel und zugleich das entscheidendste Ereignis in der Evolution des menschlichen Verhaltens ist die Entstehung der Sprache. Als ihr allgemeiner Rahmen lassen sich verschiedene Selektionsprämien beschreiben: Seit Homo erectus vor etwa einer halben Million Jahren die Großwildjagd in sozialen Gruppen «erfunden» hat, bestimmte eine für die biologische und kulturelle Auslese wesentliche Belohnung die Verfeinerung und Verdeutlichung der zwischenmenschlichen Kommunikation. Doch läßt sich mit solchen Überlegungen – besser kommunizierende Jäger und Sammler hatten auch die besseren Fortpflanzungschancen – nur ein sehr vages Prinzip erläutern. Es ist unklar, wie die konkreten Veränderungen aussahen, an denen die Auslese ansetzen konnte. «In irgendeinem Stadium muß der Mensch, plötzlich oder allmählich, aus der behaglichen Routine, die für andere Arten charakteristisch ist, erwacht sein, um der langen Nacht instinktiven Tappens und Tastens, mit ihren langsamen, rein organischen Anpassungen und ihren nur allzu gut eingeprägten ‹Botschaften› zu entrinnen und die zarte Morgendämmerung des Bewußtseins zu begrüßen. Dies brachte ein zunehmendes Gewahrwerden vergangener Erfahrung, gepaart mit frischer Erwartung zukünftiger Möglichkeiten. Da gemeinsam mit Gebeinen des Peking-Menschen Spuren von Feuer gefunden wurden, könnten die ersten Schritte, die den Menschen aus dem Tierstadium herausführten, zum Teil eine Folge seiner mutigen Reaktion auf das Feuer gewesen sein, das alle anderen Tiere vorsichtig meiden oder fliehen.»[1]

Diese Schilderung verbindet das Erwachen des Bewußtseins mit der Entdeckung des Feuers. Spekulative Vermutungen wie diese können doch zu einem vertieften Verständnis führen. Das Licht des brennenden Holzes, das Wärme spendete, Macht über alle Tiere verlieh und zähes Fleisch oder stärkehaltige Pflanzen in leichte aufschließbare Nahrung verwandelte, hat dem Menschen sicher dazu verholfen, die Eiszeiten zu überstehen. Doch geht diese Entdeckung über die nützliche Funktion des Feuers hinaus. Die Verwendung des Feuers setzt voraus:

1. Überwindung der Angst vor einem übermäßigen Reiz, wenn ich dem Feuer zu nahe komme;

2. Überwindung der Lust, es auszulöschen (Freud bringt auf Grund des Phantasiematerials seiner Patienten die Zähmung des Feuers mit dem Verzicht in Verbindung, es mit dem Harnstrahl zu löschen – wie es Gulliver beim Brand in der Zwergenstadt tat);

3. Entwicklung einer optimalen Entfernung zum Brand, in der die Wärme angenehm ist;

4. Aufrechterhaltung eines Gleichgewichts: zuviel Holz erstickt die Flamme, zuwenig führt dazu, daß sie erlöscht;

5. Erforschung der Brennbarkeit verschiedener Materialien

1 L. Mumford, Mythos der Maschine, Frankfurt a. M. 1977, S. 44.

und der Verwandlungen, die sie durch den Einfluß des Feuers erleiden;

6. Zusammenarbeit mit anderen, um das Feuer zu unterhalten, Feuer wieder anzuzünden, wenn das eigene ausgegangen ist (lange vor dem Erwerb von Fertigkeiten, Feuer zu machen).

Hier wird bereits deutlich, daß die entscheidenden Fortschritte auf seelischem Gebiet liegen und bereits vorhanden sein müssen, ehe eine kulturelle Errungenschaft wie der Gebrauch des Feuers möglich wird. Unmittelbare emotionale Reaktionen wie Flucht vor einem schmerzhaften, bedrohlichen Licht müssen in eine vorsichtige, kontrollierte, neugierige Annäherung umsetzbar sein.

Das erste Werkzeug, zu dessen Ausbildung die meisten und wichtigsten Schritte der Evolution notwendig waren, sind der menschliche Körper und mit ihm verknüpft die Leistungen des seelischen Apparats. Der erste Schritt auf diesem Weg war es, daß die Vorderbeine von spezialisierten Organen zur Fortbewegung in Allzweckgreifer umgewandelt wurden, die den Mund von den Aufgaben des Tragens, Kämpfens, Sammelns und Zerkleinerns der Nahrung weitgehend befreiten. Die Greifhände ermöglichten eine Vielfalt an exploratorischem Verhalten; die Funktionslust als Gefühlsqualität der Neugieraktivität gewann mehr und mehr Einfluß auf das Verhalten. Das im Verhältnis zu den Anforderungen des unmittelbaren Überlebens ständig Überschüsse an Aktivität produzierende Gehirn mußte symbolische Formen finden, um seine Energie zu bändigen. Aus Studien an Affen ist bekannt, daß ihre Gehirnentwicklung und damit ihre Lernfähigkeit weniger von den für das unmittelbare Überleben notwendigen Verhaltensbereichen (wie Nahrungsbeschaffung) abhängt als von Verspieltheit, sozialen Kontakten und scheinbar «zwecklosen» Tätigkeiten. Weniger die Arbeit als das Spiel war von ausschlaggebendem Einfluß auf die menschliche Kultur. In es hinein entfalteten sich die überschüssigen Energien. Homo ludens[1] verkörpert das Wirken der Neugieraktivität: Ritual, Theater, Tanz, Gesang, Sport. Für diesen spielerisch schaffenden Menschen ist zunächst

1 J. Huizinga, Homo ludens, London 1949.

einmal der eigene Körper und die eigene Beziehung dieses Körpers zu seinen Mitmenschen Gegenstand kreativer Umgestaltung.

Es wäre noch viel und fesselnd zu diesem Thema zu überlegen. Doch gilt unser eigentliches Interesse einem bestimmten Ausschnitt davon: dem Verhältnis zwischen der zyklischen, wandelbaren, fließenden, kreativen Seite der Evolution des menschlichen Verhaltens hier, der linearen, verfestigten, starren, zwanghaften Seite dort. Schimpansen greifen ebenfalls nach Prügeln und Steinen, wenn sie einen Leoparden sehen; sie trommeln auf leeren Petroleumkanistern, um Artgenossen zu imponieren, oder angeln mit ineinandergesteckten Rohren nach einer unzugänglich an der Decke aufgehängten Banane. Was für den menschlichen Werkzeuggebrauch kennzeichnend ist, scheint die Fähigkeit zu sein, das einmal gefundene Ding, das nützlich ist, zu behalten, es nicht wieder loszulassen, sondern es weiter zu verbessern. Die Verbindung von Behalten und Verändern war wohl lange vor der Anwendung auf die Werkzeuge des Menschen, deren Spuren wir in Ausgrabungen finden können, der Schrittmacher einer weit einflußreicheren Entwicklung: der Erfindung, Verfestigung und Verwandlung von Symbolen, vor allem sprachlicher Art. Die Sprache muß das wichtigste und liebste Spielzeug gewesen sein, mit dem sich die neugier-aktiven Vormenschen die Zeit ihrer Muße vertrieben. Psychologisch wesentlich ist, daß die Sprache ein eingreifendes Mittel der Kommunikation werden kann. Eingreifend besagt, daß die sprachlichen Informationen wiederholt werden, wenn sie vom Sender zum Empfänger wechseln. Was die Mutter oder der Vater sagten, wird endlich zur Stimme des eigenen «Gewissens», wird zum strukturierenden Teil des eigenen Erlebens, der eigenen Verhaltenssteuerung, auch wenn die Menschen längst entmachtet oder gestorben sind, die zuerst die magischen Worte aussprachen. Das sprachlose Tier hat nur wenige Möglichkeiten, zu beeinflussen und zu erziehen. Es macht halt an der Grenze, die Körper trennt: an der Haut von seinesgleichen. Der Mensch kannte diese Grenze nicht mehr, respektierte sie nicht mehr, je wichtiger die Sprache für ihn wurde. Sie, die Begriffe trennt, Ereignisse herausgreift, Informationen speichert,

Spielregeln ein für allemal festsetzt, wurde auch zu einer universellen Nabelschnur, die alle Mitglieder der lange Zeiträume sehr kleinen sprachgleichen Gruppen verband.[1]

Die Sehnsucht nach Verschmelzung mit einem anderen Menschen, nach der Rückkehr in das biologische Paradies des Mutterleibs wurde durch die Sprache auf psychologischem Gebiet faßbar. Die Gemeinsamkeit, welche durch die ungeheuer differenzierten Ausdrucksmöglichkeiten des Sprechens hergestellt werden kann, verbindet Menschen tatsächlich so tief, wie es unter anderen, sprachlosen Primaten nur die Nabelschnur tun kann. Und bis heute fühlen wir uns selten so abgeschnitten und verlassen wie allein unter Menschen, deren Sprche uns vollständig fremd ist. Die Sprache verband alle mit allen. Es gab die Möglichkeit, jede Entdeckung festzuhalten, sie mitzuteilen und damit anderen eine Grundlage zu geben, von der aus sie weiterarbeiten konnten. Menschen und Naturereignisse erhielten einen Namen, Träume und Visionen wurden faßbar. Das behaltene Symbol, das behaltene Werkzeug, wurde zu einem Sperrmechanismus, der nicht mehr die Auflösung und Rückkehr in den geschichtslosen Zustand des Tieres gestattete, ähnlich jenem gezackten Stück Metall, das in der Räderuhr das unkontrollierte Zurückschnurren der aufgezogenen Feder verhindert.

In den so zahlreichen Fällen destruktiver Ideale wird die Wohltat dieses Sperrmechanismus, der die Entwicklung und Kreativität des menschlichen Verhaltens ermöglicht, zur Plage. Das geschieht durch eine Störung des Gleichgewichts zwischen Neugieraktivität und Wiederholungszwang, zwischen den zyklischen und den linearen Lebensvorgängen im Menschen. Diese Gleichgewichtsstörung ist ihrerseits durch die besonderen Entwicklungsformen der menschlichen Evolution bedingt – durch den Übergang einer homöostatischen Kulturstufe, wie sie die in mythischen Zyklen gebundenen Gesellschaften der Altsteinzeit,

1 Unter den Lebensbedingungen der Jäger und Sammler dürften diese Gruppen in der Regel nicht weit über tausend Mitglieder gehabt haben; häufig war jeder «Sprachbruder» bzw. jede «Sprachschwester» jedem anderen geistig gesunden Erwachsenen persönlich bekannt.

der nicht seßhaften Jäger und Sammler verkörpern, zu den seßhaften, arbeitsteiligen, starr strukturierten Gesellschaften der ersten Städtekulturen. Fortschritt ist eine Kategorie, die den Städten eigentümlich ist, Orten, in denen die freie Natur nicht mehr direkt und unmittelbar ihren Dialog mit den Menschen führt. Hier kann die oft bittere und unerbittliche Wirklichkeit der Natur durch menschliche Arbeit zu einem hohen Maß an Bequemlichkeit umgeschaffen werden. Doch ist diese Bequemlichkeit dadurch erkauft, daß der Mensch es seinesgleichen unbequem macht – durch Ausbeutung, Standesdünkel, Klassenherrschaft, Sklaverei. Und diese in der Gesellschaft vollzogenen Spaltungen zwischen arm und reich, gebildet und unwissend, guter und namenloser Abstammung führen zu Abspaltungen und Einfühlungshemmungen in den Individuen. Gesellschaften, in denen Krieg, Raub und Ausbeutung zum Gesamtverhalten gehören, müssen auch zerstörerische Ideale erwerben, die sich häufig gegen ihre Träger richten, deren gnadenlose Durchsetzung nach außen sie sichern sollen. So führen sie nur noch zu einer gnadenlosen Zerstörung des eigenen Selbstgefühls, der zyklischen, regenerierenden Vorgänge im Körper, endlich zu den vielfältigen Formen psychosomatischer, neurotischer oder psychotischer Selbstbeschädigung, die nur allzu bekannt und verbreitet sind.

«Das sind die Fälle, die mich wirklich deprimieren – und drum nehme ich jetzt auch keine neuen Patienten mehr an. Die Alkoholiker, die wollen, daß ich die körperlichen Schäden beseitige, die aber nicht aufhören zu trinken, die es nicht einmal zugeben. Die anderen, die zuviel rauchen, sich nicht bewegen, nichts Frisches essen, und ich soll ihre Herzleiden behandeln. Oder die Frau, die zu mir kommt und gleich sagt: ‹Abnehmen tu ich nicht, das dürfen Sie gar nicht von mir verlangen, das haben schon viele Ärzte versucht.› – Das ist so, als ob die Leute von mir verlangen, ich soll ihnen ihren Selbstmord erleichtern.»

Aus dem Gespräch mit einer 38jährigen Ärztin für Allgemeinmedizin

Erstarrtes Leben

Merken Sie nicht, daß es der untilgbare Geburtsfehler unserer, jeder, Kultur ist, daß sie dem triebhaften und denkschwachen Kinde auferlegt, Entscheidungen zu treffen, die nur die gereifte Intelligenz des Erwachsenen rechtfertigen kann?

Sigmund Freud[1]

Die Verfestigungsprozesse in der menschlichen Evolution begannen längst vor der Entwicklung von Sprache und Schrift, Mathematik und Astrologie, heiligen Schriften und Militärgesetzen. Ihre ersten Schritte betrafen Zensur und Kontrolle der Traum- und Phantasiewelt. Natürlich ist nicht beweisbar, daß der Vormensch träumte, wie beweisbar ist, daß er vor einer halben Million Jahre begann, Feuer zu verwenden. Doch haben die Völker zu allen Zeiten über Träume und Visionen berichtet. Was wir von den urtümlichen Kulturen wissen, zeigt auch, daß sie Träume in weit höherem Maß schätzten als spätere Gesellschaften. Träume sind unwillkürlich und unkontrollierbar. Sie waren eindrucksvoller und zwingender, so lange der Mensch noch nicht gelernt hatte, ihre Macht durch Verleugnung, innere Schranken und geistige Steuerung einzuschränken. Die indianischen Medizinmänner gestalteten häufig ihr ganzes Leben nach einer einzigen Vision, die sie während ihrer Kindheit oder Jugend hatten. Die Träume wurden nicht entwertet, sondern hochgeschätzt. Das lag auch daran, daß ihre okkulte Kraft im Alltagsleben der Indianer noch respektiert wurde.

Erich Neumann[2] oder Lewis Mumford, die beide von unterschiedlichen Voraussetzungen aus die Entwicklung der inneren Kontrollen des Menschen nachgezeichnet haben, sehen in den rationalen Verfestigungen mehr den Fortschritt, den Gewinn an Überlegenheit, Macht, zuverlässiger Manipulation der Umwelt und des eigenen Organismus. Vielleicht ist es ganz sinnvoll, auch das Gegenbild zu betrachten: den Verlust an Zusammenhängen,

1 S. Freud, Das Unbehagen in der Kultur, G. W., Bd. XIV, S. 375.
2 E. Neumann, Ursprungsgeschichte des Bewußtseins, Zürich 1949.

an ungebrochener Verbindung von Gefühl und Geist, von Bildern und Gedanken, Naturphänomenen und menschlichen Symbolen. «Seine Innenwelt muß viel bedrohlicher und unverständlicher gewesen sein als seine Außenwelt, wie es tatsächlich auch heute noch der Fall ist; und seine erste Aufgabe war nicht, Werkzeuge zur Kontrolle der Umwelt zu formen, sondern noch mächtigere und wirksamere Instrumente zu dem Zweck, sich selbst und vor allem sein Unbewußtes zu kontrollieren. Die Erfindung und Vervollkommnung dieser Instrumente – Rituale, Symbole, Worte, Bilder, Verhaltensnormen (Sitten) – war ... die Hauptbeschäftigung des Frühmenschen, die für sein Überleben und besonders für seine spätere Entwicklung weit notwendiger war als die Werkzeugherstellung.»[1]

Ist es richtig, vom Unbewußten des Menschen in der Hochkultur unmittelbar auf die Seelenlage des Frühmenschen zurückzuschließen und zu vermuten, daß die grausamen und perversen Inhalte des Es ein Abbild der primitiven Geisteshaltung sind? Eher sollten wir in ihnen den Ausdruck eines Abspaltungsvorgangs sehen, durch den ein forderndes, an einem unbarmherzigen Ideal orientiertes Gewissen erst die Sündhaftigkeit schafft, zu deren Kontrolle es dann unentbehrlich wird. Ich glaube ganz und gar nicht, daß es im menschlichen Innenleben «von archaischen Reptilien und blindwütigen Monstern der Tiefe» wimmelte, solange er «sein ungeformtes Es» nicht «fest mit Kultur zugedeckt hatte», wie Mumford, dem Freudschen Modell getreu, vermutet.[2]

Diese Auffassung paßt zu den Beobachtungen an Zwangskranken und anderen von zwanghaft erstarrten Idealen behelligten Menschen, bei denen das Chaos von Wünschen nach Perversion, Inzest und Elternmord dort beginnt, wo die Sperren des verfestigten Ichs enden. Doch entwickeln sich Lebewesen nicht wie Sedimente, wo sich eine Schicht über eine andere lagert. Die gesamte innere Struktur schreitet von undifferenzierten zu verfeinerten und komplexen Stufen fort. Nur was verdrängt und von dieser Entwicklung ausgeschlossen ist, wird zerstörerisch. Es ist

1 L. Mumford, Mythos der Maschine, Frankfurt a. M. 1977, S. 69.
2 Ebd.

auch unrichtig anzunehmen, daß die gefühlsdurchtränkten, unlogischen, von fließenden Übergängen bestimmten Primärvorgänge des Traums, der Verliebtheit, des Wahns und der Poesie verdrängt werden müssen, weil sie die Anpassung behindern und nur die logisch bestimmten, abgegrenzten, in erstarrte Begriffe gefaßten Sekundärvorgänge dem Überleben nützen. Gefühle und Phantasien sind für die zwischenmenschlichen Beziehungen höchst bedeutungsvoll und realistisch, wenn es um die emotionalen Bestandteile der Anpassung geht. Gefühle wie Zärtlichkeit, Verantwortungsbewußtsein, Anhänglichkeit und Hingabe waren bei den von Freud untersuchten Menschen von einem Schatten des Sadismus, der Gleichgültigkeit, Treulosigkeit und Wut begleitet. So mußte er unter der unbewußten Voraussetzung des seiner (und unserer) Gesellschaft eigenen Fortschrittsglaubens annehmen, daß die positiven Gefühle nur durch Verdrängung der negativen ihre Macht aufrechterhalten können. Diesem Bild entspricht Freuds Vorstellung des Staates, in dem er davon ausgeht, daß nur vernünftige Kontrolle von oben die genuß- und zerstörungssüchtigen Massen im Zaum halten kann. Die Entwicklung der kontrollierenden innerseelischen Instanzen wird auf dieselbe Weise erklärt, durch die Polizeistaaten ihre Ordnungsmaßnahmen begründen: Unbotmäßigkeit und blinde Zerstörungslust einer nur durch Gewalt einzuschüchternden «Hefe des Volkes». Der Vergleich läßt sich noch weiterführen. Für den Fall, daß die unteren Schichten gar nicht so blindwütig und zügellos sind, wie sie es für die Begründung der Machtwünsche einer kontrollierenden Oberschicht sein müßten, greift der von seinem Ausweitungsanspruch besessene Polizeiapparat dazu, ein besonders grausames Verbrechen zu inszenieren, um dann mit voller Rechtfertigung durchgreifen zu können. Der Agent provocateur als revolutionär bramarbasierender Polizeispitzel gehört in diesen Rahmen. Diesem Agent provocateur, der im Dienst der Kontrollmacht Verbrechen inszeniert, welche dann die einengenden Maßnahmen der Zensur rechtfertigen, entsprechen manche neurotischen Erscheinungen. Zwangsvorstellungen wie der Gedanke «ich bringe mein Kind um» dienen etwa einer ehemüden Frau dazu, sich im Erschrecken über diese bedrohliche Phantasie so zusammenzunehmen und selbst zu bestrafen, daß der verständliche Wunsch nach mehr sexueller Freiheit gar nicht mehr zur Debatte steht. Hier verwendet das strenge und machthungrige Über-Ich ein Vorstellungsbild des Unbewußten («Wären die Kinder nicht, dann könnte ich freier handeln»), um jede Möglichkeit einer wirklichen Befreiung zu kontrollieren. Eine ihrer sexuellen Wünsche sichere Frau wird solchen Zwangsvorstellungen nicht zum Opfer fallen. Erst unter der Tyrannei eines wunschfeindlichen Gewissens gedeihen die Mordimpulse.

Diese hier skizzierten Überlegungen bereiten die Rückkehr zu dem noch nicht abgeschlossenen Thema der Evolution des Idealsystems vor. Eine grundlegende Aussage dieser Arbeit ist die, daß es keine beständige, sich selber gleiche Kraft zur Zerstörung und Aggression im Menschen gibt, die auf der Ebene des Wunsches, der Triebe und Bedürfnisse aufgefunden werden kann. Zerstörung und Selbstschädigung, die das Verhalten so vieler Staaten, Gruppen und Individuen kennzeichnen, rühren aus einer Verbindung von Trieben und Idealvorstellungen her, die als solche durch einen Entwicklungsprozeß aus ursprünglich für den Menschen nützlichen, lebensnotwendigen Elementen entstanden ist. Nur die Verbindung – das durch narzißtische Wut geschützte, mit uneinfühlsamer Starre vorangetriebene, destruktive, lebensferne Ideal – ist bedrohlich, nicht die Elemente dieser Verbindung, weder die Wunschproduktion des Unbewußten an sich noch die symbolische Verfestigung und Kanalisierung dieser Wunschproduktion in einem idealisierten Wert.

Obwohl sich noch viel zu den einzelnen Stufen und Übergängen der Evolution des Verhaltens sagen ließe, richten wir hier unsere Aufmerksamkeit auf die Vorgänge, welche dazu führen, daß die lebenswichtige Stützfunktion des Ideals zur Destruktion, zur Erstarrung der Lebensvorgänge und zur Auflösung lebendiger Zellen, Zellsysteme, Organismen, ja ganzer Ökosysteme führt.

Es ist unwahrscheinlich, daß es in diesem Erstarrungsprozeß einen abgrenzbaren Wendepunkt gibt, etwa die Entdeckung der Sprache, die Festlegung von Ritualen durch mythische Ordnung von Vergangenheit, Gegenwart und Zukunft, die vielfältigen

Prozesse der Seßhaftwerdung. Möglicherweise gehört es zu solchen Entwicklungsvorgängen, daß kein einzelner Schritt einen Wandel einleitet, wohl aber alle zusammen. So sind die auf altsteinzeitlicher Kulturstufe lebenden Jäger und Sammler viel weniger seßhaft als Primatenarten – etwa Paviane –, die ihnen in ihrer Lebensweise nahestehen. Die Streifgebiete der Paviangruppen sind begrenzt, während die menschlichen Jäger einen sehr weiten Horizont haben, große Gebiete durchstreifen und mit den Mitteln einer steinzeitlichen Technik Inseln besiedelt oder – wie die Eskimos – so unwirtliche Landstriche wie die Küsten der Polarmeere erobert haben. Diese größere Freizügigkeit setzt ein erheblich besseres Orientierungsvermögen voraus, das geeignet ist, längere Wegstrecken zu überbrücken und größere Flächen zu strukturieren, als das bei allen übrigen Tierarten der Fall ist.

Wahrscheinlich ist es richtig, diese Fähigkeiten mit der Entwicklung der Sprache und den damit möglichen Formen einer Überlieferung und eines Austauschs von Wegbeschreibungen zu verknüpfen. Großwildjagden, die weite Streifzüge voraussetzen, konnten besprochen und gemeinsam geplant werden. Die lange Lebensspanne des Menschen gewann wohl erst durch die Sprachentwicklung einen Überlebenswert, der Gruppen begünstigte, deren Mitglieder nicht nur höchstens zwanzig, sondern siebzig und mehr Jahre lebten. Denn die alten Gruppenmitglieder sind lebendige Speicher von Wissen über Ereignisse, die nur alle fünfzig Jahre auftreten – Trockenheiten, Erdbeben, Vulkanausbrüche, Sonnenfinsternisse, Flutwellen. Ihr Wissen gewinnt erst durch die Möglichkeit zu sprachlichem Austausch unersetzlichen Wert.

So hat die Sprache dem Menschen mehr Freiheit von Bindungen an seine natürliche Umwelt und an die engbegrenzten Bewegungsräume der nichtmenschlichen Primaten gebracht. Daher wäre es verkürzt, die äußeren Erstarrungsvorgänge des Seßhaft-Werdens mit der innerseelischen Erstarrung im Fall einer destruktiven Idealbildung unmittelbar zu verknüpfen. Die Verfestigung des Informationsaustauschs vom zufälligen Abschauen neuer Verhaltensweisen – etwa die des Reinigens von Getreide durch Wasser – zur sprachlichen Überlieferung mit ihrer ungeheuer vermehrten Geschwindigkeit und Genauigkeit hat die innere Freiheit des Menschen auch erhöht, sie hat ihn von den Beschränkungen befreit, die ihm eine sprachlose Verbindung mit der Natur und mit seinesgleichen auferlegte. Diese Situation läßt sich durch den bereits erwähnten Vergleich mit der Amöbe anschaulich machen. Der stromlinienförmige Fisch mit seinem zum Torpedo erstarrten Körper ist weniger frei als die Amöbe, die in jede Richtung des Raums ein Pseudopodium fließen lassen kann. Doch ist er andererseits auch freier, weil er fähig ist, weit größere Entfernungen in höherer Geschwindigkeit zu durchmessen. Verglichen damit wirkt die Amöbe träge und unbeweglich, auf ihre Weise nicht weniger festgelegt.

Verfestigung und Erstarrung bedeuten also nicht schlechthin einen Verlust an Entwicklungsmöglichkeiten, innerer oder äußerer Freiheit, Gelegenheiten zu Expansion und Wachstum. Sie scheinen sogar häufig in einem dialektischen Verhältnis zur Entfaltung zu stehen: Höher differenzierte, vielzellige Organismen haben in ganz verschiedenen Bereichen des pflanzlichen und tierischen Lebens durchweg Verfestigungen, Skelettsysteme ausgebildet, die eine weitere Entwicklung und neue Chancen des Wachstums, der Artentstehung erschlossen.

Zu den wesentlichen Aufgaben der Sprache gehört es, menschliches Verhalten zu bewerten und solche Bewertungen voraussagbar zu machen. Damit tritt zu den in der Situation vorgegebenen Einflüssen auf das Verhalten, wie Nahrung zu suchen und aufzuessen, bedrohlichen Feinden zu entfliehen, um Sexualobjekte zu werben, ein weiterer Maßstab, der den im Augenblick vorgegebenen äußeren Beweggründen sogar widersprechen kann. Der hungrige Jäger möchte seine Beute sogleich verzehren. Der ihm sprachlich vermittelte Wert, im Lager mit seiner schwangeren Frau und seiner Mutter zu teilen, hindert ihn daran, diesem augenblicklichen Impuls nachzugeben. Dieser Wert ist zunächst an die lebendigen Menschen des sozialen Zusammenhangs gebunden und nicht unabhängig von ihnen verinnerlicht. Paul Parin und seine Mitarbeiter sprechen von einem «Gruppengewissen», das sie bei afrikanischen Negern beobachtet haben. Die Norm wird eingehalten, weil sonst die «Alten», die Bezugspersonen, traurig wären, nicht aber weil ein vom Gewissen verteidigtes Gebot verletzt wird.[1] Doch setzt das Gruppengewissen bereits Idealvorstellungen und idealisierte Werte voraus. Es ist bekannt, welches Verhalten das Lob und die Bewunderung der Gruppe sichert, auch wenn kein Gruppenmitglied zugegen ist.

Die Sprache ist somit die Voraussetzung für die Verinnerlichung sozialer Normen, weil sie einen inneren Dialog ermöglicht. Dieser Dialog setzt die Zwiesprache zwischen dem Erwachsenen und dem Kind fort, führt dazu, daß das Kind die Reaktionen des Erwachsenen vorwegnimmt und ein ideales Bild des von diesem gewünschten Verhaltens in sich aufbaut. Im christlichen Religionsunterricht früherer (nur früherer?) Tage erscheint dieser Dialog als Einflüsterung des guten im Kampf mit dem bösen Engel jedes Menschen. Die «Stimme des Gewissens» zeigt, wie sprachgebunden das Ideal ist, obwohl es keineswegs immer seinen Zugang zur Sprache behält.

Hat die Sprache den Menschen aus der Gebundenheit an Ort und Stelle, an einen festen, begrenzten, mit beschränkten Mitteln des Informationsaustauschs (wie ihn die tierischen Signalsysteme gewährleisten) erfaßbaren Lebensraum befreit, so führte sie auch zu einem besonderen Risiko. Sie lieferte ihn Sorge und Hoffnung aus, machte die Zukunft mehr und mehr zu einem angsteinflößenden, durch Visionen und Magie nur mühsam und unzuverlässig kontrollierbaren Strudel, in den das gegenwärtige Ich hineingezogen wird. Beobachter steinzeitlicher Jäger und Sammler haben deren Sorglosigkeit, ihr Gelächter, ihre Bereitschaft zu Witzen und Spott ebenso beschrieben wie ihre unglaubliche Sicherheit im Leben von der Hand in den Mund. Sie tun, als ob ihre Beute in einem Stall eingesperrt wäre, berichtet 1634 der jesuitische Missionar Le Jeune[2]: «Wir werden zwei, ja drei Tage nichts essen, doch schöpfe Mut, Chihine (Fremder), stärke deine Seele, um diese Leiden zu erdulden, bewahre dich vor Trauer, sonst wirst du krank werden, sieh, wie wir nicht aufhören zu lachen, obschon wir wenig zu essen haben.»

1 P. Parin et al., Die Weißen denken zuviel, Zürich 1963.
2 Zit. n. I. DeVore, R. Lee, Man the Hunter, Chicago 1968.

In einer früheren Darstellung der ‹*Jäger und Sammler*›[1] habe ich vermutet, daß die altsteinzeitlichen Kulturen weniger von Furcht vor der ungewissen Zukunft belastet waren als die seßhaften Gesellschaften der Jungsteinzeit. Tatsächlich gibt es eine Fülle von ethnographischen Berichten, die solche Sorglosigkeit belegen. Der Mensch hat zwei Möglichkeiten, glücklich zu leben: Er kann wenig begehren oder viel produzieren. Die heutige Überflußgesellschaft hat den zweiten Weg gewählt. Sie produziert auf Kosten einer heilen Umwelt (und damit echter «Lebensqualität») überflüssige Dinge, die durch eine besondere Form sozialer Normierung – das Konsumverhalten – eine von Leistungs- und Konkurrenzprinzip bestimmte Riesenmaschine in Gang halten. Die steinzeitlichen Kulturen galten demgegenüber lange Zeit als Leben an der Grenze des Verhungerns, bestimmt von pausenloser Nahrungssuche, um den Mangel an Gütern und die Armut an Produktionsmitteln auszugleichen. Offensichtlich hat sich hier der tätige Ackerbauer, der die materiellen Grundlagen zur industriellen Gesellschaft schuf, ein Zerrbild geschaffen, das ihn selbst bei der Stange halten soll. Mindestens einige altsteinzeitliche Gruppen leben in großer wirtschaftlicher Sicherheit, sie schöpfen nur einen kleinen Teil der bekannten und verfügbaren Nahrungsquellen aus. Alte Leute und Kinder werden mühelos erhalten. Die durchschnittliche Arbeitszeit der Buschmänner in der südafrikanischen Kalahariwüste beträgt zwei bis drei Stunden pro Tag. Richard Lee hat an einem Wasserloch Buch geführt, wie viele Menschen wie lange auf Nahrungssuche zogen. Die Erwachsenen arbeiteten an zweieinhalb Tagen in der Woche sechs Stunden. Der fleißigste Jäger kam auf 32 Wochenstunden. Die durchschnittliche Zeit für die Hausarbeit – Feuerholz holen, Wasser holen, Kochen – dauert eine Stunde. Der Rest ist frei; die Menschen können sich miteinander beschäftigen, plaudern, mit den Kindern spielen, tanzen. Keiner der untersuchten Buschmänner war unterernährt, obwohl Lee seine Daten während einer Trockenperiode sammelte, die Tausende von Herero-Bauern dem Hungertod nahebrachte.

1 W. Schmidbauer, Jäger und Sammler, München 1972.

Es war nicht der Zwang eines ständigen, angestrengten Überlebenskampfs, welche die altsteinzeitlichen Kulturen dazu brachte, den Fortschritt zu erfinden. Eher ist es der Energieüberschuß, der durch Neugieraktivität und Erfindungsreichtum der Jäger und Sammler entstand. Da es den menschlichen Narzißmus tief kränkt, sich zuzugestehen, daß eine unwiederbringlich verlorene Situation angenehmer war als die Gegenwart, neigt er dazu, die Vergangenheit anzuschwärzen. Es liegt nicht weniger Befriedigung darin, wenig zu begehren, als viel zu erzeugen und zu verbrauchen – im Gegenteil. Wer auf dem Boden schläft, kann nicht aus dem Bett fallen. «Wer nicht arbeitet, der soll auch nicht essen», sagt die neolithische Ameise zur paläolithischen Grille. Arbeiten oder Hungern ist die Grundhaltung aller «zivilisierten» Gesellschaften, in denen Armut mit Hunger und Elend gleichgesetzt wird. Der Mangel an Sorge um die Zukunft, die heiteren Gesichter der altsteinzeitlichen Jäger und Sammlerinnen sprechen dafür, daß in dieser Lebensform die Destruktivität von Idealbildungen relativ gering ist. Das Leben ist durch äußere Notwendigkeit diktiert. Es ist nicht notwendig, längere Zeitspannen durch Wunschverzicht und Triebkontrolle zu überbrücken, auf Fernziele hinzuarbeiten. Die klimatischen Zyklen der Natur, Regen- und Trockenzeiten, das Erscheinen der Büffelherden bestimmen, was notwendig ist. Ein weißer Jäger trifft einen Trupp Schoschonen in einem Waldtal, das ihm längst als Jagdrevier erschöpft scheint. Er rät ihnen, doch weiterzuziehen. «Warum denn – wo es hier überall so wundervolle Mäuse gibt?» Diese Antwort drückt aus, daß dem paläolithischen Menschen die Idealvorstellung vom «jagdbaren Wild» abgeht, die der Weiße hat. Und zugleich spiegelt sie eine ökologische Überlegung wider: in einem Waldstück ist der Produktionsanteil an tierischem Eiweiß der Mäuse so groß, daß er den der Singvögel und der «jagdbaren» Tiere zusammen weit übertrifft (die Singvögel übertreffen an Gewicht wiederum die jagdbaren Tiere, und die Insekten beide).

Wenn sämtliche Rohmaterialien – Holz, Steine, Tierfelle – leicht verfügbar sind, gibt es keine Möglichkeit, Güter anzuhäufen und um sie zu konkurrieren. Diebstahl, Raub, Ausbeutung fehlen. Dem wirtschaftlichen Grundmodell für eine linear ansteigende Auffassung des menschlichen Lebens ist die Grundlage entzogen: die Anhäufung von Besitz, Einfluß, Geltung, Macht. Die Größe des persönlichen Eigentums wird durch das Gewicht begrenzt, das der Jäger oder die Sammlerin zu tragen bereit sind. Die Wirtschaftsform selbst ist zyklisch, wie es die Gefühlszustände oder die elementaren Bedürfnisse wie Hunger und Durst, Schlaf und Aktivität sind.

Es liegt nahe zu vermuten, daß es vorwiegend die altsteinzeitlichen Kulturen sind, auf welche die Kategorie des Fortschritts nicht sinnvoll angewendet werden kann. Doch ist diese Betrachtungsweise unvollständig. Sie geht von dem aus, was wir über die wenigen und von Auflösung bedrohten altsteinzeitlichen Gesellschaften wissen, die sich in Resten bis zur Zeit des Kontakts mit unserer Gesellschaft erhalten haben. Ihre Geschichte ist ungeschrieben, aber nicht kürzer als unsere. Unsere Ahnen waren ebenfalls einmal Jäger und Sammlerinnen, doch sie blieben es nicht. Was an dem Wendepunkt geschah, an dem sie ihre Wirtschaftsform gegen die vorsichtigen Ansätze zu der Ackerbaugesellschaft tauschten, läßt sich nur erraten. Ich vermute, daß der steigende Bevölkerungsdruck eine wesentliche Ursache war.

Die bis heute erhaltenen Jäger und Sammlerinnen sind ausnahmslos in Randgebieten zu finden. Die jüngeren Forschungsberichte der Ethnographen unterstreichen den friedlichen Charakter dieser Kulturen, ihren Verzicht auf territoriale Machtansprüche, auf Krieg und Raubzüge. Ältere Berichte über inzwischen dezimierte Jägerkulturen ergeben ein anderes, kämpferisches Bild – Blutrache und Kampf sind durchaus vorhanden, freilich keine Eroberungskriege, wie sie Kulturen auszeichnen, die durch Ackerbau und Viehzucht Überschüsse erwirtschaften, von denen Kriegerscharen für organisierte Feldzüge leben können. Ein Heer kann nur unterhalten, wer Vorräte ansammelt; Jäger und Sammlerinnen müssen sich, wenn sie in größeren Gruppen als einige Dutzend zusammenkommen, nach kurzer Zeit wieder zerstreuen, weil die Nahrung ausgeht. Es entspricht dem idealtypischen Charakter einer dialektischen Betrachtungsweise der Entwicklungsgeschichte, eine These über die Jäger und

Sammlerinnen zu formulieren, in der die altsteinzeitlichen Kulturen als friedlich, zyklisch, dem Naturzustand nah, ohne Anspruch auf Territorium und Eigentum, ohne Krieg und seelische Erkrankungen erscheinen. Die Antithese der neolithischen Gesellschaft, der seßhaften Städtekulturen, der Hirten-Nomaden und später der Feudal- und Nationalstaaten erscheint dann als Beginn von Klassenunterschieden, Versklavung, Ausbeutung und blutigem Krieg. Sie wird von einem linearen Prinzip bestimmt, nach dem Satz «Stillstand ist Rückschritt».

Doch muß sich die neolithische Gesellschaft aus der altsteinzeitlichen entwickelt haben. Wenn wir nicht die Zuflucht zum Deus ex machina der Außerirdischen suchen, mit dem gelegentlich der schwindelerregende technische Fortschritt von den rohen Faustkeilen der altsteinzeitlichen Kulturen im Niltal oder in Peru zu den mächtigen Pyramiden oder Tempeln einige Jahrtausende später erklärt wird, dann müssen wir nach einem Modell fahnden, das uns hilft, diese Veränderungen zu verstehen. Ich finde dieses Modell in der Konkurrenz von Kulturen – von Symbolsystemen –, die einsetzen muß, wenn die Möglichkeiten erschöpft sind, daß benachbarte Gruppen räumlich getrennt bleiben. Colin Turnbull[1] und andere haben als typische Lösung sozialer Konflikte bei Jägern und Sammlern die räumliche Trennung beschrieben: Wenn zwischen zwei Menschen oder Familien Streit ausbricht, wird durch Aufbruch in ein neues Jagdgebiet zu einer anderen Gruppe eine weitergehende aggressive Auseinandersetzung vermieden. Keiner hat ja viel zu verlieren, wenn er den Staub des jetzigen Lagers verläßt. Auf diese Weise kann eine Gesellschaft, die über wenige vorgegebene, institutionelle Mittel verfügt, Konflikte zu lösen – keine Polizei, keine Gerichte –, soziale Auseinandersetzungen ohne Gewalt oder gar Blutvergießen beenden. Körperliche und seelische Aggressivität spielt deshalb in den Jägergesellschaften ohne Bevölkerungsdruck nur eine geringe Rolle – es fehlt etwa die «Schwarze Magie», die sich im Hexenglauben der Altpflanzer ausdrückt.

1 C. Turnbull, The forest people: a study of the Pygmies of the Congo, New York 1961.

Diese Lösungsweisen setzen voraus, daß es nicht an Raum fehlt, um Abstand zu gewinnen. Bei zunehmendem Bevölkerungswachstum muß jedoch einmal eine Situation eintreten, in der es nicht mehr möglich ist, davon auszugehen, daß die Natur genug für alle bietet, die sich die Mühe machen, zu jagen oder zu sammeln. Es entsteht ein Konkurrenzdruck, der auf zwei Ebenen wirksam wird: einmal im Wettbewerb um die vorhandenen Mittel zum Überleben – um Pflanzen, Wasserstellen, Jagdgründe –, und zum anderen in der Entwicklung zusätzlicher Mittel. Diese Entwicklung hat eine sehr wichtige psychologische Voraussetzung, die sie durch ihre Folgen – ihren Erfolg – noch verstärkt: den Aufschub sofortiger Befriedigung zugunsten einer geplanten Vorratswirtschaft. Den benachbarten Viehzüchtern – gleich ob schwarze Herero-Stämme oder weiße Farmer – gelten Jägervölker wie die Buschmänner als Diebe schlechthin, weil sie keinen Begriff vom Eigentum an Tieren haben und Rinder für eine besonders bequeme – da faule, fluchtungewohnte – Jagdbeute halten.

Respekt vor dem Eigentum des anderen verlangt ebenso ein höheres Maß an Triebverzicht und Einschränkung sofortiger Befriedigung der Wunschproduktion wie der Respekt vor dem Fortpflanzungszyklus von Haustieren oder Kulturpflanzen. Der altsteinzeitliche Jäger respektiert keine Schonzeit. Er zieht größere Tiere den kleineren vor, weil sie mehr Fleisch haben, nicht weil er Weibchen oder Jungtiere für schützenswürdig hält. Er ißt, was er an reifen Samen und Früchten bekommen kann, und es würde ihm nicht einfallen, einen Teil seiner Ernte aufzubewahren, um in einigen Monaten zu säen und noch später wieder zu ernten. Der Übergang zu den «höheren» Kulturstufen mußte durch Verzicht erkauft werden. Das geschieht nur unter Druck. Wahrscheinlich entstand dieser Druck dadurch, daß die allmählich anwachsenden Populationen nicht mehr durch Absiedlung und die Gründung von fernen, unabhängig werdenden Zentren entlastet werden konnten, sondern um besondes ergiebige Zonen – etwa Küstenstriche oder Wasserstellen in sonst trockenen Gebieten – in Konkurrenz traten. Bereits die Tatsache, daß es Grenzen des eigenen Landes gibt, an denen der Jäger oder die Sammlerin auf andere Menschen stoßen, die bereits gejagt oder gesammelt haben, erzwingt ein höheres Maß an Wachsamkeit und Triebeinschränkung. Es müssen entweder Kämpfe gewagt oder Einigungen hingenommen werden (etwa die, nur nach einer Bitte um Erlaubnis im fremden Gebiet zu jagen, die bei vielen Jägern bekannt ist). Unter diesen Voraussetzungen ist der Schritt zu einer intensiven Nutzung begrenzter Gebiete nicht mehr lang. Tatsächlich wurde er in verschiedenen Erdteilen offensichtlich unabhängig voneinander zurückgelegt, wie im «fruchtbaren Halbmond» der Alten Welt (Nildelta, Zweistromland, Vorderer Orient) und in Zentralamerika.

Es entspricht wahrscheinlich dem technischen, an einem Machbarkeitsdenken orientierten Bild der Vergangenheit, von einer «neolithischen Revolution» zu sprechen, in der die Menschen seßhaft wurden, Landwirtschaft und Viehzucht erlernten, Städte bauten und die Zivilisation entdeckten. Tatsächlich handelte es sich um einen sehr langwierigen Prozeß mit seinen eigenen Wirbelbildungen, Altwassern, Verzweigungen, in denen sich endlich die hierarchisch orientierte, patriarchalische, nach innen und außen aggressive Leistungsgesellschaft als erfolgreichster Typus durchsetzte. Ich vermute, daß auch diese Gesellschaftsform sich schrittweise entwickelt hat und nicht durch einen «Urputsch» die Macht in einer bislang friedlichen, weiblich bestimmten Gesellschaft eroberte, wie es Ernest Borneman annimmt.[1] Ein Faktor ist für mich von ausschlaggebender Bedeutung: die Konkurrenz, die entsteht, wenn benachbarte Gruppen nicht mehr in genügend dünn besiedeltes Land ausweichen können. In solchen Konkurrenzsituationen scheint überall das patriarchalische Gesellschafts-

1 E. Borneman, Das Patriarchat, Frankfurt a. M. 1975. Borneman berücksichtigt die Ergebnisse der Primatenforschung und der neueren Arbeiten über Jäger und Sammler nicht. Er konstruiert etwa (S. 39) ein Stadium der «Vorjägerstufe», obwohl bereits Homo erectus ein Großwildjäger war, verkennt die Arbeitsteilung von Jagen und Sammeln und die Bedeutung der heterosexuellen Paarbildung auf den frühen Stadien der Evolution. Sonst bietet er jedoch eine materialreiche und spannende Geschichte der Dialektik von matrilinearer Sippengesellschaft und patriarchalischer Hierarchie im Mittelmeerraum.

modell auf die Dauer erfolgreicher und damit durchsetzungsfähiger zu sein. «Patriarchalisch» ist dabei sehr vereinfacht ausgedrückt; die Gesichtspunkte einer von Gesetzen geordneten Herrschaft gehören zu den späten Abschnitten der Geschichte. Es scheint so, daß die in Rückzugsgebieten lebenden, von Ackerbauern umgebenen Jäger und Sammler wie die heutigen Pygmäen des Kongo, die Buschmänner der Kalahari und die Wedda Indiens immer wieder als Beispiele für den friedlichen, auf Anspruchslosigkeit und Teilen des Vorhandenen abgestellten Charakter der altsteinzeitlichen Kultur hingestellt werden (auch Borneman bezieht seine Beispiele von den Pygmäen und den Wedda). Die Australier oder die südamerikanischen Jäger hingegen sind ausgesprochen wehrhaft und kriegerisch gewesen – sie mußten deshalb auch viel stärkere Einschränkungen durch die Kolonialherren hinnehmen.

Vorherrschende soziale Organisation der Jäger und Sammler, von denen Daten bekannt sind, ist die patrilineare Horde. Frauen werden als «wertvollstes Gut» angesehen, das zwischen benachbarten Sippen ausgetauscht wird. Mit diesem Prinzip erklärt Claude Lévi-Strauss[1] die soziale Vorgeschichte des Inzestverbots, das aber sicherlich mehrfach bestimmt ist. Möglicherweise haben die frühen Gesellschaften sich auf diese Weise eine bereits bei Schimpansen beobachtete Scheu vor dem Geschlechtsverkehr mit der Mutter zunutze gemacht. Jane van Lawick-Goodall sah zweimal, daß ein brünstiges Weibchen von allen Männchen der Gruppe bestiegen wurde, nur nicht von ihren beiden geschlechtsreifen Söhnen. Ein anderes Mal beobachtete sie, daß ein Schimpansenmädchen, das vor ihrer Geschlechtsreife sexuellen Spielen mit ihrem Bruder durchaus zugetan war, ihn bei ihrer ersten vollständigen Schwellung zurückwies.[2] Das Inzestverbot erleichtert freundliche Beziehungen zwischen benachbarten Gruppen und sichert durch klare Trennung der Generationen, daß die spezifischen Werte und Normen der Kultur besser überliefert werden können.

1 C. Lévi-Strauss, Les formes élémentaires de la parente, Paris 1948.

2 J. v. Lawick-Goodall, The behavior of freeliving chimpanzees in the Gombe Stream Reserve, in: *Anim. behav. Monogr.* 1, 1968, S. 161–311.

Freilich läßt sich zwischen der Vermutung von Lévi-Strauss, daß die Männer in der Frühkultur die Frauen als Tauschware verwendeten, und der Auffassung Bornemans, daß die Frauen in der Frühkultur eine dominierende Rolle spielten, gar keine fundierte Wahl treffen. Ich möchte bezweifeln, daß die heutige Denkweise überhaupt geeignet ist, das Zustandekommen von Normen in der Steinzeitgesellschaft zu erfassen. Sicherlich haben weder «die Männer» überlegt, daß es günstig sei, die Frauen der eigenen Gruppe für einen freundlichen Austausch mit der nächsten Gruppe zu verwenden, noch «die Frauen» sich entschlossen, gruppenfremde Männer zu heiraten, um den Frieden zwischen benachbarten Sippen zu sichern.

Sinnvoller scheint es mir anzunehmen, daß die Strukturen der frühen Gesellschaftsformen aus Visionen hervorgingen, die mehr mit Traum und Zauberei zusammenhängen als mit dem zweckrationalen Weltbild der heutigen Wissenschaft. Die menschliche Intuition, die Fähigkeit, natürliche Zusammenhänge unmittelbar wahrzunehmen, möglicherweise auch die Gabe, die festen Grenzen von Raum und Zeit zu überwinden, hat früher sicher sehr viel mehr bestimmt als heute. In einer Welt magischer Intuition, die von Kräften bestimmt wird, welche wir heute als «paranormal» oder «parapsychologisch» beschreiben, geschieht alles zur rechten Zeit am rechten Ort. Kein wesentliches Ereignis ist zuverlässig machbar; andererseits erschließt sich dem Zauberer, der es lernt, sein zweckmäßiges Denken anzuhalten, eine ungeahnte Kraft. Diese steht ihm jedoch nicht willkürlich zur Verfügung, wie die Muskelmaschine des Körpers oder die Maschinen, mit denen wir heute unsere Schwächen bemänteln. Es scheint, daß in der Situation des Wettbewerbs zwischen Kulturen die zweckrationale Technik den Sieg über die magische Intuition davonträgt. Es ist der Sieg der Willkürmotorik über das vegetative, unbewußte Nervensystem, der Sieg der wiederholbaren Regel über die inuitive Handlung, der zuverlässigen Kausalität über die unzuverlässige, magische Gleichzeitigkeit.[1]

1 Neben der bereits erwähnten Beschreibung von D. Boyd, Rolling Thunder. Erfahrungen mit einem Schamanen der neuen Indianerbewe-

Das Ideal hat der menschlichen Gesellschaft und dem menschlichen Individuum zunächst Festigkeit gegeben, die notwendig und fruchtbar war, um ein Wesen mit großen geistigen wie emotionalen Fähigkeiten aus der dumpfen Augenblicksgebundenheit des höheren Säugetiers zu befreien. Es war auf einer seelischen Ebene der Vorläufer und die weitaus wesentlichere Analogie zum festgehaltenen Werkzeug: das festgehaltene Symbol, die festgehaltene Form des Erlebens, in die das Individuum zurückkehren kann und die es auf die Zukunft anwendet. Die Möglichkeit entstand, nicht nur zu handeln, sondern diese Handlung auch zu bewerten[1] und damit zu vervollkommnen, sie mit anderen Handlungen abzustimmen, sie vorauszuplanen und sich nachher über sie mit anderen Menschen auszutauschen. Das Ideal entstand gleichzeitig mit der Sprache. – Worüber sonst hätten unsere Vorfahren reden sollen, wenn nicht über idealisierte Vorstellungen ihres Handelns, Jagdabenteuer, Verliebtheiten, ihre Wünsche und Ziele. Das Ideal als solches verletzt das zyklische Geschehen des Lebens nicht, den Wechsel von Wunsch und Befriedigung, von Hungern und Sattsein, von sexuellem Begehren und Schlaf in zärtlicher Umarmung. Es wird eher zur Achse dieses zyklischen Geschehens, zu einem festen Punkt, von dem aus Wünsche aufeinander abgestimmt und gegenseitig befriedigt werden können. Unverkennbar sind ja die meisten und die wichtigsten Befriedigungsmöglichkeiten eines sozialen Tiers durch seine Beziehung zu Artgenossen gegeben. Der Austausch über unsere Ziele – unsere Ideale – erschließt hier die vielfältigsten Gelegenheiten zu einer zuverlässigen Wunscherfüllung.

Diese Situation verändert sich, wenn Ideale nicht mehr der Kommunikation über Wunscherfüllungen und der gegenseitigen

gung, München 1978, veranschaulichen vor allem die Werke von Carlos Castaneda die Welt der magischen Intuition, zum Beispiel C. Castaneda, Die Lehren des Don Juan, Frankfurt a. M. 1972. – Ders., Der Ring der Kraft, Frankfurt a. M. 1976.

1 Diese Bewertung rückgängig zu machen, ist Teil der Lehre des Zauberers Don Juan – «die Fähigkeit, zu handeln, ohne zu glauben, ohne Belohnung zu erwarten – einfach drauflos zu handeln». C. Castaneda, Der Ring der Kraft, Frankfurt a. M. 1976, S. 259.

Abstimmung von Zielvorstellungen dienen, sondern der Konkurrenz, der Unterdrückung, der Bemächtigung fremder Wünsche. An diesen Stellen verwandeln sich die zyklischen Prozesse des lebenden Organismus in lineare: dauernde Wachsamkeit, damit der Feind nicht die Grenzen überschreitet, das Dorf überfällt – kein zyklischer Wechsel von Wachen und Schlafen. Bestimmte Verhaltensweisen, «Tugenden» müssen immer vorhanden sein und zuverlässig in der Gesellschaft reproduziert werden, um die Wettbewerbsfähigkeit des Idealsystems, der gesellschaftlichen Struktur aufrechtzuerhalten.

Nun wird auch verständlich, weshalb es nicht möglich ist, bestimmte Stadien der kulturellen Evolution fest mit Merkmalen der gesellschaftlichen Organisation zu verknüpfen – zum Beispiel eine friedliche, aggressionslose Gesellschaft von Jägern und Sammelrn einer kriegerischen Gesellschaft von Ackerbauern, Hirten oder Städtegründern gegenüberzustellen. Es gab friedliche Städtegründungen, in denen wahrscheinlich die Frauen eine mindestens gleichberechtigte, möglicherweise sozial einflußreichere Rolle spielten, wie Çatal Hüyük in Anatolien, das James Mellaart ausgegraben hat[1], und kriegerische Populationen von Jägern, die zwar keine Eroberungskriege kannten, aber mit ihren Nachbarn in einem Zustand ständiger Kampfbereitschaft und Blutrache lebten. Insgesamt ist es sicher so, daß die Aggressivität und mit ihr eng verknüpft das Maß an erstarrten, destruktiven Idealisierungen in einer Gesellschaft mit deren Entwicklungsstand zunimmt, weil parallel dazu auch das Wettbewerbsprinzip einflußreicher wird und der Bevölkerungsdruck in der Regel stärker. Idealtypisch ist die These vom unkriegerischen Jäger und Sammler, aus dem durch die neolithische Revolution ein kriegerischer Hirte und Ackerbauer wurde, durchaus aufrechtzuerhalten: Der kriegerische Charakter der Gesellschaften nimmt seit der Seßhaftwerdung sprunghaft zu, während sich unter den altsteinzeitlichen Gruppen viele finden, die gar kein Wort haben für Krieg. Ich glaube nur in der Überprüfung einer früheren Darstellung der

1 J. Mellaart, Çatal Hüyük. Stadt aus der Steinzeit, Bergisch-Gladbach 1967. – Ders.: Earliest Civilizations of the Near East, London 1965.

kulturellen Evolution aggressiven Verhaltens[1], daß der Einschnitt des Neolithikums nur ein besonders entscheidender unter vielen anderen war, die durch eine schrittweise Ausbreitung von Wettbewerbsforderungen an die Frühkulturen eingeleitet wurden.

Q. Wright[2] hat in seiner *‹Study of War›* gezeigt, daß eine Gesellschaft in der Regel um so kriegerischer ist, je komplexer ihre Struktur wird. Mit dem komplexeren Aufbau einer Gesellschaft, durch den Wunschverzicht, wettbewerbsorientierte Ideale innerhalb der Gesellschaft und eine Konkurrenzhaltung gegenüber anderen Kulturen begünstigt werden, nimmt auch die Destruktivität zu. Diese Situation spricht deutlich gegen eine biologische Erklärung der menschlichen Zerstörungskraft. Fortgeschrittene, dem Beginn der menschlichen Evolution entfremdete Kulturen produzieren mehr destruktive Ideale, aber wohl kaum mehr Kontrollverlust eines naturwüchsigen Aggressionstriebs.

Die Kulturentwicklung verändert auch die Gründe für einen notwendig werdenden Verzicht auf sofortige Wunschbefriedigung. Diese Gründe können in der äußeren Realität liegen, die von menschlicher Einwirkung unabhängig ist, oder aber in den sozialen Beziehungen zwischen dem Menschen – vor allem während der für die Idealbildung besonders wichtigen Kindheitsperiode – und seinen Mitmenschen. Für die menschliche Kindheit ist es in einem bestimmten Umfang kennzeichnend, daß die Macht der unmittelbaren, natürlichen Umwelt abgemildert wird, um den sozialen Einflüssen Spielraum zu schaffen. Wenn Freud feststellt, daß jede Kultur dem unreifen Kind Entscheidungen abverlangt, deren Sinn eigentlich nur der Erwachsene sehen kann, dann gilt das für eine seßhafte, neolithische Kultur, aber wohl nicht für alle altsteinzeitlichen, nomadischen Kulturen. Diese Unterscheidung könnte sicher sehr viel differenzierter verfolgt werden, was sich aber für unsere Betrachtungsweise erübrigt. Wesentlich ist, inwieweit das Kind in die Lage versetzt wird, durch unmittelbaren Augenschein die realen Gründe für die

1 W. Schmidbauer, Die sogenannte Aggression, Hamburg 1972.
2 Q. Wright, A Study of War, Chicago 1942.

ihm auferlegten Formen des Wunschverzichts zu sehen. Entweder ist Nahrung da, und dann gibt es genug zu essen, ohne Einschränkungen – oder es ist eben nichts da, es muß etwas gesammelt oder erbeutet werden. Entweder sind andere Kinder da – dann kann es mit ihnen uneingeschränkt spielen –, oder es sind keine Kinder da, und dann ist es nicht notwendig, innere Einschränkungen zwischen «richtigen» und «falschen» Gespielen zu verinnerlichen wie in einer nach Kasten getrennten Gesellschaft.

Wenn wir auf Grund der familienpsychologischen und psychoanalytischen Forschungsergebnisse davon ausgehen, daß der von Einfühlung bestimmte Dialog zwischen dem Erwachsenen und dem Kind die wesentliche Voraussetzung dafür ist, daß das Kind die kulturellen Ideale in sich aufnehmen und mit den zyklischen Lebensprozessen, die es unmittelbar erfährt, verbinden kann – dann ist es notwendig, die Hindernisse für die Einfühlung zu verfolgen. In der vom Wettbewerb bestimmten sozialen Situation wird das Kind von den Erwachsenen immer wieder unter dem Blickwinkel eines unverständlichen, von ihm nicht einfühlbaren Leistungsideals erlebt und bewertet.

Ein krasses Beispiel, an dem sich diese Problematik verdeutlichen läßt, bietet die ganz unterschiedliche Bewertung der Prügelstrafe in den altsteinzeitlichen Gesellschaften und in den Stadtkulturen. Prügel für Kinder sind ein deutliches Zeichen dafür, daß der Dialog abreißt, die Einfühlung unmöglich erscheint, ein starres Erziehungsideal mit Gewalt durchgesetzt, beim Kind Verdrängung und Wunschverzicht durch Angst erzwungen werden müssen. Es gibt subtilere, für die seelische Gesundheit sicher nicht weniger bedrohliche Mittel, aber keines davon ist so leicht in der (Vor)Geschichte der Erziehung zu verfolgen. Die Jäger und Sammlerinnen scheinen hier, idealtypisch gesprochen, die Einstellung zu vertreten, daß es Kindern schadet, wenn sie entwürdigt und geschlagen werden. Die ethnographische Literatur ist reich an Berichten, die das auf die eine oder andere Weise aufzeigen. Ein Feldforscher, der die abgelegten Mokassins eines dreijährigen Winnebago-Knirpses von dessen Eltern kaufen wollte, war baß erstaunt, als die Eltern eine Entscheidung darüber ablehnten und erst ihr Kind um Erlaubnis fragten.[1]

«Die halten einander nicht für Menschen», sagten Eskimos von weißen Matrosen, die sich prügelten.[2] «Wir schlagen die Kinder nicht, weil sie dann schlechte Jäger werden», lautet eine andere Erklärung, die auf den Aleuten geläufig ist.[3] Mit dem Beginn der neolithischen Epoche, der Entstehung des Ackerbaus und der arbeitsteiligen Städtegesellschaft finden sich Hinweise auf eine kulturelle Norm, Kinder (und später Sklaven, gelegentlich auch Frauen) durch Prügel gefügig zu machen. «Zerschlage seine Rippen, solange er noch klein ist, damit er nicht, störrisch geworden, dir den Gehorsam verweigere und dir deshalb deine Seele schmerzt», lehrt die Bibel (Jesus Sirach 30,12). In einem ägyptischen Hieroglyphentext heißt es: «Das Ohr des Schülers sitzt auf dem Rücken. Er hört nur, wenn man ihn schlägt.»[4] «Es scheint fast eine stehende Gewohnheit: Der Ritter wird wütend und schlägt die Frau mit der Faust auf die Nase, daß Blut kommt . . .»[5]

Die Bedrohung einer Kultur durch Naturkatastrophen wie Dürre, Überschwemmungen, Waldbrände oder Erdbeben unterscheidet sich von der Bedrohung durch menschliche Konkurrenten dadurch, daß sie nicht vorhersehbar ist. Es wäre sinnlos, sich auf solche Gefahren vorzubereiten, die Kinder im Hinblick auf sie zu erziehen. Menschliche Feinde hingegen sind dem eigenen Erleben nahe. Sie werden zu einem Spiegelbild, zu einer Herausforderung, sie zu übertreffen, aus der Rolle des Opfers in die des Verfolgers zu wechseln. Dazu ist es notwendig, besser zu sein. Der äußere Feind wird so zu einem inneren Gegner, der durch Selbstkontrolle, durch strenge Forderungen an die eigene Leistung übertrumpft werden muß. Die Soldatensprache kennt den «inneren Schweinehund», der gern mit dem äußeren Gegner

1 N. Miller, The Child in Primitive Society, London 1928.

2 F. Nansen, Eskimoleben, Leipzig–Berlin 1903, S. 87, S. 132 f.

3 W. Schmidbauer, Jäger und Sammler, München 1972, S. 68 f.

4 W. Schmidbauer, in: E. Naegeli (Hg.): Strafe und Verbrechen, Aarau und Frankfurt a. M. 1976.

5 N. Elias, Über den Prozeß der Zivilisation, Frankfurt a. M. 1978, Bd. II, S. 105.

Friedensbündnisse schließt und nach Möglichkeiten sucht, sich zu drücken, wo es süß und ehrenvoll wäre, für die Ideale zu sterben. Freuds militärisches Gleichnis vom Über-Ich, das wie die Besatzung einer eroberten Stadt das unterwürfige, heimlich rebellische Ich unterdrückt, gehört in diesen Zusammenhang.

Ist das Konkurrenzprinzip[1] erst einmal entstanden, gehen die Evolutionsvorgänge in den Gesellschaften dahin, es zu vervollkommnen. Ich glaube nicht, daß hier bewußte Planung eine Rolle spielte, eine rational begründete, wohlüberlegte Neigung der Mächtigen, Machtunterschiede aufrechtzuerhalten. Vielmehr mögen es Inspirationen von Mythenerzählern, Visionen von Schamanen und Priestern gewesen sein, die bis in die jüngste Zeit manche Kulturen in fieberhafte Veränderung stürzten (wie die Cargo-Kulte[2] oder die Geistertanz-Bewegung der nordamerikanischen Indianer).

1 Auch die biologische Evolution durch Mutation und Selektion wird vom Konkurrenzprinzip gesteuert, doch auf eine gewissermaßen gedämpfte Weise. Veränderungen benötigen immer mehrere Generationen; zudem wird keine rationale Planung in den Dienst des Konkurrenzprinzips gestellt, wie es bei konkurrierenden Idealen und Werten der Fall ist. Das Ideal selbst ist irrational und nicht weiter erklärbar; es setzt jedoch durchdachte Handlungsfolgen in Gang. Die größere Schärfe und Macht des menschlichen, interkulturellen Konkurrenzprinzips liegt auch darin, daß nicht Individuen um biologische Vorteile kämpfen, sondern Wertsysteme – die freilich von Individuen «verkörpert» werden – um ihre Durchsetzung ringen. Zugleich wird nicht auf der Ebene genetischer Verfestigungen konkurriert, sondern auf der Ebene individuell-erlernter Verhaltens- und Erlebnistraditionen. Dadurch werden viel schnellere Veränderungen und damit viel heftigere Spaltungen, Auseinandersetzungen, Rivalitäten ermöglicht, wie es etwa das Beispiel von Religionskriegen zeigt.

2 Unter Cargo-Kulten versteht man eine ganze Reihe von sozialen Bewegungen unter den Eingeborenen Melanesiens und Neuguineas. Gemeinsam ist ihnen die Überzeugung, daß nicht die betrügerischen Weißen, sondern die eigenen Ahnen die Zivilisationsgüter (Cargo im Pidgin-Englisch) herstellen. Die Weißen haben die Transportwege besetzt, doch die Gläubigen werden es durch magische Handlungen – zum Beispiel Aufhören der Zwangsarbeit für die Weißen, den Bau von «Flugplätzen» und «Lagerhäusern», magische Gesänge usw. – dahin bringen, daß das irdische Paradies zu ihnen kommt. Vgl. R. Worsley, The Trumpet Shall Sound – A Study of ‹Cargo-Cults› in Melanesia, London 1957.

Ob die durch solche Visionen eingeleiteten sozialen Veränderungen stabil sind oder nach kurzer Zeit zusammenbrechen, ob sie fruchtbar werden für künftige Entwicklungen oder in eine Sackgasse führen, zeigen dann wiederum zunächst nicht rationale Überlegung und soziale Planung, sondern schlicht ihre Bewährung in der Wirklichkeit, ihr Funktionieren. Dieses Funktionieren hängt mehr davon ab, ob die Gesellschaft als Ganzes durchsetzungsfähig, expansiv, angriffslustig bleibt, als vom Glück einzelner Individuen. Die Einzelmenschen sind Baumaterial. Sie wurden in der Konstruktion der Kulturen seit dem Neolithikum seelisch mehr und mehr beansprucht, in vielfältigen Richtungen belastet, Zerreißproben ausgesetzt, die in den altsteinzeitlichen Kulturen undenkbar sind. Dadurch sind Höchstleistungen entstanden – die Erfindungskraft Edisons oder der unbeugsame Mut, mit dem Entdecker wie Kolumbus und Magellan ihre Mannschaften über die Weltmeere trieben. Doch viele Menschen haben diesem Druck auch nicht standgehalten. Ihre körperliche und seelische Gesundheit litt darunter. Immer mehr Erfindungskraft mußte in die Reparatur von Schäden gesetzt werden, die letztlich durch die anerkannten Ideale der Gesellschaft selbst verursacht wurden. Abhilfemaßnahmen sollen möglichst die Richtung weiterführen, die durch die konkurrenzbestimmten gesellschaftlichen Ideale vorgezeichnet ist. Ein Beispiel sind die meisten gegenwärtig verfolgten Maßnahmen zum Umweltschutz. Es werden Dinge entwickelt und produziert, um die schädlichen Folgen des industriellen Wachstums der Überflußgesellschaft wieder einzudämmen. Viel einfachere Lösungen, etwa eine Einschränkung des Konsums an Gütern oder des Verbrauchs an Energie, werden demgegenüber nur zögernd verfolgt.

Individuen, die im Kampf mit einer anderen Kultur bestehen sollen, müssen für diesen Ernstfall durch ein Aufwachsen in Kampfbereitschaft geschult werden. Wettbewerbsbereitschaft setzt voraus, daß es andere gibt, die sich von mir eindeutig unterscheiden und gegen die ich in einem bestimmten Bereich um wahrnehmbare Werte konkurriere. Solche Werte können materiell sein, Besitz in den verschiedensten Formen, oder sie betreffen Einfluß, soziale Geltung, Macht, die Zahl der möglichen Sexualpartner, die Zahl der Sklaven, der Kinder, auch die Zahl der Freunde. Voraussetzung von Wettbewerb sind damit Spaltungen der verschiedensten Art: aufgespaltene Arbeitsbereiche, eindeutig voneinander getrennte Geschlechtsrollen, Klassenunterschiede, Besitzunterschiede, Bildungsunterschiede.

Die Konkurrenz innerhalb der Gesellschaft erhält einen Stand der Wachsamkeit, der auch nach außen konkurrenzfähiger macht. Zugleich läßt sich die durch die verschiedenen Aufspaltungen und Einengungen erzwungene Wunschversagung umsetzen in Angriffslust und Wut gegen die äußeren Feinde, gegen diejenigen, welche andere Werte haben, eine andere Sprache sprechen als die eigene. Freuds Bild vom Über-Ich, das wie ein Kolonialherr die eroberten Provinzen des Ich kontrolliert, spiegelt die innerseelische Situation der sozialen Verhaltensform des Kolonialismus wider. Am meisten setzt sich durch, wer seine Ideale expansiv verinnerlicht, wer in die Lage kommt, Kolonien zu bilden, andere Völker zu unterwerfen, anderen die eigenen Werte aufzuzwingen. Diese Leidenschaft der Eroberer war den Eingeborenen vieler Länder vollständig fremd und ungewohnt. Wo Intoleranz auf Toleranz trifft, wird zunächst einmal die Intoleranz siegen. Im Mittelmeerraum ging vor sechstausend bis viertausend Jahren eine von Gleichberechtigung der Geschlechter und starkem Einfluß der Frau auf das öffentliche Leben, Religion, Kunst und Wissenschaft gekennzeichnete Kultur unter. Sie erlitt ein ähnliches Schicksal wie die amerikanischen Indianer, die Australier, viele afrikanische Stämme. Die friedlichere, mehr auf Gleichberechtigung, auf Naturnähe, zyklische Lebensformen, vielfältige Entwicklungsmöglichkeiten für Männer und Frauen abgestellte Gesellschaft muß einer hierarchischen, intoleranten, eifersüchtig nur die eigenen Werte hütenden Kultur unterliegen. Der Sieg des Christentums über das antike Heidentum läßt sich ähnlich erklären. Die Heiden waren religiös tolerant. Wo sie ihre Schiffe an einer fremden Küste landeten, befragten sie die Einwohner nach ihren Tempeln und Göttern. Was ihnen gesagt wurde, erklärten sie nicht wie ein christlicher Kolonisator oder Missionar zu Äußerungsformen des Teufels, sondern entdeckten darin aus der Heimat vertraute Gottheiten, denen sie opferten.

Strukturen, die aus voneinander abhängigen Teilen aufgebaut sind, lassen sich nur als Ganzheit verstehen und entwickeln sich so, daß ihr gesamter Aufbau von einfachen zu vielfältigen Formen fortschreitet. Jeder Teil wird von jedem andern mitbestimmt: Der Wettbewerb von der Arbeitsteilung, die Arbeitsteilung von der Aufspaltung der Geschlechtsrollen, die Verfeinerung der Technik vom Konkurrenzdruck, der Druck auf die Nachbarkultur durch die eigenen technischen Fortschritte. Die durch den Wettbewerb entstandenen, ihn andererseits steigernden Spaltungen in der zyklischen Einheit einer «von der Hand in den Mund» lebenden altsteinzeitlichen Kultur führen dazu, daß das Idealsystem mehr und mehr Gewicht gewinnen muß. Das Leben erstarrt. Von der unglücklichen Ausnahme wird es zur Regel, daß Kinder auf ein einfühlungsloses Idealsystem stoßen – individuell gesehen: auf Eltern, deren Einfühlung und Offenheit durch den kulturellen Druck, der auf ihnen lastet, schwer beeinträchtigt wird. Sie sind nicht mehr in der Lage, durch ihr Vorbild in der Bewältigung der Lebensrealität dem Kind Identifizierungen anzubieten, die seine anfängliche Suche nach dem idealen Objekt und seine Größenwünsche schrittweise zu einem realistischen, den zyklischen Formen des Lebens nahen Selbstgefühl umgestalten.

Das ursprüngliche Modell einer «Mutation» und «Selektion» kultureller Symbolsysteme, durch das zerstörerische Erstarrungen entstehen (weil linear erstarrte, intolerante Kulturen durchsetzungsfähiger sind als offene, zyklische), bezieht sich vor allem auf die Veränderungen durch die neolithische Epoche. Ich habe es zuerst 1972[1] ausführlicher dargestellt und später auf die Entwicklung seelischer Strukturen erweitert[2]. Eine mögliche Einschränkung des Modells sah ich darin, daß es untereinander unmittelbar konkurrierende Folk-Gesellschaften mit jeweils nur einigen tausend Sprachbrüdern und -schwestern als Ausgangssituation zu-

1 W. Schmidbauer, Die sogenannte Aggression, Die kulturelle Evolution und das Böse, Hamburg 1972.

2 W. Schmidbauer, Vom Es zum Ich, Evolution und Psychoanalyse, München 1975.

grunde legt, was nur für die Anfänge der kulturellen Evolution zutreffen kann. Neben den blind wirkenden Veränderungs- und Auslesemechanismen nahm ich bereits damals an, daß gesellschaftliche Wertsysteme auch durch mehr oder weniger bewußt geplante Eingriffe verändert werden können – etwa die Kopie einer neuen Waffe, die Entwicklung eines Ideals kriegerischer Männlichkeit, die Übernahme industrieller Produktionsweisen. Die Folgen dieser Veränderungen lassen sich freilich häufig nicht planen – zum Beispiel die Verwandlung Japans in einen imperialistischen Industriestaat durch seine Öffnung für westliche Technik.

Nach wie vor glaube ich, daß die wichtigsten Grundstrukturen der menschlichen Gesellschaft auf diese Weise entstanden sind – vor allem die Spaltungen zwischen «männlichen» und «weiblichen» Rollen, zwischen Gebildeten und Banausen, zwischen Besitzenden und Besitzlosen. Nur an der Oberfläche läßt sich etwa das Patriarchat als Unterdrückung der Frau durch den Mann betrachten. Tatsächlich waren und sind beide Geschlechter Opfer eines Entwicklungsprozesses der Symbol- und Wertsysteme konkurrenzorientierter Gesellschaften, welche ihre soziale Durchsetzung und Aggressivität daraus beziehen, daß sie es den Männern versagen, ihre weibliche Seite angemessen zu entwickeln, wie sie es den Frauen versagen, ihre männliche Seite zu entwickeln. Beide Geschlechter werden durch ein vielfach zerstörerisches Ideal zu Halbmenschen geformt. Sie suchen die fehlende Hälfte durch Ersatzaktivitäten immer wieder vergeblich zu gewinnen, der Mann durch eine für ihn und seine Umwelt lebensbedrohliche Leistungsperfektion, die Frau durch Verlagerung ihrer eigenen Entwicklung in ihre Kinder oder in die emotionale Versorgung ihres Lebenspartners. Der Einwand, daß die Männer doch real die Mächtigen und die Unterdrücker, die Frauen die Ohnmächtigen und Unterdrückten waren und sind, liegt nahe, doch läßt er sich schwerlich in eine fruchtbare persönliche oder politische Praxis umsetzen, solange die elementare Prägung beider Geschlechter und die Macht eines verfestigten Idealsystems verkannt werden. Das geschieht etwa, wenn auf der Ebene des Maschinenstürmens Schuldige gesucht, einzelne oder alle Männer dingfest gemacht und nun getreu der dem Patriarchat eigenen Macht- und Leistungsideologie verfolgt werden. Hier setzt sich im Angriff auf Männer schlechthin, nicht auf männliche Machtpositionen und patriarchalische Ideale die zerstörerische Neigung des konkurrenzorientierten Idealsystems fort, nur Kategorien von Leistung und Macht zuzulassen, nur Schuldige und Rächer zu kennen.

Norbert Elias hat die Folgen des Konkurrenzdrucks auf die Ausbildung des Idealsystems in den hochdifferenzierten Staaten des Mittelalters und der Neuzeit verfolgt. Seine Arbeiten zur Entstehung der Zivilisation, die von konkreten Verhaltensformen (wie den Tischsitten) ausgehen und die Wandlungen der Gesellschaft damit verknüpfen, bestätigen den Zusammenhang zwischen Konkurrenzkämpfen und linearer Erstarrung von bisher zyklischen Lebensbereichen. Die Ideale der Gefühls- und Affektkontrolle sind seit der Völkerwanderungszeit immer rigider geworden, in deutlichem Zusammenhang mit einer verschärften Konkurrenz in und zwischen den Feudalherrn bzw. Nationalstaaten. Elias zeigt, wie die Stärke der Spannungen zwischen verschiedenen Herrschaftseinheiten innerhalb der Gesellschaft zu ähnlichen Folgen führt wie die Konkurrenz zwischen unterschiedlichen Stämmen. Das gilt bereits für die Naturalwirtschaft der Feudalgesellschaft in der abendländischen Frühzeit. Expansions- und Konkurrenzkämpfe der verschiedensten Art, wie das Verlangen nach einem Stück Land bei den ärmeren Kriegern oder nach Ausdehnung eines schon reichen Besitzes bei den Grafen und Fürsten, ergeben sich nicht einfach aus dem Bevölkerungsdruck. Sie hängen auch von der Struktur der Gesellschaft ab, in der im frühen Mittelalter ein Teil der Krieger das Land und damit das wichtigste Produktionsmittel monopolisierte und den Zugang zu ihm für die Besitzlosen erschwerte. Zugleich wurde eine wachsende Zahl von bisher Besitzenden von ihrem bisherigen Stand vertrieben – etwa indem das Land dem Erstgeborenen zufiel und die jüngeren Söhne leer ausgingen.

Der soziale Druck einer leistungsorientierten Wettbewerbssituation hängt nicht nur von der Konkurrenz vieler um beschränkte Güter zusammen, sondern auch mit den vorgegebenen Idealen, welche das Anspruchsniveau bestimmen. Verschiebungen, welche den Lebensstandard bei bestimmten sozialen Schichten senken, können den sozialen Druck erheblich steigern. Heute ist es kaum mehr sinnvoll, eine der Industrienationen für sich zu betrachten, um den Wettbewerbsdruck in ihr aufzudecken. Alle europäischen Staaten hängen mehr oder weniger davon ab, daß sie billige Rohstoffe einführen können, die nur durch Ausfuhr von Industriegütern oder Einnahmen aus Kapitalanlagen in anderen Ländern bezahlt werden können, wenn nicht die eigenen Währungsreserven knapp werden sollen. «So kommt es, daß nicht nur der innere Druck, das drohende oder aktuelle Absinken des Lebensstandards breiterer Schichten die Konkurrenzspannung zwischen verschiedenen industriellen Herrschaftseinheiten wachhält und unter Umständen verschärft, sondern diese zwischenstaatliche Konkurrenzspannung trägt auch ihrerseits unter Umständen in sehr erheblichem Maße zur Verstärkung des gesellschaftlichen Druckes in dem einen oder anderen Partner des Konkurrenzkreises der Nationen bei.»[1]

Elias versucht, eine umfassende Betrachtung sozialer Entwicklungen zu begründen, in der nicht nur zweckrationale, sondern auch affektive Veränderungen erfaßt werden. Tatsächlich verstehen lassen sich Vergangenheit und Gegenwart menschlichen Verhaltens nur dann, wenn nicht nur Ideen und Denkformen, sondern auch Trieb- und Affektstrukturen erforscht werden. Neben dem Wandel der wirtschaftlichen Produktion und der Machtverhältnisse ist auch das Schicksal der zwischenmenschlichen Beziehungen und der Aufbau des Seelenhaushalts als Ganzes wesentlich. Der Mittelweg zwischen einer an Tatsachen orientierten, rationalisierenden Forschung einerseits und einer Betrachtung der Triebwelt andererseits führt dazu, daß Elias die psychoanalytische Auffassung abwandelt. Er stellt ein unabhängig von sozialen Einflüssen arbeitendes Es in Frage. Bei jedem Menschen sind die Triebenergien bereits sozial bearbeitet. Von

1 N. Elias, Über den Prozeß der Zivilisation, Frankfurt a. M. 1978, Bd. II, S. 487. Beispiele für aktuelle Formen des gesellschaftlichen Drucks sind Jugendarbeitslosigkeit, Numerus clausus an den Hochschulen, Stellenkürzungen im öffentlichen Dienst, Konkurrenz durch Fremdarbeiter aus Ländern mit geringerem Lebensstandard.

einem anderen Ausgangspunkt kommt eine evolutionstheoretische Überarbeitung der psychoanalytischen Metapsychologie zu einem ähnlichen Ergebnis: Es gibt kein geschichtsloses, asoziales Es, sondern eine primäre Ich-Es-Einheit, die sozial ausgerichtet ist (bereits das Neugeborene verfügt über sozial angepaßte Verhaltensautomatismen, wie den Sauginstinkt). Aus dieser Einheit werden im Laufe der individuellen Entwicklung und in Entsprechung zu gesellschaftlichen Entwicklungsprozessen bestimmte Anteile ausgegrenzt, die dann bilden, was Freud als das chaotisch Wünsche produzierende Es beschrieben hat.[1]

Elias weist darauf hin, daß Begriffe wie «Es», «Ich» und «Über-Ich» als sozial bestimmte Funktionsschichten der seelischen Selbststeuerung aufgefaßt werden müssen. Wesentlich ist ihre wechselseitige Beziehung. Diese Beziehung ändert sich genauso wie die Beziehungen zwischen den einzelnen Menschen, und mit ihnen die Gestalt der Triebe und ihrer Kontrollmechanismen. Dabei wird im Laufe des Zivilisationsprozesses «das Bewußtsein weniger triebdurchlässig und die Triebe weniger bewußtseinsdurchlässig»[2].

1 W. Schmidbauer, Vom Es zum Ich. Evolution und Psychoanalyse, München 1975 (überarbeitete TB-Ausgabe München 1978).

2 N. Elias, Über den Prozeß der Zivilisation, Bd. II., Frankfurt a. M. 1978, S. 390.

5. Das gezähmte Ideal

«Ich will nicht länger eine Schildmaid sein oder mit den großen Reitern wetteifern und mich nicht nur an den Gesängen des Mordens erfreuen. Ich will ein Heiler sein und alles lieben, was wächst und nicht unfruchtbar ist.»

Éowyn (in: J. R. Tolkien, Der Herr der Ringe, III, Stuttgart 1978, S. 274)

Die Betrachtung der kulturellen Evolution und der Geschichte der Zivilisation scheint zu dem Schluß zu führen, daß die Macht des Idealsystems ständig zugenommen hat. Es sieht so aus, als würde das Ideal immer starrer, perfekter, besser organisiert und damit auch potentiell destruktiver. Ich bin nicht davon überzeugt. Diese Folgerung, die sich in eine lange Reihe kulturpessimistischer Aussagen einfügen läßt, erinnert mich zu sehr an die vielfältigen Versuche, das lineare Denken auf die gesellschaftliche Entwicklung anzuwenden. «Fortschritt» ist keine allgemeinmenschliche Kategorie, sondern die Folge eines spezifischen Umgangs mit einer Wettbewerbssituation zwischen sozialen Gruppen. Fortschritt setzt auch die Idealbildung voraus, da nur sie den Sperrmechanismus liefern kann, der ein Zurückfallen zu einem weniger vollkommenen Funktionszustand verhindert. Doch muß die Idealbildung nicht automatisch zum Fortschritts- und Wachstumsprinzip führen. Das erweisen die heute zurückgedrängten zyklischen Gesellschaftsformen der Primitivkulturen, die gegenwärtig in der Alternativbewegung die linearen Strukturen der Industriegesellschaft unterwandern.

Solche Prozesse sind heute wohl noch ohne Einfluß, der an der Oberfläche der öffentlichen Meinung deutlich wird. Wenn etablierte Menschen aus verschiedenen Berufen die Sicherheit ihrer von Leistung und Konsum bestimmten Existenz aufgeben, wenn ein Architekt oder eine Chefsekretärin anfangen, auf einem alten Bauernhof ohne sanitäre Einrichtungen Kräuter zu sammeln und Vollkornbrot zu backen, dann läßt sich dieses Verhalten leicht bagatellisieren. Doch geht von ihm eine Faszination aus, die sicher Folgen für die öffentliche Meinung haben wird. Jede rasche Strömung (und die Schnelligkeit des Fortschritts steigt) führt an ihrem Rand zu Wirbelbildungen, die nicht im Strom mitlaufen, sondern sogar gegenläufig werden. Dieses Bild trifft heute die Industriekulturen mit ihrem wachsenden Anteil an Ausgeflippten, Schizophrenen, Freaks, Süchtigen. – Die Namen dafür spiegeln die gesellschaftlichen Bewertungen, zeigen den Versuch, solche Gegenströmungen abzuspalten und einzugrenzen. Die Verfestigungen und Erstarrungen durch das Idealsystem sind nicht stabil. Im Gegenteil: sie können sich selbst ad absurdum führen. Schizophrene oder Süchtige sind keineswegs unabhängig von den kulturellen Idealen, die sie verletzen. Sie zeigen bei genauerer Betrachtung sogar häufig eine extreme Abhängigkeit, die so weit geht, daß die Beziehung zwischen Idealanspruch und Wirklichkeit abreißen muß. Der Schizophrene nimmt Werte bitter ernst und versucht sie verzweifelt in die Praxis umzusetzen, die der Durchschnittsmensch allenfalls als theoretisch anerkennt, aber in seiner Lebenspraxis vernachlässigt. Von vielen dieser Kranken heißt es gelegentlich: «Er war (ist) zu gut für diese Welt.»

Solche umgangssprachlichen Aussagen enthalten tiefe psychologische Einsichten: Zu gut für diese Welt ist, wer ihre Vorschriften so ernst nimmt, daß er im Zweifelsfall keinen Kompromiß mit der Wirklichkeit schließt. So ist er gezwungen, sich in Rausch oder Wahn eine eigene Wirklichkeit zu schaffen. Seelische Störungen lassen sich auch unter dem Aspekt eines verzweifelten Versuchs verstehen, ein destruktives Ideal zu besiegen. Der Depressive klagt sich selbst an und erwartet passiv Erfüllung durch eine endlich gerührte Mutter-Umwelt. Der psychosomatisch Kranke entzieht sich den hetzenden Forderungen durch Selbstverstümmelung wie ein mutlos gewordener Soldat, der Süchtige lähmt das Ideal durch chemische Mittel, der Wahnkranke folgt ihm wie Don Quichotte, indem er es aufgibt, sich mit seinen Mitmenschen über die Welt, in der er lebt, einig zu sein. Der Zwangskranke verschiebt den Perfektionsanspruch auf ein winziges, lächerliches Gebiet wie die Säuberung seiner Hände oder die Ordnung eines bürgerlichen Haushalts.

Der gesellschaftliche Druck, Ideale zu verinnerlichen, bestimmt das Erziehungsverhalten in den Familien. Dieser Druck ist häufig nicht leicht nachzuweisen, weil gesteigerte Kontrolle auf einem Gebiet oft durch gelockerte Kontrolle auf anderen Gebieten scheinbar ausgeglichen wird. Die Enttabuisierung von Nacktheit etwa, die sich in den Badesitten der letzten hundert Jahre vollzogen hat, ist nicht nur ein Zeichen sexueller Befreiung, sondern auch eine Folge verbesserter innerer Kontrolle des Sexualverhaltens. Männer und Frauen mußten gelernt haben, die Schaulust abgespalten zu befriedigen und ein Übergreifen in das manifeste sexuelle Handeln zuverlässig zu verhindern. Die Kulturgeschichte ist reich an solchen Beispielen einer Aufhebung bisheriger äußerer Zwänge, deren Hintergrund eine stärkere Verinnerlichung dieser Zwänge darstellt. Ich will diesen Prozeß an Hand von Einzelfällen verfolgen. Weiter sollen Einzelbeispiele aus der psychotherapeutischen Praxis die Möglichkeiten aufzeigen, zerstörerische Ideale zu zähmen. In der Auswahl und Darstellung eigener Fälle ist jeder Psychoanalytiker durch die Grundformen seiner persönlichen Gegenübertragung eingeschränkt (die unter anderem mitbestimmt, welche Klienten ihn aufsuchen, bei ihm bleiben und endlich Gegenstände seiner schriftlichen Arbeiten werden). Daher werde ich auch Beispiele aufgreifen, die mir in literarischer Form vorliegen.

Einsicht, Wissen und Ideal

Ein grundlegendes Problem in der psychoanalytischen Therapie ist die Verwandlung von Wissen und Einsicht. Der Klient, der zu einer Einsicht gefunden hat, ist von dem Gefühl bestimmt, daß er etwas Neues erlebt. Was er in der Therapie erfahren hat, läßt ihn nicht mehr los. Er wird von Bildern heimgesucht, ja überschwemmt, die zu dem neuen Erlebnisinhalt passen, die ihm bisher gar nicht bekannt waren oder doch in dieser Tönung, unter diesem Blickwinkel eine ganz neue Bedeutung gewinnen. Er erprobt neue Verhaltensmöglichkeiten, die bisher nur blasse, entfernte Vorstellung, nicht handlungsnaher Entwurf waren.

Wissen hingegen entfaltet keine dynamischen Wirkungen auf das Verhalten. Es ist ein Denkinhalt neben anderen, der keinen neuen Zusammenhang zwischen dem wunschproduzierenden Unbewußten und der kognitiven Orientierung herstellt. Es ist selbst die Folge von Abwehrvorgängen. Das verraten Sprachformen wie «vielleicht», «ich weiß nicht», die häufig in zwischenmenschlichen Situationen angewendet werden, in denen eine undurchlässige Kontrolle über die Gefühle aufrechterhalten werden soll. «Ich weiß nicht, was ich damit anfangen soll», sagt etwa ein Gruppenmitglied, das von einem anderen angegriffen wird, jedoch seinen Ärger nicht offen zeigt. «Ich weiß nicht, was du hast», sagt der Ehemann zu seiner weinenden Frau, auf deren Gefühle er nicht emotional antworten will.

Wissen wird in menschlichen Beziehungen oft am falschen Ort und zur falschen Zeit angewendet. Einsicht erlaubt es, den richtigen Ort und die richtige Zeit zu finden, um neue Erlebnis- und Verhaltensformen zu ermöglichen. Der Arzt, der weiß, daß die Beschwerden seines Patienten seelisch bedingt sind, weil er nichts Körperliches gefunden hat, kann beispielsweise den eigenen Narzißmuß dadurch fördern (und den des Patienten kränken), daß er Wissen vermittelt: «Körperlich sind Sie völlig gesund, Sie bilden sich nur ein, daß Ihnen da etwas fehlt!» Einsicht würde ihm erlauben, sein Wissen dem Patienten so zu vermitteln, daß dieser nicht verletzt fortgeht, sondern das Gefühl gewinnt, einen neuen Ansatz zu finden, verstanden zu sein, auch wenn sein ursprüngliches Anliegen nicht erfüllt wurde. Einsicht ist eine zwischenmenschliche Kategorie, Wissen eine unpersönliche, von zwischenmenschlichen Beziehungen unabhängige. Wissen gerät in Gefahr, lebendiges Erleben zu ersetzen – «Du weißt doch, daß ich dich liebe!» – «Ich weiß, es ist mein überkompensierter Kastrationskomplex!»

Wenn ich einem spielenden Kind sage: «Die Kerzenflamme ist heiß, faß sie nicht an, du wirst dich brennen!», dann weiß es, was «heiß» und «brennen» für Wörter sind. Was sie bedeuten, kann es nicht einsehen, ehe es nicht die lebendigen Empfindungen von Wärme und schmerzhafter Hitze kennt. Die Unterscheidung von Wissen und Einsicht ist naturgemäß idealtypisch – wahrscheinlich enthält jedes Wissen auch ein Stück Einsicht und jede Einsicht ein Stück Wissen. Die Trennung beider Bereiche ist fruchtbar, um in dem Bestreben des neugieraktiven Menschen, sich zu orientieren, zu verstehen, die Wunschproduktion auf die Erforschung der Welt zu richten und in ihr immer neue Befriedigungsmöglichkeiten aufzuspüren, nicht entmutigt zu werden: «Und jetzt weiß ich, warum ich mich besaufe (fixe, depressiv bin usw.) – und was nützt es mir?» Wahrscheinlich bin ich depressiv oder süchtig, weil ich in großen Bereichen meines Lebens Einsicht durch Wissen ersetze, weil ich meinen Gefühlen, meinen zyklischen Lebensprozessen entfremdet bin und an die Stelle der Wahrnehmung und Erfüllung meiner emotionalen Wünsche das setze, was ich weiß, was ich als fremdgebliebenes Ideal von der Umwelt übernommen habe.

Das zerstörerische Ideal ist etwas, wovon ich entweder gar nichts weiß oder wovon ich nur weiß. Was fehlt, ist die Einsicht in sein Gesetz, erst sie aber ermöglicht eine Entscheidung, ob ich es weiter befolgen will oder nicht. In einem verbreiteten Vorurteil gilt Psychoanalyse als eine Fortsetzung und Steigerung der quälerischen Grübelei des seelisch Gestörten, des im zyklischen Wechsel von Erinnern und Vergessen, von nachdenklicher Planung und Aufgehen im Hier und Jetzt behinderten Menschen. «Ich denke sowieso dauernd über mich nach und frage mich, warum es mir so schlecht geht – wieso soll es mir besser gehen, wenn ich das jetzt auch noch hier mache?» Was in diesen Situationen des quälerischen Grübelns fehlt, ist der Einsicht vermittelnde Partner, der die Wiederholung von Gewußtem überführt in eine von Gefühlen begleitete Einsicht. Das destruktive Ideal gewinnt seinen schädlichen Einfluß auf einzelne und auf menschliche Beziehungen dadurch, daß es die Einfühlung in andere Menschen verhindert. Das heißt, es existiert in einem Medium des Wissens und kann nur in diesem Medium mächtig bleiben.

Wissen ist etwas Gemachtes, was auf der Ebene des Machbaren, durch Zusammensetzung und genaue Wiederholung einzelner Teile, reproduziert werden kann. Wissen ist Macht, Einsicht ist ein Stück Leben, daher ist ihr auch die Hybris fern, die dem Wissen naheliegt. Einsicht ist durch Einfühlung gemildertes und ergänztes Wissen, das die grundlegende Bedeutung der emotionalen Vorgänge für die Orientierung des Menschen anerkennt. Einsicht kann nicht gemacht werden, sie kann nur wachsen. Einsicht hängt eng mit Wahrnehmung und Intuition zusammen; Wissen mit dem Gedächtnis, mit der Fähigkeit, eine neue Situation in ein Raster früherer Situationen richtig einzuordnen. «Ich weiß nicht» heißt: «Ich habe kein bewährtes Schema.» An dem, was ich wahrnehme, empfinde, kann ich mich immer orientieren, wenn ich nicht von mir verlange, bestimmte Regeln einzuhalten, zwanghaft vorgefaßte Ideale von richtig oder falsch zu befolgen. Viele Situationen, in denen Absicht und Wissen Angebot oder Unlust bewirken, lassen sich darauf zurückführen, daß an die Stelle der Einsicht die Orientierung an einem vorgegebenen, passiv übernommenen, von den Grundsätzen des Wissens und des Machens (der absichtlichen Willkürbewegung der quergestreiften Muskulatur) bestimmten Ideal tritt. Der sexuell gestörte Mann, der durch Willensanstrengung eine Erektion aufrechterhalten will, die Frau, deren sexuelle Erregung verschwindet, weil sie anfängt zu überlegen, wann der Orgasmus kommt, der Stotterer, der sich vornimmt: «Gerade in dieser wichtigen Unterredung will ich nicht stottern!» sind Beispiele dafür, wie die Verbindung zwischen bewußter Überlegung, Anwendung von Wissen aus vorherigen Situationen und idealisierter Erwartung den Zusammenhang der Lebensvorgänge zerreißt. Alle Betroffenen sind unzufrieden mit dem, was sie im Augenblick wahrnehmen, sie können sich nicht an ihre Gefühle halten, sondern wenden etwas an, das sie wissen: eine Idealvorstellung von sexueller Potenz, von sprachlicher Fertigkeit, von geplanter, vorgefertigter, gemachter Kontrolle ihrer lebendigen Entfaltung.

Marionettentheater und Narrenburg

«Ich badete mich vor etwa drei Jahren mit einem jungen Mann, über dessen Bildung damals eine wunderbare Anmut verbreitet war. Er mochte ungefähr in seinem sechzehnten Jahre stehen, und nur ganz von fern ließen sich, von der Gunst der Frauen herbeigerufen, die ersten Spuren von Eitelkeit erblicken. Es traf sich, daß wir gerade kurz zuvor in Paris den Jüngling gesehen hatten, der sich einen Splitter aus dem Fuße zieht; der Abguß der Statue ist bekannt und befindet sich in den meisten deutschen Sammlungen. Ein Blick, den er in dem Augenblick, da er den Fuß auf den Schemel setzte, um ihn abzutrocknen, in einen großen Spiegel warf, erinnerte ihn daran; er lächelte und sagte mir, welch eine Entdeckung er gemacht habe. In der Tat hatte ich in eben diesem Augenblick dieselbe gemacht; doch sei es, um seiner Eitelkeit ein wenig heilsam zu begegnen: ich lachte und erwiderte – er sähe wohl Geister! Er errötete und hob den Fuß zum zweitenmal, um es mir zu zeigen; doch der Versuch, wie sich leicht hätte voraussehen lassen, mißglückte. Er hob verwirrt den Fuß zum dritten und vierten, er hob ihn wohl noch zehnmal: umsonst! er war außerstand, dieselbe Bewegung wieder hervorzubringen – was sag ich? die Bewegungen, die er machte, hatten ein so komisches Element, daß ich Mühe hatte, das Gelächter zurückzuhalten. – Von diesem Tage, gleichsam von diesem Augenblick an, ging eine unbegreifliche Veränderung mit dem jungen Menschen vor. Er fing an, tagelang vor dem Spiegel zu stehen; und immer ein Reiz nach dem anderen verließ ihn. Eine unsichtbare und unbegreifliche Gewalt schien sich wie ein eisernes Netz um das freie Spiel seiner Gebärden zu legen, und als ein Jahr verflossen war, war keine Spur mehr von der Lieblichkeit in ihm zu entdecken, die die Augen der Menschen sonst, die ihn umringten, ergötzt hatte . . .»

Heinrich von Kleist[1]

1 Über das Marionettentheater, Zit. n. K. M. Schiller (Hg.), Werke und Briefe, Leipzig 1926, Bd. III, S. 340.

Die hier geschilderte Szene ist ein Beispiel für die zerstörerischen Wirkungen der Entdeckung eines bisher verborgenen Ideals. Nicht Bewußtsein schlechthin ist für die Zerstörung der Grazie des jungen Mannes verantwortlich, sondern die Bindung des bewußten Gewahrwerdens an den Zwang, ohne Rücksicht auf die eigenen autonomen Gefühle den Erwartungen der Umwelt gerecht zu werden. Der im ‹*Marionettentheater*› geschilderte junge Mann gerät in eine narzißtische Krise, deren Entstehung Kleist treffend beobachtet, obwohl er den Leser über die große Bedeutung nicht aufklärt, welche die Beziehung des jungen Mannes zum Erzähler auf die ganze Entwicklung haben mußte.

Der Erzähler sieht durchaus, daß die graziöse Bewegung des Jünglings ein Ebenbild der gerühmten antiken Statue ist. Doch er verweigert diesem die erwünschte einfühlende Bestätigung und verleugnet – an einer starren Abwertung von «Eitelkeit» orientiert –, was er wohl wahrgenommen hat. Auf diese Weise zwingt er den anscheinend unbewußt an die Bestätigung durch seinen Freund gebundenen jungen Mann, die graziöse Bewegung maschinenmäßig und bewußt zu kopieren. Das Erröten des Jünglings verrät, daß er in seinem Selbstgefühl schwer geschädigt ist und nun versucht, durch das zwanghafte Verhalten vor dem Spiegel zu ersetzen, was ihm an einfühlender Wider-Spiegelung durch seinen Freund mangelt (der wohl auf die Wünsche des Jungen eifersüchtig ist, Frauen zu gefallen). Zu der Kränkung durch das Verleugnen der graziösen, noch aus dem unbewußten, harmonischen Impuls hervorgegangenen ersten Bewegung tritt noch die, daß der Freund die weiteren Versuche verlacht.

Ausgangspunkt der Überlegungen im ‹*Marionettentheater*› ist die Überzeugung des vom Autor gewählten Gesprächspartners, eines Tänzers, daß die ungezierte, aus einem einzigen Schwerpunkt heraus ablaufende Bewegung der Marionette unübertrefflich sei. In der Tat sucht ja der Tänzer die Anstrengung seiner Bewegungen zu verbergen, zumindest im klassischen Ballett. Schwerelos, mühelos, mit schlagartig entspannten, graziös schwingenden Bewegungen, unverkrampft und doch gestaltet – diese Forderungen sind nur dort erfüllbar, wo Gesten nicht bewußt in einzelnen Schritten aufgebaut werden, sondern intuitiv auf dem Weg einer von Einfühlung bestimmten Phantasie geschaffen.

Kleist greift diese Spannung zwischen zyklischen und linearen Erlebnisweisen noch an einigen weiteren Beispielen auf. Eines davon ist die Schilderung des Gefechts zwischen einem Bären und einem geübten Degenkämpfer. Der Bär wehrt alle Stöße mit kleinen Bewegungen ab und erschüttert das Selbstvertrauen seines Gegners dadurch, daß er auf dessen Finten überhaupt nicht reagiert. Zu dieser Geschichte paßt eine andere, die Lame Deer, ein Sioux-Medizinmann, in seiner Autobiographie erzählt. Sein Thema ist der Gegensatz zwischen freilebenden und domestizierten Tieren. Ein Büffel, sagt Lame Deer, würde sich niemals von einem Torero so täuschen lassen wie der blindwütige spanische Kampfstier – er würde den Mann treffen und nicht die farbige Mantilla. Wilde Tiere haben eine Kraft, die den gezüchteten, domestizierten abgeht. Eine Anekdote dazu ist der Kampf zwischen der mächtigen Bulldogge eines weißen Ranchers und dem Bärenjungen, das ein Sioux-Indianer gezähmt hatte. Die anwesenden Weißen wetteten alle auf die Bulldogge, die Indianer auf den Bären, der ihr an Größe und Kampfkraft weit unterlegen schien. Doch der Kampf endete zugunsten des Bären, der scheinbar schläfrig der zähnefletschenden Dogge entgegentrat und ihr mit einem kurzen, unverhofften Tatzenschlag den Bauch aufriß. Das domestizierte Tier, das einem züchterischen Idealbild entsprechen muß, unterliegt dem frei aufgewachsenen, mit der Kraft der Natur ausgestatteten Tier.

Ich möchte noch ein zweites literarisches Beispiel für die Weisheit des Sprichworts von Pastors Kindern und Müllers Vieh erwähnen. Je höher der Anspruch, desto geringer die Erfolgschancen – das ist auch der Sinn von Adalbert Stifters Erzählung über die «Narrenburg». Ausgangspunkt der Geschichte ist ein Fideikommiß, eine Bedingung, die jeder Erbe des reichen Besitzes der Burg Rothenstein erfüllen muß. Diese lautet: Der Erbe muß schwören, daß er getreu und ohne jeden Abbruch der Wahrheit seine Lebensgeschichte aufschreiben wird – von der Zeit seiner ersten Erinnerung bis zu dem Augenblick, an dem er die Feder nicht mehr führen kann. Und zweitens muß er schwören, alle Lebensgeschichten seiner Ahnen zu lesen, die in einem besonderen Gemach der Burg untergebracht sind.

Der Grund zu dieser Klausel: Hans von Scharnast, Stifter des Fideikommiß, hatte sich zeitlebens bemüht, ein tugendhafter und frommer Mann zu sein. Dennoch beging er so viele unüberlegte Taten, erlebte soviel Beschämung und Verdruß, daß er beschloß, alles haarklein aufzuschreiben und seinen Nachfolgern zu helfen, die Fehler zu vermeiden, die er gemacht hatte. Ständige Überprüfung des eigenen Verhaltens an den idealen Maßstäben von Gut und Böse, Richtig und Falsch, Hochstehend und Verwerflich muß doch gute Folgen haben! Natürlich läßt sich diese Ausgangssituation als Vorwand eines Novellenschriftstellers erklären, eine Sammlung von Geschichten in einen artigen Rahmen zu setzen. Aber Stifter, dessen Biographie und Werk so viele Hinweise auf die Problematik von Ideal und Destruktion erhält (von seiner eigenen, lebenslang unerfüllten Liebe bis zum Selbstmord, von der heilen Besitzwelt des ‹*Nachsommer*› bis zum inneren Chaos des ‹*Abdias*›), hat andere Zusammenhänge im Sinn. Ergebnis der ständigen Bemühung um moralische Vervollkommnung ist das Gegenteil: statt durch die Biographien abgeschreckt und gemäßigt zu werden, wurden die Scharnasts immer verrückter. «Selbst die, welche bisher ein stilles und manierliches Leben geführt hatten, schlugen in dem Augenblicke um, als sie in den Besitz der verwitterten Burg kamen, und die Sache wurde immer ärger, je mehr Besitzer bereits gewesen waren und mit je mehr Wust sich der Neue den Kopf anfüllen mußte. Der Stifter würde sich im Grabe umgekehrt haben, wenn es durch die dicken Felswände in seine Gruft gedrungen wäre, was die Leute sagten; nichts anders nämlich als ‹die Narrenburg› nannten sie den von ihm gerade in dieser Hinsicht so wohl verklausulierten Rothenstein.»

Die phantastische Landschaft des Rothenstein ist wie ein Traumbild jener idealen, autonomen, besitzenden Lebensform, die Stifter immer wieder fasziniert hat: Landschaften und Architekturen, die eine wohlbewahrte, reiche Vergangenheit und eine durchdachte Vollkommenheit der Lebensgestaltung enthalten. Und deutlich verschmilzt der Autor mit dem seiner Identität noch nicht bewußten Erben, dem jungen Naturforscher, der zufällig in das Waldtal gerät und von dem herrenlosen Besitz erfährt. Das Tor der Mauer wurde verbaut, seit der letzte Scharnast fortzog, doch öffnet der uralte Kastellan einen Geheimgang durch ein tonnenschweres Stück Fels, das beiseite rollt. Plätze tun sich auf, wo das Gras in den Fugen der Pflastersteine wächst, riesige schwarze Sphinxe aus Basalt lagern und das mit Flugsand gefüllte Becken des Springbrunnens hüten. Da ist der gotische Turm des Prokop von Scharnast, der wie ein Blitz zackig emporspringt; von seiner Spitze sind die Saiten einer Äolsharfe zum Pflaster niedergeführt, die dumpf und eindringlich in jedem Windhauch tönen. Da ist der mächtige, wie aus einem Stein gemeißelte Sixtusbau, bleifarben unter dem grünen Kupferdach. Da steht der griechische Tempel, den Graf Jodokus für sich und seine Frau, die schöne Inderin Chelion, erbaute. Im Nonnenkloster, das ein frommer Ahnherr stiftete, hausen Hunderte von Bienenschwärmen, deren Honig unter den Türschwellen hervortropft. Dies alles wartet seit einem Jahrzehnt auf seinen Besitzer, seit der letzte Scharnast nach Afrika ging, um auf der Seite der Araber gegen die Franzosen zu kämpfen – eine Narrheit auch dies, denn wer anders als ein Herr der Narrenburg würde sein Leben opfern, um auf der Seite der Heiden gegen die Christen zu kämpfen?

Im Grunde ist die an den Erben der Narrenburg gestellte Forderung ein übersteigertes Symbol für die Spannung zwischen Ideal und Wirklichkeit, die das Leben jedes Menschen bestimmt. Es schriftlich zu tun, indem die Lebensgeschichten der Ahnen gelesen und die eigene Biographie geschrieben wird, verdeutlicht nur einen Prozeß, der eng mit der Aufgabenstellung einer fortschrittsorientierten Kultur verknüpft ist: Einerseits Normen zu befolgen, die überliefert sind, andererseits aber nicht nur zu wiederholen, zu kopieren, sondern eine eigenständige Lösung der Frage nach dem Sinn des Lebens zu finden. Daß gerade die schriftliche Fixierung des Erlebens diese Möglichkeiten einschränkt, im eigenen Inneren so ideale Zustände zu finden wie in den geschriebenen Berichten, paßt zu der evolutionstheoretischen Auffassung der Schrift. Sie ist ein Sperrmechanismus, der die Auflösung einmal erreichter Normen verhindert und dadurch den Fortschritt und die Konkurrenz zwischen Normsystemen verstärkt. Sie ist auch, worauf Claude Lévi-Strauss hingewiesen hat, ein Instrument der Unterdrückung, der Einteilung in Kasten und Klassen – es scheint, «daß die Schrift zunächst der Ausbeutung des Menschen diente, bevor sie seinen Geist erleuchtete»[1].

Der Bann des Fideikommiß in der *‹Narrenburg›* scheint durch einen De-Idealisierungsprozeß gebrochen: Der neue Erbe hat seinen adeligen Namen, seine verpflichtende Tradition verloren. Sein Vorfahr ist ausgebrochen. So kann er sich mit frischem Mut daranwagen, die geliebte Gastwirtstochter standesungemäß zu heiraten und die Schriften im roten Felsen zu lesen. Das Vermächtnis bewirkt bei ihm nicht, was es sonst bewirkte: den verzweifelten Versuch, die Last der Ideal-Tradition abzuschütteln. Diese Last läßt sich im Alltag oft beobachten, etwa wenn der Jugendliche bestimmte, in der Literatur hoch idealisierte Situationen erlebt – erste Begegnungen mit Liebe, Arbeit, Religion, Wissenschaft. Ich habe den Eindruck, daß Autoren wie Henry Miller ein Leben lang unter anderem gegen solche Idealerwartungen angeschrieben haben, die sonst die Literatur bis heute beherrschen – vor allem die Trivialliteratur, die am meisten gelesen wird und am unkritischsten dem Leser die Last von Handlungsfolgen von trügerischer Vollkommenheit auferlegt.

Jodokus, der einzige Vorfahr, dessen Lebensgeschichte in der *‹Narrenburg›* ausführlich zitiert wird, drückt das Sträuben gegen die Last überlieferter Ideale ganz deutlich aus. «Wenn es dein Gewissen zuläßt, später Enkel, daß du gegen deinen Eid handelst, so verbrenne alle diese Rollen, und sprenge das Gewölbe in die Luft, daß sie bestattet werden, diese Scheintoten . . .» Hier wird deutlich, wie im Unbewußten des geschichtsbewußten und geschichtsbelasteten Jahrhunderts, in dem Stifter schrieb, bereits die Zerstörungslust der Futuristen, die Abneigung gegen Tradition und Reflexion vorgegeben war – die Sehnsucht, ein unerträglich erstarrtes Ideal in der Rückkehr zum narzißtischen Urzustand wieder einzuschmelzen. «Ich hatte bereits einen großen Lebenskreis gemacht, ehe ich zu lesen begann», sagt Jodokus. «Ich hatte den Ruhm des Krieges genossen, dies ekle, blutige

1 C. Lévi-Strauss, Traurige Tropen, Köln 1960, S. 263.

Getränk. Ich hatte die Kunst um ihren Inhalt gefragt, dies dürftige Surrogat des warmen, durstenden Herzens, ich ging durch die Wissenschaften, diese Spielmarken und Rechenpfennige der großen Schöpfung, ich fragte die Freundschaft und Liebe, aber sie waren Eigennutz und Sinnlichkeit. – Um jene Zeit fiel dieses Schloß an mich, und ich mußte die Rollen lesen, aber sie machten mich nicht weiser, nur noch verwirrter; ich verachtete und verfluchte unsere Zivilisation, diesen Modergraben nach materiellem, rohem Trug unseres Fleisches; ich verachtete unsäglich diese Menschheit, die ihr Leben und Herz an einen Stuhl hängen, an gewirkte Lappen, an rollende Wägen und an Kram, den sie ausbreiten, daß andere Neid empfinden mögen, und sie armselige Befriedigung . . .»

Dieser Gefühlszustand melancholischer Anklage verrät rastloses Streben nach einem Ideal, das alle wirklichen Möglichkeiten emotionaler Befriedigung verhindert. Das geschieht dadurch, daß passive Befriedigungsmöglichkeiten gesucht und als nicht vollkommen genug verworfen werden – der Ruhm, die Kunst, die Liebe, die sich als Sinnlichkeit und Eigennutz erweist, die enttäuschenden Konsumgüter. Diese Suche nach idealer Befriedigung von außen kann nicht erfüllt werden. Sie beruht auf einem ähnlichen Mechanismus wie der weibliche Penisneid: Die betroffene Frau sucht ein äußeres «Ding», das sie nicht hat und von dessen Besitz sie sich Erlösung verspräche, während ihre Suche tatsächlich dazu dient, verborgenzuhalten, was sie finden könnte, was aber verboten ist: ihre autonomen sexuellen Gefühle. So sucht auch Jodokus – wie jeder Depressive – passive Befriedigung seiner unerfüllten Sehnsüchte nach Vollendung und Verschmelzung mit dem Ideal (nach der Rückkehr in den Mutterleib). Er muß sich selbst und seine Umwelt verfluchen, weil er auf dieser Suche nichts findet, was ihm Ruhe gibt. Er flieht nach Indien, heiratet eine Unberührbare (die Mutter, in Abwehr gegen die Mutter als ganz von ihm geschaffenes und erlöstes Geschöpf dargestellt) und wird endlich auch in dieser Liebe enttäuscht, weil ihm die Treue der Geliebten wichtiger ist als sein eigenes Gefühl.

Die Wiederbelebung der Wunschproduktion

Passivität und/oder Zerstörung des Möglichen sind die belastenden Folgen eines destruktiven Ideals. Wie kann hier Abhilfe geschaffen werden? Die nicht vorgefertigte, festgelegte, normierte Seite des Erlebens wieder freizulegen ist ein Grundprinzip vieler psychotherapeutischer Verfahren. In der Psychoanalyse geschieht diese Befreiung durch die Empfehlung des ungelenkten Äußerns von Einfällen, mögen diese unbedeutend, peinlich, weit hergeholt, beängstigend sein.

Diese Befreiung gelingt dem Patienten des Analytikers natürlich nicht vollständig. Wäre er in der Lage, frei zu assoziieren, könnte er geheilt nach Hause gehen, wenn ihn nicht der Analytiker, der es selbst ebenfalls nicht kann, als Wunderpferd behalten und vorführen würde. Der Patient des Analytikers tritt diesem ein Stück seiner Kontrollfunktionen ab – etwa die Bestimmung der Zeit, an der er aufhören soll, sich treiben zu lassen, darüber hinaus aber auch einen Teil seiner inneren Sperren, die normalerweise die Wunschproduktion bereits auf der Ebene des Erlebens lähmen. Das geschieht nicht nur durch das ausdrückliche Gebot, keine Zensur walten zu lassen, sondern auch durch die Situation selbst, die dem leistungsorientierten Verhalten ein hatnäckiges Beharren auf der Beobachtung des Erlebens, der rein expressiven Äußerung entgegensetzt. Ich selbst war überrascht, als mir in meiner Analyse auffiel, wie selten ich bisher mehr als einige Minuten Zeit einzig und allein für die zweckfreie Aufmerksamkeit auf mein inneres Erleben verwendet hatte. Ich hielt mich für einen eher introvertierten, beschaulichen Menschen – aber offensichtlich benötigte ich den Rahmen der Analyse für eine so weit wie möglich offene und unbestimmte Betrachtung meiner eigenen seelischen Abläufe.

Die Arbeit des Analytikers richtet sich über seinen Einsatz für einen Rahmen, der freies Spiel der Einfälle erlaubt, hinaus auf die Lücken und Hindernisse im Strom des Erlebens, der ja die sichtbare Oberfläche unserer unbewußten Wunschproduktion ist. Er deutet, das heißt: er weist auf solche Lücken hin, auf ein ausdauerndes Vermeidungsverhalten, und versucht diesen Widerstand dadurch umzugestalten, daß er ihn zur Lebensgeschichte des Klienten in Beziehung setzt und auf diese Weise Einsicht ermöglicht. Einsicht besagt: das geistige Wahrnehmungsfeld wird unter Einbeziehung der Gefühle neu strukturiert. Wo die durch das Ideal bewirkte Wunschunterdrückung dazu geführt hat, daß die Wunschproduktion abgespalten, realitätsfern, mit phantastischen Übersteigerungen und bösartiger Wut (eben wegen der fehlenden Befriedigungsmöglichkeiten in der Umwelt) arbeitet, wird durch diese Neuordnung des Selbsterlebens, durch wirklichkeitsgerechtere Bedingungen für die Aufrechterhaltung des Selbstgefühls das Ich gestärkt. – Der Ausdruck «psychoanalytischer Prozeß» führt im Kopf eines fortschrittsorientierten Lesers zu der Annahme, es handle sich um einen linearen Vorgang, in dem Einschränkungen des Ichs systematisch überwunden und Schritt für Schritt das Unbewußte ausgelotet wird, ehe es seine Macht verliert und sich willig den Ich-Kräften unterordnet. Solche Bilder führen in die Irre. Wie ein klassizistischer Entwicklungsroman (etwa vom Stil des bereits erwähnten *‹Nachsommer›*) leugnen sie den zyklischen Charakter unseres Erlebens, die Wiederholung ähnlicher (nicht gleicher) Grundkonflikte im Laufe eines allmählichen Wachstums. Das Individuum wird in diesem Prozeß (wie ein wachsender Baum auch) nicht nur reicher an verschiedenen Teilen, sondern stößt auch an neue Grenzen, belebt alte Probleme in neuen Formen oder aber auch scheinbar gänzlich unverändert wieder. Das neurotische Elend entsteht durch die Abwendung von der Wirklichkeit und die ungemilderte Sehnsucht nach einem idealen Glückszustand. Es wird in der Therapie nicht in diesen Glückszustand umgewandelt, sondern in vertiefte Anteilnahme am allgemeinen Glück und Elend.

Ziel des psychoanalytischen Vorgehens ist es, jene Kräfte freizusetzen, die an Wünsche gebunden sind, welche auf Grund der bisherigen Entwicklung nicht in die Persönlichkeit integriert werden konnten. Daher haben diese Wünsche nicht die Reifung der übrigen Teile der Person mitvollzogen. Sie sind in einem Urzustand als machtvolle, aber plumpe, ungegliederte, in sich widersprüchliche Kindheitswünsche erhalten geblieben. Haß und Liebe, Zerstörung und Aufbau schließen sich in ihnen noch nicht aus. Durch die psychoanalytische Situation wird diese urtümliche kindliche Wunschwelt wiederbelebt (und mit ihr, vor ihr die gegen ihre Wiederauferstehung gerichteten Abwehrformen). Sie richtet sich vor allem in der Übertragung auf den Analytiker, denn die unterdrückten kindlichen Wünsche sind stets auch Beziehungswünsche. Der Analytiker versucht nun auf zwei Wegen zu erreichen, daß die kindlichen Wünsche nachreifen: Er verhindert, daß sie wieder, angesichts ihrer Unerfüllbarkeit, vom Bewußtsein verlassen werden – und er verhindert andererseits, daß sie unmittelbar oder auch in abgeleiteter, gemilderter Form auf kindlicher Stufe befriedigt werden. Das erste geschieht durch die Deutungsarbeit in der Analyse, das zweite durch die analytische Zurückhaltung, keine direkte Wunschbefriedigung in Form von Zärtlichkeit, Ratschlägen, Übernahme einer Elternrolle oder sexuelle Aktivität zu gewähren.

Somit wird einerseits die Wunschproduktion in ihrem kindlich gebliebenen Teil ständig angeregt, andererseits ihr der Weg in die Befriedigung, aber auch in die erneute Verdrängung abgesperrt. Eine Möglichkeit bleibt offen: Die Wünsche werden mehr und mehr mit den besser zur Bewältigung der Wirklichkeit ausgerüsteten Teilen der Person verknüpft. Sie erweitern die Struktur des Ichs, führen dazu, daß sie mehr Wunschproduktionen und wirklichkeitsgemäßere Phantasietätigkeit gestattet.

Die Lähmung der Wunschproduktion und ihr Ersatz durch passive Erwartung einerseits, Zerstörung des Möglichen andererseits entsteht in einer Situation, in der die altersgemäßen Wünsche des Kindes, einfühlend bewundert und bestätigt zu sein, nicht angemessen befriedigt, sondern auf verletzende Weise versagt werden. Offene Zurückweisung ist nur eine Form davon. Mindestens ebenso wichtig ist eine Haltung der Bezugspersonen, die sich als strikte Wenn-dann-Position bezeichnen läßt: Das Kind wächst in einem System von Erwartungen auf, die nur für bestimmte Verhaltensweisen (und in das innere Erleben des Kindes hinein fortgesetzt: Formen der Wunschproduktion) Bestätigung, Anerkennung oder schlicht Wahrnehmung und Kontakt gewähren. Andere Regungen werden nicht wahrgenommen oder wahrgenommen, aber bestraft (wobei möglicherweise das offen bestrafte Kind günstigere Möglichkeiten einer Auseinandersetzung hat als das nicht wahrgenommene Kind). Endlich können die Bezugspersonen überhaupt in wichtigen Entwicklungsperioden des Kindes fehlen, indem sie zum Beispiel völlig überarbeitet sind, durch krisenhafte Beziehungen abgelenkt, körperlich oder seelisch krank. Jedes unerfüllte altersadäquate Bedürfnis wird durch Versagung zunächst heftiger. Seine gesteigerte Intensität, die keine Abfuhr in Handlungen finden kann, wird teilweise durch Verdrängung, teilweise durch Abspaltung und Verbannung in eine von den Idealen beherrschte Welt der Phantasie bewältigt. Eine Mauer von Abwehrformen schützt das erlebende Ich vor einer Wiederholung des schmerzvollen kindlichen Wunsches.

Ich weiß nicht, wo ich doch solche Sehnsucht nach einem Partner habe – warum ich immer wieder meine Beziehungen beende oder das Interesse an ihnen verliere. Ich erobere erst ein Mädchen und kann mich da engagieren. Aber dann geht es bald nicht mehr weiter. Ich sehe dann, daß ihr das und jenes fehlt, was sie eigentlich haben müßte. Ich fange an, mir ganz viel zu überlegen, und werde auch sehr abhängig von dem, was mir meine Bekannten zu der neuen Freundin sagen.

Ein 34jähriger Arzt

Hier tritt die Verbindung von Passivität und Ideal-Erwartung in dem Augenblick ein, in dem eine Beziehung intimer, näher wird und damit möglicherweise zum erneuten Schauplatz einer unter dem Druck traumatischer Frustrationen verdrängten Elternbeziehung. Die eigene Wunsch- und Gefühlsproduktion läßt nach. Eine passive, an einem Ideal von «guter» oder «mangelhafter» Partnerin orientierte Erlebnisform gewinnt die Oberhand. Die Bezugsperson wird überprüft, ob ihr gegenüber eine Wiederholung der unbefriedigenden Elternbeziehung möglich ist – ob sie genügend Qualitäten besitzt, um einen Erwachsenen so vollständig zufriedenzustellen, wie die Mutter es im vorgeburtlichen, symbiotischen Zustand für ein weitgehend passives Baby leistet. Dieser Vergleich ist ein Hinweis darauf, daß nicht der reale

Kindheitswunsch zur Befriedigung ansteht, sondern eine von Regression und Idealisierung geprägte Phantasie, die der Verstärkung des versagten Bedürfnisses entspricht.

Dieser Rückkehr in frühe, mit der Mutter (oder dem, was an anderen erwachsenen Menschen für sie steht) verschmolzene Gefühlszustände steht die Angst gegenüber, das durch Vollkommenheits- und Größenphantasien gepanzerte, um Gefühlskontrolle bemühte Selbstbild des Erwachsenen einzubüßen. Der Klient, dessen mangelnde Fähigkeit, Gefühle zu erleben und bei anderen wahrzunehmen, geradezu mit Händen zu greifen ist, fragt – sobald er diesem Mangel begegnet, etwa durch die Konfrontation mit seinem Verhalten in der therapeutischen Gruppe: «Was soll ich denn *machen*, um meine Gefühlsfähigkeit zu verbessern?» Er kann um seine Freiheit nur mit den Mitteln kämpfen, die ihn fesseln, er entwirft ein neues Ideal des Machbaren, Gemachten.

«Sie sind ein Frauenkenner. Ich würde gerne von Ihnen lernen», sagt ein Mann in einer Therapiegruppe für Paare zum Leiter. «Wie machen Sie das? Es interessiert mich wirklich!» Zu den Konflikten, die dieses Paar in die Therapie führen, gehört unter anderem die Unzufriedenheit der Frau mit der ihrer Ansicht nach mangelnden Fähigkeit ihres Partners, Gefühle wahrzunehmen. Er sei noch ganz an seine Eltern gebunden, unselbständig, distanziert (wobei ihre Anklagen und Forderungen diese Distanz verstärken). Hier bestimmt das Bedürfnis nach passiver Befriedigung durch den Partner, verknüpft mit Ideal-Erwartungen an ihn, das Verhalten beider Gruppenmitglieder. Gegenseitige Vorwürfe sind in einer solchen Situation nur zu häufig die wichtigste Aktivität, welche in der Beziehung stattfindet.

Abschied, Trennung und Neubeginn

Grundlegende Empfehlungen aller psychotherapeutischen Schulen (soweit sie die Introspektion einbeziehen) greifen die Neubelebung der Wunschproduktion unter verschiedenen Aspekten auf. Carl Rogers empfiehlt dem Therapeuten, in einer zwischenmenschlichen Situation von Einfühlung und Offenheit dem Klienten die gefühlshafte Seite seiner Äußerungen zu verdeutlichen.[1] Diese nur scheinbar einfache Haltung engt die umfassende Forderung der psychoanalytischen Technik, das Vermiedene durch Deutung zurückzugewinnen, auf den vorherrschenden Problemfall der psychologischen Beratungspraxis in der Mittelschicht ein: den durch ein lebensfernes Ideal («Selbstkonzept») verunsicherten Menschen, der zu den Quellen seiner Gefühle zurückfinden muß, um eine autonome Entscheidung zu treffen. In der Transaktions-Analyse nach Eric Berne geht es darum, zwischen einem von Elternbotschaften bestimmten Ich-Zustand («Eltern-Ich»), dem Erwachsenen-Ich und dem Kindheits-Ich genauer zu unterscheiden. Ein Ziel ist auch hier, die kreativen emotionalen Kräfte des Kindheits-Ichs freizusetzen, die durch lähmende Überforderung von seiten des Eltern-Ichs gelähmt werden.[2] In der Gestalttherapie tritt die Konzentration auf die Wunschproduktion im Hier und Jetzt ganz in den Vordergrund. Warum-Fragen, Erklärungen, gute Vorsätze werden von Fritz Perls rücksichtslos als Äußerungsformen zerstörerischer Blockaden entlarvt.

Jede therapeutische Methode steht in einem eigenen Spannungsfeld von zyklischen und linearen Einflüssen. An einem bestimmten Punkt wird sie zu ihrem eigenen Widerstand, zu einem mechanischen Mittel, Bekanntes zu wiederholen und nicht Neues zu erschließen. Das gilt für die Psychoanalyse ebenso wie für Psychodrama, Gestalttherapie, lerntheoretische Verfahren oder Kommunikationstherapie. Die Kräfte des Wiederholungszwangs bemächtigen sich auch der gegen ihn gerichteten Behandlungsverfahren. Aus dieser Situation erklären sich die immer wieder erneuten Versuche, überkommene therapeutische Methoden zu verlassen und neue zu begründen. Der Analytiker, welcher ein destruktives Ideal angeht, kann es auf der einen Seite mildern, in reifere Formen des Umgangs mit der Wunschproduktion über-

1 C. Rogers, Die klient-bezogene Gesprächstherapie, München 1973.
2 E. Berne, Spiele der Erwachsenen, Reinbek 1970.

führen. Auf der anderen Seite wird er sich davor hüten müssen, eine analytische Neuauflage dieses Ideals zu übersehen – etwa in der Überzeugung, daß psychoanalysierte Menschen (Therapeuten) etwas «Besseres» sind als nicht psychoanalysierte, oder auch in der Beschämung und Erniedrigung, wenn ein in der Analyse bearbeiteter Konflikt, der mit guten Vorsätzen und Idealforderungen angegangen wurde, einige Zeit später seine ungebrochene Macht erweist («Jetzt arbeite ich schon so lange an mir, und noch immer habe ich diese Schwierigkeiten»).

Die Gestalttherapie scheint mir eine Antwort auf die Erstarrung, die der etablierten Psychoanalyse als ärztlicher Spezialdisziplin droht. Perls hat die Unterbrechung der Wunschproduktion durch idealisierte Erwartungen immer wieder beschrieben. Seine Vorschläge für die praktische Arbeit konzentrieren sich darauf, an Stelle des Wissens eine emotional bestimmte Einsicht zu erreichen. Der Therapeut gibt dazu sehr viel mehr Struktur vor als der Analytiker; er bekämpft den Widerstand eines rationalisierenden Drüber-Redens nicht durch Abwarten und Deuten, sondern durch Anleitungen, die Vergangenheit wieder zur Gegenwart zu machen. Ein Kranker, der sich nicht von der Trauer um seine tote Mutter befreien kann, sondern noch Jahre später sein Leben so einrichtet, als ob sie noch da wäre, handelt möglicherweise aus einem unbewußten Schuldgefühl heraus. Er hat seiner Mutter den Tod gewünscht, wie es Kinder tun, die sich bedroht und verlassen fühlen. Doch solange diese Deutung auf einer rationalen und symbolischen Ebene bleibt, wird der Patient sie vielleicht als mögliche Erklärung in Betracht ziehen, doch sie nicht in Einsicht umsetzen und sein Verhalten ändern. Der Gestalttherapeut würde hier eine psychodramatische Szene gestalten und den Mann im Hier und Jetzt mit seiner Mutter reden lassen, bis der Abschied vollzogen ist und beide sich trennen können.

Ein weiteres Beispiel für die Befreiung der zyklischen Lebensvorgänge durch die Eingriffe des Gestalttherapeuten ist der Umgang mit einem psychosomatischen Symptom wie dem Kopfschmerz. Der Patient kommt und klagt über sein Kopfweh, für das sich keine körperliche Ursache finden läßt. Er strukturiert die Situation so, daß er als Hilfesuchender zum Helfer kommt und will, daß dieser etwas mit ihm macht oder ihm doch sagt, was er machen soll. Das Ziel des Helfers ist, den Klienten dazu zu bringen, Verantwortung für sein scheinbar unwillkürliches, fremdes Symptom zu übernehmen. Er soll entdecken, wie er sein Kopfweh erzeugt. Das geschieht etwa dadurch, daß er zunächst den Schmerz ortet und sich auf ihn konzentriert, während er sonst dazu neigt, ihn mit Hilfe seiner Aufmerksamkeit beiseite zu schieben.

Anfangs wird kaum ein Migränekranker dazu bereit sein. Er wird anfangen, Erklärungen abzugeben, auszuweichen oder sich über das Ansinnen des Therapeuten lustig zu machen. Der Therapeut beginnt, diese Unterbrechungen eine nach der andern durchzuarbeiten und aus ihnen verantwortliche Leistungen des Ichs zu machen – etwa nicht mehr zu sagen: «Es ist ja Unsinn!», sondern, indem er Kontakt mit dem Therapeuten aufnimmt: «Was Sie mir sagen, ist Unsinn.» Durch solche Umformungen wird zunächst einmal das Vermeidungsverhalten im Rahmen der menschlichen Beziehung angegangen. Hinter solchen aggressiven Haltungen dem Helfer gegenüber findet sich oft eine Menge unterdrückter Wunschproduktion, die durch die scheinbar unentbehrliche Unterdrückung der Aggression gegen die einschränkenden Eltern–Helfer–Mitmenschen lahmgelegt ist. Sobald der Klient fähig ist, bei seinem Kopfschmerz zu bleiben und ihn genau wahrzunehmen, entdeckt er etwa, daß er manche Muskeln zusammenzieht oder in bestimmten Gebieten empfindungslos ist. Auch hier wird er aufgefordert, diese Empfindungen nicht zu fliehen, sondern sie zu suchen und zu verstärken. Er entdeckt dann etwa, daß er sein Gesicht verzieht, als ob er weinen wollte. Wenn der Therapeut ihn nun fragt, ob er weinen will, und ihn auffordert, ihm die Antwort direkt ins Gesicht zu sagen (um sie zu einer Handlung der ganzen Person einem Gesprächspartner gegenüber zu machen), dann kann der Klient in Tränen ausbrechen.

«Ich will nicht weinen, nein, verdammt, laß mich in Frieden!»[1] Offensichtlich war der Kopfschmerz ein Ausdruck für die Unter-

1 F. Perls, The Gestalt Approach, Palo Alto 1973, S. 68 f.

drückung des Gefühls zugunsten eines Ideals von Fassung und Beherrschtheit. In jedem Fall hat der Klient gesehen, wie er die zyklischen Prozesse seines Erlebens unterbricht. Dieses Konzept der Unterbrechung (Interruption) und der unvollendeten Aufgabe bzw. unvollendeten Emotion ist ein Grundmodell der Gestalttherapie. Der Neurotiker, sagt Perls, ist ein Selbst-Unterbrecher. Man stelle sich eine junge Katze vor, die auf einem Baum klettert. Sie prüft ihre Stärke, ihren Gleichgewichtssinn, ihre Beweglichkeit – da kommt die Katzenmutter und sagt: Komm sofort herunter, du wirst dir das Genick brechen![1] Dadurch wird die Aktion des Kätzchens unterbrochen, der Wunsch bleibt unvollendet, die Lust am Wachstum nimmt ab. Katzen freilich benehmen sich nicht so töricht; Menschen, deren Einfühlungsfähigkeit durch die Suche nach Sicherheiten ersetzt ist, tun es. Wo die biologischen Grundlagen des Organismus durch einfühlende Interaktionen geformt werden, bildet sich ein realistisches Selbstgefühl: die idealisierten Erwartungen entsprechen den realen Befriedigungsmöglichkeiten, sie stören sie nicht. Wo die Wunschproduktion aber auf konkurrenzbestimmte Unterbrechungen stößt, werden die Wurzeln menschlicher Ausgeglichenheit, die zyklischen, emotionalen Wunschproduktionen zerstört.

Die Trennung von einem idealisierten Bild der eigenen Person und ihrer Beziehung zu anderen (idealen) Menschen wiederholt den Abschied von den Eltern, die Befreiung aus der kindlichen Abhängigkeit. Dabei sind diese Idealforderungen dort besonders ausgeprägt, wo Geborgenheit, Urvertrauen, grundlegende narzißtische Bestätigung in der kindlichen Entwicklung fehlten. Wie das Kleinkind seinen Mangel an einer verinnerlichten, vertrauensvollen Beziehung zur Mutter dadurch ausdrückt, daß es sich an die reale Mutter anklammert und nicht neugieraktiv die Umwelt erforscht, so drückt das ängstliche Klammern an idealisierte Erwartungen, die Unfähigkeit, sich von ihnen zu trennen, sie loszulassen, einen grundlegenden Mangel an beständigen Idealisierungen der eigenen Leistung und der Beziehung zu anderen Menschen aus.

1 F. Perls, The Gestalt Approach, Palo Alto 1973, S. 71.

Das Ideal wird an die Stelle der fehlenden oder enttäuschenden Eltern gesetzt. Es verspricht Entschädigung, dauernde Vollkommenheit, Glück. Zugleich unterbricht es die zyklischen Wurzeln des emotionalen Lebens und der Autonomie des Individuums, macht es abhängig von Anerkennung von außen. Die Unabhängigkeit von den Bezugspersonen der frühen Kindheit, die durch das Ideal gewonnen wird, ist trügerisch, führt in neue Abhängigkeiten. Dennoch fällt die Trennung vom Ideal ungeheuer schwer. Es ist die Trennung von einem Halt, an den sich das Kind klammerte, als es sich hoffnungslos, rettungslos fallengelassen fühlte. «Ich kann meine Gefühle beherrschen.» – «Ich kann alleine mit allen Schwierigkeiten fertig werden.» – «Ich werde berühmt.» – «Ich bin der Beste.» – «Mein(e) Geliebte(r) wird mich ganz mit Glück erfüllen und für alles entschädigen.» Sich von solchen Stützen des Selbstgefühls zu trennen, um die eigene, autonome Wunschproduktion wieder zu beleben und im Augenblick offen zu sein für Lust und Schmerz, fällt schwer, scheint oft unmöglich und führt in der Regel zu einem Tiefpunkt, an dem Selbstmord bedrohlich nahe rückt. Wer seine Wünsche wieder erlebt und anfängt, sie offener zu äußern, tritt aus dem geregelten Gehäuse von «richtig» und «falsch» heraus. Er gesteht zu, daß er unvollkommen ist, daß er nicht alles hat, daß er abhängig ist und schwach. Vielleicht lernt er schrittweise, seine zyklischen, erfüllbaren, autonomen Wünsche von den übersteigerten und idealisierten Wunsch-Erwartungen zu trennen, die durch Aufpfropfung der linearen Mechanismen des Idealsystems entstanden sind. Er reagiert nicht mehr auf die Enttäuschung seiner idealisierten Vorstellungen mit heftiger Wut und nagender Kränkung. Er gibt sich der Trauer hin, die entsteht, wenn die Wunschproduktion (die ja meist auf Beziehungen, auf andere Menschen gerichtet ist) von der Realität nicht aufgenommen wird, und produziert einen neuen Wunsch, der Einsicht in die Gründe für die Versagung des ersten enthält. Dadurch unterscheidet sich seine Trauer von Lähmung und Passivität, wie sie die Depression des von seinem Idealsystem erdrückten Melancholikers ausdrückt.

Rückkehr zur Erde

Der Verlust des Körpergefühls, der dem Gefühl gleichkommt, ein ‹Niemand› (Nobody) zu sein, zwingt einen, an die Stelle der Wirklichkeit des Körpers ein Vorstellungsbild zu setzen, das auf einer gesellschaftlichen, politischen oder wirtschaftlichen Stellung beruht.

Alexander Lowen[1]

Die Bedeutung idealisierter Vorstellungen in der Entstehung von Depressionen und die therapeutischen Möglichkeiten einer Rückkehr zu den zyklischen Erlebnisformen untersucht Alexander Lowen auf der Ebene der Körpersprache. Der vom Idealsystem beherrschte Mensch hat den Boden unter den Füßen verloren. Er hält sich an das Motto «Kopf hoch – Brust heraus – Bauch hinein», betont die willkürlichen, muskulären, leistungs- und kontrollorientierten Funktionen, vernachlässigt die zyklischen, vegetativen, emotionalen Funktionen. Lowen betont dabei mehr das Element der frühkindlichen Entbehrung als das der Ausbildung eines überhöhten Idealanspruchs, der für die frühen Versagungen entschädigen, sie durch eine endlich erreichte Vollkommenheit wettmachen soll. Für ihn ist jede depressive Reaktion die Folge eines Verlusts an Mutterliebe.[2] Diese Auffassung spiegelt vielleicht weniger die Ursachen der Depression als das fortbestehende passive Bedürfnis der Depressiven, entweder ein Leistungsideal zu erreichen oder einen idealen Partner zu finden, der ähnlich vollkommene Befriedigung bietet wie die Mutter. Doch können Bedürfnisse nach Zuwendung, Bestätigung, Aufmerksamkeit, Körperkontakt – narzißtische und orale Wünsche, die in

1 A. Lowen, Depression, München 1978, S. 27.

2 A. Lowen, Depression, München 1978, S. 39. Solche Aussagen sind unbeweisbar. Sie sollten zumindest so modifiziert werden: Die Depression ist Folge eines gestörten Gleichgewichts zwischen der Fürsorge der Bezugspersonen und den Bedürfnissen des Kindes. Allein die Mutterliebe dafür verantwortlich zu machen, drückt ein patriarchalisches Klischee aus (die emotionale «Ernährung» des Kindes wird an die Mutter delegiert).

der Kindheit unbefriedigt geblieben sind, im Erwachsenenleben nicht nachträglich erfüllt werden. Sie hinterlassen eine Mischung aus ständiger Suche, Angst vor erneuter Abhängigkeit und Wut über tatsächliche oder vermeintliche Zurückweisung. Der Erwachsene muß Geborgenheit und Sicherheit in sich selbst finden; Zufuhr von außen ersetzt einen inneren Mangel an Wunschproduktion nicht.

Die Wünsche der Menschen, die von einem nicht in den Gesamtzusammenhang des Erlebens eingebetteten Idealsystem belastet sind, erscheinen entweder verschwommen und diffus, oder sie sind fast vollständig in einem System von Pflichten erstickt. «Ich möchte ein besseres Gefühl haben!», «Ich möchte mehr Lebensmut!», «Können Sie mir nicht die Kraft geben, mich zu ändern?», «Jetzt bin ich schon so lange in der Gruppe und fühle mich immer noch nicht wohl, es gibt so wenig Zuwendung und Verständnis hier!» Solche unklaren Wünsche werden oft nur noch als Vorwürfe geäußert: «Auf mir trampeln ohnehin alle nur herum, ich bin nur gut genug, um euch die Drecksarbeit zu machen!», «Mein Partner ist zu autoritär, zu schwächlich, zu gefühlsarm, zu anspruchsvoll, zu gleichgültig ...»

«Ich tue doch meine Arbeit, ich tue alles, was du willst, und doch bist du unzufrieden.» – «Ja, weil ich dich nicht spüre, keinen Kontakt mit dir habe, nicht weiß, wie es dir geht!» – «Ja, was soll ich denn machen?» – «Immer soll ich dir sagen, was du machen sollst. Hast du denn gar keine eigenen Wünsche?» – «Was für Wünsche soll ich haben?» – «Du lieber Himmel, ich geb's auf!» – «Ich weiß wirklich nicht, was du willst. Immer regst du dich ohne jeden Grund auf. Es ginge uns doch gut, wenn du nicht so unzufrieden wärst!» Der Dialog spiegelt eine Situation aus der Partnertherapie wider, in der die Frau es allmählich müde wird, durch eigene emotionale Anstrengung ständig die durch ein Idealsystem lahmgelegten Gefühle ihres Mannes zu ersetzen. Die Wunschproduktion des narzißtisch gestörten Menschen ist ungenügend entwickelt. Sie funktioniert in abgespaltenen Bereichen seines Erlebens, übersteigert sich dort zu grandiosen Ausmaßen, versagt jedoch in der Realität und führt daher nicht zur Befriedigung. Ein moderner Mythos, der diese Situation erläutert, ist

«Superman» – ein schüchterner, ungeschickter Herr Jedermann, der als zweites Ich einen großartigen, mit übermenschlichen Fähigkeiten ausgestatteten Doppelgänger hat. Das Kind, das nicht durch schrittweise Verinnerlichung der anfänglich bewunderten, für vollkommen und allmächtig gehaltenen Eltern realitätsgerechte Möglichkeiten für seine Wunschbefriedigung im Alltag aufbauen kann, sondern gekränkt und enttäuscht zu inneren Phantasien von Größe und Allmacht zurückkehrt, bleibt in seiner Wunschproduktion an diese Situation gebunden. Es erwartet eine vollkommene Befriedigung und eine Bestätigung eigener Vollkommenheit und muß sich daher enttäuscht von einer Realität abwenden, für deren befriedigende Gestaltung ihm die angemessenen Werkzeuge fehlen.

«Wenn eine Frucht auf den Boden fällt, keimen normalerweise die Samen, die sie enthält, und versuchen, sich in die Erde einzupflanzen. Dieser Vorgang wird dadurch erleichtert, daß die Frucht und die Samen reif sind. Sowohl die Keimung als auch das Sich-Einpflanzen wird erschwert, wenn die Frucht vorzeitig vom Baum getrennt wird. Ein Kind, das man vorzeitig von seiner Mutter trennt, ist in der gleichen Lage. Es hat die natürliche Neigung, zur Mutter zurückzukehren, um den abgebrochenen Reifungsvorgang zu vollenden. Ohne daß es etwas davon weiß, investiert es all seine verfügbare Energie in diesen Versuch. Aber wenn die Trennung endgültig ist, kann die ursprüngliche Verbindung ebensowenig wiederhergestellt werden, wie man eine Frucht wieder an den Baum kleben kann. Gleichgültig, wie ungeheuer die Anstrengung sein mag, sie ist zum Scheitern verdammt.»[1]

Dieser Vergleich zeigt die Ausgangssituation der Entstehung des zerstörerischen Ideals: die Unreife der realitätsgerechten Bewältigungsformen, verknüpft mit einer unstillbaren Sehnsucht nach Rückkehr in ein zu früh verlorenes Paradies. Erlebt werden scheinbar vernünftige, gerechtfertigte Bestrebungen, auf Kosten der eigenen, inneren Wunschproduktion ein hohes, fernes Ziel zu erreichen. Daß dieses Ziel der Vereinigung mit dem Ideal, der

1 A. Lowen, Depression, München 1978, S. 55.

persönlichen Vollkommenheit, tatsächlich eine Sehnsucht nach Rückkehr zur «Mutter» darstellt, ist den Betroffenen meist nicht bewußt. Sie erleben nur schmerzlich, daß sie dieses Ziel nicht erreichen.

Was Wilhelm Reich als «orgonotische Strömung» und «Orgasmusreflex» beschrieben hat, greift Lowen als «Erdung» wieder auf. Beides sind Bilder für die im Körper wiederbelebte Wunschproduktion, die Herstellung der zyklischen Lebensvorgänge durch Angehen der «Panzerung» (Reich), die Verbindung des bewußten Ichs und des Idealsystems mit den Möglichkeiten der unteren Körperhälfte (Bauch, Genitalien, Beine), Lebensenergie abzuführen (Lowen). Viele Menschen unterdrücken ihre Gefühle während der Kindheit, indem sie sich den Zugang zum Bauch-Empfinden abschneiden, weil Liebe und Sicherheit nur durch Kontrolle der eigenen Wünsche gewonnen werden können.

Wilhelm Reich und F. A. Mesmer

Die Psychoanalyse enthält, wie viele Formen der Psychotherapie, teilweise eine Rückkehr zu Formen der Unterweisung, die sich dem Lehrbetrieb der rational und kognitiv bestimmten Hochschulen und überhaupt des Schulsystems der Industriegesellschaft entziehen. Das hat nicht nur geschichtliche Gründe (Freud und die Analytiker als Außenseiter des akademischen Establishments), sondern liegt auch im Wesen der Sache selbst. Die meisten Mißverständnisse und Verwirrungen über therapeutische Methoden würden überhaupt nicht entstehen, wenn wir sie in einer schriftlosen Kultur anwenden würden. In unserer Gesellschaft ist es eben viel einfacher, Zugang zu toter Psychoanalyse, toter Gruppenselbsterfahrung in Form von mehr oder weniger treffenden theoretischen Äußerungen oder Erfahrungsberichten zu gewinnen. Auch die lebendigste Beschreibung – wie etwa Tilmann Mosers ‹*Lehrjahre auf der Couch*› – spricht den Leser nur in einem kleinen Teil seiner Person an. Zudem ist die Aufnahme des Geschriebenen – verglichen mit der Zeit der Erlebnisse und der

Produktion des Textes – so sehr verkürzt, daß die emotionalen Vorgänge, welche sowohl die Einfälle des Patienten auf der Couch, wie auch die Arbeit des Autors an seinem Text mitbestimmen, vom Leser nicht mehr nachvollzogen werden können. So greift ein Pseudowissen um sich, das so viel leichter, bequemer, schonender ist als das lebendige Wissen der eigenen Erfahrung, daß es in vielen Fällen verwendet wird, um die lebendige Erfahrung zu ersetzen.

In der schriftlosen Gesellschaft, auf die unser Gefühlsleben im Grunde (von den Erbanlagen her) zugeschnitten ist, wüßten nur die von Psychoanalyse, könnten nur die von ihr sprechen, die sie aus eigener, lebendiger Erfahrung kennen. Damit wäre es auch überflüssig, gegen Mißverständnisse zu kämpfen, die Freud mit der Aussage anspricht, daß eine Erinnerung ohne Gefühl wirkungslos bleiben muß. In der Therapie geht es nicht darum, unbewußte Komplexe (wie Penisneid oder Kastrationsangst) zu erkennen und zu benennen – ein Irrtum, auf den der gebildete Mitteleuropäer durch seine Kenntnisse vorbereitet ist. Es geht darum zu erleben und im eigenen Körper zu spüren, wo der freie Fluß der inneren Einfälle auf Grenzen und Hindernisse stößt, welche Ängste, Hemmungen, Symptome der zyklischen Folge unserer Gefühlszustände und unserer Wunschproduktion im Weg stehen. Indem bisherige, erstarrte Bahnen der seelischen Äußerungen in ihrem Sinn aufgeklärt werden, lassen sich neue Möglichkeiten finden, den eingeengten, kanalisierten Fluß der seelischen Energie zu entfalten, abgespaltene, zu Wüste gewordene Teile der Person wieder mit dem Strom des Erlebens in Kontakt zu bringen und sie dadurch fruchtbar zu machen, Wachstum in ihnen zu ermöglichen.[1]

Wilhelm Reich hat die Bedeutung der zum «Charakter» erstarr-

1 Freud sprach von «Kulturarbeit ... wie die Trockenlegung der Zuidersee» (Ges. W., Bd XV, S. 86) – ein Bild, in dem sich eher die Bändigung der Wunschproduktion als die Belebung des Idealsystems ausdrückt. Das liegt wohl daran, daß Freud die maßlosen, durch Unterbrechung der zyklischen Abläufe in Wut und Gier übersteigerten Wünsche mit den «natürlichen» Bedürfnissen gleichsetzte.

ten Abwehr für die Psychotherapie in seinen Frühwerken immer wieder betont. Die Beschreibungen der kosmischen Orgonenergie, die Reich gibt, ähneln stark denen des «tierischen Magnetismus», wie ihn Franz Anton Mesmer (1734–1815) schildert. 1775 verschickte Mesmer seine Lehre, in 27 Thesen formuliert, an alle Akademien. Die ersten beiden Thesen lauten:

«I. Es findet ein wechselseitiger Einfluß unter den Himmelskörpern, der Erde und allen belebten Wesen statt.

II. Eine Flüssigkeit (Fluidum), die allgemein verbreitet und so ausgedehnt ist, daß sie keinen leeren Raum gestattet, deren Feinheit mit nichts verglichen werden kann und welche ihrer Natur nach fähig ist, alle Eindrücke der Bewegung anzunehmen, fortzupflanzen und mitzuteilen, ist Hilfsmittel bei diesem Einfluß . . .»[1]

Mesmer wie Reich standen zeitlebens unter dem Druck, nicht nur den Gegenstand ihres Interesses zu erforschen, sondern nachzuweisen, daß es ihn überhaupt gab, daß Wirkungen, die für sie und ihre begeisterten Anhänger offenkundig und unwiderlegbar waren, von den meisten anderen Menschen gar nicht ernst genommen wurden. Beiden ist auch gemeinsam, daß sie psychologische Beobachtungen und physikalische Erklärungen miteinander vermengten: Mesmer war von der Wirksamkeit des tierischen Magnetismus deshalb so überzeugt, weil er jeden Tag erlebte, wie Kranke gesund wurden, denen er nur von ihm «magnetisiertes» Wasser zu trinken gab, denen er die Hand auflegte oder die er mit einer eisernen Rute berührte. Reich war ein erfolgreicher Therapeut und ein Lehrer von großer Überzeugungskraft. Aber er war kein Wissenschaftler, sondern ein nachgeborener Schamane. «Man müßte, sagte ich zu Freunden, Freuds Bild von der ‹Libidoaussendung› wörtlich ernst nehmen. Freud verglich das Ausschicken und Einziehen der seelischen Interessen mit dem Ausschicken und Einziehen der Pseudopodien der Amöbe. Die Vorstreckung der sexuellen Energie wird sichtbar in der Erektion des männlichen Gliedes. Die Erektion müßte funktionell identisch

1 F. A. Mesmer, zit. n. W. Schmidbauer, Psychotherapie – Ihr Weg von der Magie zur Wissenschaft, München 1971 (TB 1975), S. 160.

sein mit der Pseudopodienausstreckung bei der Amöbe. Die erektive Impotenz infolge Angst, wobei das Glied einschrumpft, wäre dagegen identisch mit dem Einziehen des Plasmafüßchens. Meine Freunde waren entsetzt über soviel Unkorrektheit im Denken. Sie lachten mich aus, und ich war gekränkt. Dreizehn Jahre später bestätigte ich diese Annahme experimentell.»[1]

So spricht kein Forscher, sondern ein Prophet – in Bildern, die ihm später wirklicher werden als die Wirklichkeit, die er noch mit anderen Menschen teilen könnte, mit Menschen, die unabhängig von ihm sind. Das unstillbare Bedürfnis, recht zu behalten, das für Reichs politische und wissenschaftliche Mißerfolge mit verantwortlich ist, drückt eine Sehnsucht nach Verschmelzung mit einem Ideal aus, das in seinem zerstörerischen Charakter unerkannt bleibt. Dieser Verschmelzungswunsch ist in der Orgonlehre enthalten: Jeder Organismus ist Teil der Natur und mit ihr «funktionell identisch», jede Wahrnehmung bildet eine Funktion der Außenwelt ab und beweist den «orgonotischen Gleichklang». Die Objektivität der Erkenntnis und die Subjektivität des Erkennenden stehen in einem symbiotischen Verhältnis; die erkannte, nur Reich (oder Mesmer) zugängliche und vor ihnen von allen übersehene Energie ist allgegenwärtig, allmächtig, geheimnisvoll und doch durch ihren Entdecker gebändigt. Kritiker Reichs haben festgestellt, daß er eine verblüffende Wandlung vom sozialkritischen, antifaschistischen «Sexualpolitiker» zum antikommunistischen, unpolitischen «Orgonforscher» durchgemacht habe. Unter dem Gesichtspunkt des «Alles oder nichts»-Prinzips ist diese Wandlung nicht erstaunlich. Ob die Veränderung der Gesellschaft oder der Natur zu einem imaginären Idealzustand angestrebt wird – unbewußter Hintergrund ist immer die Sehnsucht nach Verschmelzung mit einem absoluten Ideal, durch die eine Veränderung der Wirklichkeit mehr und mehr unmöglich wird. Die Tragik dieser Situation liegt darin, daß Mißerfolge den Anspruch nicht mäßigen, sondern steigern. Reich ist ein Beispiel dafür, wie schwierig es ist, konstruktive und destruktive Anteile

1 W. Reich, Die Funktion des Orgasmus, Wien 1927, zit. n. Ausgewählte Schriften, Köln 1976, S. 118.

an einem Ideal zu trennen. Die Öffnung der Psychoanalyse für gesellschaftliches Engagement und die Betrachtung der körperlichen, vegetativen Vorgänge im Rahmen der Psychotherapie sind beides wesentliche, kreative Neuerungen. Und doch ist Reich mit diesen Idealen so totalitär umgegangen, daß er die vielleicht durchaus mögliche Integration von Psychoanalyse und Marxismus zunächst ebenso verhinderte wie die Erweiterung der analytischen Therapie. Sein immer mehr ins Groteske übersteigerter Anspruch, alle Welträtsel gelöst zu haben, das Wetter zu kontrollieren, den Krebs zu heilen, macht es Reichs Gegnern leicht, ihn lächerlich zu finden. Ich kann diese Haltung nicht teilen, denn ich halte Reich für einen Seher, der in naturwissenschaftlichen Ausdrücken sprach. In «Ether, God and Devil» stellt er folgende Gleichung her: «Gott = Leben = Kosmische Orgonenergie = Orgonomisches Funktionsgesetz der Natur = Gravitationsgesetz.»[1]

Es geht Reich immer wieder um den Gegensatz von linearen und zyklischen Vorgängen: Um den Gegensatz von Charakterabwehr und Unbewußtem, von Muskelpanzer und Emotion, von mechanistischen und funktionellen Erklärungen der Natur. «Die Naturvorgänge kennzeichnen sich durch Mangel jeder Art von Perfektionismus bei voller Gesetzmäßigkeit ihrer Funktionen.»[2]

Reich hat wie Mesmer geglaubt, daß es keinen leeren Raum gibt, sondern daß alles von der Orgonenergie umgeben und durchdrungen ist. «Sonne und Planeten bewegen sich in derselben Ebene und rotieren in derselben Richtung auf Grund der Bewegung und Bewegungsrichtung des kosmischen Orgonenergiestroms in der Galaxis . . .»[3]

Er hat eine Kraft entdeckt, die das ganze Weltall durchdringt – ein Symbol für die Sehnsucht des narzißtisch gestörten Menschen, in den harmonischen Primärzustand zurückzukehren, mit dem Kosmos zu verschmelzen. Was ihm im Weg steht, ist das Unverständnis der Zeitgenossen, das Reich endlich durch die

1 W. Reich, Ausgewählte Schriften, Köln 1976, S. 291.
2 Ebd., S. 295.
3 Ebd., S. 338.

Macht der tödlichen Orgonenergie erklärt. Sie ist für die Wüsten in der Natur und für die Panzerung der menschlichen Person verantwortlich. Lebensbejahend ist die natürliche Genitalität, die Liebe um der Liebe willen. Sie ist ein Symbol des Lebens schlechthin, während das gepanzerte Leben nur auf der Basis einer völligen Verneinung der natürlichen körperlichen Liebe fortbestehen kann. Reich schafft universelle Gleichnisse: «Das Wachstum der Krebszellen zerstört die natürliche Struktur der normalen Zellen; das Wachstum von Feigenkakteen und ähnlichen Pflanzen in der Wüste zerstört das natürliche Wachstum von Bäumen und Präriegras; das Wachsen von neurotischen Idealen und Ideen zerstört die natürlichen, echten, primären Manifestationen des Lebens.»[1] Und weil das soziale Leben in den letzten Jahrtausenden gepanzert war, hat es mit Feuer und Schwert alle Formen des primären Lebens ausgerottet. Auch Reich sieht sich als Opfer, wie Christus und Giordano Bruno, wobei die tiefe Kränkung durch die Abkehr seiner Kollegen immer wieder deutlich wird. 1955 schreibt er: «Die Welt der Psychiatrie schien entzückt und hingerissen. Aber die Bewunderung für meine Leistungen ... wich Anfang der dreißiger Jahre deutlich einer mit Ehrfurcht gemischten Furcht, als meine Arbeiten über die menschliche Charakterstruktur mich der vollen Erkenntnis dessen immer näher brachten, was heute eine allgemein anerkannte Tatsache ist: Ich meine die Empfindung des Strömens im Organismus, sooft die Panzerung, die ‹mittlere Schicht› der Persönlichkeit, erfolgreich aufgelöst wurde ... Die Folgen dieser tiefen Angst und dieses Hasses gegen meine Entdeckung der orgonotischen Strömungen ... haben mir fast zwei Jahrzehnte lang das Leben verbittert und meine weitere Entwicklung gestört ... Erst 1955, als ich im Südwesten der USA beobachten konnte, wie die sekundäre Wüstenvegetation durch die kontinuierliche Beseitigung der stagnierten DOR-Energie dahinwelkte und wie dann Feuchtigkeit in der Atmosphäre und Präriegras auf dem ausgedörrten, steinigen Boden wiederauftauchten, da dämmerte es mir, warum viele meiner früheren Freunde mir seit meiner Entdeckung der

1 W. Reich, Ausgewählte Schriften, Köln 1976, S. 473.

plasmatischen Strömung im Kern des Organismus mit so tödlichem Haß begegnet waren. Ich hatte nicht nur eine lähmende Angst mobilisiert, die Orgasmusangst, sondern ich hatte ihre gesamte Existenz angegriffen, die Fähigkeit, ihr gepanzertes Leben fortzusetzen.»[1]

Die in Reichs Behandlungstechnik eine zentrale Rolle spielende Lösung der Muskelpanzerung, um das freie Strömen der Orgonenergie wiederherzustellen, erinnert stark an die lösende «Krise», welche die von Mesmer magnetisierten Kranken durchmachten. Obwohl sicherlich die Zusammenhänge zwischen Muskelspannung und Gefühlsabwehr ein Stück objektivierbarer Naturgesetzlichkeit enthalten, ist der «Orgasmusreflex», in dem sich laut Reich die orgonotischen Systeme zweier Lebewesen überlagern, ein Produkt zwischenmenschlicher Beziehungen. Im Orgasmus, sagt Reich, «ist das Lebendige nichts als ein Stück zuckende Natur».

Diese Aussage weist darauf hin, daß eine intensive, magische Verbindung zwischen Menschen entstehen kann. Vielleicht hatte Reich eine ähnliche persönliche Ausstrahlung wie Mesmer. Die Identifizierung der kosmischen Orgonenergie mit «Gott», die Reich später vornimmt, belegt die Verwandtschaft seiner Praxis mit der indischer Gurus und japanischer Zen-Meister, transzendentale Erfahrungen zu vermitteln. Doch wurde diese therapeutische Begabung Reichs durch ein Bedürfnis überdeckt, unbedingt recht zu behalten. Wie jeder an einem zerstörerischen Ideal leidende Mensch war Reich zunehmend weniger in der Lage, gleichberechtigte Beziehungen zu anderen Menschen aufrechtzuerhalten. Ilse Ollendorf-Reich schreibt in ihrer Biographie, wie Reich sie mit seiner Eifersucht quälte, ihr Eide abverlangte – und sich gleichzeitig weigerte, über seine eigenen Affären auch nur zu sprechen.[2]

«Der Charakter der Orgonomie und Reichs Charakter (der meiner Ansicht nach fast identisch mit Orgonomie in seinen tiefsten Tiefen ist) sind so furchtbar fordernd, kompliziert und

1 W. Reich, Ausgewählte Schriften, Köln 1976, S. 475 f.

2 I. Ollendorf-Reich, Wilhelm Reich, München 1975.

schwierig, daß es einfach unmöglich ist, sich gehen zu lassen, wie man es sonst fast überall kann»[1], schrieb Ilse Ollendorf-Reich 1952 an A. S. Neill, den Gründer und Leiter der berühmten freien Schule in Summerhill, einen der wenigen Freunde Reichs, die immer ein Stück kritischer Distanz bewahrten. Es scheint ein Widerspruch, daß ein Mann, der unermüdlich die Folgen der Charakterpanzerung und der sozialen Zwänge anklagte, in seinem persönlichen Kreis mit verschärftem Zwang und unerbittlicher Intoleranz anderen seine Meinung aufnötigt. Unter dem Gesichtspunkt der Macht eines zerstörerischen Ideals löst sich diese Paradoxie auf. Reich hat ein Leben lang in sich und bei anderen gegen diese destruktive Macht gekämpft. Es gelang ihm immer wieder, den Konflikt kreativ zu bewältigen, ihn nach außen zu verlegen, symbolische Formen für ihn zu finden. Doch blieb die grundlegende Spannung unangetastet bestehen (es gelang Reich nie, eine befriedigende therapeutische Selbsterfahrung zu machen; seine Lehranalysen bei verschiedenen Analytikern scheiterten, und später hielt er auf Abstand von seinen Schülern und Anhängern). Während er bewußt das Leben verteidigte, verlor er wegen seines Idealanspruchs, recht zu behalten, den einfühlenden Kontakt auch zu den Menschen, die ihm nahestanden.

Die typischen Signale eines destruktiven Ideals sind Einfühlungsmangel, verzerrte Wahrnehmung der Wirklichkeit (genauer: die Unfähigkeit, das eigene Bild der Wirklichkeit mit gleichberechtigten Partnern zu teilen), Mangel an Humor, an Abstand zur eigenen Person und ihren Geltungs- und Vollkommenheitsansprüchen. Ilse Ollendorf-Reichs Biographie zeigt gerade wegen ihres strikten Bemühens um Loyalität das Überhandnehmen solcher Züge bei Reich. «Reich war nie sehr humorvoll; er hat sich und seine Arbeit immer sehr ernst genommen und konnte sich nur selten über seine eigene Person lustig machen. Jetzt (1955) trat dieses todernste Denken in den Vordergrund ... Er fing jetzt auch an, von sich selbst als dem Entdecker zu sprechen, und seine Identifizierung mit Christus trat immer stär-

1 I. Ollendorf-Reich, Wilhelm Reich, München 1975, S. 1949.

ker in den Vordergrund . . . Es gab gewisse Punkte, wo ich das Gefühl hatte, daß er auf Abwege geriet, wie zum Beispiel seine Behauptung, daß er streng geheim unter dem Schutz der Luftwaffe und des Präsidenten der Vereinigten Staaten arbeite; seine Theorie, daß die Erde vom Weltraum aus angegriffen werde und daß die Menschheit einzig und allein mit Hilfe der Orgonomie von dieser Bedrohung gerettet werden könne . . .»[1]

Hinweise auf die Entwicklung eines zerstörerischen Selbst-Ideals bietet die Kindheit von Reich, obwohl Schlüsse aus solchen Quellen (ohne die Stellungnahme des Betroffenen und ohne die Möglichkeit eines Dialogs, wie er in der psychoanalytischen Rekonstruktion mit Klienten möglich ist) fragwürdig sind. Er ist als Sohn eines jüdischen Gutsbesitzers in der Bukowina aufgewachsen. Sein Vater stammte aus dem galizischen Teil Österreichs, seine Mutter aus dem rumänischen. Die Familie war wohlhabend und hielt viel auf ihre liberale Kultur – es wurde nur deutsch gesprochen, die Kinder erhielten keine religiöse Erziehung. In der mütterlichen wie in der väterlichen Familie gab es Verwandte in hohen Positionen, zum Beispiel Abgeordnete im Landtag der k.u.k. Monarchie. Auf dem Gut züchtete der Vater vorwiegend Rinder und lieferte sie an die deutsche Armee. Er wird als jähzorniger, brutaler Mann geschildert, der sich ausgesprochen patriarchalisch verhielt, Knechte, Frau und Kinder beherrschte und darin einen Ausdruck seiner Liebe und Fürsorge sah. Diese patriarchalische Einstellung zum Familienleben, die ja eine Verkindlichung des Mannes in bezug auf alle «häuslichen» Arbeiten einschließt (welche ihm die Mutter-Ehefrau abzunehmen hat), bestand auch bei Reich.

«Einige Eindrücke dieses Sommers [1944, W. S.] blieben mir im Gedächtnis haften, weil sie so typisch für unseren Lebensstil und für Reich waren. Ich mußte meine Arbeit fortsetzen, die zu dieser Zeit und an diesem Ort hauptsächlich darin bestand, Reichs Manuskripte auf der Maschine abzutippen. Gleichzeitig mußte ich mich um das Baby kümmern. Ich erinnere mich, daß ich eifrig tippte und gleichzeitig mit dem Fuß den Kinderwagen hin und

1 I. Ollendorf-Reich, Wilhelm Reich, München 1975, S. 168 f.

her schob, um das Kind zu beruhigen, denn sein Vater konnte es nicht ertragen, wenn es weinte. Ein anderes Mal gab mir Reich großzügig den späten Nachmittag frei, damit ich eine Weile ausruhen und im See fischen gehen konnte, während er sich um das Baby kümmern wollte. Und dann, eine halbe Stunde später, sah ich ihn am Ufer stehen und mir heftig zuwinken. Ich sollte zurückkommen. Die Windeln mußten gewechselt werden, eine Arbeit, der er sich nicht gewachsen fühlte.»[1]

Reichs Mutter war eine anziehende, aber wenig intelligente und unselbständige Frau. Ihre eigene Mutter nannte sie immer «das Schaf» – ein Hinweis auf eine negative Einstellung zur Tochter, die sicherlich deren Selbstgefühl schwer schädigte. Es ist zu vermuten, daß Reichs Mutter ihm wenig Halt geben konnte, daß ihre Schwäche und eigene Haltlosigkeit ihn hinderten, sich mit ihr auseinanderzusetzen und Wut oder Enttäuschung ihr gegenüber zu äußern. Als Kind war Reich viel sich selbst überlassen. Er hatte kaum Spielgefährten, weil er nicht mit den Bauernkindern und auch nicht mit den jiddisch sprechenden Kindern der wenigen jüdischen Familien im Dorf spielen durfte. Als er drei Jahre alt war, wurde sein Bruder Robert geboren. Einige Zeichen sprechen dafür, daß Reich diese narzißtische Kränkung nur mühsam bewältigte. Er hat seinen Bruder, der im Alter von 26 Jahren an Tuberkulose starb, in seinem späteren Leben weitgehend verleugnet. Viele seiner Freunde wußten überhaupt nichts von diesem Bruder. In der Kindheit bestand eine heftige Rivalität. Reich hatte sich eine Schwester gewünscht und sagte bei der Geburt Roberts, man solle ihn sofort zurückschicken. Jeder der Brüder behauptete später, der Liebling der Mutter, der bevorzugte Schützling der Köchin, der bessere Reiter und bessere Jäger gewesen zu sein.

Die psychischen Folgen dieser Situation sehen so aus: Das Kind war von Menschen umgeben, die es bewunderten, aber wenig auf seine seelischen Bedürfnisse und Probleme eingingen. Körperlich und materiell verwöhnt, blieb es zwischen dem jähzornigen Vater, der labilen, triebhaften Mutter und den Haus-

1 I. Ollendorf-Reich, Wilhelm Reich, München 1976, S. 104 f.

mädchen ohne eine Möglichkeit, feste und realitätsgerechte innere Strukturen auszubilden. Einerseits mußte ihm fast alles möglich scheinen. Die Liebe der Eltern war groß, äußerte sich aber bevorzugt in der Sorge um das leibliche Wohl (als Reich einen Ausschlag am Ellbogen bekam, brachte ihn der Vater für sechs Wochen in ein Krankenhaus nach Wien). Keine Frau, mit der Reich später zu tun hatte, erreichte die Kochkunst seiner Mutter. Die Neigung zur Identifizierung mit einem Größenideal, die Erwartung, soziale Beziehungen nach Wunsch und Belieben zu beherrschen, die Sehnsucht nach und zugleich die Angst vor symbiotischer Verschmelzung können in einer solchen Situation entstehen, in dem die kindliche Wunschproduktion nicht durch den Dialog mit einem einfühlenden und aufmerksamen Erwachsenen gestaltet wird, sondern Größenphantasien den Mangel an wirklicher Zuwendung ersetzen. Die seelische Labilität beider Eltern wird in den tragischen Ereignissen deutlich, die zum Selbstmord von Reichs Mutter und später zum Tod seines Vaters führten. Die Mutter hatte ein Liebesverhältnis mit einem der Hauslehrer, die den Jungen unterrichteten. Bedenkt man die außerordentlich starke Neigung Reichs zur Eifersucht, wird man auch dieses Motiv vermuten – fest steht jedenfalls, daß er dieses Verhältnis dem Vater verriet. Die Mutter wich vor der drohenden Auflösung ihrer unbefriedigenden Ehe in den Selbstmord aus. Aber auch der Vater, der erst so eifersüchtig und wütend gewesen war, schien unfähig, nun weiterzuleben. Er schloß eine hohe Lebensversicherung ab und zog sich eine Lungenentzündung zu, die ziemlich deutlich durch sein selbstschädigendes Verhalten (er fischte stundenlang im kalten Wasser stehend) ausgelöst wurde. Zu der akuten Entzündung kam eine Tuberkulose (das Familienleiden, an dem auch Reichs Bruder starb). 1914 übernahm der verwaiste Reich die Verwaltung des Guts, während er weiter das Gymnasium besuchte. 1915 machte er sein Abitur und trat in die österreichische Armee ein, während sein Bruder bei Verwandten in Wien lebte.

Diese Vorfälle trugen sicher dazu bei, die Entwicklung Reichs noch stärker in eine Richtung zu lenken, welche durch die ungenügende Verarbeitung der ödipalen Dreieckssituation (Mangel an schrittweisen, Verinnerlichungsprozesse fördernden Versagungen, Mangel an Einfühlung, Mangel an Identifizierungsobjekten) bereits vorgegeben war. Der Tod so wichtiger Personen und die jähe Trennung von einem Lebensstil, der Reich sicher viel Bestätigung vermittelte, haben einschneidende Folgen für die Ausbildung der Ideale, welche Leistungs- und Beziehungsbereich bestimmen. Reich scheint damals Zuflucht in rastloser Tätigkeit gesucht zu haben. Die Heimatlosigkeit, die ihn mit dem Tod von Mutter und Vater, mit dem Verlust des elterlichen Guts betroffen hatte, setzte er in Ruhelosigkeit und wiederholte Selbst-Entwurzelung um. Neill sieht darin einen Ausdruck von Reichs unerschöpflicher Arbeitskraft und Vitalität, daß er immer wieder Auswanderungen, Verlust von Heimat, Lebensunterhalt, organisatorischen und menschlichen Beziehungen bewältigte und von sich sagte, er sei «das ewige Stehaufmännchen»[1].

Doch unter dieser Rastlosigkeit liegt eine Schicht tiefer Angst und Resignation. Sie ist ein Versuch, die eigenen Bedürfnisse nach Ruhe, Frieden und Passivität unter Kontrolle zu halten. Wer sich für andere verantwortlich fühlt, anderen hilft, andere belehrt, kann seinen eigenen Wünschen nach Geborgenheit und Passivität ausweichen, die ihn bedrohen, weil sie auf traumatische Weise enttäuscht worden sind. Der von einem nicht gemilderten Größenideal bewegte Mensch sucht Zuflucht in einem verzweifelten Versuch, sich immer wieder seine Allmacht, seine Allwissenheit, seine unerschöpfliche Leistungsfähigkeit zu bestätigen. Das Größenideal selbst entsteht in einer Situation der inneren Verlassenheit, in der kein von Einfühlung getragener Dialog über die Anpassung der Wunschproduktion des Kindes oder des Heranwachsenden an die Wirklichkeit möglich ist. Reich hatte die Möglichkeiten zu diesem Dialog als Kind nur in ganz ungenügender, seiner reichen Begabung keineswegs entsprechender Form. Seine Eltern waren ja ihrerseits nicht zu diesem Dialog fähig, nicht untereinander und nicht mit ihm. Das drückt sich auch in den Phantasien des Kindes aus, daß sein Vater gar nicht sein richtiger Vater sei. Später vermutete Reich, daß sein wirklicher

1 I. Ollendorf-Reich, Wilhelm Reich, München 1975, S. 19.

Vater ein ukrainischer Bauer sei. Diese proletarische Version seines Familienromans setzte er endlich, als die narzißtischen Größenphantasien ungebrochener sein kritisches Bewußtsein überfluteten, sogar in die Vorstellung um, sein wirklicher Vater sei ein Mann aus dem Weltraum.[1]

Wahrscheinlich wurde der selbstzerstörerische Prozeß in Reich durch seine Trennung von Freud erheblich verstärkt. Mit ihr kam eine manische Unruhe in sein Leben, die vorher zumindest abgemildert war. Die Aussage seiner ersten Frau Annie Reich geht ebenfalls in diese Richtung.[2] Die Verletzungen des Selbstgefühls, denen Reich ausgesetzt war, führen ja nicht nur dazu, daß ein kindliches Allmachts- und Größenideal ungewöhnlichen Einfluß behält, das Vollkommenheit und Unabhängigkeit anstrebt. Zugleich gewinnt eine andere Phantasie an Boden: die Sehnsucht nach einem idealen Menschen, einem Vorbild, das die Enttäuschungen durch die frühen Bezugspersonen wettmacht. Es scheint, daß Freud dieser Mensch für Reich gewesen ist – eine begrenzte Zeit lang. Reich war durch die Arbeit für und mit Freud in seinem Selbstgefühl gefestigt. Er verstand sich als den konsequentesten Anhänger, der die Grundaussage der Psychoanalyse – die zentrale Bedeutung der Sexualität – unerbittlich in den Mittelpunkt stellte. Er war aber nicht bereit, einen geringeren als Freud selbst als Lehrer anzuerkennen; seine erste Analyse (bei Isidore Sadger) brach er, wie alle späteren, vorzeitig ab. Es ist kennzeichnend für die Suche nach dem idealen Objekt, daß ein Mensch «Diener des mächtigsten Herrn» sein will und dieses Streben dazu benutzt, die Autorität aller anderen, möglichen «Herrn» anzugreifen (wodurch die Enttäuschung über die frühen Versagungen durch die Bezugspersonen ausgedrückt wird, ohne doch das Streben nach idealen Eltern aufzugeben).

Möglicherweise hängt sogar die von Reich mit dem für ihn bereits damals kennzeichnenden Totalanspruch vertretene Theorie der sexuellen Ursache jeder Neurose mit dieser inneren Situation zusammen. In ihr drückt sich, insgeheim auf Freud bezogen,

1 I. Ollendorf-Reich, Wilhelm Reich, München 1975, S. 24.
2 Ebd., S. 37.

Sehnsucht nach Symbiose und Verschmelzung aus: «Ich verstehe unter ‹orgastischer Potenz› gerade dieses letzte, bisher unbekannt gebliebene Stück der Erregbarkeit und Spannungslösung. Die orgastische Potenz bildet die biologische Ur- und Grundfunktion, die der Mensch mit allem Lebendigen gemeinsam hat. Sämtliche Naturempfindungen leiten sich von dieser Funktion oder der Sehnsucht nach ihr ab.»[1]

Damit ist ein Ideal geschaffen – die orgastische Potenz –, und alles, was sie nicht erreicht, muß der Neurose anheimfallen. «Die seelische Erkrankung ist nicht nur eine Folge sexueller Störung im weiten Sinne Freuds. Sie ist vielmehr noch eindeutiger zu fassen als Störung der genitalen Funktion, im strengen Sinne der orgastischen Impotenz ... Hätte ich die Sexualität wieder auf die genitale allein eingeengt, so wäre ich hinter Freud in die alte falsche Sexualauffassung zurückgesunken, sexuell sei nur, was genital ist. Indem ich den Begriff der Genitalfunktion durch den der orgastischen Potenz erweiterte und energetisch definierte, setzte ich die psychoanalytische Sexual- und Libidotheorie vielmehr in gerader Richtung fort.»[2]

Hier wird deutlich, daß Reich zu dieser Zeit noch alles daransetzte, seine eigene Auffassung mit der Freuds zu verbinden. Die Unlogik seiner Versuche, die Entfernung von wesentlichen Inhalten der Freudschen Lehre zu verleugnen, drückt sich deutlich in seinem Zitat aus: Er nimmt zwar einerseits an, daß die gestörte Genitalfunktion für alle Neurosen verantwortlich ist, streitet aber ab, daß er sich dadurch von Freuds Libidotheorie entfernt – er führt sie im Gegenteil geradewegs fort. Es geht hier nicht darum, wer «recht» hatte, Reich oder Freud. Mir scheint, daß sich beide Auffassungen ergänzen: Freud betont die Sublimierung der Sexualität, ihre Umgestaltung in kulturell respektiertere und differenziertere Formen der Wunschbefriedigung. Reich betont die Notwendigkeit einer zeitweisen Auflösung der individuellen, bewußten, kontrollierten Ich-Existenz in den orgastischen Zuckun-

1 W. Reich, Die Funktion des Orgasmus, Wien 1927, zit. n. Ausgewählte Schriften, Köln 1976, S. 54.

2 Ebd., S. 56.

gen, im Ausdruck des Lebens selbst. Wesentlich in diesem Zusammenhang ist, daß Reich beides wollte: Freuds konsequentester Anhänger sein – und Begründer einer ganz neuen Heilslehre, die mit Freuds Ansichten unvereinbar war. Dieser Konflikt zwischen der Sehnsucht nach dem idealen Vater und dem eigenen Größenideal spitzte sich zu, als Reich Freud bat, ihn in Analyse zu nehmen. Nach einigem Überlegen lehnte Freud ab – er wollte seine eigene Regel, niemandem aus dem Wiener Kreis seiner Mitarbeiter persönlich zu analysieren, nicht verletzen. Diese Zurückweisung war für Reich unerträglich. Er reagierte auf sie mit einer heftigen Depression und einem Anfall von Lungentuberkulose, der einen mehrmonatigen Aufenthalt in einem Sanatorium in Davos nötig machte. Als er zurückkam, war er verändert. Nach der relativ ruhigen Zeit in Wien (1918 bis 1928) folgte der Eintritt in die Kommunistische Partei, der Umzug nach Berlin, eine Fülle von Aktivitäten, die Reich zunehmend aus der Kontrolle gerieten und ihn in allen kritischen Gruppen zum Außenseiter machten – unter den Psychoanalytikern wie unter den Kommunisten. Das ist gewiß nicht Reichs Problem allein, es drückt auch den totalitären Anspruch dieser Gruppen aus, der mit Reichs Anspruch zusammenprallen mußte.

Die Heftigkeit der Krise, in die Reich durch die Absage Freuds geriet, drückt sich darin aus, daß sie ihn an den Rand des Todes brachte – sein Bruder und sein Vater sind ja an Tuberkulose gestorben. Es zeigt die Stärke und Kreativität seiner Persönlichkeit, daß er nicht in die Phantasie und in das psychosomatische Leiden auswich, sondern seine Helfer-Aktivitäten steigerte. Freilich wurden diese Aktivitäten jetzt noch viel stärker als früher von einem rastlosen Größenanspruch bestimmt.[1]

1 Annie Reich sagte später, daß durch die kränkende Zurückweisung von seiten des verehrten Freud ein «zersetzender Prozeß» der Persönlichkeit Reichs eingeleitet wurde. Ilse Ollendorf-Reich sieht darin eher einen Ausdruck für Annie Reichs zunehmende Schwierigkeiten in ihrer Ehe. Beides muß sich nicht ausschließen. Annie Reich unternahm heroische Anstrengungen, um die Partnerschaft zu retten; sie stimmte sogar zu, als Reich sie vor die Wahl stellte, die Kinder in ein kommunistisches Heim zu tun oder sich von ihr zu trennen.

Unter dem Schutz der Verbindung mit dem idealisierten Freud hatte Reich noch Widerspruch ertragen, mit kritischen Kollegen diskutiert, Einwände ohne massive narzißtische Wut und Rückzugsverhalten aufgenommen. Doch entsprach dieses Verhalten nicht einer autonomen Fähigkeit, sich über das «Alles oder nichts»-Prinzip des zerstörerischen Ideals hinwegzusetzen. Es folgte aus der Befestigung von Reichs Selbstgefühl durch die idealisierende Beziehung zu Sigmund Freud. In seinen späteren Schriften finden sich immer wieder Hinweise, daß er bereits damals Kritik nicht annahm und verarbeitete, sondern mit tiefgründigem Groll auf sie reagierte, bis er endlich zu der Überzeugung kam, doch recht behalten zu haben. Es gab für Reich «nur das Absolute als Möglichkeit, wenn er vollkommen in einer Idee, einer Bewegung, einer Theorie aufging. Dinge waren entweder schwarz oder weiß; man war für ihn oder gegen ihn, kein Kompromiß . . . war erlaubt. Und diejenigen, die ihm nahestanden, hatten ihm zu folgen oder sich zu entfernen – ganz gleich, ob sie das konnten oder imstande waren, zu verstehen, worum es ging.»[1]

Es erweist den Zusammenhang zwischen Persönlichkeit und Weltanschauung bzw. der Bildung psychologischer Theorien, daß Reich auf der einen Seite die zerstörerischen Verfestigungs-, Panzerungs- und Erstarrungsprozesse in den Industriekulturen scharfsinnig beschrieben hat, während er auf der anderen Seite immer wieder einem zerstörerischen Größenideal zum Opfer fiel. Man ist an Rousseau erinnert, der tiefsinnige Werke über Erziehung schrieb und seine eigenen Kinder dem Findelhaus anvertraute, wenn man liest, wie Reich mit sich selbst und den ihm nahestehenden Menschen umging[2], während er eine Lehre orga-

1 I. Ollendorf-Reich, Wilhelm Reich, München 1975, S. 46.

2 «Für die Kinder bedeutete das Heim eine sehr unglückliche Zeit. Es war nicht einfach für sie, den ihnen auferlegten Anforderungen zu folgen, gute kleine Kommunisten zu werden. Annie erinnert sich an eine Gelegenheit, als die zweijährige Lore eine ernste Verwarnung von ihrem Vater erhielt, weil sie anstatt eines revolutionären proletarischen Liedes ‹O Tannenbaum . . .› sang.» I. Ollendorf-Reich, Wilhelm Reich, München 1975, S. 45.

stischer Emotionalität verkündete. Die Unfähigkeit, sich selbst an den Werten zu orientieren, die anderen gepredigt werden, ist ein sicheres Zeichen des destruktiven Ideals. Diese Unfähigkeit ist jedoch nur selten bewußter Absicht zuzuschreiben. Sie entspringt eher einem Abspaltungsvorgang, durch den bestimmte Seiten des zerstörerischen Ideals dadurch sicher im Dunkel bleiben, daß ein Ausschnitt hell beleuchtet wird. Im Fall von Reich waren es die Panzerung und Erstarrung des Körpers, die Blockade der orgastischen Sexualität, die in ihrem destruktiven Charakter genau erkannt wurden. Starre Ideale im Umgang mit anderen Menschen, einfühlungsloses Beharren auf dem eigenen Recht konnten dann nicht nur beibehalten, sondern durch die vorgebliche Identifizierung mit dem Lebensprinzip sogar besonders tyrannisch vertreten werden. Wer den Forderungen des destruktiven Größenideals widersprach, war für den späten Reich eben ein Angehöriger der «emotionalen Pest», ein Christusmörder.

Ein wesentlicher Gewinn der Arbeit Reichs, den seine Schüler – wie Alexander Lowen – in die Psychotherapie der Gegenwart einbringen, ist die genaue Aufmerksamkeit auf die körperlichen Grundlagen der Wunschproduktion. Die Besinnung auf die elementaren Empfindungen des Körpers, die Vertiefung in die Einsicht, daß ich nicht einen Körper habe, ihn verwalte, reparieren lasse wie ein Ding, sondern wesentlich Körper bin, sind ein Stück Wiederbelebung der auf die Realität, auf die Mutter Erde gegründeten Wunschproduktion. Während das belebte, lebendige Ideal wie eine Achse ist, um die sich die zyklischen, vegetativen Vorgänge des Körpers drehen, denen das Ideal Sinn und Entfaltungsmöglichkeiten gibt, wird das zerstörerische Ideal zum Sperrmechanismus, der die zyklischen Lebensvorgänge zu einem mechanischen, immer gleichen Leistungsniveau bringen soll und sie daher unterbricht. Dadurch entstehen Spannungen im Körper und eine tiefgehende Entfremdung der Bewußtseinsvorgänge vom leiblichen Geschehen, bis endlich der Körper ein widerspenstiges, lähmendes Stück Fleisch ist, das nur Schmerzen bereitet – ein Grab der Seele, wie der idealistische Philosoph sagt. Die Entfernung und Entfremdung vom Körper ist ein wesentliches

Zeichen des destruktiven Ideals – der geistige Höhenflug zum ehrgeizigen Leistungs- und Perfektionsideal, für den der Körper mit Alkohol, Zigaretten, Tabletten und hastigem Essen «fit» gemacht wird.

Arbeiten und lieben lernen

Was ist für dich eine Frau? Ein anderes Geschlecht. Was suchst du in der Kunst? Ein Mittel, die Gegenstände deines Glaubens zu versinnlichen, dich zum Lachen oder zum Tanzen anzuregen. Ein rot und weiß angemaltes Madonnenbild, das ist für dich die Malerei; die Marionetten und die Pulcinella, das ist für dich das Drama; Dudelsack und Schellentrommel, das ist für dich die Musik; für mich gibt es nur Verzweiflung und Haß, denn ich habe nichts von dem, was ich suche, und ich kann nicht mehr hoffen, es zu erlangen.

Hector Berlioz[1]

Es ist nicht so, daß Liebe manchmal Fehler begeht, sondern sie selbst ist ein Fehler. Wir verlieben uns, wenn unsere Vorstellung eine nichtvorhandene Vollkommenheit auf eine andere Person projiziert. Eines Tages verschwindet das Scheinbild, und die Liebe stirbt mit ihm.

Ortega y Gasset[2]

«Arbeiten und lieben können» – diese lakonische Antwort auf die Frage nach den wesentlichen Merkmalen der seelischen Gesundheit ist zugleich eine Aussage über die Zähmung des Ideals. Destruktive Ideale wirken sowohl im Bereich der Leistung, wo sie die Möglichkeiten realitätsgerechter und realitätsverändern-

1 H. Berlioz, Memoiren, hg. von W. Rosenberg, München 1979. Der Angesprochene ist ein römischer Bauer.

2 Ortega y Gasset, Über Liebe, zit. n. S. Delany, The Einstein Intersection, London 1970, S. 110.

der Arbeit lähmen und die seelische Energie in Phantasien von einsamer Größe und unübertrefflicher Genialität abziehen, wie im Bereich der zwischenmenschlichen Beziehungen, wo sie dazu führen, die realen Vorzüge, die liebenswerten Seiten des Partners zu übersehen und ihn zu zerstören – zu kritisieren, zu verlassen –, weil er dem gewünschten Idealbild nicht entspricht. Ich möchte, ehe ich weiter Fallmaterial zusammentrage, die bisherigen Überlegungen zur Entstehung destruktiver Ideale zusammenfassen:

1. Der Mangel an einfühlender symbolischer Ordnung der Innenwelt des Kindes durch die für es verantwortlichen Erwachsenen.

2. Die Abspaltung des Ideals und mit ihm des inneren Symbolsystems vom zyklischen Lebensgeschehen in den beiden großen Bereichen der Leistung (das Ideal wird in der Tätigkeit des eigenen Selbst gesucht) und der Beziehungen (das Ideal wird in einem anderen Menschen gesucht).

3. Die Wiederholung der im Ideal – auch im destruktiven Ideal – vorgegebenen Erlebnis- und Verhaltensmuster verschafft Geborgenheit, vergleichbar der Geborgenheit, welche das Kind bei den Eltern sucht.

4. Die Enttäuschung der in idealisierte Erwartungen gesetzten Hoffnung auf umfassende Bestätigung und Verschmelzung ist die wichtigste Quelle zerstörerischer Aggression.

5. Die zyklische, realitätsbezogene Wunschproduktion wird durch den Einfluß des destruktiven Ideals gelähmt.

Einfühlung als Wegbereiter einer neuen Wirklichkeit

Der Mangel an Einfühlung, der in der Kindheit die Entstehung destruktiver Ideale fördert, ist der Ansatzpunkt für eine korrigierende emotionale Erfahrung im späteren Leben. Was ist Einfühlung? Am umfassendsten läßt sie sich als eine Wahrnehmungsweise bestimmen, die auf belebte Gegenstände, nicht auf Einzelheiten der unbelebten Umwelt gerichtet ist. Mir scheint diese sehr weite Definition deshalb sinnvoll, weil sie die Gesamtheit der

Lebensvorgänge einbezieht. Einfühlung schließt Respekt, Rücksicht auf das Leben ein, wenn sie therapeutisch wertvoll sein soll. Sie ist aber nicht an diesen Respekt gebunden: der Marketing-Manager, welcher ein neues, überflüssiges Produkt entwickelt und dadurch die Umwelt durch Verschwendung von Energie oder Rohstoffen schädigt, kann sehr wohl einfühlend auf die gestörte Bedürfnisproduktion der in wesentlichen Wünschen frustrierten Menschen unserer Industriegesellschaft eingehen.

Eine therapeutische Beziehung wird in der Regel nicht die kindlichen Bedürfnisse befriedigen, die sich als Anspruch auf den Therapeuten richten: Dieser soll wissen, welche Entscheidungen richtig, welche falsch sind, er soll voraussagen, ob der zögernd gewählte Lebenspartner dauerndes Glück gewährt oder nicht, er soll sich als Modell für eine gute Lebensgestaltung anbieten. Oft gehen diese Bedürfnisse noch weiter. Der Therapeut soll vollkommen sein und seine Makellosigkeit auf den Klienten übertragen.[1] Der Therapeut wird versuchen, sich diesen Ansprüchen zu entziehen. Eine Möglichkeit dazu ist es, die Ansprüche an ihn als

1 Carlos Castaneda betont immer wieder die Notwendigkeit für den Zauberer, ein makelloser Krieger zu werden. Diese Forderung richtet sich allerdings nicht auf ein starres Ideal von Perfektion, sondern auf die umfassende Hinnahme der Notwendigkeiten des Lebens. «Ein Medizinmann sollte kein Heiliger sein. Er sollte alle Höhen und Tiefen, die Verzweiflung und die Freude, die Magie und die Wirklichkeit, den Mut und die Furcht seines Volkes durchleben und fühlen . . . Du kannst nicht so verstockt, so unmenschlich sein, daß du rein sein möchtest, mit deiner Seele die ganze Zeit in einem Plastiksack. Du mußt Gott sein und der Teufel, alle beide. Ein guter Medizinmann sein, das heißt mitten im Getümmel leben, sich nicht davor schützen. Es heißt, das Leben in allen seinen Phasen zu erleben. Es heißt, sich nicht davor zu scheuen, dann und wann aufzuschneiden und den Narren zu spielen. Auch das ist heilig. Natur und der Große Geist – sie sind nicht vollkommen. Diese Welt könnte eine solche Vollkommenheit nicht ertragen. Der Geist hat eine gute Seite und eine schlechte. Oft gibt mir die schlechte mehr Wissen als die gute.» So faßt Lame Deer, ein Medizinmann der Sioux-Nation, seinen Standpunkt zusammen. John Fire/Lame Deer, Lame Deer – Seeker of Visions, aufgezeichnet von Richard Erdoes, New York (Touchstone) 1972.

Übertragung aufzufassen und sie zu deuten. Eine andere wäre, Zuflucht bei einem Wertsystem zu suchen, das beispielsweise eine therapeutische Beziehung als distanziert und unmittelbarer Wunschbefriedigung abhold festlegt, wie es im überlieferten ethischen Kodex der Ärzte der Fall ist. Im einen Fall sagt er – sehr vereinfacht: «Sie wollen mich zum Essen einladen, weil Sie dadurch es vermeiden können, sich Ihrer inzestuösen Phantasien in bezug auf Ihren Vater bewußt zu werden», im anderen Fall sagt er: «Mein ärztliches Ethos läßt private Kontakte mit Patienten nicht zu.» Die nichtdirekive Formel würde lauten: «Sie sehnen sich nach einer engen, persönlichen, emotionalen Beziehung mit mir . . .»

Alle diese Abwehrformen des Therapeuten gegen die Versuche, ihn zum Objekt der Wunschbefriedigung zu machen, gewinnen dann einen hilfreichen Sinn, wenn sie von Einfühlung getragen sind. Sie verlieren ihn, werden zum Ausdruck einer Zurückweisung, welche den therapeutischen Prozeß hemmt, wenn sie einfühlungslos bleiben. Der Klient empfindet eine nur rationale Deutung seiner Übertragung meist als eine Ablehnung seines Gefühls. Wenn der Therapeut andererseits auf einer emotionalen Ebene bleibt und sich etwa in einen Austausch von Zärtlichkeiten oder auf eine erotische Beziehung einläßt, dann befriedigt er Bedürfnisse auf einer Erwachsenenebene. Er muß ehrlicherweise die therapeutische Beziehung beenden, kann kein Honorar mehr erwarten. Selbst verwickelt, verliert er die Möglichkeit, dem Klienten zu zeigen, daß seine Sehnsucht nach unmittelbarer Befriedigung durch den idealisierten Therapeuten ein Ausdruck seiner gelähmten Wunschproduktion ist – ein erster, hoffnungsvoller Versuch, die Lähmung zu überwinden, dessen Befriedigung aber die weitere Entwicklung behindert.

Es gibt ein Beispiel aus der Behandlung von Bäumen, das vielleicht verdeutlicht, was gemeint ist: Wenn ein eben gepflanzter Obstbaum gleich im ersten Wachstumsjahr Früchte trägt, ist es sinnvoll, sie nicht reifen zu lassen. Dieser Reifungsprozeß kostet den Baum so viel Kraft, daß sich sein Wachstum, der Aufbau seiner Krone, nicht richtig entwickeln kann. Dennoch möchte ich hier betonen, daß der Therapeut, der sich auf eine erotische Beziehung zu einer Klientin (bzw. vice versa) einläßt, wohl nicht mehr Schaden anrichtet als sein gefestigter Kollege, der ein solches Gefühl einfühlungslos zurückweist, sich auf sein Berufsethos, seine Methode oder andere Gespenster beruft und im Selbstbewußtsein seiner Rechtschaffenheit überzeugt ist, die «übermäßigen oralen Ansprüche» seiner Schützlinge «mit der Realität zu konfrontieren».

Wodurch wird eine Grundhaltung der Einfühlung erleichtert? Der Therapeut hat sich in seiner Lebens- und Therapieerfahrung überzeugt, daß die Produktion von Gefühlen, das freie Schwingen der zyklischen Lebensvorgänge, für sich und autonom wertvoll sind. Das heißt, es ist zunächst nicht notwendig und auch nicht fruchtbar, auf die Anpassungserfolge und die möglichen Bewertungen eines Wunsches zu blicken. Er selbst ist Teil des Lebens und als solcher wert, erlebt und ernst genommen zu werden. Goethes Ausspruch: «Und wenn ich dich liebe – was geht es dich an!» drückt diesen Gesichtspunkt sehr klar aus.

Das Erleben der eigenen, autonomen Wunschproduktion gibt dem Menschen ein Stück innerer und äußerer Freiheit, das unabhängig von der Garantie einer Befriedigung bestehen bleibt. Die einfühlende Wahrnehmung dieser Wunschproduktion durch einen Gesprächspartner ist ebenfalls ein grundlegender Wert. Sie bietet eine Erfahrung, die bei Ideal-Geschädigten gewissermaßen als äußere Gegenkraft die verinnerlichte Neigung mildern kann, die zyklische Wunschproduktion durch Idealerwartungen oder Vollkommenheitsansprüche zu blockieren.

Das destruktive Ideal ist ein Feind der Einfühlung. Das ist am Beispiel des Fanatikers gezeigt worden, der jede Beziehung zum eigenen und zum Leben anderer Menschen verlieren kann, weil er von einem destruktiven Ideal «besessen» wird. Einfühlung ist auch eine Gegenkraft zu einer zerstörerischen Konkurrenz, die nicht nur unser Wirtschaftsleben weitgehend beherrscht, sondern auch therapeutische Beziehungen deformiert. Der Klient wird mit seinem Therapeuten rivalisieren, wird ihn manipulieren, sich seiner bemächtigen und ihn austricksen, wenn er Einfühlungsmängeln begegnet. Solche Mängel können beispielsweise dadurch bedingt sein, daß der Therapeut starr mit einem destruktiven Ideal des Helfer-Seins identifiziert ist.[1] Somit wird er manipulierbar, er kann sich wegen seiner eigenen Angst und Abwehr gegenseitiger, offener Beziehungen nicht mehr in die passiven Ansprüche und die Lähmung der Wunschproduktion einfühlen, sondern ist immer bereit, etwas zu machen, dem Klienten Arbeit abzunehmen, die dieser selbst erledigen könnte, ihn klein, abhängig, passiv, hilfsbedürftig zu erhalten, zugleich aber ohnmächtig den «Ja, aber . . .»-Spielen und Tricks des Klienten ausgeliefert.

Ich möchte die Bedeutung der Einfühlung hier an meinen eigenen Lösungen und Fehlern in der Behandlung von zwei Frauen schildern. Es ist klar, daß ständige Einfühlung ein therapeutisches Perfektionsideal ist, das kaum mit Leben erfüllt werden kann. Der therapeutische Prozeß ist im Gegenteil durch die ständige Bemühung, das Versagen der Einfühlung des Therapeuten aufzuklären, charakterisierbar. Beide Klientinnen hatten mich wegen ihrer Eheprobleme aufgesucht, beide waren nicht durch persönliche Empfehlung oder ärztliche Überweisung zu mir gekommen, sondern weil sie ein Buch von mir gelesen hatten – eine besondere Form der Kontaktaufnahme mit einem Therapeuten, in der Idealvorstellungen sicher eine größere Rolle spielen als sonst. Beide Behandlungen erwiesen sich als schwierig, weil es sich nicht um Personen handelte, die üblicherweise als «neurotisch» angesehen werden, sondern um Grenzfälle zu sogenannten «psychotischen» Störungen. Während der «Neurotiker» eine beständige Beziehung zur Wirklichkeit hat und daher in der Lage ist, den Therapeuten als Teil der Realität und Partner in einem Arbeitsbündnis einigermaßen zuverlässig und beständig wahrzunehmen, bricht bei dem Grenzfall die Realitätskontrolle manchmal zusammen – entweder kurzzeitig und vollständig oder über längere Zeit hin in bestimmten Erlebnisbereichen. Doch sind diese Zusammenbrüche der Beziehung zur Realität nicht so massiv, daß eine «echte Psychose» besteht; in der Regel ist auch keine Versorgung in einer Institution – zum Beispiel in einer psychiatrischen Klinik – not-

1 Eine ausführliche Darstellung findet sich in W. Schmidbauer, Die hilflosen Helfer, Reinbek 1977.

wendig. Ein zusätzliches Problem war damals mein Mangel an eigener Lebenserfahrung, der eine mangelnde Sicherheit in meinem therapeutischen Handeln und in meiner Einfühlung mit sich brachte. Ich will diese Schwierigkeiten an einigen konkreten Situationen beschreiben.

Die eine Klientin – nennen wir sie Jane – war an einem bestimmten Punkt ihrer Gruppentherapie seelisch so überfordert, daß sie darum bat, nurmehr dann in die Gruppe kommen zu müssen, wenn sie sich dazu in der Lage fühle. Sie sagte, das Geschehen dort beschäftige sie noch tagelang nach den Sitzungen, die sie in einer Art Trancezustand mit ständigen inneren Gesprächen immer weiter verfolgen würden. Daher habe sie sich auch außerhalb der Gruppe mit einem Mitglied getroffen, das ihr besonders leid tue. Ohne mir selbst, Jane oder den übrigen Gruppenmitgliedern eine Gelegenheit zu geben, länger über diese Situation zu sprechen, beharrte ich auf dem Gruppenvertrag, der zu Beginn abgesprochen war und regelmäßige Teilnahme vorschrieb. Daraufhin verließ Jane die Gruppe, geriet in eine tiefe Depression, konsultierte die verschiedensten Ärzte und Beratungsstellen, ehe sie nach einem halben Jahr wieder zu mir kam und mit mir über die Art sprechen konnte, in der ich sie aus der Gruppe hinausgeworfen hatte. Ich wehrte mich anfänglich gegen diesen Ausdruck, sehe aber heute seine Berechtigung ein. Ich hatte Jane keine Gelegenheit gegeben, eine einfühlende Kommunikation über ihr Bedürfnis nach Entlastung mit mir aufzunehmen. Das war mein grundlegender Fehler. Es wäre vielleicht gar nicht nötig gewesen, sie wirklich von der möglichst regelmäßigen Teilnahme zu entbinden. Heute würde ich in dieser Situation nicht mehr mit einer Zuflucht zum Ideal, zur Methode, zur anfänglich gesetzten Norm reagieren, sondern versuchen, folgende Fragen zu klären: Weshalb braucht Jane eine ausdrückliche Erlaubnis – andere Mitglieder bleiben doch ohnedies fort, wenn sie sich schlecht fühlen, überfordert sind? Weshalb beschäftigt sie das Gruppengeschehen so sehr? Jane hatte mich an einem Punkt getroffen, wo ich sie nicht verstehen wollte, weil ich Angst hatte, meinen eigenen Idealen untreu zu werden – andererseits trieb sie den Konflikt dadurch auf die Spitze, daß sie die Gruppen-Ideale so ernst nahm, daß sie nicht ohne eine gewissermaßen offizielle Entlastung ihrem Gefühl folgen konnte, überlastet zu sein, Schonung zu benötigen.

Ein anderes Mal kam Jane zu mir, unangemeldet, während ich gerade mit einem anderen Klienten arbeitete. Sie schien mir sehr aufgeregt, wollte mich sprechen. Ich überlegte kurz, ob ich sie auf ihre Einzelstunde in einigen Tagen verweisen sollte, nach dem Motto: «Wer dem Teufel den kleinen Finger gibt . . .», entschloß mich aber, auf ihren Wunsch einzugehen und sie während meiner nächsten Arbeitspause hereinzubitten. Sie wollte nicht im Behandlungszimmer sprechen, weil dort Abhörgeräte seien, sie fühlte sich bedroht, verfolgt, wollte «keine Therapie, sondern einen guten Rat» – wir einigten uns darauf, zusammen spazierenzugehen. Sie berichtete nun, allmählich ruhiger werdend, daß sie einen Mann kennengelernt und eine sexuelle Beziehung mit ihm begonnen habe. Jetzt sei auf einmal alles bedrohlich und verdächtig, sie wolle von mir wissen, ob sie Anzeige erstatten solle oder nicht. Der Mann sei vermutlich ein Zuhälter, er verfolge sie oder lasse sie verfolgen, eine Verschwörung sei im Gange, sie zur Prostituierten zu machen, aus fahrenden Autos heraus würden ihr eindeutige Anträge gemacht. Janes Liebschaft war einerseits ein sinnvoller Schritt aus der unbefriedigenden, symbiotischen Ehesituation heraus, andererseits bedrohte sie das prekäre innere Gleichgewicht der Klientin in massiver Weise, so daß die gestauten sexuellen Bedürfnisse durch Abspaltung und Projektion abgewehrt werden mußten («Zuhälter verfolgen mich und wollen mich zur Hure machen»). Jane wehrte meinen Versuch, mit ihr über diesen Konflikt zu sprechen, energisch ab. Ich konnte mich inzwischen sehr viel besser in sie hineinversetzen, begriff ihre geringe Belastbarkeit und ihre Angst vor einem analytischen Eingreifen in ihr Inneres und beschränkte mich darauf, ihr zuzuhören, ihre Angst wahrzunehmen und ihr zu zeigen, daß ich keine Angst hatte, sie würde jetzt verrückt. Wir einigten uns darauf abzuwarten, ob die Verfolger wirklich bedrohliche Aktionen beginnen würden, keine Anzeige bei der Polizei zu machen; Jane konnte sogar meinen Vorschlag annehmen, daß sie sich möglicherweise die ganze Verfolgung einbilde, daß sie jedenfalls zu unsicher sei, um tatsächlich etwas zu unternehmen. Ich riet ihr, sich zurückzuziehen, für ihren Körper zu sorgen, viel zu schlafen und spazierenzugehen. Nach einer Woche waren die Wahnanfälle vorbei, wir konnten analytisch weiterarbeiten.

Jane hatte eine latent psychotische Mutter und einen Vater, der Alkoholiker war und starb, während sie noch ein Kind war. Ihre eigene Einfühlungsfähigkeit war sehr schwer gestört. Sie mußte daher durch kognitive Bemühungen und ständigen Wiederholungszwang ersetzen, was ihr an von Einfühlung getragener Wahrnehmung zuverlässiger Beziehungen zwischen ihr und ihren Mitmenschen abging. Daher ihre geringe Fähigkeit, mit kränkenden Äußerungen anderer Menschen umzugehen – sie konnte diese einfach nicht verstehen, ihr Anders-Sein nicht ertragen, suchte immer wieder nach Maßstäben, um aus Bewertungen Sicherheit zu gewinnen. Bewertungen, Normen wollte sie immer wieder auch von mir, und ich ging anfänglich sehr wenig einfühlend mit diesem Wunsch um. Jane ist ein Beispiel dafür, wie ein manchmal völlig verlassenes Kind Zuflucht bei einem destruktiven Ideal sucht, wie ein reiches Gefühlsleben durch den Mangel an Idealisierung der zyklischen, emotionalen Prozesse immer wieder zu einem chaotischen Wechsel von strenger Kontrolle und Affektdurchbrüchen führt.

Jane zeigte auch die große Bedeutung der Einfühlung im Umgang mit einem destruktiven Ideal. Auf einfühlendes Verständnis reagierte sie mit einem seelischen und körperlichen Aufblühen. Aber bereits winzige Differenzen, Meinungsverschiedenheiten oder abweisendes Verhalten (zum Beispiel ihres Wunsches nach unterstützenden Normen) genügten, um trotziges Schweigen oder heftige Ausbrüche von Enttäuschung und Wut auszulösen. Sie legte es vielfach sogar darauf an, die Grenzen der Einfühlung ihres Gegenübers auszuloten, indem sie ihm provozierende Fragen stellte.

Sie kam einmal in die Stunde, blickte in ein Bücherregal, sah dort Esther Vilars ‹*Der dressierte Mann*› und war nicht bereit, weiterzuarbeiten, ehe ich ihr nicht erklärt hatte, ob ich auch eine feministische Gegenkritik ‹*Die dressierte Frau*› gelesen hätte. Ich fühlte mich ziemlich hilflos, blieb an den Tatsachen kleben – mein eigenes, starres Ideal, die Kontrolle zu behalten und die Arbeitsweise der Therapiesituation zu bestimmen, behinderten mich, Janes Anliegen, ihre Angst, die Vilar-Lektüre könne mich in der Wahrnehmung ihrer Wünsche nach weiblicher Selbstverwirklichung behindern, einfühlend wahrzunehmen. Ich bin heute überzeugt, daß ein großer Teil dessen, was in psychiatrischen Lehrbüchern als «hysterische Charakterstruktur» beschrieben ist, eine rationalisierte Abwehr der männlichen Ärzte gegen die weiblichen Angriffe auf ihre Autorität, auf ein starres, destruktives Ideal der therapeutischen Beziehung enthält. Damals kam mir meine Lektüre in die Quere, meine eigene Angst, Autorität einzubüßen, selbst zum Ziel analytischer Bemühungen meiner Klientin zu werden, die dann endlich meine Analyse interessanter finden könnte als ihre eigene. Inzwischen glaube ich, daß dieser Wunsch von Jane durchaus berechtigt war – tatsächlich war ja die Art meiner Reaktion ein Ausdruck dafür, daß meine Einsicht und Einfühlung in meine eigenen Schwierigkeiten so wenig fortgeschritten waren, daß sie unsere Arbeit behinderten.

Während bei Jane durch die Bearbeitung meiner Schwierigkeiten, sie einfühlend wahrzunehmen, trotz heftiger Auseinandersetzungen der Dialog nie ganz abriß und ich heute das Gefühl habe, viel von ihr gelernt zu haben, hat in dem zweiten Fall meine mangelnde Einfühlung sicher dazu beigetragen, daß der Dialog vollständig unterbrochen und durch einen Monolog abgelöst wurde, der Gudrun streckenweise weit von der Realität entfernte. Wir sprachen zunächst über ihre Arbeitsstörungen, ihre Depressionen und ihre Eheprobleme. Anfänglich schien die Behandlung erfolgreich – die Depressionen milderten sich, weil Gudrun lernte, «mich nicht mehr hinaufzuschießen . . . dann muß ich auch nicht mehr so tief ins Loch fallen», das heißt ihre manischen, euphorischen Zustände zu zügeln. Die Ehe, die sie als höchst unbefriedigend schilderte, verbesserte sich. Während Jane dazu neigte, ihre Konflikte zu dramatisieren, war Gudrun stets bereit, sie zu verleugnen, sie herunterzuspielen.

Nach etwa einem Jahr unterbrach Gudrun, die auch an Übergewicht litt, ihre Behandlung und unterzog sich einer Abmagerungskur. Zwei Monate später kam sie zurück – fast ebenso dick wie zuvor. Ich vermute heute, daß an diesem Punkt meine Einfühlung versagte und ich unwissend eine gefährliche Entwicklung einleitete. Gudrun war in eine Ehe hineingeboren, die nur um ihretwillen aufrechterhalten blieb. Der Vater, erheblich jünger als die Mutter, pflegte mit ihr auf eine aggressive Weise zu flirten. Er wehrte wohl seine eigenen inzestuösen Wünsche dadurch ab, daß er seine Tochter bald zärtlich behandelte, bald sadistisch quälte, in einem unberechenbaren Wechsel. Dabei war Gudrun sehr an ihn gebunden, weil die Mutter, die damals die Hauptverantwortung für den Lebensunterhalt trug, ihr wenig geben konnte. Bisher hatte Gudrun nur insofern ihre Beziehung zu mir angesprochen, als sie alle Gefühle verleugnete, die über einen Arbeitskontakt hinausgingen. Ich sei, so sagte sie, einfach nicht ihr Typ, und sie sei froh darüber, dadurch nicht in ihrer Ehe beeinträchtigt oder abgelenkt zu werden. Als sie das Scheitern ihrer Abmagerungskur dadurch erklärte, man habe ihr dort Obst- und Gemüsesäfte aus der Dose vorgesetzt, so daß sie notgedrungen selbst Obst kaufen und essen mußte, wurde ich ärgerlich und ungeduldig. Ich stellte sie wegen dieser Vorwände zur Rede, nahm ihre tiefe Angst vor (körperlich rationalisiertem, dahinter aber emotionalem) Verhungern nicht genügend wahr. So glich ich ihrem Vater, der sie ebenfalls immer wieder zynisch und bissig kritisierte, weil sie seinen Idealvorstellungen nicht entsprach. Vermutlich war seine zynische und bissige Kritik auch ein von seiner Abwehr zugelassener Ausdruck seines inzestuösen Interesses an ihr.

Gudrun verhielt sich entsprechend. Sie verliebte sich in mich, wehrte dieses Gefühl jedoch in einer Weise ab, die es für unser Gespräch unzugänglich machte. Sie begann zu glauben, daß ich es sei, der sie liebe, es aber nur wegen seines Beharrens auf der Rolle des Therapeuten nicht zugestehen könne. Die Beziehung zu ihrem Vater hatte sie darauf vorbereitet, hinter Distanz, Kälte, ja Zurückweisung Liebe zu vermuten. Sie begann, mein Verhalten als verändert zu erleben, fühlte sich jedoch nicht in der Lage, mich darauf anzusprechen, sondern beließ es bei Andeutungen, die wiederum ich nicht verstand. Ich bin bis heute nicht sicher, ob ich inzwischen meine eigenen inneren Schranken so viel besser kenne, daß ich eine solche Entwicklung heute rechtzeitig wahrnehmen würde. Gudrun brach die Behandlung plötzlich ab. Das geschah so: Sie kam in die Stunde, brachte einen Blumenstrauß mit, und erklärte, die Therapie sei beendet, sie habe ihr sehr geholfen. Ich versuchte vergeblich, sie zu verstehen. Sie schien mir fröhlich, aber in ein Geheimnis gehüllt, das ich nicht lösen konnte. Es gelang mir wenigstens, sie zu überzeugen, daß sie weiter in der therapeutischen Gruppe bleiben solle, an der sie neben den Einzelstunden teilnahm.[1] Auch hier verstand ich nicht, was ihr Schweigen in der Gruppe und ihre Versuche, mich nach den Sitzungen in Gespräche über ihre Ehescheidung zu verwickeln, nun bedeuteten. Ich suchte Zuflucht bei bewährten Regeln, bei dem Ideal der korrekten Therapie: Sie solle ihre Probleme bitte in die Gruppe bringen, nachdem sie die Einzelsitzungen abgebrochen habe; für ihre Scheidungsfragen könnte sicherlich ein Rechtsanwalt besser Auskunft geben als ich.

Mir scheint heute, daß solche normativen Hinweise in einer Psychotherapie nur mit größter Vorsicht und einem intensiven Bemühen um Einfühlung in die Situation des Klienten angewendet werden dürfen. Der Therapeut sollte sich immer bewußt bleiben, daß da, wo er sich an einer vorgefertigten Regel oder auch an einem aus der Literatur oder von einem Lehrer übernommenen Vorbild orientiert, die Gefahr groß wird, daß seine Einfühlung und damit die Schöpfung einer neuen Beziehung ersetzt wird durch die Anwendung von Bekanntem, durch das zerstörerische Ideal, «wie es richtig wäre», «wie eine regelrechte Behandlung aussieht», oder «wie der Klient lernen kann, mit Grenzen umzugehen, die Realität zu akzeptieren, sich an das Arbeitsbündnis zu halten». Jedenfalls war mein Hinweis auf die Grenzen der Gruppe oder der nichtjuristischen Kompetenz eines Psychothe-

1 Gudrun wurde immer mit ein bis höchstens zwei Einzelsitzungen pro Woche behandelt, während Jane streckenweise eine intensive Psychoanalyse (im Liegen) machte, in Krisenzeiten aber auch im Sitzen arbeitete. Beide kamen nach einiger Zeit der Einzeltherapie in eine analytische Gruppe; parallel dazu wurde bei beiden die Zahl der Einzelstunden vermindert.

rapeuten ein Versagen in meiner Fähigkeit, einen einfühlenden Dialog aufrechtzuerhalten. Gudruns Handlungsmonolog, für den der Psychoanalytiker den technischen Ausdruck «ausagieren» verwendet, um seinen eigenen Anteil daran zu verbergen, brachte allen Beteiligten Leid und Verwirrung. Sie ließ sich überstürzt scheiden. In der Hoffnung, ich würde ihr, sobald sie frei und die Therapie beendet sei, meine Liebe erklären, ging sie auf die meisten finanziellen Forderungen ihres Mannes ein. Es war ja nur wichtig, frei zu werden – der idealisierte Therapeut würde dann alle Schäden und Nachteile wiedergutmachen. Hatte er ihr nicht alle möglichen Zeichen gegeben – von den zwei Kissen, die einmal auf der Couch lagen, bis zu den verräterischen Zeichen sexueller Erregung, wenn er sie in der Gruppe anschaute?

Es ist deutlich, daß Gudrun hier einer zerstörerischen Idealisierung meiner Person zum Opfer fiel – daß sie von mir erwartete, ich würde sie lieben und heiraten, während ich zu sehr mit meinen eigenen Problemen beschäftigt war, um auch nur wahrzunehmen, was ihre versteckten Signale bedeuteten. So war es für uns beide eine heftige Enttäuschung, als zutage trat, was Gudrun von mir erwartet hatte. Wie mit ihrem Vater, mit dem sie über ihre Gefühle nicht sprechen konnte und daher mit ihm über Geld stritt, war es auch meine Frage, wann sie denn die Rechnung für die Gruppentherapie zu bezahlen gedenke, die endlich den geheimen Wunsch Gudruns aufdeckte. Sie gab sich erst sicher, beschied mich damit, ich solle doch endlich aufhören, den Therapeuten zu spielen, so weit müsse ich es doch nicht treiben, ich brauche mir nicht einzubilden, daß sie noch nicht gemerkt habe, was da laufe. Sie gab mir einen Rippenstoß und lächelte verführerisch. Ich war perplex, das Lächeln gefror mir im Gesicht, und ich konnte nur noch sagen, daß es wohl sinnvoller sei, die Therapie zu beenden, wenn sie nicht mehr bezahlen und offensichtlich auch nicht mehr mit der Gruppe und mir an ihren Problemen arbeiten wolle.

Was dabei wirklich in Gudrun vorging, erfuhr ich nur noch aus den langen Briefen, die sie mir von jetzt ab über mehrere Jahre schrieb. Jetzt wurde mir deutlich, daß ich von ihr in die Rolle des idealen Geliebten, des Seelenführers gerückt war. Freilich erwies sich die Bewunderung schon bald durch Enttäuschung und Haß getrübt, als ich keine Anstalten machte, die in mich gelegten Erwartungen zu erfüllen. Es war Gudrun nun unmöglich zuzugestehen, daß sie sich geirrt hatte, daß sie einem Wahn zum Opfer gefallen war – und ich selbst fühlte mich nicht in der Lage, mit ihr wieder den therapeutischen Dialog aufzunehmen, der ihr vielleicht erlaubt hätte, diesen Wahn zu erkennen. Der erste Schritt dazu hätte von mir ausgehen müssen, und ich zog es vor zu warten, bis sich Gudrun wieder an mich wandte und eine Bereitschaft zu einem therapeutischen Arbeitsbündnis erkennen ließ. Das war aber nicht der Fall, und als ich ihr einmal auf einen ihrer Briefe in diesem Sinn antwortete, lehnte sie das ab. Im Gegenteil: Sie wandte sich weiter ab von meiner Wirklichkeit, erklärte sich mein Verhalten wiederum als Ausdruck meiner Liebe, die so groß sei, daß ich selbst sie unterdrücken und verdrängen müsse – andererseits so raffiniert, daß sie, Gudrun, sich einer Reihe von Prüfungen und Leiden zu unterziehen habe, ehe sich diese Liebe erfüllen könne. So wartete sie von einem Jahr auf das andere, und gerade an Weihnachten sollte ich vor der Tür stehen und sie in die Arme nehmen. Ich verdrängte die Angelegenheit, wenn ich nicht gerade einen Brief erhielt oder an Weihnachten ständig das Telefon klingelte, ohne daß sich jemand meldete, wenn ich abhob. Was Gudrun widerfuhr – ein gekündigtes Arbeitsverhältnis, ein gescheitertes Studium, Schwierigkeiten mit anderen Menschen –, führte sie in ihren Briefen auf meinen Einfluß, meine bösartige Verfolgung zurück. Sie klagte meine Feigheit an, meine Verklemmtheit, beschimpfte mich wütend und ließ doch immer wieder, noch fünf Jahre nach ihrem Abbruch der Psychotherapie, durchblicken, wie sehr sie darauf warte, daß ich ihr endlich meine Liebe erkläre. Die blinde, projizierte Verliebtheit wurde vor allem auch dadurch deutlich, daß sie überhaupt keine Rücksicht darauf nahm, daß ich nichts von den Menschen wußte, über die sie mir schrieb, die sie teils anklagte, teils lobte. Sie behandelte mich nicht wie einen anderen Menschen mit Interessen, die sich von den ihren unterschieden, sondern wie einen widerspenstigen Teil ihrer selbst, ein Stück ihrer Person, das ihr den Dienst verweigerte, jedoch von allem informiert sein mußte, was in ihr vorging.[1] Den Widerstreit zwischen dem Versuch, den idealisierten Therapeuten als symbiotischen Partner zu gewinnen und sich zugleich für seine Weigerung, die in ihn gesetzte Ideal-Erwartung zu erfüllen, an ihm zu rächen, zeigt der vorletzte Brief Gudruns, in dem sie schreibt: «Ich hätte niemals gedacht, daß Liebe sich in Haß verwandeln kann. Ich hasse Dich, Du Schwein, Ich habe kein Mitleid mehr mit Dir, obwohl ich weiß, daß Du krank bist. Ich hasse Dich, weil Du nach wie vor an mir herummanipulierst. Ich habe gewußt, daß Du mir Weihnachten wieder nicht Deine Liebe erklärst, aber ich gebe zu, mit 0,5 Prozent habe ich noch darauf zu hoffen gewagt.» Einen Monat später, in ihrem letzten Brief, macht dieser Haßausbruch anderen Überlegungen Platz. Gudrun will auf ihre angekündigte Rache verzichten, ein Buch über ihr Leben schreiben und gibt mir gute Ratschläge für meine eigene Entwicklung: bioenergetische Übungen zu machen, richtig zu atmen, viel zu weinen. (Ein Signal der narzißtischen Identifizierung war die wiederholt geäußerte Phantasie, noch während der Behandlung selbst Psychotherapeutin zu werden.)

Mir scheint heute, daß Gudruns Neigung zur destruktiven Idealisierung von Beziehungen stärker war als meine Versuche, den Einfluß dieser destruktiven Ideale zu mildern und Gudrun zu einem wirklichkeitsgerechteren Verständnis ihrer selbst zu verhelfen. Ich verlor meine einfühlende Haltung, sobald ich ihrem unmittelbaren, in mich hinausverlegten Liebes- und Ehewunsch begegnete, und zog mich zurück. Der Behandlungsabbruch, ihre Weigerung, Rechnungen zu bezahlen – diese Zeichen für ein gescheitertes Arbeitsbündnis können vielleicht rechtfertigen, daß ich ihre Briefe nicht mehr beantwortet habe. Ich weiß nicht

1 Die Art, in der Beziehungen zu Dritten beschrieben werden, ist ein wichtiger Hinweis auf die Neigung eines Klienten zu symbiotischen Beziehungen. Manche setzen zum Beispiel einfach voraus, daß der Therapeut von Anfang an weiß, daß Robert der ältere Bruder, Siegfried der frühere Verlobte, Waltraud eine Schulfreundin ist, ohne daß sie diese Personen näher beschreiben. Andere wiederum könnten eine jahrelange Therapie absolvieren, ohne jemals den Vornamen ihrer Geschwister oder Ehepartner zu nennen, da sie immer pedantisch die Verwandtschaftsverhältnisse beschreiben, solange dieses Verhalten unanalysiert bleibt.

einmal, ob ich heute anders handeln würde. In den neun Jahren, die ich therapeutisch arbeite, ist mir eine solche Situation nicht noch einmal begegnet.

Die Erfahrung mit Gudrun sagt mir, daß die Gefahr, eine einfühlende Haltung zu verlieren, sich gar nicht als individueller, sondern nur als zwischenmenschlicher Vorgang verstehen läßt. Der Dialog wird von beiden aufrechterhalten, oder er spaltet sich in zwei Monologe auf, wobei der Wahn die krasseste Form des Monologs ist. Gudrun war in ihrem eigenen Einfühlungsvermögen sehr schwer geschädigt, sie hätte also besonders viel Einfühlung von mir gebraucht. Angesichts dieser Überforderung gab ich auf. In abgemildeter Form geschah das, was den Umgang der Gesellschaft und ihrer Therapeuten mit den seelisch Kranken allgemein bestimmt: die am schwersten gestörten Patienten, die am meisten Einfühlung brauchen und selbst am wenigsten in der Lage sind, sie anzubieten, werden mit psychiatrischen Diagnosen versehen, die nützlich sind, um Einfühlung zu verweigern und Menschen wie Sachen zu behandeln. Daß dem sprachlich und finanziell mittellosen Kranken der Unterschicht weit schneller Etiketten wie Schizophrenie angeheftet werden als den Klienten aus der Mittel- und Oberschicht, ist bekannt. Die Geschichte der Behandlung von Geisteskranken[1] zeigt deutlich, wie mit der Verbreitung eines sozialen Ideals vernünftiger Selbstkontrolle und fleißiger Produktivität die im Mittelalter sozial tolerierten Außenseiter wie Narren, Krüppel, Säufer, Bettler in eigens eingerichteten Institutionen eingeschlossen wurden. Die Absonderung in den Hospitälern, Asylen, Zuchthäusern und Gefängnissen spiegelt eine Unfähigkeit zur Einfühlung wider. Diese wiederum ist durch die Entwicklung der Produktionsverhältnisse und die mit dem «Prozeß der Zivilisation» einhergehenden Zwänge zur Kontrolle von Wunschproduktion, Triebhaftigkeit und Phantasie mitbedingt.

1 M. Foucault, Wahnsinn und Gesellschaft. Eine Geschichte des Wahns im Zeitalter der Vernunft, Frankfurt a. M. 1969. – K. Dörner, Bürger und Irre, Frankfurt a. M. 1969.

Einfühlung setzt voraus, daß die eigenen Ideale nicht zerstörerisch und absolut, sondern in die zyklischen Lebensvorgänge integriert sind. Perfektions- und Leistungsansprüche verhindern den einfühlenden Umgang mit den eigenen und mit fremden Schwächen.

In einer Supervisionsgruppe für Leiter von Selbsterfahrungsgruppen schildert Volker eine typische Schwierigkeit: Er kann es nicht ertragen, wenn die Gruppenmitglieder plaudern. Jede Situation in der Gruppe, in der nicht Einsicht gewonnen wird, macht ihn ungeduldig und ärgerlich. «Wenn dann dieser Kaffeeklatsch ist, dieses ständige Blabla, dann fühle ich mich ganz draußen. Ich möchte am liebsten dreinfahren, da wäre mir noch lieber, wenn sie schweigen ... Eine Frau hab ich ganz abgeblockt, ich hab gesagt, sie soll doch endlich sagen, was sie wirklich will. Die konnte dann gar nicht mehr reden.» Aus den Beiträgen der Gruppenmitglieder wird bald deutlich, daß Volker ähnlich ungeduldig und leistungsorientiert mit sich selbst umgeht. Sein Terminkalender ist auch an den Wochenenden vollgestopft, seine Ferienbeschäftigung ist zum großen Teil Bergsteigen oder Sport. Volker gibt zu, daß es ihm schwerfällt stillzusitzen, passiv zu sein, sich auszuruhen. Um ihn muß immer Betrieb sein, selbst in seiner eigenen Therapie war es ihm wichtig, jede Stunde zu arbeiten und weiterzukommen. Die Gruppe macht einige Vorschläge, wie er sich anders verhalten könne: Einige Tage nur im Sand am Meer liegen, oder beim Bergsteigen fünfhundert Höhenmeter unter dem Gipfel ausgiebig ausruhen und dann wieder umkehren. Volker spürt, wie er durch sein starres Leistungsideal den Kontakt zu den passiven, regressiven, gemütlichen Bedürfnissen der Gruppe verliert und auf diese Weise die Abneigung der Gruppe verstärkt, wieder vom Kaffeeklatsch aufzustehen und an die Arbeit zu gehen.

Eine ungeahnte Schwierigkeit des einfühlenden Umgangs mit destruktiven Idealen liegt darin, daß die Empathie von manchen innerlich besonders bedrohten Menschen als höchst gefährlich erlebt wird. Die Möglichkeit, einfühlend verstanden zu werden, ruft die frühen Enttäuschungen wach. Der Betroffene gleicht einem Verhungernden, der vermutet, giftige Speisen zu bekommen. Das Kind hat Formen des Abstand-Haltens entwickelt, die es vor der tief verletzenden Erfahrung schützen, in seiner zutraulichen Offenheit zurückgewiesen oder ausgebeutet zu werden. Daher ruft die Begegnung mit einem einfühlenden Therapeuten Angst und Gefühle des Ich-Verlusts, der Verschmelzung mit dem bewunderten Helfer hervor.

Auf den Therapeuten gerichtete sexuelle Wünsche können ebenfalls einen Versuch ausdrücken, mit Angst und Spannungen fertig zu werden, die durch die Wiederbelebung des kindlichen Bedürfnisses nach Einfühlung und Bestätigung entstanden sind. Das Bedürfnis nach einfühlender Verschmelzung wird mit einer so großen Macht erlebt, daß das stärkste Gefühl des Erwachsenen – die orgastische Sexualität – zu seiner Ausdrucksform wird. Der in seinem Selbstgefühl und in der Idealisierung seiner autonomen Gefühle bisher schwer gestörte Klient sucht den Schock und die Bedrohung, welche die von Einfühlung bestimmte Therapiesituation darstellen, durch die Sexualisierung seiner Wünsche nach Verschmelzung, nach umfassendem Verstandenwerden in den Griff zu nehmen. Möglicherweise sind das jene Klienten, deren Wünsche in der Übertragungsliebe so unmittelbar und drängend werden, daß sie mit Argumenten nicht mehr zu bewältigen sind.

Freud spricht von einer «Klasse von Frauen», bei denen der Versuch scheitern muß, die Liebesübertragung für die analytische Arbeit fruchtbar zu machen, «Frauen von elementarer Leidenschaftlichkeit, welche keine Surrogate verträgt, Naturkinder, die das Psychische nicht für das Materielle nehmen wollen, die nach des Dichters Worten nur zugänglich sind ‹für Suppenlogik mit Knödelargumenten›. Bei diesen Personen steht man vor der Wahl: entweder Gegenliebe zeigen oder die volle Feindschaft des verschmähten Weibes auf sich laden.»[1]

Der mythische Seefahrer Odysseus mußte auf seiner Nachtmeerfahrt zwischen dem Strudel Charybdis, der alle Schiffe ver-

1 S. Freud, Bemerkungen über die Übertragungsliebe, G. W., Bd. X, S. 315.

schlang, und dem polypenähnlichen Ungeheuer Skylla hindurch, welches die Seeleute von Bord in seine hungrigen Mäuler riß. Beides sind Symbole für die Begegnung mit den eigenen und fremden oral-regressiven, kannibalischen Erwartungen, die sich in jeder engen zwischenmenschlichen Beziehung entfalten, weil Intimität und seelische Nähe immer eine Wiederholung der Mutter-Kind-Situation einschließen. Skylla und Charybdis drohen auch dem Therapeuten in der Begegnung mit der Übertragungsliebe: Ihre Erfüllung läßt die Patientin (oder den Patienten) triumphieren; die Behandlung wird unmöglich. Im Liebesverhältnis erscheinen alle Störungen, bleiben aber unkorrigierbar, weil der Therapeut in es verstrickt ist. Gleich verhängnisvoll ist es aber, die in der Übertragung entstandenen Liebesgefühle zu unterdrücken. Damit würde der Therapeut nur die Verständnislosigkeit der frühkindlichen Umwelt für die Wunschproduktion des Kindes wiederholen. Er wäre in seinem Versuch gescheitert, die autonomen Gefühle der Klientin freizulegen, ihr zu einem selbständigen, in der Realität möglicher Wunschbefriedigung verankerten Leben zu verhelfen.

Die Einfühlung des Therapeuten wird hier sicher durch ein genaueres Verständnis für die zyklischen Lebensvorgänge und ihre Stauung oder Unterbrechung durch idealisierte Erwartungen erleichtert. Er gewinnt einen festen Boden, wenn er der (dem) Verliebten erklären kann, daß die Wiederbelebung der Wunschproduktion, die Fähigkeit, starke Gefühle zu empfinden und auszudrücken, in jedem Fall wertvoll ist, ein Stück zurückgewonnenes Leben. Doch sei es wichtig, im Prozeß dieser Zurückgewinnung den Therapeuten als Begleiter zu behalten, ihn nicht unmittelbar mit einer dann vermutlich in zerstörerischer Weise idealisierten Erwartung zu besetzen, und durch die Erfüllung dieser Erwartung, die Gegenliebe des Therapeuten, wieder in die frühere Passivität und Hoffnung auf Erlösung von außen zurückzuverfallen. Therapeut und Klientin einigen sich darauf, die Wunschproduktion als solche zu lieben, die Fähigkeit, Wünsche und Gefühle zuzulassen und von ihnen bewegt die Wirklichkeit zu untersuchen. Damit tritt das kämpferische Element in dieser Auseinandersetzung in den Hintergrund. – Freud spricht vom

Streben der Patientin nach einem «Triumph», nach einer «Niederlage» der Kur.

Der Ausdruck Übertragung wird von den meisten Menschen abschätzig aufgefaßt («es ist ja nur Übertragung»), obwohl ihn der Analytiker in der Regel nicht so meint. Er betont die Asymmetrie der Beziehung: der Analytiker vertritt die Realität, seine arbeitsorientierte Auffassung der Beziehung ist die «wirkliche», während die des Patienten auf Übertragung beruht, imaginär und nicht kreativ ist. Damit wird ein Stück Elternbeziehung wiederholt, indem die kleinen Wunschproduktionen zurückgewiesen werden, weil sie nicht realitätsgerecht sind. Diese Zurückweisung wirklich zu meiden, ohne passive Erwartungen des Klienten zu befriedigen, ist die Aufgabe des Therapeuten. Er soll sich mehr über das Stück Kreativität in der Übertragungsliebe und im Agieren freuen, als auf seiner verbalen Autorität beharren. Wenn ihm das gelingt, wird er mit der Übertragungsliebe ebenso umgehen können wie mit dem Übertragungshaß. Das setzt freilich voraus, daß er die Vielfalt seiner eigenen Gefühle annehmen kann, ohne von ihnen übermäßig verwirrt oder beunruhigt zu werden – und daß er die Grenzen seiner Belastbarkeit kennt, nicht ein perfektes Ideal seiner selbst aufrichtet, sondern seine Schwächen wahrnimmt. Selbst dieses Annehmen der eigenen Schwäche läßt sich zu einem destruktiven Ideal demütigen Stolzes mißbrauchen. Der in seinem Perfektionsanspruch analysierte Therapeut ertappt sich dabei zu behaupten, er habe seine Größen- und Allmachtsansprüche *vollkommen* aufgegeben. Es ist wie in der Anekdote vom todkranken, jedoch ungläubigen Versicherungsvertreter, zu dem die frommen Angehörigen einen Pfarrer schicken. Nach langem, vertraulichem Gespräch bleibt der Gottlose störrisch; der Pfarrer hingegen geht versichert fort.

Schema der Entstehung und Behandlung destruktiver Ideale

1. Ein Mangel an einfühlender Vermittlung symbolischer Ordnung der Innenwelt des Kindes durch die für es verantwortlichen Erwachsenen.

Behandlung: Wiederherstellung einer von Einfühlung getragenen, nicht bewertenden Beziehung (Richtig–Falsch-, Gut–Schlecht-Ebenen werden konsequent vermieden; die Ebene der Gefühle und spontanen inneren Aktivitäten wird durch einfühlende Zuwendung aufgesucht und unterstützt).

2. Die Abspaltung des Ideals und mit ihm eines Teils des inneren Symbolsystems vom zyklischen Lebensgeschehen in den beiden Bereichen der Arbeit (Leistungsideale, starre Bewertung der Tätigkeit des eigenen Selbst) und der Beziehungen zu anderen Menschen (idealisierte Objekte: eine andere Person wird zum Ideal gemacht bzw. die Beziehung zu ihr zerstört, weil die Person dem Ideal nicht entspricht).

Behandlung: Der Monolog des destruktiven Ideals wird durch einen Dialog ersetzt, in dem schrittweise über die Wunschproduktion und die in der Realität möglichen Befriedigungen gesprochen oder eine Kommunikation mit anderen Mitteln (Tanz, Musik, Malerei usw.) erreicht werden kann.

3. Der Wiederholungszwang erstarrter, im Streben nach einem destruktiven Ideal zum Scheitern verurteilter Erlebnis- und Verhaltensmuster verschafft eine Geborgenheit, vergleichbar jener, die das Kind bei der Mutter sucht. Der Betroffene «sucht das Ideal, das er kennt».

Behandlung: Durcharbeiten der immer wieder erneuten Versuche, die therapeutischen Ansätze in den destruktiven Wiederholungszwang einzugliedern (nach dem Motto: «Jetzt mache ich schon so lange Therapie und bin immer noch nicht perfekt»).

4. Die Enttäuschung der in sich widersprüchlichen, mit den zyklischen Lebensvorgängen unvereinbaren Ideale ist eine ständige Quelle von Wut, Haß und Destruktion. In der Zerstörung dessen, was nicht dem Ideal entspricht, wird Trost und Auflösung der Kränkung gesucht, daß das Ziel unerreichbar ist.

Behandlung: Aufdecken der verschütteten, durch die Wut verdeckten Ansätze zu Neugieraktivität, zu einer kreativen Bewältigung der Enttäuschung narzißtisch besetzter Ideale. Die Wut wird als Lebensäußerung akzeptiert, in ihrer Starre, Intoleranz und ihrem Streben, eine dem Ideal widersprechende Realität auszulöschen, jedoch hinterfragt.

5. Die zyklische, realitätsbezogene Wunschproduktion wird durch den Einfluß des destruktiven Ideals gelähmt; passive Erwartungen ersetzen die eigene, autonome emotionale Aktivität.[1]

Behandlung: Im Schutz eines einfühlenden Verständnisses für die passiven Erwartungen, verbunden mit einer konsequenten Nicht-Erfüllung des in ihnen liegenden Anspruchs auf Ersatz der eigenen, autonomen Gefühle durch Belehrungen, Ratschläge oder andere Leistungen des Therapeuten, werden alle Ansätze zu einer Belebung und Erweiterung der Wunschproduktion unterstützt.

1 Dieser Punkt hängt eng mit 4 zusammen: Die Passivität ist die Kehrseite der fanatischen Wut und Zerstörungslust. Häufig müssen erst die Hemmungen der Produktion von Wut und Gier erleichtert werden, ehe die zyklische Wunschproduktion des unbeeinträchtigten Lebens wiederhergestellt werden kann.

Vom Monolog zum Dialog

Das zerstörerische Ideal beherrscht einen abgespaltenen, nicht in die Gesamtheit der zyklischen Lebensvorgänge eingebetteten seelischen Bereich. Diese Abspaltung kann unbewußt oder vorbewußt sein. Mit einem räumlichen Vergleich könnte der erste Fall als horizontale, der zweite als vertikale Spaltung angesprochen werden. Die horizontale Spaltung ist durch den Abwehrmechanismus der Verdrängung charakterisiert. Das destruktive Ideal ist dann unbewußt. Es muß durch Deutungen und Konstruktionen erschlossen werden, wie wir einen seelischen Vorgang bei einer uns fremden Person erschließen.

Die vertikale Abspaltung hingegen ist vorbewußt. Sie umfaßt den großen, oft die seelischen Energien weitgehend bindenden Bereich der Tagträume, der Phantasien von einer idealen Welt, von Erfolg, Geltung, idealen Beziehungen. Für diese innere Welt wird in den Industriekulturen die Aufnahme von tagtraumhaften Produkten der Massenmedien, wie die meisten Filme, Fernsehshows, Sportveranstaltungen, «Schund»romane, Comic strips immer wichtiger. Diese Erlebnisbereiche sind durchaus dem Bewußtsein zugänglich. Sie beschäftigen die Aufmerksamkeit oft jeden Tag viele Stunden. Doch bleiben die Gestalten dieser abgespaltenen, von Idealen wie von den Königen und Königinnen, den Zauberern und Helden der Märchen beherrschten Gebieten dem realen Erleben fern. Sie scheuen die Berührung mit ihm, werden, wie Jesus von Petrus, verleugnet, sobald in der realen Situation nach ihnen gefragt wird. Die Folge sind viele scheinbar unerklärliche Hemmungen und Einschränkungen der Kreativität. Ein Beispiel ist der junge Verliebte, der seiner idealisierten Geliebten nachläuft, solange er es unbemerkt, in seiner Phantasiewelt gefangen, tun kann. Wenn sie sich umdreht, ihn anspricht, wenn die reale Beziehung möglich wäre, errötet er, stottert, flieht.

Menschlicher Kontakt kommt erst dann zustande, wenn diese abgespaltene Tagtraum- und Phantasiewelt nicht mehr in ihrem Monolog gefangen bleibt, sondern zum Dialog wird. Der Verlust dieser Chance, den Schritt vom Monolog zum Dialog zu tun, unterscheidet das destruktive, abgespaltene Ideal von einem lebendigen Ideal. In der therapeutischen Arbeit geht es zunächst fast immer um die vertikal abgespaltenen, nicht dem Bewußtsein, wohl aber dem einfühlenden Dialog entzogenen Ideale. Werden sie allmählich dem Dialog mit anderen Menschen und damit auch dem eigenen, realitätsorientierten Ich zugänglicher, dann steigert sich der Druck auf die unbewußten horizontalen Abspaltungen, weil die bisherigen Auswege in unverbindliche Phantasien weniger gangbar sind.

Die Aufnahme eines Dialogs mit den bisher abgespaltenen, von monologischen Idealen beherrschten Erlebnisbereichen ist ein wesentliches Mittel, um das wirklichkeitsorientierte Ich zu stärken. Diese Bereiche werden oft mit großer Scham und Angst vor Abweisung erlebt. Der Kontakt mit ihnen erfordert vom Therapeuten viel Verständnis und Vertrauen in die Wachstumsmöglichkeiten seines Klienten. Da jeder Mensch Phantasiebereiche hat, die er ängstlich hütet wie König Laurin seinen Rosengarten[1], ist unsere Neigung groß, mit Kindern oder phantasierenden Erwachsenen abschätzig umzugehen, ihnen die leidvollen Grenzen der Wirklichkeit zu verdeutlichen, sie zu konfrontieren, wie es in der Therapeutensprache heißt. Auch ein Therapeut, der gelernt hat, sexuelle oder aggressive Regungen seiner Klienten zu akzeptieren, glaubt nicht selten, etwas Nützliches zu tun, wenn er mit den Phantasiegebilden und Tagträumen seiner Klienten abweisend umgeht, um sie zu einer realistischen Beziehung *mit* ihrer Umwelt zu erziehen. Das gilt bereits da, wo die Phantasien illusionäre Ansprüche im Bereich des Größen-Ideals verraten – Trugbilder übermächtiger Stärke, unerschütterlicher Kraft, überragender Leistungsfähigkeit. Noch deutlicher und schwerer zu vermeiden wird diese Abwehr von seiten des Therapeuten dort, wo er selbst, seine eigene Person, in die Phantasie einbezogen

1 Diese Gestalt der Dolomitensagen ist ein Symbol für viele Aspekte des destruktiven Ideals: mächtig durch Zauberkräfte, grausam (Laurin nimmt jedem, der in seinen Garten eindringt, den linken Fuß und die rechte Hand), gefühlskalt, in versteckte, unterirdische Welten verbannt. Er raubt eine Sterbliche und muß sie wieder verlieren, eine Parallele zum Hades/Persephone-Mythos und ein Hinweis auf die Beziehung des zerstörerischen Ideals zu den Lebensvorgängen.

wird. Er, der Therapeut ist vollkommen, hat die Lösung aller Lebensprobleme gefunden, lebt in einer heilen Welt mit einer lieben Frau und glücklichen Kindern. Er ist heilig, wissend, allmächtig. Solche Phantasien machen dem Therapeuten vor allem dann Angst, wenn er in abgespaltenen Bereichen noch eigene Größenvorstellungen pflegt, die sein realitätsorientiertes Ich verleugnen muß. Vielleicht macht auch er sich immer wieder auf die zum Scheitern verurteilte Suche nach der idealen Geliebten, nach der vollkommenen Freundschaft, ist unfähig zu akzeptieren, was er hat, hegt verborgene Träume, ein verkanntes Genie zu sein, dem die Entdeckung noch bevorsteht. Dann wird ihn die Idealisierung durch seine Klienten unerträglich belasten. Er wird ihnen verbieten müssen, was er sich selbst nicht erlaubt.

Ein Beispiel für die Überentwicklung idealisierter Phantasien zuungunsten des Lebens in der Realität ist Ilse, eine Frau Ende Dreißig, in ihrem Beruf tüchtig und beliebt, obwohl sie als sehr empfindlich und kränkbar gilt. Sie leidet unter einer Vielzahl psychosomatischer Symptome, vor allem an Asthma bronchiale, Kopfschmerzen und erhöhter Anfälligkeit gegen Infektionskrankheiten. Ihr größtes Problem sind jedoch ihre Beziehungen zu Männern. Diese spielen sich vorwiegend in der Phantasie ab. Zu Beginn der Behandlung versucht sie gerade, mit der Enttäuschung fertig zu werden, die ihr ein älterer, unverheirateter Kollege bereitete. Sie hatte aus einer Reihe gemeinsamer Spaziergänge, Ausflüge und einer Gruppenreise, bei der sie mit ihm zusammen war, einen Liebesroman entwickelt, der darauf hinauslief, daß der idealisierte Geliebte ihr bald seine Bereitschaft erklären werde, sie zu heiraten. In den psychotherapeutischen Gesprächen erkannte Ilse, die jahrelang auf das Bekenntnis des Geliebten gewartet hatte, nun schrittweise, wie sehr sie einer Klärung der Realität ausgewichen war. Als er ihr zum Beispiel einmal auf einer Bergtour das Du anbot, erschrak sie so, daß es beim Sie blieb.

Sie versuchte nun, ihre Beziehung zu klären, in der sie vor allem durch ihre heftige Eifersucht litt, wenn ihr Geliebter sich für andere Frauen zu interessieren schien. Er sagte ihr, daß er an einer näheren Beziehung nicht interessiert sei, was sie trotz der sieben Jahre, die sie auf ihn gewartet hatte, weitgehend klaglos ertrug. Alsbald verliebte sie sich aufs neue, und zwar in den Co-Leiter der therapeutischen Gruppe, an der sie inzwischen teilnahm. Das gab ihr die Möglichkeit, ihre Phantasie immer wieder mit dem Therapeuten zu besprechen, ohne dem geliebten Objekt zu nahe zu kommen. Sie verharrte weitgehend passiv; es schien ihr zu genügen, den Co-Leiter regelmäßig zu sehen. Erst als sie auf eine andere Frau in der Gruppe eifersüchtig wurde, sprach sie die Beziehung offener an und verlangte eine Erklärung von ihm. Diese fiel ausweichend aus, enthielt aber eine eindeutige Absage in bezug auf eine Liebesbeziehung. Dennoch beschäftigte der Co-Leiter Ilses Phantasien weiterhin, als ob eine solche Absage nicht vorhanden wäre. Sie hörte sich alle Mahnungen in der Gruppe über die Aussichtslosigkeit ihrer Wünsche geduldig an, bejahte die Vorhaltungen – und schwärmte weiterhin. Erst als der Co-Leiter die Gruppe verließ, setzte sie sich auf einer neuen Ebene mit dieser Neigung zur Befriedigung ihrer erotischen Bedürfnisse in der Phantasie auseinander. Die geduldigen Versuche, ihr das Ausweichen in bezug auf einen Dialog über ihre erotischen Wünsche aufzuzeigen, trugen allmählich Früchte. Ihre innere Entwicklung zeigte ein Traum, in dem sie mit ihrem einzigen, realen Geliebten – einem Mann, den sie vor fünfzehn Jahren getroffen hatte und der sie verließ – im Wald schlafen wollte, jedoch immer wieder daran gehindert wurde, weil dieser sich für irgendwelche Störungen – sie erinnerte sich undeutlich an eine überlaufende Waschmaschine – mehr interessierte als für sie. Es war der erste Traum, in dem erotische Wünsche überhaupt auftauchten. Die Angst Ilses vor realer Nähe und dem dialogischen Austausch von Wünschen hängt wohl damit zusammen, daß sie als Kind in ihrem Bedürfnis nach Sicherheit und Einfühlung schwer verletzt wurde. Sie war während des Krieges in einem Land geboren worden, aus dem 1945 die meisten Deutschen vertrieben wurden. Ilses Mutter mußte unter oft höchst belastenden Umständen fliehen. Es handelte sich um eine gestörte, überängstliche Frau, die ihrer Tochter immer wieder ihr Leid über den verständnislosen Mann klagte, der ihren Erwartungen nicht entsprach, von dem sie sich aber auch nicht trennen konnte.

Die hier beschriebene Angst vor Nähe, Intimität, einem offenen Dialog über Gefühle und Wünsche ist sehr komplex bedingt. Sie hängt eng damit zusammen, daß allen intimen Bindungen die Kind-Eltern-Beziehung ihre tiefere emotionale Grundlage gibt. Wenn die frühen Beziehungen verletzend waren und das Kind, um Halt zu gewinnen, sich mit einem ungemilderten, realitätsfernen Ideal der Wachsamkeit und Selbstkontrolle identifizieren mußte, gelingt es dem Betroffenen später nicht mehr, dieses Ideal aus dem Zustand des Monologs in den Dialog überzuführen. Die Angst vor realer Nähe dient dann dazu, Phantasien zu schonen, die – als Ersatzbefriedigung entstanden – inzwischen unersetzlich scheinen. Wenn Karl Kraus sagt, daß Geschlechtsverkehr nur ein notdürftiger Ersatz für die Selbstbefriedigung sei, drückt er diesen Zustand aus.

Allgemein neigen wir wohl eher dazu, destruktive Ideale dort zu sehen und gegen sie vorzugehen, wo sie sich im Tun äußern, wo sie menschliche Handlungen bestimmen, die ihr Ziel verfehlen müssen, weil es außer der Reichweite der realen Kräfte liegt (wie beim Fußballspieler, der sich den Ball so weit vorlegt, daß er ihn verlieren muß – während er andererseits nicht vorwärts kommt, wenn er ihn ängstlich zu halten versucht). Damit übersehen wir den größeren und wohl auch insgesamt wichtigeren Bereich, in dem sich das destruktive Ideal allein darin äußert, daß Handeln unterbleibt, Tätigkeit nicht stattfindet, sondern in die Phantasie verlegt wird. Wenn wir die Stärke der eigenen Neigung betrachten, uns ohne echte, emotionale Wunschproduktion und Neugieraktivität von der Pflichtarbeit zum Freizeitkonsum und wieder zurück zu schleppen, lernen wir vielleicht, anders zu denken. Das Motto des Faulen ist ja, daß keinen Schaden anrichtet, wer nichts tut. Doch das trifft für ein soziales Lebewesen natürlich nicht zu: Wer untätig bleibt, überläßt anderen das Feld. Wer die Zerstörung der Umwelt in den Industrieländern verfolgt, wird sich fragen, was noch alles geschehen muß, um aus Jammern, Passivität, Abschieben jeder Verantwortung einerseits und rücksichtsloser Ausbeutung der Natur andererseits herauszutreten.[1]

In der therapeutischen Situation wird die abgespaltene Phantasie einer idealen Leistung oder einer idealen Beziehung nicht mit einer Haltung pädagogischer Vernunft angegangen. Es geht darum, dem Klienten zu zeigen, daß diese Phantasiewelt ernst zu nehmen ist, daß sie wichtige Teile seiner Person enthält und auch als Suche nach einer früh vermißten, zum größten Teil wortlos und unbewußt entbehrten Einfühlung ihre Berechtigung hat.

Wesentlich in der Auseinandersetzung mit den abgespaltenen, von destruktiven Idealen beherrschten Phantasien ist die Einsicht, daß bis in die tiefsten Schichten des Erlebens hinein einander widersprechende Vorstellungen, Wünsche und Ziele nebeneinander bestehen. Das Ziel ist es, den realitätsnahen Teil der Persönlichkeit damit vertraut zu machen, daß Phantasien, die er gar nicht als zu sich selbst gehörig erlebt, tatsächlich zu ihm gehören. Er soll sehen, daß er es selbst ist, der sich neben seiner äußeren Bescheidenheit und Ehrgeizlosigkeit abmüht, geniale Leistungen zu bringen – daß er selbst es ist, der neben seinem Leben als treuer Ehepartner eine Doppelexistenz als Hure oder Zuhälter führt. Es fällt den meisten Menschen außerordentlich schwer, diese Teile ihres Verhaltens, in dem destruktive Ideale ihre tyrannische Macht ausüben, auch nur zu beschreiben. Die abgespaltenen Phantasien werden in einen Schleier von Doppeldeutigkeit und Fremdartigkeit gehüllt. Stimmklang und Gesichtsausdruck scheinen bei einem Bericht über sie so unbeteiligt und distanziert, wie bei einer Aussage über eine gänzlich unbekannte Person. Je mehr die Realität der abgespaltenen Phantasien, der Umfang ihrer Macht, ihrer Ansprüche von Größe,

1 «Die Isoliertheit der Menschen innerhalb der egozentrischen Rivalitätsgesellschaft ist nur dadurch halbwegs erträglich, daß eine laufende emotional rührende Scheinkommunikation mit Phantompartnern inszeniert wird. Diese Art der ‹psychohygienischen› Kanalisierung von passiven Empfindungen, von Schein-Mitgefühl und Schein-Mitleid war bislang nötig im Zusammenhang mit der Angst, sich echt sympathisierend einzulassen und dadurch Machtvorteile einzubüßen», sagt H. E. Richter, Der Gotteskomplex, Reinbek 1979, S. 243.

Vollkommenheit, schrankenloser Kraft, unerschöpflichem Wissen erkannt und anerkannt werden, desto deutlicher wird das Erstaunen über sie. Der Klient fragt sich, während er phantasiert oder die magischen Rituale einer geheimen Perversion, eines verborgenen Weltherrschertums ausführt: «Bin ich das – oder wer ist es sonst? Wie komme ich dazu?» Das ist ein Zeichen dafür, daß der abgespaltene Bereich erst einmal vom realitätsorientierten Ich schrittweise wahrgenommen und anerkannt wird. Nur dann kann aus der blinden Befangenheit, die von einem destruktiven Ideal beherrscht wird, ein in der Phantasie kreativ vorweggenommener Ausdruck der Wunschproduktion werden, der die Entfaltungsmöglichkeiten in der Realität erweitert.

Nena, eine deprimierte, unzufriedene Frau Mitte Dreißig, suchte die Behandlung wegen einer Eßstörung auf. Sie fühle sich zu dick, könne manchmal nicht aufhören zu essen, und ziehe sich dann von allen sozialen Beziehungen zurück. Allmählich zeigte sich dieses Symptom als Schutzschild, um den destruktiven Monolog der Phantasiebeziehung zu einem idealen Geliebten aufrechtzuerhalten und realen Beziehungen aus dem Weg zu gehen. Nena fing beispielsweise dann an, viel zu essen und sich aufgebläht, «tabu» zu fühlen, wenn sich ein Mann für sie interessierte. Sie mußte dann jeden Kontakt aufgeben, ging nicht mehr ans Telefon, und konnte sich schließlich nicht mehr melden, denn das hätte ja so ausgesehen, als liefe sie dem Mann nach. Über diese Verhaltensweisen berichtete sie mit einer kühlen, distanzierten, anklagenden Stimme, in der sie nach und nach die ständig nörgelnde, unzufriedene Stimme ihrer Mutter erkannte. Es fiel ihr sehr schwer, über ihre Phantasieliebe zu einem Filmschauspieler zu sprechen. Sie wollte diese Phantasie auch in ihre Pubertät zurückverlegen, und gestand sich erst allmählich, als der Therapeut sie immer wieder auf die Bedeutung und die wichtigen Aufgaben solcher Phantasien hingewiesen hatte, daß sie noch vor kurzer Zeit von diesem Schauspieler geträumt hatte und eigens ein Theaterstück besuchte, in dem er mitspielte. Nena lebte nach dem Dornröschen-Bild: die schlafende Schönheit, die wartet, bis der Prinz komt, der sie wachküßt. Es muß der richtige sein – alle anderen bleiben in der stachligen Dornenhecke hängen, mit der sie sich umgibt. Der gute Ausgang ist freilich ein Märchen: Tatsächlich ist das Warten auf den Prinzen durch die Passivität bedingt, welche ein destruktives Ideal herstellt. Der Prinz soll für das gestörte Selbstwertgefühl entschädigen, welches eine reale Beziehung nicht zuläßt. Später, als Nena begann, ihre Zurückgezogenheit zu verlassen, ein Studium anzufangen, um mehr berufliche Zufriedenheit zu gewinnen, reale Beziehungen mit Männern anzuknüpfen, wurde das Auseinanderklaffen zwischen ihrer von destruktiven Idealen beherrschten Phantasiewelt und ihrer realen Kontaktfähigkeit deutlicher. Kein Freund konnte ihre Erwartungen erfüllen, jeder war zu schlecht für sie – zu wenig intelligent, zu anmaßend, zu schüchtern, zu aufdringlich oder zu zurückhaltend. Durch diese nörgelnde Kritik brachte Nena 1. ihre Umwelt dazu, die Freunde zu verteidigen und sie nicht zu kritisieren, sie konnte 2. ihre eigenen Zweifel verleugnen, liebenswert zu sein, und 3. rechtfertigen, weshalb sie in mißtrauischer Distanz blieb und sich nicht wirklich emotional oder sexuell öffnete. Allen Versuchen, ihr das Herumnörgeln an ihren Bekannten auszureden, begegnete sie mit halsstarrigem Protest; sie fühlte sich dann von den Mitgliedern der Therapiegruppe, an der sie fünf Jahre lang teilnahm, abgelehnt und in ihren Grundrechten beschnitten. Schließlich erinnerte sie sich, daß sie auf diese Weise bereits ihre ständig schwarzsehende Mutter bewogen hatte, ihre Jugendfreunde nicht zu kritisieren, sondern in Schutz zu nehmen. Sie konnte auch den in ihrem Nörgeln verborgenen Idealanspruch immer deutlicher erkennen. Sie lernte, den Zustand, in dem sie nörgelte und wenig von sich selbst spürte, von einem anderen Zustand zu trennen, in dem sie emotional bei sich selbst war, ihre eigene Wärme, ihren Schmerz und ihre Trauer wirklich wahrnahm, weinte und lachte. Es fiel ihr auf, daß sie ihre Freunde in derselben Weise anklagte, in der sie sich früher selbst angeklagt hatte: sie waren keine selbständigen, von ihr unabhängigen und verschiedenen Menschen, sondern Teile ihrer Person, ihres Idealsystems, ihrer Sehnsucht nach Verschmelzung mit einem vollkommenen Objekt. Daß es sich hierbei um einen Dialog handelte, in den auch ihr Therapeut einbezogen war, zeigt dessen im Laufe der Behandlung ebenfalls spürbar veränderte Beziehung zu Nena: Während ihm ihr gouvernantenhaftes Nörgeln und ihre hypochondrischen Ängste zunächst sehr auf die Nerven gingen, entwickelte er im Laufe des therapeutischen Dialogs einen herzlichen Kontakt zu einer intelligenten und gefühlvollen Frau. Über Forderungen Nenas, die ihn früher bestürzt und zu übereilten Deutungen genötigt hatten, konnte er nun gemeinsam mit ihr lachen – etwa über ihre Bitte, in Krisensituationen hypnotisiert zu werden oder Medikamente zu erhalten. Dahinter stand ein Wunsch nach symbiotischer Verschmelzung und passiver Lösung von Nenas Problemen, nach Befreiung von der Last der Auseinandersetzungen und des Redens. «Ich warte jetzt nicht mehr, daß mein Freund etwas tut, und bin unzufrieden, weil er zu wenig tut, sondern ich kann selbst meine Gefühle ihm gegenüber ausdrücken und bin sehr froh darum.» Aussagen wie diese zeigten die grundlegende Veränderung in der Art, in der Nena mit ihren Beziehungen umging.

Der Wiederholungszwang als Erstarrung und die lebendigen Wiederholungen

Die Wiederholung des Scheiterns von Erlebnis- und Verhaltensweisen, die in den Dienst eines destruktiven Ideals gestellt sind, verschafft dem Betroffenen eine Geborgenheit, die er vermißt, sobald er die destruktive Erstarrung verläßt und sich dem lebendigen Fließen anvertraut. Das destruktive Ideal wurde in einer Zeit aufgerichtet, in der das Kind nicht seine zyklischen Wunschproduktionen zulassen konnte, weil es keinen einfühlenden Schutz für sie erfuhr. So gewann es Sicherheit aus der eigenen Erstarrung. Diese wirkt auf die Umwelt so, daß die Berechtigung des destruktiven Ideals immer wieder bewiesen wird. Wer unfähig geworden ist, vertrauensvolle Beziehungen zu anderen Menschen einzugehen, wird beispielsweise erleben, wie Versuche, ihn auszunutzen oder zu betrügen, seine Vorsichtsmaßnahmen rechtfertigen.

Die therapeutische Antwort liegt darin, die immer wieder erneuten Versuche durchzuarbeiten, den therapeutischen Dialog in den Monolog des Wiederholungszwangs zurückzuverwandeln. Ein sehr häufiges Beispiel dafür ist die Übertragung eines destruktiven Vollkommenheitsanspruchs auf die Therapie. «Jetzt arbeite ich schon so lange an mir, habe mir solche Mühe gegeben – und doch habe ich immer wieder diese Schwierigkeiten und weiß gar nicht, ob es wirklich besser geworden ist» (destruktives Größenideal). «So lange bin ich schon bei Ihnen, und es geht mir immer noch nicht gut» (enttäuschte Suche nach dem idealen Objekt).

In der Analyse von ausgebildeten Theologen oder von Menschen mit einer ‹*Gottesvergiftung*›[1] habe ich häufig verfolgt, wie mühsam es ist, die Angliederung der gewonnenen Einsichten an die erstarrten Wiederholungszwänge zu vermeiden. Die Äußerungen von Karl Kraus, nach denen die Psychoanalyse ein Symptom der Krankheit ist, für deren Therapie sie sich hält, und mit genauer Not zu ihrer eigenen Entlarvung verwendet werden kann, spiegeln eine Gefahr, die tatsächlich besteht. Die Analyse wird in das neurotische System eingebaut, sie erstarrt selbst, übernimmt destruktive Ideale (etwa das «Durchanalysiertsein» nach 1000 Stunden auf der Couch), gibt vor, genau zu wissen, welche Kandidaten für die Ausübung dieses Berufs geeignet sind (Akademiker, versteht sich – Ärzte, versteht sich), welche Patienten analysierbar sind usw. Kraus sagt auf Kosten der Analytiker, was diese selbst auf Kosten ihrer Klienten sagen: Daß der Neurotiker nicht in die Therapie gehe, um seine Neurose aufzugeben, sondern um sie zu vervollkommnen. Hinter beiden Aussagen steckt ein sehr ernstes Problem. Die Störung, die durch ein destruktives Ideal angerichtet wird, ist keine schlechte Angewohnheit, die abgelegt werden kann wie ein außer Mode gekommenes Kleid, sobald erst der Betroffene erkannt hat, daß er dieses

1 T. Moser, Gottesvergiftung, Frankfurt a. M. 1976. – Eine hervorragende Schilderung des destruktiven Größenanspruchs und der selbstquälerischen Unterwerfung unter das idealisierte, allmächtige Gottesbild, das schon früh an die Stelle der enttäuschenden Eltern tritt.

Kleid noch trägt. Sie ist in allen ernstlichen Fällen eine Überlebensstrategie. Die destruktiven Ideale sind der einzige erreichbare Schutz vor unerträglich scheinender Einsamkeit, Verlassenheit, vor Schmerzen und Ängsten. Daher wird der Klient auch versuchen, die neue Situation des therapeutischen Dialogs und der Vermittlung von kritischer Einsicht in sein destruktives Idealsystem mit eben den Mitteln zu bewältigen, die ihm sein Idealsystem gibt.

Die Folge ist ein Wettlauf, in dem sich der Therapeut hüten muß, in die Lage des Hasen zwischen den beiden Igeln zu kommen. Diese Gefahr droht vor allem dann, wenn der Therapeut mit einem Klienten konkurriert, der selbst schon viele Versuche unternommen hat, seine Schwierigkeiten auf rationalem Weg zu lösen. Versucht der Therapeut nun ebenfalls, rationale Einsichten zu vermitteln, dann stößt er häufig auf das «Ja, ich weiß schon, aber . . .» oder das «Daran habe ich auch schon gedacht . . .», «Das haben mir andere auch schon gesagt . . .» und andere Aussagen, die alle den Versuch ausdrücken, die Konkurrenz um eine korrekte Erklärung der eigenen Probleme zu gewinnen. So erwartet der Klient, der alle Deutungen des Therapeuten zerpflückt, eine Lösung von einer noch besseren rationalen Erklärung, als er selbst sie geben kann. Er verlangt von einer perfekten Rationalisierung eine kontrollierbare Lösung, während das Beharren auf Kontrolle und Rationalität, auf einem destruktiven Ideal von Vernünftigkeit, die Probleme gerade bedingt.

Der Betroffene gleicht einem Mann, der sich sehnlichst wünscht, endlich Fische zu fangen. Weil er aber eine unbezähmbare Angst vor offenem Wasser hat, wartet er, bis der Teich gefroren ist, und wirft nun seine Angel aus. Er stellt enttäuscht fest, daß er nichts fängt, schiebt die Schuld auf den falschen Köder, die unvollkommene Angelausrüstung, seine fehlerhafte Angeltechnik oder die mangelnde Bereitschaft der Fische, anzubeißen. Er verbessert nun seine Technik, schafft sich neue Köder an, erwirbt neue Ausrüstungsgegenstände, kauft Literatur über Fischereitechnik, konsultiert endlich den Fachmann, von dem er erwartet, daß dieser ihm endlich zeigen kann, wie man in der von ihm hergestellten Situation die begehrten Fische fängt. Eine Zeitlang wird der Therapeut über die mißglückten Angelversuche sprechen und vielleicht auch noch einige Verbesserungsvorschläge machen, die – wie zu erwarten – zu keiner Lösung führen. Wenn beide dann nicht die Arbeit enttäuscht aufgeben, wird das Gespräch auf die Angst vor dem Wasser kommen müssen. «Wieso?» wird der Klient fragen. «Ich wollte doch endlich Fische fangen, und jetzt reden Sie nur noch vom Wasser, ich will aber gar nichts mit Wasser zu tun haben, ich will Fische!»

Die Sicherheit, das Richtige zu tun oder mit dem richtigen Partner zusammen zu leben, kann nur ein Ideal geben, das mit den zyklischen emotionalen Vorgängen der Wunschproduktion eng verbunden ist. Das destruktive Ideal, eine wunschfeindliche Erstarrung der seelischen Aktivitäten, versagt gerade da, wo es Sicherheit geben soll, scheint aber zur Aufrechterhaltung einer Not-Sicherheit unentbehrlich. Die Kontrolle der emotionalen Abläufe, die Beobachtung der Vorteile und Nachteile, Qualitäten und Schattenseiten des Partners verhindern dann, daß die innere Sicherheit und Tatkraft entstehen, die nur eine Hingabe an den Augenblick, verbunden mit einer Orientierung an realitätsgerechten Idealen und an der eigenen Wunschproduktion vermitteln kann.

Das hängt damit zusammen, daß Erlebnisse, in denen Befriedigung vor allem aus dem Ausdruck von Gefühlen, aus persönlicher Neugieraktivität und Kreativität gewonnen wird, in den Dienst von Grundsätzen gestellt werden, die dem Bereich von Arbeit und Leistung entnommen sind. Die an einem Wettbewerbsideal orientierte Erziehung in den Industrieländern führt sehr häufig zu dieser Situation, die den expressiven Bereichen des Lebens die verfestigten Leistungsideale der Arbeitswelt aufprägt. Dadurch werden alle Erlebnisformen, die von zyklischen, nicht der Willkürmuskulatur unterstellten körperlich-seelischen Wunschproduktionen bestimmt sind, in vielfältiger Weise gestört. Ein Beispiel sind die in hohen Auflagen vertriebenen Anleitungen zum «richtigen» Geschlechtsverkehr. Sie gehen davon aus, daß in einen ausgesprochen dialogischen, von zyklischen Gefühlsabläufen bestimmten Erlebnisgebiet durch feste, den einzelnen Akteuren übermittelte Anleitungen zu bestimmten willkürlichen Aktivitäten Störungen beseitigt werden können. Das Gegenteil ist häufig der Fall. Der Partner fühlt sich als Maschine mißbraucht, die auf das Kneten und Streicheln der richtigen Stelle mit der richtigen sexuellen Erregung zu reagieren hat – und «schaltet ab». Die Abhilfe liegt hier nicht in technischen Anleitungen, sondern in der Wiederbelebung der autonomen Gefühlsabläufe und in der Wiederaufnahme des zärtlichen Dialogs mit dem Partner. Wenn einer der Beteiligten seinen eigenen Gefühlen durch zwanghafte Beobachtung der Verhaltensweisen des Partners ausweicht, sollte er seine autonomen Gefühle erst durch Selbstbefriedigung kennenlernen. Das Problem der sexuellen Befriedigung liegt weitgehend darin, den intimen Dialog mit einem Partner als Steigerung, nicht als Störung der eigenen, autonomen Erregung erleben zu können. Die Störungen entstehen dabei dadurch, daß erstarrte Normen von dem, was im Umgang mit den zyklischen Vorgängen des eigenen Körpers «richtig» oder «falsch» ist, den spontanen Ablauf behindern.

Ein Hinweis darauf, wie solche Störungen durch die Verweigerung des einfühlenden Dialogs in der Kindheit entstehen, ist die Geschichte Karls, eines 30jährigen Juristen, der wegen schwerer Depressionen, Zwangsgedanken und vorzeitiger Ejakulation in psychotherapeutische Behandlung kam. Die Depressionen und Zwangsgedanken setzten ein, als sich seine langjährige, früher sehr von ihm abhängige Freundin von ihm trennte. Obwohl Karl vorher die Beziehung als unbefriedigend und allzu eng erlebt hatte, konnte er den Verlust nur mit Aufbietung aller Kräfte ertragen. Neben den Depressionen quälte ihn vor allem die Zwangsvorstellung, er müßte anderen Männern – vor allem Autoritätspersonen – an den Penis greifen. Schon früher hatte er, während einer Krise mit seiner Freundin, kurzzeitig an Zwangsvorstellungen gelitten, bei denen er sich solche Männer onanierend vorstellte. Er empfand diese Phantasie als außerordentlich bedrohlich, weil er sich für homosexuell hielt und diese Vorstellung als sehr angsteinflößend erlebte. Karl wirkt sehr abgesperrt von seinen Gefühlen. Er spricht leise, «salbungsvoll», wie ein Mitglied der therapeutischen Gruppe sagt, kontrolliert. Seine

Rolle im Leben und in der Therapiegruppe ist die des Helfers, der auf andere eingeht, ihnen nützliche Ratschläge gibt, der jedoch keine eigenen Gefühle und Wünsche äußert. Schrittweise veränderte sich diese Haltung. Karl lernte, sich mehr auseinanderzusetzen, offener über seine Ängste zu sprechen. Zugleich damit tauchten auch kritische Erinnerungen an die früher von ihm für ganz heil gehaltene Welt seiner Kindheit auf. Sein Vater war ein allseits verehrter Lehrer gewesen, der ganz in seinem Beruf aufging und ein sehr distanziertes Verhältnis zu seinen Kindern hatte. Die Eltern stritten sich nie vor den Kindern, sprachen nie über Gefühle, waren nie zueinander offen zärtlich. Als Karl wegen seiner Selbstbefriedigung schwere Skrupel bekam, hätte er sehr gern mit seinem Vater gesprochen. Aber der Dialog war ihm nicht möglich. In vielen Situationen erlebte sich Karl gespalten: Seine emotionalen Bedürfnisse nach Zärtlichkeit und Geborgenheit standen beziehungslos neben einer rational kontrollierten beruflichen Fassade, die er nur selten aufgeben konnte. Die nicht im Dialog mit den Eltern entwickelten Bedürfnisse nach Zärtlichkeit und Geborgenheit blieben auf einem urtümlichen, grobsexuellen Niveau. Karl mußte sich auch in seinem Sexualleben an den Idealen orientieren, die er von seinen Eltern übernommen hatte: Leistung, Kontrolle, Rücksicht. So konnte er nicht bei seinen Gefühlen bleiben und sie auskosten, vor allem dann nicht, wenn ihm die Partnerin wenig vertraut war. Nach einem Jahr Gruppentherapie waren die bisherigen Symptome weitgehend verschwunden. Karl hatte in vielen Situationen mehr Sicherheit gewonnen, eine neue Freundin gefunden, war aber entschlossen weiterzuarbeiten. Sein erster «Rückfall» zeigte die Bedingungen von Karls Wiederholungszwang deutlich. Er berichtete, auf einem Juristenkongreß in einer weiter entfernten Großstadt seien die Zwangsgedanken wieder aufgetreten. Er war sehr besorgt, versicherte zwar der Gruppe, daß es längst nicht so schlimm gewesen sei wie früher, aber doch ein Hinweis, daß er das alles noch längst nicht überwunden habe. In der Klärung dieser Situation erkannte Karl, daß er seine wirkliche Betroffenheit gar nicht wahrhaben wollte, seine Gefühle verleugnete und sich so verhielt, als könne er – von diesen lästigen Zwangssymptomen abgesehen – ein vollkommen funktionierender Automat werden. Die Verlustängste im Zusammenhang mit seiner neuen Beziehung, die Sehnsucht, in dem Menschengewirr auf der Tagung eine vertraute Person zu finden, Gefühle von Abhängigkeit, Zärtlichkeitsbedürfnis, Trennungsangst konnte Karl verleugnen. Wenn nur diese lästigen Zwangsgedanken nicht wären! – Die homosexuellen Phantasien sind als Suche nach einem idealen Objekt zu verstehen, mit dem verschmelzend das geängstigte Ich sein gefährdetes Selbstgefühl wieder festigen kann. Karl suchte gewissermaßen jenes Teils seines Vaters habhaft zu werden, den dieser ihm so konsequent und uneinfühlsam entzog. In der intimen Beziehung zu seiner neuen Freundin waren diese Geborgenheitswünsche Karls so weit erlebt und abgesättigt, daß die Abfuhr in den Zwangsgedanken unterbleiben konnte. In einer neuen Situation, in der er von seiner Freundin getrennt war, wurden die alten Lösungsmuster wiederbelebt. (Sie enthalten sicherlich auch eine Abwehr von Kastrationsängsten und Wünschen, sich der Vater-Figur weiblich unterzuordnen.)

Die destruktiven Folgen der Erstarrung äußern sich oft in psychosomatischen Leiden. Die Betroffenen sind nicht selten überzeugt, ihr einziges Problem sei eben dieses lästige, mit keinem medizinischen Mittel zu beseitigende Symptom – zum Beispiel Kopfschmerzen. In der Therapiegruppe staunen sie, wie unvernünftig andere Menschen sind – unpünktlich, ängstlich, von Trennungsschmerz, Verliebtheit, Depressionen und Überschwang gequält, während es ihnen doch nur deswegen nicht immer auf eine vernünftige, übersichtliche Weise gutgeht, weil sie diese unaufhörlichen, allen Ärzten trotzenden Migräneanfälle haben. Das destruktive Ideal ist hier das Bild des vollständig kontrollierten, rational autonomen Individuums.

Seit sieben Jahren lebt die 35jährige Waltraud allein mit ihrem Sohn in einer Kleinstadt. Sie ist Beamtin, pflichtbewußt, beliebt, immer freundlich – nur muß sie mindestens jede Woche einmal mit einem heftigen Anfall von Migräne rechnen, die bisher allen medizinischen Behandlungsversuchen getrotzt hat. Sie kann die

Symptome nur durch Medikamente mildern, fürchtet aber, von diesen abhängig zu werden, und beginnt deshalb eine Gruppentherapie. Ihre Haltung wurde in der Gruppe anfänglich mit dem Etikett «eiserne Jungfrau» beschrieben. Waltraud ist stets ausgeglichen, vernünftig, hilfsbereit. Sie mußte den Vater des Jungen damals verlassen, weil er sich so an sie hängte und sie ihn nicht wirklich liebte. Sie hatte nie Schwierigkeiten deswegen. Alle waren immer rücksichtsvoll – natürlich gäbe es auch einige unvernünftige Leute, aber die dürfe man gar nicht ernst nehmen. Während Waltraud ihre Lebensgeschichte nüchtern und klar erzählt, schildert sie ihre Migräneanfälle mit Nachdruck und emotionaler Beteiligung. Hier ist das Ventil, in das die gestauten zyklischen Wunschproduktionen sich entladen – die Migräne gibt Waltraud die Möglichkeit, an sich zu denken, sich zurückzuziehen, nicht für andere da zu sein. Sie spürt ihren Körper, den sie sonst wie eine Muskelmaschine behandelt und erst unter dem Einfluß der Gruppe allmählich etwas liebevoller bekleidet und bewegt. Die Macht des Wiederholungszwangs wird nach einer auffälligen Besserung deutlich, auf die ein Rückfall folgt. Waltraud hat nach etwa zehn Monaten eine längere Zeit ohne Migräne, wie sie sie seit ihrer Pubertät – als die Kopfschmerzen einsetzten – nicht mehr gekannt hat. Diese Zeit endet, als sich Waltraud eingesteht, daß sie unvernünftig starke Gefühle zu dem Leiter der Gruppe empfindet. Als er einmal fehlt und die Gruppe sich ohne ihn trifft, setzen schon auf der Rückfahrt die Kopfschmerzen wieder ein und sind von jetzt ab, wie früher, Waltrauds Zuflucht. Dieser Zusammenhang ist ihr zunächst nicht bewußt, und sie hat Mühe, entsprechende Deutungen anzunehmen. Die Kopfschmerzen sind wieder da, schlimmer als zuvor. Einmal, als es besonders arg ist, beschließt Waltraud, sich doch auf den Schmerz einzulassen, für sich anzuerkennen, daß er vermiedene Gefühle enthält. Sie erlebt einen Durchbruch, spürt, wie ein Gefühl von Wärme, Zärtlichkeit und Liebe für den Gruppenleiter sie überschwemmt. Sie muß weinen, und die Kopfschmerzen und Muskelverspannungen sind fort. Doch diese Situation, die sie in der Gruppe berichtet, bringt ebenfalls keine dauerhafte Veränderung. Nach einigen Monaten hat sie fast «vergessen», wie deutlich ihr der Zusammenhang zwischen ihrer Migräne und der Vermeidung aller Gefühle, die sie in eine Liebesbeziehung zu Männern bringen könnten, schon einmal war. Sie sieht nun, daß ihr das Leben mit der Migräne einen Schutz bietet, auf den sie nicht verzichten will. «Wenn ich die Kopfschmerzen habe, dann lebe ich nicht, dann vegetiere ich nur ... Wenn es mir gutgeht, dann mache ich mir so viele Sorgen und bin auch traurig, daß ich allein lebe.» Es gelingt der Gruppe, Waltraud zu verdeutlichen, daß sie ihre Migräne verwendet wie ein Süchtiger ein Suchtmittel. Die wechselhaften, scheinbar unkontrollierbaren Abhängigkeiten des emotionalen Lebens und der Gefühlsbeziehungen zu anderen Menschen werden durch eine vorgeblich besser kontrollierbare, tatsächlich zerstörerische Abhängigkeit ersetzt. Die Kopfschmerzen (oder ein anderes psychosomatisches Symptom) sind ebenso wie Heroin oder Alkohol «vergiftete Muttermilch», das heißt eine Ersatzbefriedigung, welche dieselben Funktionen erfüllt wie die Muttermilch für den Säugling. Hat er sie, so sind alle seine Probleme gelöst; hat er sie nicht, ist sein Selbstgefühl vom Zusammenbruch bedroht. Der Süchtige ersetzt die zyklischen und gegenseitigen Abhängigkeiten des Lebens durch die lineare, einseitige Abhängigkeit von einem destruktiven Ideal. Dessen Druck ist es, den die Droge mildert, bis sie endlich an seine Stelle tritt. Wer süchtig wird, ist meist vom Leben und von seinen realen Möglichkeiten enttäuscht. Auf Grund seines Entwicklungsschicksals in der Kindheit mit der Verbindung von Größenanspruch (an die eigene Leistung und an die Liebesobjekte) und passiver Lähmung der eigenen Wunschproduktion ausgerüstet, sucht er nach einem Mittel, das er mit Hilfe seiner eigenen Willkür handhaben kann. Die Droge bietet ihm die Möglichkeit, die lahmgelegte natürliche Wunschproduktion durch eine synthetische, willkürlich eingeleitete zu ersetzen. Für Waltrauds Kindheit gilt sicherlich das Motto von Pastors Kindern und Müllers Vieh: Sie wuchs in einem Haushalt auf, in dem Moralpredigten die wichtigste Form von Zuwendung waren und die Kinder keine Möglichkeit hatten, über ihre Gefühle zu sprechen. Sie hatte niemanden, mit dem sie in einen Dialog über ihre Wünsche nach sexueller Liebe, Zärtlichkeit und Geborgenheit treten konnte.

Damit wurden ihre Wunschproduktionen der Wirklichkeit entfremdet, der Dialog riß ab, der Monolog des destruktiven Ideals trat an seine Stelle. Während sie sich zögernd mit Männern einließ, konnte Waltraud nur finden, daß sie keinen genug liebte, um ihn zu heiraten – kein Wunder, denn die Beziehungen beruhten darauf, daß sie keine Wünsche einbrachte, und sich folgerichtig wie eine Mutter vorkam, die von den Männern in die Pflicht genommen wurde. Wer in seiner eigenen Wunschproduktion gehemmt ist, macht andere Menschen zu seinen Kindern, weil sie – wie es in der Mutter-Kind-Situation natürlich ist – mit ihren Wünschen die Leere ausfüllen, die durch die Lähmung der zyklischen Lebensvorgänge entstanden ist. Freilich sind die Wünsche eines Kindes leichter erfüllbar, ohne sich ausgebeutet zu fühlen, als es bei einem solchen Mangel an Gegenseitigkeit in einer Beziehung zwischen Erwachsenen möglich ist. Daher versucht der Betroffene endlich, die Beziehung mit wunschfremden Mitteln zu kontrollieren, etwa indem er sich trennt oder indem er von Anfang an durch unbewußte Wahl Schutzmechanismen einbaut, die ein zu großes Maß an Nähe verhindern.

Dieses Muster eines Wiederholungszwangs zeigt Katharina, eine 45jährige Frau, die wegen eines «Nervenzusammenbruchs» in Therapie kommt. Sie fing in der Mittagspause scheinbar grundlos an zu weinen. Katharina arbeitet als höhere Beamtin in einem Ministerium. Sie stammt aus einem streng religiösen, bürgerlichen Elternhaus. In der analytischen Psychotherapie schildert sie ein Leben, das in sehr festen Bahnen verläuft – Arbeit, von Lesen und Musizieren bestimmte Freizeit, wenige Freundschaften, alle zu Ehepaaren, keine sexuelle Beziehung. Ihr Schicksal ist von Freundschaften zu Männern geprägt, die sich unerreichbar machten oder von Anfang an unerreichbar waren: Ihr Verlobter trennte sich von ihr, als der Heiratstermin festgelegt werden sollte. Ihre ersten sexuellen Erfahrungen gewann Katharina mit dem Mann ihrer Frauenärztin, mit der sie eine eher freundschaftliche Beziehung angefangen hatte und deren Kinder sie hütete. Die Ärztin selbst erfuhr nichts davon. Es gelang Katharina, die Dreiecksbeziehung geheimzuhalten; sie ist bis heute mit dieser

Ärztin befreundet. Nach einigen Jahren trennte sie sich von dem Mann, indem sie in einen weit entfernten Stadtteil zog und nicht mehr anrief. Einige Jahre später begann sie ein Verhältnis mit dem Mann ihrer besten Freundin, das sie nach einem Jahr unter heftigen Schuldgefühlen löste; während der Analyse lernte sie wieder einen verheirateten Mann kennen, mit dem sie sich insgeheim traf.

Katharinas Wiederholungszwang ist von einem sehr starken Bedürfnis nach Übersicht und Kontrolle bestimmt. Sie bereitet sich auf die Analysestunde vor, knüpft stets an die letzte Stunde an, gibt zu Beginn eine Art Gliederung: «Ich habe heute zwei Träume, und dann auch noch einen Konflikt mit meinem Chef», ist niemals unpünktlich oder unhöflich. Mein ständiges Problem ist, die Spaltung anzugehen, die zwischen ihrem vernünftigen Ich und ihren Gefühlen besteht, mich nicht mit wohlformulierten Einfällen zu ihren Träumen und Kindheitserinnerungen zufriedenzugeben, nicht hinzunehmen, daß sie vernünftig von ihren ständigen Schuldgefühlen, Minderwertigkeitsängsten, Hemmungen und anderen Unfähigkeiten spricht, sondern die wirklichen Gefühle hinter den verbalen Fassaden in den Dialog einzubeziehen. Ich möchte diese Arbeit an einigen Notizen aus den Analysestunden verdeutlichen.

Analyseprotokoll: «Ich träume, ich will zu Bett gehen, doch da sind halb zerlumpte alte Männer, die mir Angst machen. Ich will sie mit einem Kreuzzeichen vertreiben. Einige verschwinden, zwei aber bleiben. Ich fange an, die Allerheiligenlitanei zu beten und sage Maria Magdalenea für Martha. Die Männer grinsen nur, ich erwache voller Angst . . . Dazu fällt mir ein Buch ein, in dem von möglichen sexuellen Beziehungen von Jesus zu Frauen die Rede war, zu Maria von Bethanien. Maria Magdalena war ja auch eine Hure. Seit ich in die Analyse gehe, hat sich etwas verändert: es macht mir nichts mehr aus, wenn mir jemand beim Klogehen zuschaut. Dazu fällt mir ein anderer Traum ein, wo ich in Griechenland aufs Klo gehe, mitten in einem Wohnzimmer, und eine unheimliche Menge von Zungen von mir gebe. Ich hatte das Gefühl, daß es aus der Scheide kommt, dann war es ein totgeborenes Kind. In der Nacht habe ich dann die Periode gekriegt. Eine

Frau war da, die hat zugesehen, hat gesagt, jetzt tun wir gleich das Kind weg. Ich wollte es erst noch ansehen. Die Zungen gehören doch zum Pfingstfest?»

Kommentar: Die Bindung der unbewußten Phantasie an eine religiös bebilderte Fassung des Ödipus-Komplexes wird in diesem wie anderen Träumen deutlich. Der zerlumpte alte Mann, dem sie als Hure entgegentritt, ist gewissermaßen der Schatten des überaus korrekten, pedantischen Vaters, der seine Zärtlichkeit nur auf sublimiert-sadistische Weise zeigte: Katharinas Gute-Nacht-Ritual war lange Zeit so, daß sie dem Vater den Popo hinstreckte und er ihr einen zärtlichen Klaps darauf gab. Die erste Erinnerung, die in bezug auf den Vater mitgeteilt wurde, sah anders aus. In der Nachkriegszeit hatten die Kinder jeweils zwei Scheiben Brot und etwas Wurst erhalten. Katharina aß die erste Scheibe Brot trocken, um mehr Genuß für die zweite Scheibe zu haben – da nahm ihr der Vater, wegen dieser Orientierung am Lustprinzip entrüstet, die Wurst weg und sagte: wenn du eine Scheibe ohne Aufstrich essen kannst, kannst du auch die zweite so essen. Katharina lernte so, ihre Lust zu verstecken, was ein kennzeichnender Zug ihres Liebeslebens blieb. Die Verweigerung des zärtlichen, gefühlsbestimmten Dialogs führte dazu, daß die sexuellen Phantasien ihre Beziehung zur Wirklichkeit verloren. Auf der einen Seite entstand eine Neigung zur Idealisierung von Männern, die aus der Ferne bewundert wurden; auf der anderen die Angst vor einer intimen Beziehung, welche die frühen Verletzungen wiederbelebt hätte. Vertreter der idealisierten Liebesobjekte im Traum ist Jesus – sie ist seine Frau, wie Maria (Magdalena) von Bethanien, sie gebiert ein Geist-Kind in Form von Zungen und widersteht der Forderung der Mutter, es gleich wegzuschaffen.

Analyseprotokoll: «Ich träume, ich gehe in eine Kirche – sie gibt es wirklich in der Stadt; in der ich aufgewachsen bin –, neben mir ist ein früherer Mitschüler, der aber zwei Meter groß ist. Es ist Messe, und bei der Präfation merke ich beim Aufstehen, daß ich ebenso groß bin wie er. Dann gibt es Kommunion, ich gehe nach vorn, habe aber Angst, mich ganz aufzurichten, sonst könnte ich umfallen. Ich bin dann stehengeblieben. Der Pfarrer gibt mir ein Fünfzig-Pfennig-Stück, ich stecke es in den Mund, es ist geweiht, ich kann es nicht in den Geldbeutel tun. Dazu fällt mir ein, der Mitschüler hieß Münz. Er war so gescheit, daß es mir Angst machte. Es ist wie in der Bibel: Steine statt Brot. Dann hatte ich noch einen Traum: Ich wohne in Ihrem Haus, habe da ein Zimmer. Es ist achteckig und halb unter der Erde, mit einer Bettcouch, vielen Kissen, einem Schreibtisch, Büchern. Sie waren da, mein Bruder und Eva, die Frau meines früheren Freundes Ludwig. Wir aßen Äpfel, Eva wollte aber keinen, weil sie Angst hatte, die reichen nicht für alle. Ich hab erzählt, daß ich einen Film gedreht hab, sammle die Apfelbutzen ein. Sie sind rausgegangen, es soll noch ein Film gezeigt werden, und zwar von Ludwig. Ich bin dagegen, weil ich eifersüchtig bin, daß Ludwig soviel Eindruck auf Sie macht, er hat auch letzten Abend Gulasch in Ihrer Küche gekocht. Es sind noch Töpfe da.»

Kommentar: Die Lösung des Ödipus-Komplexes durch Identifizierung mit der Mutter und die Entwicklung realitätsnaher Phantasien von Beziehungen zu Männern in einem Dialog mit dem Vater ist für Katharina nicht geglückt. Diese Situation führt zu einer Rückkehr der unbewußten Phantasietätigkeit auf oral-kannibalische und anal-sadistische Stufen, verbunden mit Störungen im Idealsystem, die durch die Ausbildung eines fernen Ideal-Geliebten und ständige Selbstzweifel in bezug auf die eigenen Leistungen gekennzeichnet sind. Im Traum wird der bewunderte Mitschüler, mit dessen Größe sich Katharina identifiziert, gleichzeitig als Geldstück, wie eine Hostie, mit dem Mund aufgenommen. Möglicherweise ist auch die Parallele zu dem griechischen Brauch, den Toten eine Münze als Fährgeld für Charon in den Mund zu legen, nicht zufällig: Die oral-idealisierende Form einer Beziehung beruht darauf, daß das bewunderte Objekt verschlungen und damit getötet wird. Der Vater-Priester händigt den Bruder-Geliebten aus, und beide sind tot. Im Alter von zehn bzw. elf Jahren trafen Katharina zwei Schicksalsschläge, die sicher von wesentlichem Einfluß auf ihr Leben waren. Ihr bewunderter älterer Bruder und ihr Vater starben kurz hintereinander. Katharina reagierte auf den Tod des Bruders damit, daß sie sich ganz in sich zurückzog und so wurde wie er. Er hatte sich sehr für

Philosophie interessiert – das zehnjährige Mädchen saß stundenlang im Garten und las Platon. Er wollte Richter werden – Katharina studierte Jura. Das zehnjährige Mädchen, das zurückgezogen im Garten sitzt und einen philosophischen Text liest, weil er eine imaginäre Verbindung zu seinem toten Bruder herstellt, ist für mich ein Bild geworden, das ich vor Augen habe, wenn ich an die Entstehung eines destruktiven Ideals denke. Diese Entwicklung, die im Dialog mit Vater und Mutter sicherlich noch verändert hätte werden können, wurde im Gegenteil dadurch verfestigt, daß ein Jahr später der Vater bei einem Autounfall ums Leben kam. Jetzt blieb Katharina scheinbar gefühllos. Sie weinte nicht und dachte sich, es sei doch eine Erleichterung, daß der strenge, verständnislose Mann gestorben sei. Erst als sie in der Analyse auf diese Szene kam, tauchten die bisher vermiedenen Gefühle wieder auf. Sie berichtete verschämt von ihnen – es sei doch kindisch von ihr, sich nach so langer Zeit derart gehenzulassen und tagelang zu weinen.

Der zweite Traum zeigt, daß die Analysesituation die Familiensituation wiederherstellt. Katharina wohnt bei mir, in einem Zimmer, das reale Merkmale meines im Souterrain gelegenen Therapieraums mit Zügen eines achteckigen Sakralbaus – eines Baptisteriums, das heißt einer mittelalterlichen Taufkirche – verbindet. Dort trifft sie Geschwister, auf die sie eifersüchtig ist, zugleich aber Eva und Ludwig, mit denen sie schon einmal versucht hat, die unbewältigte Kindheitssituation zu wiederholen. Mit Ludwig verband sie eine kurze, heftige Liebschaft, die von beiden Seiten gelöst wurde, als sich Ludwigs Beziehung zu Eva wieder verbesserte und auch Katharina Eva kennenlernte und sich mit ihr anfreundete. Katharina verharrte nun jahrelang in der Situation der verlassenen, im Verzicht Stärke findenden Dritten, die mit Eva und Ludwig Urlaubsreisen machte und Filme begutachtete.

Analyseprotokoll: «Ich habe diese Woche zweimal von Ihnen geträumt, muß viel an den Vater denken, an die Zeit, als er umkam. Ich habe die ganze Zeit geheult und mich geniert, was soll das nach dreißig Jahren! Ich finde mich sentimental und voller Selbstmitleid, ich lasse mich nie mehr auf eine Beziehung ein, wenn ich so grausam verlassen werde. Ich habe geträumt, ich schlafe mit Ihnen in einem Raum, erzähle vom Vater und weine, weil ich davon erzählt habe, als ob es gar nicht meiner wäre – ich kann mich nur dem Gefühl überlassen, wenn ich auf dem Bauch liege. Die Regel ist, daß jeder, der in Analyse ist, eine Nacht bei Ihnen schlafen kann, die arme Frau hat Sie nur am Wochenende. Dann war da noch ein zweiter Traum: Ich gehe nach der Stunde mit Ihnen fort, weil Sie Ihr Kind vom Kindergarten abholen müssen. Sie sind im Traum Mann und Frau zugleich. Sie haben im Kindergarten nach einem Buben gesucht. Es hat mir leid getan, daß andere Frauen ein Kind haben und ich nicht.»

Kommentar: Die Träume sind für Katharina eine wichtige Gelegenheit, Zugang zu ihren Wünschen zu gewinnen. Sie geht mit ihnen in einer sorgfältig angepaßten Weise um, hat schon Einfälle vorbereitet, gewinnt erst schrittweise mehr Mut, spontan neue Wege in ihrer Wunschproduktion zuzulassen. Hinter den ödipalen Wünschen, mit dem Therapeuten zusammen zu schlafen (die sie durch ihre Verallgemeinerung – jeder Klient tut das – und die scheinbare Rücksicht auf die «arme Frau» entschärft), steht die Sehnsucht, eine Beziehung zur frühen Mutter wiederherzustellen, die Mann und Frau zugleich ist.

Analyseprotokoll: «Ich erinnere mich jetzt deutlicher an die Nebelwand zwischen dem Vater und mir. Er hätte mich nie studieren lassen. Ich glaube, es war immer so, daß die Frauen eigentlich die Macht hatten, auch der Vater meiner Mutter war in allen Vereinen, weil er so gut reden konnte, und hatte zu Hause nicht viel zu sagen. Mein eigener Vater stand auf einem Podest als strenge Autorität, aber das Podest hatte Räder, und die Mutter stellte es auf, wo sie wollte.»

Kommentar: Allmählich rückt die Mutter mehr in den Vordergrund. Die Erinnerungen weisen auf die wohlverborgenen Größenideale Katharinas hin, die sie nach außen hin eher als dumm, klein, schwach hinstellt.

Analyseprotokoll: Sie weint, wenn sie daran denkt, wie der Vater sie schlug: Daß er so ungerecht sein konnte! Die Liebe wird in dem Augenblick bewußt, in dem der Gedanke an die Strafe ein Gegengewicht schafft. «Wenn die Mutter mich schlug, habe ich nie einen Ton gesagt. Das hat sie geärgert. Und dann habe ich die Muskeln alle angespannt und den Hintern ganz hart gemacht. So mußten ihr die Hände weh tun, weher als mir. Einmal kriegte sie einen Ischiasanfall, als sie mich auf dem Dach des Hauses schlug. Sie konnte sich nicht mehr rühren. Ich ging dann fort in die Schule. Erst als das Dienstmädchen am Abend die offene Dachbodentür sah, haben sie die Mutter wieder zurückgeholt.»

Kommentar: Die von Strafe und Kritik bestimmte Erziehung führt dazu, daß sich der Körper verhärtet – die Entstehung des «Muskelpanzers» als Symbol für die innere Erstarrung durch ein destruktives Ideal. Die Eltern sollen an Schuldgefühl und Pflichtbewußtsein noch übertroffen und ins Hintertreffen gesetzt werden: Dieses Ziel erlaubt es, den Haß gegen sie zu befriedigen, ohne die Normen zu verletzen. Doch ist es mit dieser seelischen Ausrüstung schwierig, Beziehungen zu bewältigen, in denen es nicht um Anpassung und Leistung, sondern um den Ausdruck von Gefühlen geht. Unter dem Druck verinnerlichter Anpassungsforderungen wird die Wunschproduktion indirekt und sich selbst verborgen: Erfüllung wird nicht durch den Ausdruck emotionaler Bedürfnisse, sondern durch Anpassung an die Forderungen der Idealnorm oder die Wünsche des Partners erwartet. Da dieses Verhalten zu enttäuschenden Folgen führen muß, weil der Partner in der Regel nicht in der Lage ist, die Aufgaben eines idealen Elternteils zu erfüllen, bleibt unter dem Druck des Ideals von Anpassung, Leistung und Kontrolle nur die Möglichkeit, die Beziehung zu manipulieren, etwa durch die Wahl eines bereits gebundenen Partners, durch Selbsteinschränkung in der Form von Schüchternheit, Hemmung, Beziehungen einzugehen, Beziehungsangebote wahrzunehmen, aktiv nach geeigneten Partnern zu suchen. Um dem Gefängnis für die eigenen Gefühle und Wünsche, das eine solche «christliche», an die Erbsünde von Lust und Gefühlsausdruck glaubende Erziehung erbaut, endlich zu entfliehen, wird das Gefängnis verinnerlicht, das Verhalten und die Wunschproduktion kanalisiert. Damit ist Unabhängigkeit von den Eltern gewonnen: Katharina konnte sich über die Versuche der Mutter hinwegsetzen, sie zum Bleiben im elterlichen Haushalt zu bewegen, sie konnte ihr Studium beginnen. Sie war unabhängiger als ihre Schwester, die ihren Versuch, die Eltern auf der Gewissens- und Idealseite zu übertreffen, mit dem Eintritt in ein Kloster beendete.[1]

Analyseprotokoll: «Es geht mir seit Montag gut, aber ich trau mich nicht, mir das zuzugestehen, weil die Vögel, die in der Frühe am hellsten singen, holt am Abend die Katze. Ich hab schon oft gedacht, ich hab den Stein der Weisen gefunden und dann war es ein Kieselstein. – Bausteine könnten Sie finden . . . Sie sagen sich: ich will mich nur dann gut fühlen, wenn es garantiert für immer ist. – Wenn Georg da ist (Katharinas verheirateter Freund, der manchmal für einige Stunden kommt), dann fühle ich mich immer gut. Ich habe geträumt: Es ist Rosenmontag, und ich weiß nicht, ob Stunde ist. Ich will zu Ihnen gehen, Mutter und Schwester wollen mitgehen und lassen sich nicht abschütteln. Ihre Frau kommt an die Tür und sagt, die Stunde wäre später. Wir steigen hoch in ein Zimmer, eine Bauernstube mit Kachelofen und Ecktisch. Eine Schar Kinder ist da, darunter zwei Mädchen und Ihre Frau mit einem Ausschlag. Sie hat Ihren kleinen Sohn dabei. Ich sage ihr, daß der Ausschlag gleich weggehen wird. Die große Tochter ist fünfzehn, sie trägt ein rot-weiß geblümtes Kleid und erwartet ein Kind. Ich wundere mich sehr, daß sie dann so akzeptiert wird.»

Kommentar: Die Unterbrechung der zyklischen Vorgänge, die zerstörerische Wirkung des Ideals vom dauernden Glück, welches nur dauerndes Unglück bewirken kann, wird in dieser Stunde deutlich. Katharina wagt nicht, ihre guten Gefühle wirklich gut zu finden, weil sie ja wieder aufhören können, weil das hieße, sich dem wellenförmigen Auf und Ab der Gefühle anzuvertrauen, ein Stück Kontrolle aufzugeben. Doch erschließt sie

1 Die Suche nach den idealen Eltern ist häufig ein Stück der sicher sehr komplexen Motive, in ein Kloster, einen Orden oder eine andere Institution einzutreten, die starken Einfluß auf das persönliche Leben nimmt (etwa auch Militär, Polizei). In einem Fall, den mir eine Kollegin (die Musiktherapeutin Renate Lemb) als typisch schilderte, schrieb ein eben ins Kloster eingetretenes Mädchen ihren Eltern ständig Briefe, in denen sie diese zu einem besseren Lebenswandel mit häufigerem Beten aufforderte.

allmählich neue Erlebnismöglichkeiten: Sie kann ganz bei ihrem Freund sein, nicht mehr – wie in ihren früheren Beziehungen – durch Schuldgefühle eingeschränkt. In der Phantasie baut sie die Familie des Therapeuten zu einer Ersatz-Familie aus, in der sie bald mütterliche, bald kindliche Rollen übernimmt.

Analyseprotokoll: Sie hat Angst vor dem Wunsch, ein Foto von mir zu machen. Sie schaut mein Bild in einem Buch an und erinnert sich, während sie davon erzählt, wie ihr als Kind verboten wurde, in den Spiegel zu schauen. Es fällt ihr ein: «Du sollst dir kein Bild von deinem Herrn und Gott machen.» Sie will mir das Mammut schenken.

Kommentar: Neben den Hinweisen auf eine «Übertragungsneurose» (Katharina bezieht die Familie des Therapeuten in ihre Familie ein, träumt davon, mit dem Therapeuten zu schlafen, mit ihm Kinder zu haben usw.) sind die Merkmale einer narzißtischen, idealisierten Beziehung unverkennbar. Ihr Spiegelbild ist gleichzeitig ein Bild, und umgekehrt: Katharina erlebt den kindlichen Wunsch, bestätigend angeblickt zu werden, das eigene Spiegelbild annehmen zu können, in einer «Spiegelübertragung» auf mich. Zugleich empfindet sie mütterliche Gefühle. Sie will mir das Spielzeugtier, von dem ich in einem Buch geschrieben habe[1], wieder beschaffen. Dahinter steht auch der Wunsch, von mir selbst wie dieses Tier geliebt zu werden. Die Beziehungen zwischen dem «Übergangsobjekt»[2] und dem idealen Geliebten sind ohnedies eng. Beide setzen den Wunschproduktionen keinen Widerstand entgegen, stellen keine eigenen Ansprüche, hüllen das Selbst in einen warmen Mantel umfassender Bestätigung, die keine eigene Aktivität verlangt und es gestattet, den Liebespartner wegzulegen, wenn er nicht mehr gebraucht wird. Viele Partnerkonflikte entstehen aus diesem Wunsch, eine(n) Geliebte(n) zu finden, die ähnlich anspruchslos, gefügig, kontrollierbar ist wie die Kuscheldecke oder der Teddybär.

1 W. Schmidbauer, Die hilflosen Helfer, Reinbek 1977, S. 188.

2 D. W. Winnicott versteht darunter Gegenstände, nach denen Säuglinge und Kleinkinder gewissermaßen süchtig werden, zum Beispiel ein Stofftier oder eine Decke. Vgl. D. W. Winnicott, Von der Kinderheilkunde zur Psychoanalyse, München 1976, S. 293 f.

Analyseprotokoll: «Im Traum war ich im alten Badezimmer in unserem Haus, wo die ganzen Vorräte in Weckgläsern standen. Auf dem Stuhl saß ein Tier, halb Wolf, halb Bär. Es schaute freundlich, und ich setzte mich ihm auf den Schoß. Wir umarmten uns, ich legte den Kopf auf seine Schulter, es war ein wortloses Einverständnis. Ich habe es aber vermieden, seine Genitalien und seine Schnauze zu berühren ... Ich hab schon mal früher von Tieren geträumt, von einer Katze. Als ich nach Hause ging, lag sie in der Sonne. Meine Schwester erzählte mir, diese Mieze hätte einen festen Freund und einen alten Kater, neben den sie sich oft legt ... Ich habe ständig Schuldgefühle. Ich arbeite nicht genug und mach nichts Gutes, ich bin nicht aktiv genug in meiner Freizeit, ich erfülle meine Pflicht nicht, ich kann mich den Autoritäten gegenüber nicht richtig durchsetzen. Wenn ich Wein trinke oder onaniere, habe ich immer Schuldgefühle. Und weil ich fünf Pfund gegenüber meinem Idealgewicht zugenommen habe, fühle ich mich auch schuldig ... Als mir mein Verlobter ein Ehebuch schenkte, in dem immer vom Mysterium der Ehe die Rede war, habe ich nur Martyrium der Ehe gelesen. Bei Selbstbefriedigung habe ich das Gefühl, es ist eine Perversion.»

Kommentar: Die Traumbilder weisen auf die ödipalen Sehnsüchte hin – die Zärtlichkeit dem Bären gegenüber, der auch ein Wolf ist (eine Anspielung auf den Vornamen des Therapeuten). Die Belebung der Wunschproduktion steigert auch das Schuldgefühl, das jede Abweichung von einem fiktiven Idealzustand kritisiert, aber auch Sicherheit und Geborgenheit bietet, weil das erlebende Ich vollständig von ihm eingeschlossen ist. Wer sich so ständig mit Schuldgefühlen und Skrupeln plagt, hält ein Größenideal aufrecht, das er zwar nicht verkörpert, aber doch besitzt, auch wenn es sich nur als Selbstkritik bemerkbar macht. Katharina schildert ihre Schuldgefühle nicht mit einem Ton wirklichen Leidens, sondern gereizt, wie eine Anklage gegen die Umwelt, die ihr den erwünschten Lohn vorenthält.

Analyseprotokoll: «Ich habe ein ungutes Gefühl, wenn ich aus dem warmen Bett mit Georg in die Stunde komme. Auf einmal mußte ich weinen, weil ich dachte, der Georg ruft auf einmal nicht mehr an, und ich kann ihn nicht anrufen, weil er verheiratet ist.

Dann hat es mich sehr berührt, daß der Papst gestorben ist. Es läßt mich an der Vorsehung zweifeln, daß die Kardinäle unter Beistand des Heiligen Geistes jemand wählen, der ihnen dann unter den Händen stirbt.»

Kommentar: Diese Einfälle zeigen wieder, wie der fehlende Vater im Wiederholungszwang zugleich gesucht und vermieden wird. Aus Angst vor dem Verlust des idealisierten Liebespartners wird von Anfang an nur der bereits Verlorene, der nie ganz erreichbare Partner geliebt – die verheirateten Freunde, der Analytiker-«Papst». Vermieden wird auch die Hingabe an ein zyklisches Gefühl, welches das Selbst ganz ausfüllt und sich verändert. Erstrebt wird ein kontrollierbarer, fester Dauerzustand, der vorherberechnet werden kann. Doch gerade dieses Streben, den Ausgang zu kontrollieren, schafft unkontrollierbare, bedrohliche Situationen: die Beziehung, die ständig überwacht werden muß, weil sie ja abreißen kann, vermag nie Sicherheit zu geben. Sicherheit wird in eben jenen zwanghaften Überlegungen gesucht, welche letztlich unsicher machen. Das Ideal der bewußten Kontrolle, der «Heilige Geist»[1], führt sich endlich selbst ad absurdum. Der Tod des Vaters darf nie wieder passieren, und deshalb wird er von Katharina immer wieder heraufbeschworen und inszeniert.

Analyseprotokoll: «Ich bin in einem Bauernhaus und spüle Geschirr. Sie kommen herein und fragen, ob ich spazierengehen mag. Sie nehmen mich bei der Hand und legen Ihren Kopf an meinen. Ich wollte Ihnen einen Kuß geben und habe mich nicht getraut. Sie haben gefragt, ob mir das unangenehm sei – ich sagte nein – und weshalb ich in der Analyse so stocksteif sei und alles Angenehme draußen lasse. Ich nehme Sie bei der Hand und zeige Ihnen die Plätze, wo ich mich als Kind wohl gefühlt habe. Darunter ist das Zimmer, in dem ich gezeugt und geboren wurde. Sie sagen: Da kann man schon leben.»

1 Der Anspruch, der Heilige Geist hätte es ja besser wissen müssen, enthält einen Widerspruch zu den Aussagen über das Pfingstwunder, zu dem numinosen Charakter der mystischen Be-Geisterung und eine ironische Karikatur der Unfehlbarkeits-Dogmatik katholischer Theologie, die ebenfalls unter dem Blickwinkel von Ideal und Destruktion betrachtet werden kann.

Kommentar: Hier wird deutlich, daß die geduldige Arbeit an der Übertragung Früchte trägt. Es fällt Katharina auf, daß sie ihre erfüllbaren Wünsche aus dem Dialog ausklammert und die inneren Bausteine kindlichen Friedens, die ihr realitätsbezogenes Selbstgefühl untermauern könnten, zugunsten des «Steins der Weisen» vernachlässigt. Sie verändert ihre bisherige Haltung, durch Selbstanklagen und Verharren in Passivität erlösende Aktivität des Therapeuten magisch zu erwirken, sondern fängt an, den Therapeuten aktiv in ihre innere Welt einzubeziehen, ihn in ihr herumzuführen. Natürlich sind deutliche Reste von Hemmung und Passivität auch in diesem Traum zu beobachten («Ich wollte Ihnen einen Kuß geben und habe mich nicht getraut«). Mit diesem Traum soll der Bericht über Katharina abgeschlossen werden.

Die Feuerprobe

Der Umgang mit Aggression ist die Feuerprobe jeder Psychotherapie, im weiteren Sinn wohl auch jeder Veränderung individuellen und kollektiven menschlichen Verhaltens, jeder politischen Bewegung wie jeder auf seelische Nähe und Dauerhaftigkeit hin bezogenen Beziehung. Es ist keine Willkür, diese Dinge hier nebeneinander zu nennen. Vielleicht wird nur unter diesem Blickpunkt deutlich, wie weitreichend das Aggressionsproblem ist und wie bescheiden unsere Mittel, damit umzugehen. Das nicht in die zyklischen Lebensvorgänge eingebundene Ideal ist eine ständige Quelle von Wut, die nach Abfuhr drängt, eine Wut, die sich aus Enttäuschungen ergibt, welche notwendig und unausweichlich eintreten müssen. Die Folge dieser Wut ist nicht etwa die kritische Überprüfung und Veränderung des Ideals, sondern eine weitgehende Hemmung und Lähmung der zyklischen, emotionalen Wunschproduktion. Die Wut richtet sich nicht gegen abgrenzbare, durch gezielte Arbeit auch veränderbare Teilstücke der Umwelt. Sie wendet sich gegen die gesamte Realität – oder doch gegen so umfassende, feststehende Teile von ihr, daß gezieltes

Handeln unmöglich scheint. Damit wiederholt sich die Kindheitssituation des einfühlungsarm erzogenen Kindes, das einerseits seine Bezugspersonen braucht, um einen Rest Sicherheit zu behalten, und sie andererseits am liebsten zerstören würde, weil sie ihm in so vielen Bereichen Schutz und Wärme versagen.

Für die Bewältigung dieser Situation ist wichtig, daß die Bezugspersonen fähig sind, die Wut des Kindes zu ertragen, wenn dieses eine der zahlreichen, unausweichlichen Versagungen zu verarbeiten hat, welche die Wirklichkeit jedem Lebewesen auferlegt, das idealisierte Vorstellungen über seine eigenen Ziele entwickeln kann. Gerade in diesem Punkt versagt sehr häufig die Einfühlung der Erwachsenen. Je mehr Anlaß zu Wut und Enttäuschung sie dem Kind geben, desto weniger sind sie in der Lage, diese Wut zuzulassen und anzunehmen. So wird aus einer zumutbaren Versagung, die einen Entwicklungsanreiz darstellt, eine unzumutbare, welche die Entwicklung behindert. Das Kind erfährt dann, daß seine Wut etwas Schreckliches ist, das nicht angenommen werden kann. Es erreicht keine gefühlshafte Sicherheit, daß seine Wut eine zyklische Äußerung ist wie andere Affekte auch, daß sie – einfühlend wahrgenommen – alsbald wieder abschwillt, so bedrohlich sie zunächst auch angeschwollen sein mag. Wenn das Kind diese Sicherheit im Dialog mit seinen Vertrauten nicht gewinnen kann, wird es andere Mittel und Wege finden müssen, mit seiner Wut umzugehen. Andererseits werden die Erwachsenen, welche die Wut am liebsten aus der Welt schaffen möchten, versuchen, auch diese Wege zu verschließen.

Mein Großvater war Jurist, ein pedantisch gerechter Mann, der zu Wutausbrüchen neigte, wenn er sein Recht verletzt glaubte. Er erzog seine drei Töchter «streng, aber gerecht». Von diesem Großvater und meiner Tante, der älteren Schwester meiner Mutter, wurde folgende Geschichte erzählt: Als drei Jahre nach ihr meine Mutter geboren wurde, legte Maria eines Tages das große Vorschneidemesser in den Regen hinaus. Als sie gefragt wurde, warum sie das tue, erklärte sie: «Ich warte jetzt, bis das Messer rostig wird. Dann schneide ich damit das Boppele (das Baby), und dann kriegt es Blutvergiftung und stirbt!» Mein Großvater reagierte darauf mit heftigem Schreck, strafte streng und hielt Maria immer wieder vor, wie heimtückisch ihre Tat sei, die den Vorsatz zu einem arglistigen Mord enthalte. Von Maria ist zu berichten, daß sie später überzeugte Nationalsozialistin wurde und nach 1945 wieder zur frommen Katholikin, daß sie einmal wegen einer Wahn-Erkrankung längere Zeit in einer Nervenklinik zubrachte und dort – wie es zu ihren Versündigungsphantasien nur zu bitter paßte – mit Elektroschocks behandelt wurde. Sie war eine sehr tüchtige und beliebte Lehrerin, und sie starb im Jahr ihrer Pensionierung an einem bösartigen, längere Zeit unentdeckten Tumor.

Solche Geschichten, die als humorvolle Familienanekdote über die kriminelle Energie eines kleinen Mädchens überliefert werden, ergeben viele Hinweise über familiären Umgang mit Wut und Aggression. Maria konnte ihre Kränkung über die hinzugekommene Rivalin, ihren Haß und ihre Eifersucht schon nicht mehr offen äußern – sie war bereits «zu gut erzogen». Daher beschritt sie diesen indirekten Weg, der ihr nun aber nicht als Beweis ihrer Anpassung und Originalität bestätigt, sondern wiederum zum Ausdruck ihrer verbrecherischen Leidenschaft gemacht wurde. Für ein dreijähriges Mädchen ist die Verbindung zwischen der drohenden Blutvergiftung durch rostige Messer und der ersehnten Beseitigung ihrer Rivalin ein schöpferischer Einfall, die kreative Lösung einer Situation, in der unmittelbarer Ausdruck von Wut, offener Messerkampf, längst der Verdrängung zum Opfer gefallen sind. Zyklisch durchlebt, hätte auch diese Phantasie – über die Maria in ihrer naiven Erklärung ja einen Dialog aufzunehmen versuchte – ein Stück der Wut bewältigen helfen, Platz freigemacht für die sicherlich neben ihr bestehenden zärtlichen Gefühle der Schwester gegenüber. Doch wurde dieser Ablauf durch die Unfähigkeit des jähzornigen Vaters, mit seinen eigenen Aggressionen umzugehen, störend unterbrochen. Was das Kind als Ausdruck seiner Gefügigkeit, seines Entgegenkommens beabsichtigt hatte – den Verzicht auf unmittelbar gefühlshaften Ausdruck seiner Wut und die Ersatzbildung einer indirekten Äußerung –, wurde ihm als Beispiel seiner sündhaften, verbrecherischen Eigenheit ausgelegt.

Ähnlich geschieht es oft. Doch ist Unterdrückung der kindlichen Wut, durch die sie ihren zyklischen Charakter verliert, nur eine Facette in diesem Geschehen. Eine andere ist es, wenn die Erwachsenen, mit denen das Kind umgeht, selbst nicht in der Lage sind, einfühlsam mit ihrer eigenen Wut umzugehen. Das heißt in diesem Fall: Ihr Dialog reißt ab, wenn sie wütend sind. Sie nehmen dann nur noch sich selbst und ihr narzißtisches Bild von einer widerspenstigen Wirklichkeit wahr, nicht mehr einen Gesprächspartner, mit dem sie sich (auch über ihre Wut) verständigen können. Die Eltern von Kindern, die nur wenige Ausdrucksmöglichkeiten für ihre durch ein destruktives Ideal gesammelte und gestaute Wut haben, können sowohl besonders aggressionsgehemmt wie auch besonders jähzornig gewesen sein. In jedem Fall hatte das Kind wenig Gelegenheit, realitätsgerechte Formen der Äußerung von Wut und Enttäuschung, Kränkung, Zorn und Aggression im Dialog mit einfühlsam ihm zugewandten Erwachsenen auszubilden.

Welche Möglichkeiten gibt es nun, mit der narzißtischen Wut umzugehen, die dauernd entstehen muß, wenn ein destruktives Ideal die möglichen Befriedigungen durch die Wirklichkeit zerstört? Diese Aggression ist wenig zielgerichtet, auf Beseitigung einer als Teil des erweiterten Selbst aufgefaßten, widerspenstigen Wirklichkeit ausgerichtet. Daher scheint eine Abfuhr in realitätsorientierte Handlungen nicht möglich. Ein Beispiel dieser Handlungen wäre die Trennung, etwa von einem Partner, der enttäuscht, von einer Arbeitssituation, die ständige Versagungen enthält. Ein anderes Beispiel wäre die klare, für den Gesprächspartner in konkretes Verhalten umsetzbare, durchaus zornig und mit Nachdruck vorgetragene Kritik. Solche Verhaltensweisen sind nicht verfügbar, wenn die Ziele durch ein destruktives Ideal vorgegeben und damit in der augenblicklichen Realität des Betroffenen nicht mit den von ihm angewendeten Mitteln erreichbar sind.

Die Wut kann beispielsweise nicht in eine Trennung umgesetzt werden, auch nicht in eine abgegrenzte Kritik, weil sie einen Idealanspruch ausdrückt, der zu umfassend dafür ist. Der enttäuschende Partner kann nicht losgelassen werden, weil die Enttäuschung das Selbstgefühl des Enttäuschten so sehr getroffen hat, daß er sich zu einer neuen Beziehung nicht in der Lage fühlt. Diese Trennungsangst hängt auch damit zusammen, daß es für einen Menschen, der einen prallgefüllten Speicher narzißtischer Wut in sich trägt, fast unmöglich ist, vertrauensvolle Beziehungen zu anderen Menschen aufzubauen. Er scheut sich schon vor den kleinsten Äußerungen seiner Haßgefühle, weil er in allen Menschen, mit denen er umgeht, denselben Speicher voller Groll erwartet.

Der projektive, die Aggression aus dem eigenen Selbst herausverlegende Umgang mit der Wut lähmt den Dialog und damit die wichtigste Abfuhrmöglichkeit. «Ich kann mich nicht öffnen, weil der andere ja nur darauf wartet, mir eine hereinzuwürgen», wäre der Gesprächsausdruck für diese projizierte Wut. Um diese Hinausverlegung besser kontrollierbar zu machen, sie gewissermaßen heimzuholen ins Reich der eigenen Phantasie, wird die nach außen verlegte, von anderen erwartete haßerfüllte Kritik nicht selten in Selbsthaß und Selbstkritik umgesetzt. Diese Vorgehensweise bringt Vorteile mit sich, die freilich teuer erkauft sind. Die nur drohende, unvorbereitet und passiv erwartete Kritik wird aktiv vorweggenommen und dadurch besser kontrollierbar. Der feindselig phantasierte Partner kann möglicherweise durch die Vorwegnahme seiner Kritik versöhnt, zu Versicherungen seines Wohlwollens verlockt werden. Sonderlich vertrauenswürdig sind diese freilich nicht, im Gegenteil. Ein untergründiger Groll gegen ihn wird verstärkt, denn hat er nicht durch seine Feindseligkeit (die tatsächlich in ihn projiziert wurde) das Selbst zu dieser Erniedrigung in Demut und Selbstzweifel gezwungen?

Sehr häufig sind diese Mechanismen gar nicht mehr so ausgestaltet, daß sie dem Verständnis der Beteiligten zugänglich gemacht werden können. Die Folge sind jene Zustände, die mit einem treffenden griechischen Wort «melancholisch» genannt werden. Die gelbe Galle des Zornmütigen ist durch eine körperliche Veränderung in zähflüssige schwarze Galle umgewandelt worden. Erwin Panofsky[1] hat nachgewiesen, daß in vielen Kunst-

1 E. Panofsky, Studies in Iconography, New York 1964.

werken der Renaissance – vor allem in den Gestalten Michelangelos, die auch Freud so tief beeindruckt haben, wie der *‹Moses›* und die *‹Gefangenen›* – eine Auffassung der Melancholie mitschwingt, in der ein Zustand niedergedrückter Stimmung zu den Voraussetzungen künstlerischer und philosophischer Kreativität gehört. Ich sehe einen Zusammenhang zwischen dieser Auffassung und der hohen Wertschätzung Platons zur damaligen Zeit: die kreative Bewältigung eines hohen Ideals und seine Wendung ins Zerstörerische liegen oft dicht nebeneinander. Zu der Körper gewordenen Schwermut, welche Michelangelos Statuen auszeichnet, paßt die bis heute ungeklärte Frage nach der «endogenen» Depression, nach einer krankhaften Trauer, die sprachlos geworden ist und eintritt wie ein körperliches Leiden. Freilich lassen sich durch geduldige Suche oft ihre seelischen Bedingungen ermitteln. Obwohl ich wie wohl viele andere Psychotherapeuten einige Fälle vorgeblich endogener Melancholie kenne, die nach ihrer Besserung durch eine psychologische Behandlung von den Nervenärzten rasch als reaktiv eingestuft wurden, halte ich die Theorie von der Endogeneität solcher Nervenkrankheiten für symbolisch bedeutsam.

Sie besagt, daß die mit der Ordnung dieser Leiden von der Gesellschaft beauftragten Spezialisten – die Nervenärzte – bei bestimmten schweren Formen der chronischen Trauer und Lähmung nicht mehr daran glauben, daß hier ein seelisches Geschehen vorliegt. Sie vermuten einen lähmenden Verarmungsprozeß, der sich im Gehirn abspielt und das gesamte System der Lebensnerven in Mitleidenschaft zieht – die körperlich nachweisbaren Seiten der zyklischen Lebensvorgänge von Lust und Schmerz, Wut und Freude, Schlaf und Wachen, Nahrungsaufnahme und Nahrungsausscheidung. Der schwer Depressive schläft schlecht, verdaut schlecht, klagt über Atem- und Herzbeschwerden. Es liegt nahe, in diesen Erscheinungen die Körper gewordene Folgen der durch ein destruktives Ideal entstandenen, ohne Abfuhrmöglichkeiten eingesperrten Wut zu sehen.

Den Zusammenhang zwischen destruktiver Idealbildung, Verlust des Dialogs, Beziehungslosigkeit, Depression und Körper gewordener Wut zeigt eine Krankengeschichte, die zugleich ein Stück Literatur ist: Fritz Zorns Autobiographie *‹Mars›*.

Der totale Krieg

Das Schlimme war, daß die Welt, in der ich aufwuchs, keine unvollkommene Welt sein durfte und daß ihre Harmonie und Vollkommenheit obligatorisch waren. Ich durfte es nicht merken, daß die Welt nicht vollkommen war; das Hauptziel meiner Erziehung war sicher darin zu suchen, daß es eben den Moment unmöglich zu machen trachtete, in dem ich mir gesagt hätte: Halt!, denn ich war dazu erzogen worden, es nicht zu merken.

Fritz Zorn[1]

«Ich erkläre mich als im Zustand des totalen Krieges», schließt Fritz Zorn seine Aufzeichnungen, schwer krank. Der angriffslustige Ton, die Erkenntnis, daß flammender Haß sein Motiv ist, noch zu leben und zu schreiben, stehen in auffälligem, aber zutiefst verständlichem Gegensatz zu der Welt seiner Kindheit, in der Harmonie um jeden Preis aufrechterhalten werden mußte. Das destruktive Ideal, dem er nachgelebt hat, tritt in einer nur wenig abgewandelten Größenphantasie am Ende als Gott selbst entgegen. Er wird mit dem Gefühl identifiziert, von etwas Feindlichem mit zahllosen Fangarmen umfaßt zu werden, er ist das Bürgerliche, Ruhige, Zürcherische der Eltern. «Die Hamletfrage, die mein Elternhaus bedrohte, lautete: Harmonie oder Nichtsein.»[2] Alles mußte geregelt, überlegen, geordnet, konservativ sein. Gefühlsäußerungen unmittelbarer Art waren nicht verboten, sie waren einfach unmöglich. Als Sohn reicher Eltern an der «Goldküste» des Zürichsees spürte Fritz Zorn von Kindheit an den Zwang zur Überlegenheit, zur Erhaltung des von den Vorfahren erkämpften und um jeden Preis zu bewahrenden materiellen Vorsprungs, der die wirtschaftliche Grundlage des Sperrmechanismus destruktiver Ideale ist.

Da Macht, Geltung, Reichtum in einer Konkurrenz erhalten und bewahrt werden müssen, können die Besitzenden sich nicht immer wieder den zyklischen (und buchstäblich «revolutionä-

1 F. Zorn, Mars, München 1977, S. 42.
2 Ebd., S. 28.

ren») Lebensvorgängen anheimfallen lassen. Sie müssen linear funktionierende Regelmechanismen aufbauen, die wie das destruktive Ideal einen stets gleichbleibenden Zustand gewährleisten sollen. Wo einmal gewonnene Privilegien erhalten werden müssen, droht die Gefahr, daß die kindliche Nähe zu den Lebensvorgängen, zur Auflösung erstarrter Formen und zum daraus gewonnenen Wachstum so gefährlich erscheint, daß alle Ansätze zur Spontaneität erstickt werden müssen. Fritz Zorn verbindet diese Situation mit dem Christentum (genauer wäre: mit dem Monotheismus, welcher die aggressivsten und erfolgreichsten Hochkulturen beherrscht und sicher auch Inhalte wie Verwirklichungsformen des Marxismus, der Psychoanalyse und anderer wichtiger Ideologien mitbestimmt): «Nur die christliche Religion faßt ihren Gott ... als universell und ewig auf und will durchaus keine neuen Götter heranlassen. Eine solche Haltung bezeichne ich als antirevolutionär und reaktionär. Ich glaube, das ist das Schlechte an der christlichen Religion, daß sie durchaus die beste von allen sein will ... Die anderen Religionen zeigen, daß alle Götter irgendwann einmal sterben und durch neue Götter ersetzt werden; nur der christliche Gott will nicht sterben und keinen neuen und besseren heranlassen.»[1]

Die Verweigerung der Kommunikation über aggressive Gefühle, die bereits als Voraussetzung der zerstörerischen Verkörperlichung von Wut und Kränkung beschrieben wurde, wird in Fritz Zorns Kindheitserinnerungen überaus deutlich. «Einer der beliebtesten Helfer in der Not ... war in meiner Familie das ‹Schwierige›. ‹Schwierig› war das Zauber- und Schlüsselwort, um alle offenstehenden Probleme hintanzustellen und somit alles Störende und Unharmonische aus unserer heilen Welt auszusperren. Wenn sich bei uns zu Hause, etwa im Gespräch am Familientisch, eine heikle Frage einzuschleichen drohte, so hieß es sogleich, die Sache sei halt ‹schwierig› ... Man brauchte bloß dahin-

1 F. Zorn, Mars, S. 221. – Ich habe schon früher vermutet, daß Monotheismus, Intoleranz und eine kulturelle Evolution zu besonders aggressiven Gesellschaftsformen zusammenhängen. Vgl. W. Schmidbauer, Die sogenannte Aggression, Hamburg 1973.

terzukommen, daß eine Sache ‹schwierig› war, und schon war sie tabu . . . Zu den ‹schwierigen› Dingen gehörten aber fast alle menschlichen Beziehungen, die Politik, die Religion, das Geld und selbstverständlich die Sexualität.»[1] Das Kind lernt in dieser Situation, Ehrfurcht vor der scheinbaren Gründlichkeit der Eltern zu haben, ihre Neigung, Entscheidungen aufzuschieben, Konflikte zu vermeiden, als Ausdruck von Würde und Überlegenheit anzuerkennen. Spontaneität, unmittelbarer Gefühlsausdruck, Konflikte und Streitigkeiten sind in einer solchen Situation buchstäblich «unmöglich». Das Kind kann nicht damit rechnen, wahrgenommen zu werden, wenn es sich so verhält, wie es seinem zyklischen Erleben entspricht. Das ganze Familienleben ist vom Ideal des «Richtigen» beherrscht, wobei Abweichungen nicht unmittelbar bestraft, sondern durch subtile Mechanismen wie Ironie verhindert werden. Besucher werden dadurch stigmatisiert, daß sie mit übertriebenem Respekt und einer Inflation von Höflichkeiten behandelt werden, die gerade dadurch jeden Wert einbüßt. «Meine arme Mutter pflegte dem Briefträger etwa zu sagen, es sei ‹herrlich›, ‹großartig›, ‹wunderbar›, daß er die Zeitung gebracht habe . . .»[2]

Die Einsamkeit des Schülers und Studenten, die Unfähigkeit, Kontakt zu finden, Gefühle offen auszudrücken, Wünsche zu haben, die sich unmittelbar auf andere Menschen beziehen, werden vorgegeben durch die Unfähigkeit der Eltern, aus dem engen, geschützten Bereich ihrer Pseudoharmonie herauszutreten. Die Familie Zorn ist durch eine undurchdringliche, wenngleich elastische und durchsichtige Wand von allen anderen Menschen abgetrennt. Das Ideal, welches die eigene emotionale Spontaneität unterdrückt, schafft eine trügerische Überlegenheit, die Isolation und nach innen gerichtete Aggression mit sich bringt. Der Zwang, sich besser zu dünken als andere Menschen, beraubt den Betroffenen eben dieser Menschen als Ziel seiner expressiven, emotionalen Aktivität. Zorn hat sehr anschaulich die verzweifelte Situation seiner Studentenzeit beschrieben, als er jeden Abend

1 F. Zorn, Mars, München 1976, S. 34.
2 Ebd., S. 48.

stundenlang im Lichthof der Universität saß, äußerlich ein blasierter, überlegener Kaffeetrinker, innerlich vereinsamt, unsicher, voller ängstlicher Erwartung, ob nicht ein anderer Student, ein Bekannter, ihn dadurch aus dieser Lage befreit, daß er ihn anspricht, ihn zum Ziel seiner emotionalen Aktivität macht. Die anderen Menschen sind eben weniger richtig, weniger vollkommen, sie geben sich ständig Blößen, tun Dinge, die etwas lächerlich sind, hatten nicht gemerkt, daß alles «schwierig» ist, daß eine eigene Meinung oberflächlich und primitiv ist. «Die Welt der nicht ganz ‹Richtigen› war unser Theater, und wir waren die Zuschauer, denn wir taten ja nichts, wir sahen immer bloß zu.»[1]

Zorn erkennt sehr scharfsichtig die Nähe dieses Ideals zur Zerstörung, zum Tod. Die Lächerlichkeit der «nicht ganz Richtigen» ist die Lächerlichkeit des Lebens gegenüber dem Tod, des Etwas gegenüber dem Nichts: Nur der Nichthandelnde gibt sich überhaupt keine Blöße, der Handelnde hingegen entblößt sich, geht ein Risiko ein. Der Zyniker lächelt über die Gefühle seiner Mitmenschen, weil er selbst keine hat, weil er nicht fähig ist, ganz in einem Augenblick seines Lebens aufzugehen und daher die Vergänglichkeit und Vorläufigkeit jedes zyklischen Geschehens kritisieren kann. Diese Kritik kehrt sich freilich gegen ihn selbst und lähmt jede Spontaneität. Sie führt zu einem Teufelskreis: «Da ich die Menschen auf der Straße nur musterte, und zwar eher kritisch und von oben herab als mit Sympathie musterte, nahm ich automatisch an, daß sie mit mir ebenso verfuhren. Jedesmal wenn mir jemand nachsah, war es für mich selbstverständlich, daß er mir mit Kritik und Tadel nachblickte und daß er an mir etwas auszusetzen hatte.»[2]

Noch ein anderer Aspekt des destruktiven Ideals wird von Fritz Zorn sehr treffend beschrieben: Das «Noch nicht–Nicht mehr»-Prinzip. Es ist neben dem Lustprinzip und dem Realitätsprinzip das dritte, dem zerstörerisch gewordenen Ideal zugeordnete Prinzip. Die Mitte fehlt, das Hier und Jetzt; es wird auf die Zukunft hin gelebt oder von der Vergangenheit her. Aus dem

1 F. Zorn, Mars, München 1976, S. 53.
2 F. Zorn, Mars, München 1976, S. 57.

unwissenden, asexuellen Kind wird in der Zornschen Familie übergangslos ein abgeklärter, «vernünftiger», asexueller Erwachsener. War es erst «noch nicht» an der Zeit, sexuelle Wünsche zu haben, so ist es schon im Studentenleben «nicht mehr» an der Zeit: Aus dem Kind wird gleich ein Greis, aus dem Jungen ein verschrobener Junggeselle, ein Sonderling, der nur seiner Wissenschaft lebt.

Das Bild, welches Zorn nach dem Beginn seiner Psychotherapie von sich zeichnet, zeigt die Übertragung des zerstörerischen Ideals auf diese neue Ebene seines Selbstbilds. Er findet keine Erleichterung, sondern eine veränderte Belastung. Er sieht sein ganzes bisheriges Leben zertrümmert – genauer gesagt: die Illusionen, ein lässiger, problemloser Typ zu sein, dem allenfalls keine Beziehung zu einer Frau geraten will. Der Bericht läßt sich als Versuch verstehen, den Allmachtsanspruch des destruktiven Ideals zu wahren und selbst noch in der Rebellion gegen die distanzierte, kühle, großbürgerliche Vollkommenheit geschliffen und perfekt zu sein. Es treten keine fühlenden Menschen auf außer dem Autor. Er betritt die Bühne für einen großartigen Monolog, und verläßt sie nicht: er stirbt auf ihr. Die «armen Eltern», der Psychotherapeut, die Freunde, die Sexualität erscheinen nicht wirklich, sondern geben Stichworte aus den Kulissen.

Das hängt wohl damit zusammen, daß jede schwere Krankheit dazu führt, daß die Libido von der Umwelt abgezogen und vermehrt im eigenen Selbst gesammelt wird. Doch was unausweichlich deutlich wird, ist der Zusammenhang zwischen Passivität und Wut. Der angepaßte Sohn aus reichem Haus, der in allem so gefügig war, ist am Ende ganz und gar «Zorn» – das Pseudonym ist treffend gewählt. «Ich möchte meine Tragödie so definieren, daß ich in meinem Leben all das nicht sein und verkörpern konnte, was mir als das einzig Lebenswerte erschien, weil offenbar in meinem Leben nicht mein Wille und meine Gefühle und mein Ich die Hauptsache gewesen sind, sondern immer nur das Erbe der anderen in mir: nicht was ich wollte ist geschehen, sondern was meine Eltern in mich gelegt haben. So haben zum Beispiel meine Eltern in mich gelegt, daß die Sexualität bei mir nicht stattfindet, obwohl in dem Teil meines Ichs, den ich als ‹ich selbst› bezeichnen möchte, die Sexualität der höchste aller Werte ist.»[1] Der Vollkommenheitsanspruch, die Trennung in einen «guten» und einen «schlechten» Teil des Selbst sind in dem radikalen Widerspruch erhalten geblieben. Zorn stellt sich als Opfer dar, wobei der «schlechte» Teil seiner Erziehung, dem passiv Empfangenen, zugeschrieben wird, der gute dem kleinen Rest eigener Aktivität. Daß ihm diese Erziehung auch viele gute und nützliche Dinge vermittelt hat, bleibt ebenso unbeachtet wie die eigenen Aktivitäten, mit denen er an seinem Leiden festhält, seine Möglichkeiten weiterhin zerstört, den destruktiven Vollkommenheitsanspruch in seiner Psychotherapie, in seinem Kampf gegen den Krebs, gegen seine bürgerlichen Ideale fortsetzt. Wesentlich ist auch die Gegenüberstellung von totalem Sexualverbot, das den Eltern zur Last gelegt wird, und totaler Sexualüberschätzung, die als eigenes Ideal aufgefaßt wird. Diese Gegenüberstellungen sind ein wesentliches Stück der Erscheinungsweise zerstörerischer Erwartungen. Da die Bezugspersonen den Dialog verweigert haben, richtet das Kind einen geheimen Größenanspruch auf, der es für den Mangel an Vollkommenheit des Gesprächspartners entschädigen soll. Gerade durch den Idealanspruch an die Sexualität wird aber eine Befriedigung in der Wirklichkeit erschwert: Nicht die passiv ertragenen Einschränkungen durch die Eltern hemmen die Wunschproduktion, sondern die aktiven Versuche, durch idealisierte Phantasien den Mangel zu bewältigen.

In diesem Zusammenhang ist es höchst auffällig, daß Zorn zwar immer wieder brillant seine Sexualhemmung darstellt, aber kein Wort über die unvollkommeneren Möglichkeiten verliert, sexuelle Befriedigung zu finden – sei es durch Masturbation, sei es durch Kontakte zu Prostituierten, durch Bekanntschaftsanzeigen und welche Möglichkeiten sonst eine nicht an einem Perfektionsideal orientierte Wunschproduktion erschließen mag. Er stellt, Wilhelm Reich folgend, die lustvolle Ausdehnung des Orgasmus der unlustvollen Zusammenziehung im Krebsleiden gegenüber – doch scheint der Orgasmus für ihn ein höchst idea-

1 F. Zorn, Mars, München 1976, S. 117.

les, nur im Rahmen wahrer Liebe erreichbares Ziel. Das destruktive Ideal bürgerlicher Vollkommenheit ist wie ein Gipfel, von dem aus Zorn sehnsüchtig auf den Gipfel revolutionärer orgastischer Potenz blickt, aber sich außerstande fühlt, die Talwanderung anzutreten, die ihn erst einmal in die Niederungen einer realitätsbezogenen Wunschproduktion führen würde.

Bündnispartner im Freiheitskampf

Denn es muß im Leben
Mehr als alles geben.
Kinderreim

Der Gang durch die Unterwelt, der Kampf mit dem Drachen, die Wasser- und Feuerprobe, die Lösung der Rätsel Turandots und der anderen Aufgaben der Märchen, durch die der Schatz, der oder die Geliebte, errungen werden – irgendwo winkt immer ein Lohn der Mühe, ein Ziel rastloser Suche, ein Preis des Kampfes, ein glücklicher Zustand nach bestandener Gefahr. In der christlichen Mythendeutung ist dieser Preis die Versöhnung mit Gott, welche dem Teufelsdrachen abgewonnen werden muß wie die Jungfrau dem Lindwurm. In der tiefenpsychologischen Mythendeutung wird daraus häufig die Individuation, die Begegnung mit dem integrierten Selbst, welche ebenfalls auf einer Nachtmeerfahrt durch das Unbewußte, in einer Begegnung mit den eigenen Schattenseiten, errungen werden muß.

Die Befreiung der Einfühlung und der Wunschproduktion von destruktiven Idealen sind in unserer Darstellung, in der hier entwickelten therapeutischen Mythologie, der Schatz, den es zu gewinnen gilt. Ich glaube, daß dieser Vergleich mit der Mythologie wichtig ist. Er weist darauf hin, daß es keine für alle Zeiten und jede gesellschaftliche Situation verbindlichen Aussagen über das gibt, was wir heute «seelische Gesundheit» nennen. Es ist eine Binsenwahrheit, daß diese Gesundheit nur in einem sozialen Zusammenhang gesehen und bestimmt werden kann. Ich möchte noch einen Schritt darüber hinaus tun. Ich glaube, daß die Orientierung der Therapieziele an der Liebes- und Arbeitsfähigkeit, an der Integration des Unbewußten, an sozialer Anpassung und ähnlichen Merkmalen nicht ausreicht. Das Ziel ist darüber hinaus ein deutlicherer, fühlbarer Kontakt zum Leben, und zwar zur Gesamtheit der Lebensvorgänge. Die schematische Monotonie der Anpassung an ein konkurrenzorientiertes gesellschaftliches Funktionsideal tritt zurück zugunsten einer Vielfalt der Wunschproduktion, der Beziehungsformen und der Beziehungen zur Natur. Die Industriegesellschaft mit ihren Wachstumszwängen scheint für eine wachsende Zahl von Menschen ihre Anziehungskraft einzubüßen. Die Faszination durch diesen trügerischen Fortschritt hat mehr als Gewalt und Betrug dazu geführt, daß Hunderte von kleinen gewachsenen Kulturen überall in der Welt zerstört und aufgelöst wurden. Die kurzfristige Überlegenheit und langfristige Unterlegenheit des Gemachten gegenüber dem Gewachsenen, des starren Ideals gegenüber den zyklischen Lebensvorgängen, wird im Schicksal der sogenannten «Primitivkulturen» deutlich.

V. Deloria jr., einer der ersten Theoretiker des indianischen Widerstands in den Vereinigten Staaten, sagt voraus: «Nur Stämme werden überleben!»[1] Er meint damit, daß die bis auf wenige Reste zerstörte Welt des präkolumbischen Amerika der Industriegesellschaft so überlegen ist, daß nur der Rückgriff auf die Grundsätze der Stammeskulturen die Menschen überleben lassen kann.

«Umgeben von einem künstlichen Universum, in dem Warnsignale nicht durch die Farbe des Himmels, durch Schreie von Tieren oder den Wechsel der Jahreszeiten, sondern einfach durch Verkehrsampeln und die Sirene der Ambulanz oder des Polizeiautos gegeben sind, haben die Stadtmenschen keine Ahnung, wie die natürliche Welt wirklich ist. Sie sind gebannt durch die Göttin des Fortschritts, welcher wiederum nur mit dem Begriff des Komforts innerhalb dieses künstlichen und technologischen Uni-

1 V. Deloria jr., Nur Stämme werden überleben, München 1978.

versums definiert wird. Der technologische Fortschritt bestimmt . . . die öffentliche Meinung. Solange folglich noch neuere Gebäude, noch phantastischere Straßen gebaut, zusätzliche Beleuchtungen und elektrische Apparaturen verkauft werden und Annehmlichkeiten des modernen Lebens geschaffen werden können, wird es kein Anzeichen für ein Begreifen des Stadtmenschen geben, daß seine künstliche Umwelt von der natürlichen Welt abhängig ist. Milch bekommt man in Kartons, und Kühe sind als Tiere schon so fremd, daß Jäger aus den Großstädten jedes Jahr bei ihren Jagdorgien eine beachtliche Menge Vieh abknallen, und dies trotz der Tatsache, daß in manchen Gebieten Farmer zur Kennzeichnung das Wort Kuh auf die Bäuche ihrer Viecher malen. Nahrungsmittel sind, hochgradig versetzt mit chemischen Süß-, Farb- und Konservierungsmitteln, in Plastikbehältern erhältlich. Der Stadtmensch hat keinen Begriff mehr von Pflanzen, Wachstumszeiten, Regen und Dürre.»[1]

Das Ergebnis ist die Mißachtung der natürlichen Welt: Die Erde ist Träger von Betonbauten und Superautobahnen, das Wachstum ein industrieller Fertigungsprozeß mit wachsenden Mengen von Giften, Flüsse sind Kloaken, welche Abfälle aufnehmen oder Kühlung für Atomkraftwerke bieten. Menschliche Muttermilch enthält heute mehr als zehnmal so viele giftige chemische Stoffe (vor allem polychlorierte Biphenyle und das Insektenvernichtungsmittel DDT), wie es für Nahrungsmittel zugelassen ist.[2] Die bildhafte Formel von Melanie Klein, wonach die giftige Milch der Mutter das erste schädliche Teil-Objekt ist, welches ein Baby verinnerlicht (gefolgt von der schlechten Brust und der bösen, verfolgenden Mutter), hat sich damit auf eine bittere Weise bewahrheitet. Die Mutter eines Babys kann sich heute gar nicht mehr ihrem Kind zuwenden, ohne ihm Schaden zuzufügen. Entweder sie versagt ihm die Brust, weil ihre Milch Giftstoffe enthält – oder sie gewährt ihm die Brust und gibt damit dem Säugling die Giftstoffe weiter, die sie von Geburt an, bedingt

1 V. Deloria jr., Nur Stämme werden überleben, München 1978, S. 105.

2 Für diesen Hinweis danke ich Dr. Wolfgang Sümmermann.

durch unsere «zivilisierte» Lebensweise, in ihrem Körperfett gespeichert hat.

Es ist hier nicht nötig, Zahlen und Prognosen zu wiederholen, welche die Umweltzerstörung, die geringen Überlebenschancen des Menschen in der zerstörten Umwelt und die Aussichtslosigkeit des Fortbestehens der Konsumgesellschaft in ihrer gegenwärtigen Form untermauern. Die Frage ist eher, weshalb diese bekannten und wohl nicht widerlegbaren Tatsachen so wenig Veränderung bewirken. Und hier beginnt die Notwendigkeit eines sozialpsychologischen Ansatzes (und einer Analyse). Dieser läßt sich dahingehend zusammenfassen[1], daß die Ideale der Konsumgesellschaft – Wachstum, Konkurrenz, Leistung und Verbrauch – zerstörerische Ideale geworden sind, Ersatzbefriedigungen, die analog zu einer Sucht Scheinlösungen anbieten, aber die zugrunde liegenden Schwierigkeiten verschärfen. Ein Mensch, dessen natürliche Wunschproduktion und Sinnlichkeit erhalten geblieben oder wiedergewonnen sind, wird niemals den Komfort, den ihm Kühlschränke, Waschmaschinen, Klimaanlagen oder Automobile bieten, gegen Verschmutzung und Zerstörung der natürlichen Umwelt tauschen. Folgen des Komforts sind Passivität und emotionale Trägheit. Zu ihm gehört eine Orientierung am Besitz, nicht am Gefühlsausdruck; am Haben, nicht am Sein.[2] Die Konsumgüter und die Komfortprothesen ersetzen den Verlust an expressivem Verhalten, an unmittelbarem Leben, der durch die zerstörerischen Leistungs- und Wettbewerbsideale entstanden ist.

«Die Philosophie indianischer Landnutzung ist so unglaublich simpel, daß es schon fast schwachsinnig erscheint, sie zu wiederholen: Der Mensch muß zusammen mit anderen Lebensformen auf dem Land leben und darf es nicht zerstören. Bezüglich des derzeitigen politischen und ökonomischen Systems sind die Folgen dieser Auffassung jedoch weitreichend. Eine Neuorientierung müßte bedeuten, daß das allgemeine Interesse, und das heißt

1 Vgl. W. Schmidbauer, Homo consumens, Stuttgart 1973.
2 E. Fromm, Haben oder Sein, Stuttgart 1976.

wirklich das Interesse am Überleben der Gattung Mensch, die absolute Priorität vor einzelnen wirtschaftlichen Interessen haben muß.»[1]

Die zyklische Auffassung des Lebensgeschehens, welche so viele Handlungen, Mythen, Zeremonien der sogenannten Primitivkulturen bestimmt, ist dem linearen Fortschrittsdenken der gegenwärtigen Industriegesellschaft in vieler Hinsicht überlegen, nur unter dem Gesichtspunkt einer aggressiven Konkurrenz unterlegen.

«Höchst ironisch ist die Tatsache, daß der weiße Mann, will er überleben, seine dollarjagende Zivilisation aufgeben und zu einem stammesorientierten Wildjäger- und Beerenpflückerdasein zurückkehren muß. Er muß seine Vorstellung von der Erde als einer teilbaren Landfläche, mit der er Geschäfte machen kann, aufgeben. Die Ländereien der Vereinigten Staaten müssen wieder in Gemeineigentum übergehen und zur Wildnis werden, wenn der Mensch leben will. Schon bald wird es klar ersichtlich sein, daß ein einzelner nicht bestimmte Landflächen umzäunen und mit ihnen machen darf, was er will. Solche Handlungsweisen werden als zu gefährlich für die Gesellschaft betrachtet werden.»[2]

Ich finde diese Auffassung, die in der amerikanischen Indianerbewegung wurzelt, deshalb faszinierend, weil es sich nicht um eine utopische Gesellschaft, sondern um die Zurückgewinnung einer realen Vergangenheit handelt. Sie enthält eine Symbolik, die einen inneren Zusammenhang, nicht nur äußere Vergleichbarkeit erschließt: Die Verwendung des Landes als auszubeutender, abgezäunter Besitz entspricht einer Haltung des Menschen sich selbst gegenüber, die zum zerstörerischen Ideal führen muß. Die emotionalen, zyklischen Lebensvorgänge der Wunschproduktion werden nicht als Naturgeschehen angenommen und zur Orientierung für die idealisierten Ziele verwendet, sondern kolonisiert, kanalisiert, abgesperrt, bei drohendem Widerstand mit Giften gelähmt oder mit Aufputschmitteln gereizt. Das Kind ist nicht so

1 V. Deloria, Nur Stämme werden überleben, München 1978, S. 109.
2 Ebd., S. 114 f.

gut und der Einfühlung wert, wie es als Teil des Lebens und der menschlichen Gattung geboren ist, sondern es muß verbessert, auf ein lineares Niveau gehoben und dort verfestigt werden. Die klassische Psychoanalyse spiegelt diese Situation in ihrem Bild der «Abwehrmechanismen», die wie Zäune oder Dämme dem Einbruch des Unbewußten entgegenarbeiten und die soziale Anpassung sichern. Ich glaube nicht daran, daß der Mensch von Natur aus so beschaffen ist, daß er inneres Gleichgewicht und soziale Anpassung nur durch Abwehr und Kontrolle seiner Wunschproduktionen erhalten kann. Erst wenn ein destruktives Ideal die zyklischen Lebensvorgänge staut, werden sie bedrohlich, blähen sich die aggressiven Wünsche zu gefährlichen Dimensionen. Wut und Kontrolle nehmen überhand – «nur der tote Indianer ist ein guter Indianer» –, der Wunschmord nach innen entspricht dem Völkermord nach außen.

Was kann der Therapeut in der kleinen Welt seines Behandlungsraums tun, um die Wunschproduktion seiner Klienten wiederzubeleben, die verschüttete Neugieraktivität wieder freizulegen, Passivität und Erstarrung zu vermindern? Diese Frage ist eines der zentralen Probleme der Psychotherapie. Nicht zuletzt seinetwegen nimmt sie eine Zwitterstellung in der arbeitsteiligen Industriegesellschaft ein. Der Therapeut ist durch seine formale, meist akademische Ausbildung, durch seine Standesorganisation und seine – nicht vollständige oder unumstrittene – Integration in das System der Krankenversicherung fast darauf programmiert, in die Rolle eines technischen Helfers gedrängt zu werden. Er ist für die Reparatur der gestörten Seele zuständig, gleichgültig, wie destruktiv die Lebensziele oder die soziale Situation, die Partnerbeziehungen, die Verhältnisse am Arbeitsplatz sind. Andererseits ist den meisten Therapeuten klar, daß sie ihre Aufgabe nicht erfüllen können, wenn der Klient so passiv bleibt, wie es im Rahmen einer ärztlichen Behandlung mit Medikamenten oder chirurgischen Eingriffen geschieht. Viele Therapeuten betonen daher die Notwendigkeit, den Klienten aus seiner passiven Rolle herauszuholen. Sicher im Zusammenhang damit hat die Psychotherapie bis heute keinen sicheren Platz im System der komfortorientierten und darum in vieler Hinsicht destruktiven öffentlichen Gesundheitsfürsorge. Während die aufwendigsten ärztlichen Maßnahmen in der Regel von den gesetzlichen Krankenkassen ohne jede Einschränkung bezahlt werden – Klinikaufenthalte, Kuren, deren Kosten rasch fünfstellige Summen erreichen –, unterliegt die Gewährleistung für eine Psychotherapie einer strikten, einschränkenden Regelung. Die Notwendigkeit der Behandlung wird mehrfach überprüft; sie muß ausführlich begründet werden. Viele Formen von Psychotherapie werden nicht anerkannt, entweder weil die Methoden noch nicht in das Kassensystem eingebaut sind oder weil die Therapeuten nicht den etablierten Fachgesellschaften angehören. Mir scheint, daß es kein Zufall ist, wenn die Behandlungsform, welche den Klienten am wenigsten zum passiven Gegenstand eines zweckrationalen, technischen Eingreifens macht, die größten Schwierigkeiten hat, in unserer Gesellschaft allgemein akzeptiert zu werden.

Die Schwierigkeiten der Therapie werden dadurch zunächst eher vergrößert, daß sie in diesem technischen, den Gegenstand der Fürsorge – den Klienten – passiv haltenden System eher eine rebellierende Rolle spielt. Der Therapeut wird notwendigerweise einen Teil der Erwartungen nicht erfüllen, die an ihn gerichtet sind. Es handelt sich um eben jenes durch die destruktiven Ideale entstandene Bedürfnis, passiv befriedigt und entschädigt zu werden, einen Führer und Helfer zu finden, der die schmerzlichen Widersprüche zwischen Anspruch und Erfüllung, zwischen Ideal und Wirklichkeit endlich überbrückt. Der Therapeut soll nicht die eigene, ursprüngliche Wunschproduktion freilegen, so lautet das Bedürfnis des belasteten Klienten, sondern er soll endlich das Ideal erfüllen helfen, die psychosomatischen und seelischen Hindernisse aus dem Weg räumen – unerklärliche Ängste, Depressionen, Zwangserscheinungen, wiederholtes Scheitern von Beziehungen, Gefühle der Leere, der Unvollständigkeit, der Heimatlosigkeit, der nagenden Unzufriedenheit.

Der Klient bietet sozusagen sein destruktives Ideal als Bündnispartner an. Wenn der Therapeut dieses Angebot naiv übernimmt, dann ist die Behandlung von Anfang an zum Scheitern verurteilt. Andererseits sind die nicht vom Ideal und von Erstarrung bedrohten Persönlichkeitsanteile nicht selten so sehr in den

Hintergrund gedrängt und so undeutlich entwickelt, daß der Therapeut gar nicht umhin kann, zunächst im Rahmen der Ideal-Erwartungen zu bleiben. Er handelt gewissermaßen wie der Diplomat in einem Land, dessen Herrschaftssystem ihm zuwider ist. Er nimmt die diplomatische Beziehung auf und versucht, unter dem Schutz der so gewonnenen Immunität – schlichter ausgedrückt: Narrenfreiheit – Kontakt mit den Kämpfern der Befreiungsbewegung zu gewinnen, die verborgen im Gebirge oder im Urwald ihre Operationsbasis haben. Ihnen kann er keine materielle Hilfe bieten, wohl aber moralische und ideologische Unterstützung, Wissen, Informationen über die Maßnahmen der kolonialistischen Unterdrücker.

In der konkreten therapeutischen Situation sieht das so aus: Der Therapeut nimmt von Anfang an eindeutig Partei für die spontane Wunschproduktion seines Klienten. Ihr fühlt er sich verpflichtet, sie ist das Ziel seiner Zuwendung, sie soll unter dem Schutz seiner Einfühlung und seiner Informationen über die Formen ihrer Unterdrückung (wozu auch die Analyse ihrer Geschichte gehört) stärker werden und endlich ein Gegengewicht zum destruktiven Ideal schaffen, dessen passiv machende Einflüsse aufheben, die Zerstörung des Möglichen verhindern, Enttäuschungen nicht durch Wut und gegen das eigene Selbst gerichtete Aggression verschlimmern, sondern zum Anlaß wirklichkeitsgerechter, wunschgerechter Planung künftiger Befriedigung nehmen.

Uta kommt wegen schwerer Depressionen und Selbstmordgedanken in Behandlung. Ihr Zustand hat sich nach einer Operation wegen Brustkrebs entscheidend verschlechtert, doch erkennt sie bald, daß der Krebs und die durch ihn ausgelösten Ängste nur verdeutlicht haben, was sie bereits seit langem als grundlegendes Problem ahnt: ihre mangelnde Fähigkeit, befriedigende Folgen von Wunsch und Erfüllung zu erleben. Uta ließ sich etwa häufig mit Männern ein, obwohl sie nicht mit ihnen schlafen wollte, und mußte nachher zu Mitteln greifen, die sie für unwürdig hielt, um sie wieder loszuwerden – beispielsweise indem sie das Telefon nicht mehr abnahm. Der wesentlichste Ausdruck ihres destruktiven Idealsystems lag darin, daß sie immer etwas anderes wollte, als sie dann tatsächlich durchführte: Sie wollte bald nach Hause gehen, blieb aber bis spät in die Nacht; sie wollte nur plaudern, ließ sich dann aber auf Zärtlichkeiten ein; sie wollte bestimmt nicht mit dem Mann gleich ins Bett gehen, aber nahm ihn dann doch mit in ihre Wohnung. Genauere Betrachtung zeigte, daß die «guten Vorsätze» meist weit an ihren Gefühlen vorbeigingen. Uta wollte häufig zwei einander widersprechende Ideale gleichzeitig erfüllen. Sie bestrafte sich dann immer dafür, daß sie nicht getan hatte, was sie «eigentlich» wollte. Natürlich war daran auch die Lähmung ihrer Wunschproduktion beteiligt. Sie hatte keine klaren, eigenen Bedürfnisse, die sie etwa dem Drängen einer Kneipenbekanntschaft entgegensetzen konnte. Erst wenn sie «nachgegeben» hatte, wußte sie, daß es «eigentlich nicht das war, was ich wollte». Sie schob das dann auf äußere Bedingungen, etwa darauf, daß sie Alkohol getrunken hatte. Die Grundlage eines gesunden Selbstgefühls, nämlich die Idealisierung dessen, was real möglich ist, was wirklich in der Vergangenheit getan wurde, kehrte Uta ins Gegenteil: Sie vernichtete praktisch alles, was sie geleistet hatte, um frei zu sein für das ferne Ideal. Ihre Beziehungen, ihre Arbeit – alles war nichts wert. Sie ging durchs Leben wie der Seemann mit dem Brückenzauber der Märchen: Vor ihm baut sich ein Steg über die See auf, der hinter ihm schon wieder verschwindet.[1] Ich will hier nur einige kurze Episoden aus den Gesprächen mit Uta aufgreifen, die für die Untersuchung ihrer Erlebnisweisen wesentlich sind. So pflegte sie anfangs jedesmal zu berichten, daß sie sich durch die Behandlung sehr verängstigt und unsicher fühle, daß es ihr seit dem Beginn unserer Arbeit schlechter gehe und sie sich oft überlege, ob sie wirklich an diese Dinge rühren wolle. Das alles sagte sie sehr freundlich und kontrolliert; Wut und Enttäuschung richteten sich allein gegen ihre wertlose Per-

1 Adalbert Stifter, dessen tiefe Verbindung zur Problematik von Ideal und Zerstörung schon angesprochen wurde, schildert in einer Novelle einen Maler, der beschlossen hat, jedes Bild, jede Skizze aus seiner Hand zu vernichten, so daß am Ende seines Lebens entweder ein vollkommenes Bild oder gar kein Bild von ihm bleiben soll. Es bleibt kein Bild, aber er findet eine ideale Geliebte.

son, während sie mich voller Sympathie zu betrachten schien und sich am Ende der Stunde bei mir bedankte. Als ich sie darauf hinwies und fragte, weshalb sie sich für eine Behandlung bedanke, die ihr doch kein Gefühl einer Besserung vermitteln könne, war Uta schockiert. Sie erkannte ein Stück weit, mit welchen beschwörerischen Mitteln sie versuchte, in mir einen liebevollen Partner zu gewinnen, und wie wenig sie es sich selbst und mir zutraute, mit Wut und Ärger fertig zu werden und trotzdem eine Beziehung aufrechtzuerhalten. Ihre Klagen zu Beginn der Stunde waren teils ein Angriff auf mich, teils eine Beschwörung, sie doch zu lieben und zu schützen, es ihr nicht zu vergelten bzw. nicht die Wut ihr gegenüber auszuleben, die sie in mich projizieren mußte, um den Druck der Enttäuschung ihrer passiven Erwartungen an mich abzumildern. Es war noch zu früh, ihre Beziehung zu mir viel zu sehr von Mißtrauen und Angst bestimmt, um jene Dankbarkeit auf der Ebene der Wunschproduktionen herzustellen, die in einer erfolgreich verlaufenden Psychotherapie Klient und Therapeut durchaus verbinden. Für diese Dankbarkeit ist kennzeichnend, daß sie vom Therapeuten als gegenseitig akzeptiert wird, daß auch er erleichtert darüber ist, in den spontanen Gefühlen des Klienten einen zuverlässigen Verbündeten für seine Arbeit gefunden zu haben. Es handelt sich gewissermaßen um die gefühlshafte Seite des rationalen «Arbeitsbündnisses», das ohnedies zu Beginn der Behandlung gründlich geklärt und vereinbart werden muß.

Die Brustoperation war für Uta ein viel einschneidenderes Erlebnis als für eine Frau, die an ein weniger destruktives Beziehungsideal gebunden ist. Diese wäre in der Lage gewesen, über die Kränkung des Selbstgefühls durch den Verlust einer Brust mit dem Partner offen zu sprechen. Uta brach nun alle Beziehungen zu Männern ab. Sie litt darunter, weil sie ein Leben sexueller Entbehrung führte, das sie vorher nicht gekannt hatte. Aber für die flüchtigen Beziehungen, die sie damals, stets mit schlechtem Gewissen nachher, eingegangen war, mangelte ihr nun das Selbstgefühl. Sie wäre gezwungen gewesen, auf einer tieferen Ebene mit ihren Partnern zu kommunizieren, und davor mußte sie sich scheuen. Es war nach einigen Monaten einer kombinierten Behandlung (eine Einzel- und eine Gruppensitzung pro Woche) ein erstes Zeichen einer Veränderung ihrer Depression, als sie sich von einem Bekannten zum Abendessen einladen ließ. An dieser Szene wurde ihre Neigung, mögliche Befriedigungen zu zerstören, besonders deutlich, und sie kam zum erstenmal ausführlicher auf den oben beschriebenen Beziehungsstil zu sprechen. Diesmal war alles ähnlich verlaufen: der Vorsatz, bald nach Hause zu gehen und nichts zu trinken – der trotzdem spontan stattfindende gemütliche Abend; der Vorsatz, allein nach Hause zu gehen – dennoch steht der Bekannte mit ihr vor ihrer Tür. Jetzt sind die angenehmen Gefühle über den schönen Abend verschwunden, mit letzter Kraft kann Uta noch sagen, daß es die Brustoperation ist, die ihr so zu schaffen macht, dann zieht sie sich zurück und fühlt sich unglücklich, weil die ausgelassene Stimmung des Abends ein solches Ende nahm. Ich versuche, ihr Verhalten mit einem Bild zu verdeutlichen: sie macht es wie ein Autofahrer, der auf irgendeine Weise zu der Überzeugung gekommen ist, daß er nur entweder fahren oder bremsen oder lenken kann. Sie läßt den Wünschen streckenweise freien Lauf, indem sie etwa interessiert und zärtlich mit ihrem Bekannten plaudert. Aber sie kann keine ineinander übergehende Folge von Wünschen mit ihrem vernünftig handelnden Ich in Übereinstimmung bringen. Im Gegenteil: sie muß ihre Wunschproduktion vollständig blockieren, sie bleibt innerlich stehen, und erst dann kann sie versuchen, einen neuen Kurs zu steuern. Und weil sie jede einzelne Wunschproduktion durch eine vollständige Hemmung beendet, hat sie nie das Gefühl des Gelingens, welches sinnvolle Folgen von Wünschen und Befriedigungen aneinanderreiht. Die Ideale sind wunschfeindlich, und daher sind die Wünsche auch idealfeindlich. Sie suchen sich abgegrenzte Bereiche zu erobern, in denen sie tatsächlich völlig ohne Beziehung zu vorausschauender Planung wuchern. Diese Sitzung schilderte Uta später als sehr nützlich; sie überwand danach ihre Angst, schlief mit diesem Bekannten und war auch nachher noch glücklich über diesen Schritt. Wieder trifft das Bild des kolonialistischen Staates zu, in dem eine Guerillabewegung kämpft. Sie kann einzelne Gebiete vollständig beherrschen, doch stehen diese dann in keinem Kontakt mit den bisher bestehenden Formen der Wirtschaft und der Verwaltung; sie werden von diesen im Gegenteil angegriffen und bekämpft. Der Bürgerkrieg schwächt beide Seiten, der Therapeut wird als Schutzmacht für das System der Unterdrückung angerufen, das bessere Beziehungen zur Außenwelt unterhält.

Uta war ein Einzelkind, die Freude ihrer Eltern; sie wuchs in einer harmonischen Familie auf und erfuhr erst im Alter von einundzwanzig Jahren, daß sie ein Adoptivkind war. Dieser Vorfall legt die Vermutung nahe, daß Harmonie um jeden Preis das Motto von Utas frühen Erfahrungen war – durchaus vergleichbar mit dem Kindheitsschicksal, das Fritz Zorn in ‹*Mars*› schildert. Uta war immer gut, sie wurde immer gelobt, und sie bemühte sich stets darum, ihren Eltern zu gefallen, obgleich es ihr oft peinlich war, wenn die Mutter sie so über die Maßen erhob. Sie spürte dann, daß ihre Mutter auf eine subtile Weise einen extremen Anspruch an sie stellte und ihr einen großen Teil ihrer spontanen Gefühle einfach absprach. Die Mutter wußte einfach besser, was Uta wollte, als Uta selbst – was Uta *wirklich* wollte, und nicht nur glaubte zu wollen, weil sie es noch nicht reiflich genug mit Mutter zusammen überlegt hatte.

Die Notwendigkeit einer Wiederbelebung der Wunschproduktion in der Behandlung destruktiv erstarrter Idealbildungen ist mitverantwortlich dafür, daß der Erfolg einer auf echte Selbsterfahrung und Selbsterweiterung bezogenen Therapie nicht voraussagbar ist. Es läßt sich nur ziemlich grundsätzlich sagen, daß eine solche Behandlung, wenn sie richtig – das heißt: von Einfühlung und Achtung für den Dialogpartner getragen – durchgeführt wird, keinen Schaden anrichten kann (was die Psychotherapie wohltuend von einer großen Zahl technisch-medizinischer Behandlungen mit Medikamenten oder chirurgischen Eingriffen unterscheidet). Doch ob die zu Beginn der Behandlung angemeldeten Ansprüche auf die Beseitigung bestimmter Symptome tatsächlich erfüllbar sind, muß offenbleiben. Daher ist es auch so wenig möglich, einzelne Schulrichtungen der Psychotherapie zu vergleichen. Ich bin keineswegs der Ansicht, daß es einen psychoanalytisch orientierten Therapeuten nicht zu interessieren hat, ob sein Klient weiterhin an Symptomen leidet, die ihn belasten und die ihn anfänglich in die Therapie geführt haben. Doch scheint mir der Prozeß der Therapie selbst wichtiger als das Bestehen oder Verschwinden von einzelnen Zeichen des Leidens. In einem verhaltenstherapeutisch orientierten Buch von Perry London[1] wird mit unverhohlener Ironie von einem Mann berichtet, der sich einer Psychoanalyse unterzog, weil er an unerklärlichen Ängsten litt. Sie traten dann auf, wenn er die Stadtautobahnen in seiner Heimat Los Angeles benutzen wollte. Im Laufe der Behandlung wechselte er seinen Beruf, ließ sich scheiden und baute einen ganz neuen Freundeskreis auf. Doch die Phobie vor den Stadtautobahnen bestand nach wie vor. Der Klient war mit dem Ergebnis der Behandlung vollständig zufrieden. Früher, als ich meine eigenen Idealansprüche auch an die psychotherapeutische Arbeit noch weniger kannte, war mir diese Geschichte (die gut zu meinen eigenen Erfahrungen mit der Psychoanalyse paßte) Anlaß dazu, entweder zu vermuten, daß die Psychoanalyse unvollständig geblieben sei, oder das Konzept einer kombinierten Therapie zu vertreten: Der Klient mit der Phobie hätte zusätzlich eine Verhaltenstherapie hinter sich bringen sollen, die ihm seine Angst vor den Stadtautobahnen nehmen würde. Inzwischen glaube ich eher, daß die Stadtautobahnen von Los Angeles ein derart umweltzerstörender Wahnsinn sind, daß es vielleicht mehr Gefühllosigkeit ausdrückt, sie wie selbstverständlich zu benutzen, als Neurose, sie nicht zu benutzen. London klagt die Psychoanalyse an, ein ganz anderes Produkt zu verkaufen, als der Klient bestellt habe. Dagegen läßt sich sagen, daß nicht jeder Therapeut zufrieden damit sein kann, zum Erfüllungsgehilfen der bewußten Ansprüche (und damit oft der destruktiven Ideale) des Klienten zu werden. Ist er dann ein betrügerischer Verkäufer und ist der *dealer* ein ehrlicher Verkäufer, nur weil sein süchtiger Kunde eindeutig und ausdrücklich Heroin von ihm verlangt?

1 P. London, Der gesteuerte Mensch, München 1973.

Eine neue Weltanschauung?

Ist der Therapeut ein wertfrei und unparteiisch tätiger Fachmann, der eine bestimmte Technik anwendet, die sich bewährt hat? Das würde heißen, daß er sich mit der wertenden Seite seines Klienten verbündet und auf der Grundlage dieses Bündnisses gegen die Leidenszeichen vorgeht, die dazu geführt haben, ihn aufzusuchen. Diese Einstellung wäre klar und eindeutig. Sie bietet eine bequeme Rückzugsmöglichkeit, wenn der Klient über Folgen der Behandlung klagt, die er nicht voraussehen konnte. Ich habe schon deutlich gemacht, daß ich diese Haltung als irreführend ansehe, wenn es sich um eine selbsterfahrungsbezogene Therapie handelt. Der Therapeut ist meiner Ansicht nach dem Klienten so verpflichtet, wie sich ein Gärtner der Erde oder ein revolutionärer Politiker seinem Volk verpflichtet fühlt. Der Gärtner wird das Land vielleicht so bestellen, daß bestimmte Pflanzen nicht mehr gedeihen, wenn das für das Gleichgewicht des Wachstums notwendig ist. Der Politiker wird das Volk achten, auch wenn er die gegenwärtige, kolonialistische Regierung verachtet und stürzen möchte. Beide geben nicht vor, wertfrei zu handeln, sondern orientieren sich eindeutig an Werten, die sich in Gegensatzpaare wie lebendig–tot, beweglich–erstarrt, frei–unterdrückt einordnen lassen. Und doch ist die Lebendigkeit nicht chaotisch, die Beweglichkeit nicht ohne Halt, die Freiheit nicht rücksichtslos. Das heißt: die Werte sind nicht absolut aufgefaßt, werden nicht starr idealisiert, sondern in die zyklischen Lebensvorgänge gebettet.

Die Überzeugung eines Therapeuten, er könne sich mit der bisher vermiedenen und unterdrückten Seite eines Klienten verbünden, ist ein Ausbruch aus der Rolle technischen Spezialistentums. Der Einwand liegt nahe, daß mit solchen Vorschlägen die Psychotherapie zum Religionsersatz, zu einer neuen Weltanschauung wird. Vielleicht gibt es den Bündnispartner – die Wunschproduktion des Unbewußten – nur in der Phantasie des Therapeuten, und er benutzt ihn, um seine eigenen Überzeugungen unter dem Vorwand des Kampfes gegen Unterdrückung und Erstarrung durchzusetzen? Das ist sicher möglich, und es gibt keine Garantie gegen diese Gefahr, daß auch in einer Therapie der Dialog abreißt und ein einfühlungsloser Monolog an seine Stelle tritt. Kein Gesetz kann hier Voraussagen erlauben und Normen geben, die allgemeinverbindlich sind. Wenn wir Religionen symbolisch auffassen, heißt das: nehmen wir Abschied vom Eingottglauben, der Juden, Christen und Mohammedaner zu immer neuen Eroberungskriegen angetrieben hat. Nehmen wir Abschied vom Glauben an einen Fortschritt, der unaufhaltsam weitergeht, vom ständigen wirtschaftlichen Wachstum, von der Maxime «Stillstand ist Rückschritt». Kehren wir zurück zu einem menschlichen Maß.[1] Die Orientierung an Einfühlung und an einer Wiederbelebung der Wunschproduktion enthält einen moralischen Grundsatz, der eng mit der «biophilen» Ethik verwandt ist, wie sie Erich Fromm vertritt.[2] Das Leben und seine Entfaltung sind zentrale Werte, wobei jede Lebensäußerung geachtet wird, die andere Lebensäußerungen achtet. An dieser Ethik wird sich der Therapeut orientieren. Sie besagt, daß es nicht ein höchstes Gut gibt, sondern viele. – Die Götter sterben und werden geboren, wie in den Mythen der frühen Kulturen, die im Einklang mit ihrer Umwelt lebten, ohne noch zu wissen, wie wertvoll dieser Einklang war. Daher ist die Rückkehr zu einer Lebensform, welche die Rücksicht auf die Zusammenhänge zwischen den lebendigen Wesen und ihrer Umwelt besonders betont, auch keine Regression in das goldene Zeitalter schweifender Jäger und Sammler oder in eine biologisch-dynamisch veredelte Bauernkultur. Denn die Angehörigen dieser Kulturen verfügen zunächst nicht über eine Einsicht in ihre eigene Stärke, die sie gegen die Verführung der technischen Zivilisation und der wettkampforientierten Ideale widerstandsfähig macht.

Die etablierten Religionen haben für die Mehrzahl ihrer Anhänger nur in wohlbegrenzten Lebensbereichen Geltung und Einfluß. Wer sein Leben verändern will, schließt sich eher einer

1 E. F. Schumacher, Die Rückkehr zum menschlichen Maß, Reinbek 1977.

2 E. Fromm, Anatomie der menschlichen Destruktivität, Reinbek 1977.

Sekte, einer Landkommune, einer aktiven politischen Gruppe an – oder sucht psychotherapeutische Hilfe im weitesten Sinn (etwa in einem der auf Gruppenselbsterfahrung ausgerichteten Zentren). Die Kirchen haben viel Macht, aber wenig unmittelbare Überzeugungskraft, wenig Charisma. Und sicherlich gehen mehr Theologen, die persönliche Probleme haben, zu Psychotherapeuten, als umgekehrt. Der Gott der Theologie hat sich vom Leben entfernt, ist abstrakt und unnahbar geworden.

Das liegt sicherlich auch daran, daß die Theologen eine lange Tradition haben, die Vollkommenheit ihrer Lehren säuberlich von der Unvollkommenheit ihrer Praxis – der Praxis der Institution Kirche – zu trennen. Die Tradition der Psychotherapeuten ist hier kürzer, was das fassungslose Staunen ihrer Klienten und Studenten beweist, wenn sie erleben, daß sich Therapeuten untereinander häufig nicht verständiger verhalten als andere rivalisierende Gruppen in der Konkurrenzgesellschaft. In das Credo der selbsterfahrungsbezogenen Therapieformen fließt immer wieder ein: Wer nicht aus eigener Kenntnis die befreiende Entwicklung aus bisherigen Einschränkungen heraus erlebte, kann sie anderen nicht vermitteln. Der Therapeut wird sich nicht auf einen Gott berufen, der auch unwürdige Diener rechtfertigt, weil er selbst mit seiner Gnade eingreifen kann. Nur der selbst analysierte Psychoanalytiker kann seinen Patienten helfen, nur der selbst durch seine Urschmerzen hindurchgegangene Primärtherapeut, nur der selbst im Hier und Jetzt lebende Gestalttherapeut. Und doch droht auch hier wieder ein destruktives Ideal. Der Therapeut soll der vollkommene Mensch sein, vorbildhaft in jedem Lebensbereich. So wird er beobachtet, und so werden seine Mängel entdeckt. Und weil er, der scheinbar am Ende des Weges steht, den er seinem Klienten zeigt, noch unvollkommen ist, zögert der Klient, seinen eigenen Weg zu gehen.

Der Therapeut steht dem Schamanen der Primitivkulturen näher als dem modernen Theologen. Der Theologe verbündet sich mit dem Idealsystem seiner Gläubigen; er versucht im Extremfall missionarisch, das heißt kolonisatorisch, seine Wertvorstellungen einzuprägen. Er steht grundsätzlich auf einer Seite, auf der seines Gottes, der zugleich das absolut Gute verkörpert.

Der Schamane kennt viele Mächte und versucht, ein Gleichgewicht zwischen ihnen herzustellen, das seinem Klienten zugute kommt. Jeder Schamane muß seine persönliche Offenbarung haben, seinen eigenen Schutzgeist, seine Vision, seinen kreativen Kontakt mit der Welt der Ideale seiner Kultur und mit seinen eigenen Wünschen. Es ist in diesem Zusammenhang wesentlich, was von ganz anderen Voraussetzungen aus Eckart Wiesenhütter über Freud sagt: «Es ist frappierend, in welcher Nähe er sich über die eklatante Identifizierung mit Moses hinaus – nicht nur zu anderen Heilsverkündern und Religionsstiftern befand, sondern schon zu den ‹Urpriestern›, den Schamanen (ohne daß ihm das selbstverständlich bewußt war). Wie diese zeichneten ihn ‹epileptiform› hysterische Anfälle aus, sobald es um die ‹Unterwelt› (Friedhof, Sterben, Mord) ging; auch für ihn war das Überwinden dieser Anfälle, wie der neurotischen Zustände überhaupt, das Wesentliche. Ebenso wegweisend sind hierbei der Ausgang vom Hypnotismus und die Bearbeitung der Träume als dem Schlüssel zu den ‹Unterweltfahrten› und zur Überwindung der Neurose.»[1]

Wissenschaft, Kunst und Religion, die sogenannten «höchsten Kulturleistungen» des Menschen, stehen sämtlich im Spannungsfeld von linearem Ideal und zyklischer Wunschproduktion, von Idee und Wirklichkeit. Diese Spannung wird dadurch verschärft, daß die von Wissenschaft, Kunst und Religion gewonnenen Werte, eben weil sie als idealisierte Normen das Verhalten der Gruppe prägen, von den Führern dieser Gruppe benutzt werden, um Konformität zu erreichen. Das von den Mächtigen auferlegte Ideal ist aber immer in der Gefahr, zum zerstörerischen Ideal zu werden, sobald es ohne Rücksicht auf die Wunschproduktion der Betroffenen übertragen wird. Die Geschichte von Wissenschaft, Kunst und Religion ist eine Geschichte ihrer Verwendung zur Aufrechterhaltung von Macht, zur Unterdrückung und Ausbeutung. Das hängt sicher eng damit zusammen, daß mit der Entstehung arbeitsteiliger Gesellschaften während der Jungsteinzeit,

1 E. Wiesenhütter, Religion und Tiefenpsychologie, Gütersloh 1977, S. 87.

nach dem Beginn der Städtegründungen und unter dem wirtschaftlichen Zwang des Aufbaus von Bewässerungssystemen und Vorratswirtschaft Kunst, Wissenschaft und überpersönlich formulierte Religionen einen ungeheuren Aufschwung nahmen.

Je mehr die unvergänglichen, die ewigen Werte zunahmen, die so kennzeichnend für das linear-destruktive Ideal sind, desto grausamer wurden die Kriege, desto vollkommener die Unterdrückungssysteme. Der Bürokrat, der Priester, der wissenschaftliche Experte, der Offizier «funktionieren» unabhängig von Inspiration, von zyklischen Erlebnisformen. Dieses lineare Funktionsniveau einer Behörde, einer Maschine, in jüngster Zeit eines Datenverarbeitungs-Systems arbeitet ähnlich wie das destruktive Ideal, und es führt oft zu ähnlichen Folgen. Anhängern des bürokratischen Perfektionismus sollte der Zusammenhang zwischen der Wirksamkeit der standesamtlichen Bürokratie und der Judenvernichtung im Zweiten Weltkrieg nachdenklich stimmen: In den romanischen Ländern, im besetzten Frankreich und in Italien waren die Chancen der Juden, unterzutauchen und zu entkommen, wegen der schlampigen Register sehr viel besser als in den von disziplinierten Beamten geführten Verwaltungen der Niederlande. Bürokratische Apparate gehen davon aus, daß durch hierarchische Kontrolle Normen erfüllt werden können. Das stimmt aber nur, wenn es um rational kontrollierbare Werte geht, etwa um die Produktion von Gewehrmunition oder den Bau von Autobahnen. Wo die produzierten Werte gefühlsbestimmt sind, schaden bürokratische Systeme: In Säuglingsheimen sterben die Babies oder sie werden schwachsinnig; in Fürsorgeerziehung werden Jugendliche fürs Leben verdorben; in Gefängnissen werden Verbrecher produziert, in bürokratisch durchorganisierten Nervenkrankenhäusern Geisteskranke. Natürlich stimmen diese Aussagen nicht in jedem Fall, doch läßt sich jede von ihnen an zahlreichen Beispielen belegen. Der Traum der Vernunft gebiert Ungeheuer.

Die bürgerliche Auffassung der Technik weist auf ihr doppeltes Gesicht hin – auf die Vorteile, die den Nachteilen, auf die Sonnenseiten, die den Schattenseiten gegenüberstehen. Sie beschert uns nicht nur weitreichende Mordinstrumente, wie Gewehre und Raketen, sondern auch weitreichende Kommunikationsmittel, wie Telefon und Fernsehen – sie gibt uns nicht nur die Atombombe, mit der wir Städte ausradieren können, sondern auch das Atomkraftwerk, das lebenserhaltende Energie spendet. Allerspätestens seit in Harrisburgh ein allen wissenschaftlichen Voraussagen zum Trotz bösartig gewordener Reaktor weite Bereiche seiner Umwelt verseucht hat, läßt sich nicht mehr verbergen, daß der Glaube an den unaufhaltsamen Fortschritt der Wissenschaft mit mörderischen Atommeilern markiert sein könnte – wie der Glaube an den unaufhaltsamen Fortschritt des Christentums mit den Scheiterhaufen der Inquisition oder der Glaube an die arische Weltmacht mit den Gaskammern und Verbrennungsanlagen von Auschwitz.

Nur weil wir große Schwierigkeiten haben, unabhängig von unseren eigenen destruktiven Idealen technischen Fortschritts zu denken, fällt uns nicht auf, daß die 20 000 Menschen, die jedes Jahr auf grausame Weise in zerschmetterten oder verbrennenden Blechkisten umkommen, einem ebenso fragwürdigen Fortschrittsglauben zum Opfer fallen wie die Toten von Auschwitz und die Opfer der Hexenjagd. Wir entsetzen uns über die unglücklichen Autofahrer, die im unzivilisierten Arabien einen Beduinenjungen überfahren haben und jetzt wie Mörder von Bluträchern verfolgt werden – anstatt uns über die Gleichgültigkeit zu entsetzen, mit der wir den Automörder freisprechen und den Sexualmörder anklagen, weil seine Motive «niedrig» sind, die des Automörders hingegen entschuldbares Versagen. Der «Primitive» geht davon aus, daß Leben in jeder Form geschützt werden muß. Wir haben gelernt, Leben dem Ideal des technischen Fortschritts zu opfern. Die Beschaffenheit unserer Flüsse und die Zerstörung unserer Landschaften durch die Übermacht einer profitorientierten Zweckrationalität zeigen, wohin dieser Traum der Vernunft führt.

Wo lineare Sperrmechanismen auftreten, ist die Gefahr des destruktiven Ideals nahe. Das Kind lernt, durch Aufgabe seiner Wunschproduktion und durch Anpassung an die Idealansprüche der Erwachsenenwelt seine eigenen Quellen des Gefühlsausdrucks zu verschließen. Es erwartet folgerichtig die Belohnung für seinen inneren Verzicht von außen in der Form von idealen Partnerbeziehungen, von Bequemlichkeit, Leidensfreiheit, von technischer Sicherung eines schmerz- und oft auch lustlosen Lebens. Der kreative Mensch, der nicht die vorgefertigten Ideale übernimmt und ihnen gegenüber in Passivität versinkt, der neue Ideale schaffen, eine neue Verbindung zwischen seiner eigenen Wunschproduktion und den festen Werten schaffen will, gerät in ein verzweifeltes Ringen, einen Wettlauf mit seinem eigenen, zerstörerischen Anspruch. Solange er seine inneren Widersprüche schöpferisch bewältigt, kann er leben: mißlingt es ihm, versiegt seine kreative Kraft, dann drohen ihm der Selbstmord oder die innere Erstarrung der Depression. Im schöpferischen Akt der künstlerischen, wissenschaftlichen oder religiösen Inspiration fallen Ideal und zyklische Wunschproduktion zusammen. Kreativität bleibt aber – im Gegensatz zu einer Maschine, einer Behörde oder einem Computer – niemals dauernd auf ein und derselben Leistungsebene. Der kreative Mensch spürt oft deutlich, daß seine zyklischen Wunschproduktionen nur für eine gewisse Zeitspanne seinen Idealanspruch tragen können. Wenn der integrierbare Anteil des Ideals überwiegt, fühlt er eine gewisse Sicherheit, daß seine kreative Potenz wiederkehren wird, daß sie nicht mit dem Auslaufen eines Zyklus der Inspiration für immer dahingeht. Der tiefe, nicht auszulöschende Selbstzweifel vieler hochbegabter Künstler wurzelt darin, daß ihre zyklischen, produktiven Kräfte nur in wenigen Augenblicken die hohe Ebene der Idealansprüche erreichen. Wenn das nur für die Leistungsideale und nicht auch für die Beziehungsideale gilt, mögen dann in langer, mühevoller Arbeit ganz ausgezeichnete Schöpfungen entstehen. Erfaßt der Idealanspruch aber den für das persönliche Glück soviel wesentlicheren Bereich der mitmenschlichen Beziehungen, in dem ein starres Ideal rasch die meisten Befriedigungsmöglichkeiten zerstört, dann hat der Betroffene keine Ausgleichsmöglichkeiten mehr. Er gerät in Gefahr, Suchtgiften oder anderen Formen selbstzerstörerischen Verhaltens zum Opfer zu fallen.

Wenn wir die Aufgabe der Psychotherapie als Widerherstellung der Wunschproduktion durch die Milderung zerstörerischer Ideale ansehen, beziehen wir auch eine politische Position. Eine in diesem Sinn wirksame Selbstentfaltung kann sich in bürokratischen Apparaten nicht entwickeln. Sie paßt nicht in die industrielle Zivilisation, sondern ist Ausdruck einer Gegenkraft, in der die Bedeutung der persönlichen Vision, des Traums, des individuellen Anteils an der Trieb- und Wunschwelt wieder hervortritt. Wenn die Wiederherstellung oder Erweiterung der Einfühlung als Ziel der therapeutischen Arbeit gilt, dann wird auch deutlich, daß sich diese neue Weltanschauung nicht gegen bestimmte Ideale richtet und sie durch neue ersetzt, sondern daß sie den zerstörerischen, missionarischen Anspruch aller Ideale bekämpft. Wie es keine zwei gleichen Blätter an einem Baum gibt, so sollte es auch nicht zwei Menschen geben müssen, die sich uniformiert kleiden, die gleichen Handgriffe am Fließband machen, und die gleichen Produkte der Nahrungsmittelindustrie aus den gleichen Plastikboxen essen. Ich meine das nicht als Bekenntnis zu einem bürgerlichen Individualismus, zur Einsamkeit und Freiheit des mit allen anderen in Konkurrenz lebenden einzelnen. Der persönliche Ausdruck der Wunschproduktionen, der Sehnsucht nach Zärtlichkeit, der Trauer, der Lust ist zugleich einzigartig und Anteil am Kollektiven, an den zyklischen Vorgängen, die uns allen gemeinsam sind. Die therapeutische Gruppe ist an sich schon eine Gegenkultur, eine friedliche Form von Guerilla, wenn in ihr der offene Ausdruck von Gefühlen und nicht die technische Antwort auf Fragen oder die konkurrierende Manipulation von Beziehungen gefördert werden.

Register

Personennamen und erwähnte Werke

Die kursiv gesetzten Ziffern verweisen auf Fußnoten

Sachbegriffe